民法研究系列

损害赔偿

王泽鉴 著

北京大学出版社
PEKING UNIVERSITY PRESS

图书在版编目(CIP)数据

损害赔偿/王泽鉴著. —北京:北京大学出版社,2017.12
(民法研究系列)
ISBN 978-7-301-28963-1

Ⅰ.①损… Ⅱ.①王… Ⅲ.①侵权行为—赔偿—研究—中国 Ⅳ.①D923.84

中国版本图书馆 CIP 数据核字(2017)第 305207 号

书　　　名	损害赔偿 Sunhai Peichang
著作责任者	王泽鉴　著
责任编辑	王丽环　苏燕英
标准书号	ISBN 978-7-301-28963-1
出版发行	北京大学出版社
地　　　址	北京市海淀区成府路 205 号　100871
网　　　址	http://www.pup.cn　http://www.yandayuanzhao.com
电子邮箱	编辑部 yandayuanzhao@pup.cn　总编室 zpup@pup.cn
新浪微博	@北京大学出版社　@北大出版社燕大元照法律图书
电　　　话	邮购部 62752015　发行部 62750672　编辑部 62117788
印刷者	三河市北燕印装有限公司
经销者	新华书店
	650 毫米×980 毫米　16 开本　29 印张　456 千字 2017 年 12 月第 1 版　2024 年 1 月第 12 次印刷
定　　　价	69.00 元

未经许可,不得以任何方式复制或抄袭本书之部分或全部内容。
版权所有,侵权必究
举报电话: 010-62752024　电子邮箱: fd@pup.cn
图书如有印装质量问题,请与出版部联系,电话: 010-62756370

总　　序

拙著民法研究系列丛书包括《民法学说与判例研究》（八册），以及《民法思维：请求权基础理论体系》《民法概要》《民法总则》《债法原理》《不当得利》《侵权行为》《民法物权》《人格权法：法释义学、比较法、案例研究》，自2004年起曾在大陆发行简体字版，兹再配合法律发展增补资料，刊行新版，谨对读者的鼓励和支持，表示诚挚的谢意。

《民法学说与判例研究》的写作期间长达二十年，旨在论述1945年以来台湾民法实务及理论的演变，并在一定程度上参与、促进台湾地区民法的发展。《民法思维：请求权基础理论体系》乃在建构请求权基础体系，作为学习、研究民法，处理案例的思考及论证方法。其他各书系运用法释义学、案例研究及比较法阐述民法各编（尤其是总则、债权及物权）的基本原理、体系构造及解释适用的问题。现行台湾地区"民法"系于1929年制定于大陆，自1945年起适用于台湾地区，长达六十四年，乃传统民法的延续与发展，超过半个世纪的运作及多次的立法修正，累积了相当丰富的实务案例、学说见解及规范模式，对大陆民法的制定、解释适用，应有一定的参考价值，希望拙著的出版能有助于增进两岸法学交流，共为民法学的繁荣与进步而努力。

作者多年来致力于民法的教学研究，得到两岸许多法学界同仁的指教和勉励，元照出版公司与北京大学出版社协助、出版发行新版，认真负责，谨再致衷心的敬意。最要感谢的是，蒙　祂的恩典，得在喜乐平安中从事卑微的工作，愿民法所体现的自由、平等、人格尊严的价值理念得获更大的实践与发展。

王泽鉴
二〇一二年十月

序　　言

　　损害赔偿是民法的核心制度，本书旨在综合整理分析判例与学说，参照比较法上的发展，阐述损害赔偿法的构造原则与解释适用的基本问题。

　　2016年5月间，我曾在德国慕尼黑大学法学院图书馆校阅本书，想起早年师从Karl Larenz教授学习民法的情景，并反省检视多年来研究民法的思考方法，更深刻地认识到法学上的概念形成与利益评价，以及如何运用请求权基础方法解析案例，尤其是致力于结合体系思考与法律原则，建构损害赔偿法释义学(法教义学)的体系。诚如萨维尼所强调，法学的进步在于方法的更新，希望本书能有助于台湾地区损害赔偿法的进步与发展。

　　损害赔偿法的发展体现了民事责任的变迁，最近"最高法院"林大洋庭长发表"侵权责任与契约责任之分与合"的论文〔《法令月刊》第67卷第10期，第60—77页(2016)〕，以说明"最高法院"如何引导理论与实务的发展。1972年我撰写了一篇关于侵权责任与契约责任竞合的论文，评释"最高法院"1972年台上字第200号判决〔拙著《民法学说与判例研究》，第395页(1975)〕，认为应检讨法条竞合说，改采请求权竞合说。当时"最高法院"推事游开亨写了一封信给我，肯定拙见。其后游推事又寄给我一份"最高法院"采取请求权竞合说的判决书。数年后，游庭长的家人告知我，游庭长不幸逝世，生前嘱咐要我在追思会上致词。德高望重的法学界前辈对后辈的爱护鼓励，尤其是实践理论与实务的沟通交流，活化了法律的生命，人格风范，思之念之，永难忘怀，促使我持续不断地从事民法的教学研究。

　　1988年11月1日，"最高法院"1988年第19次民事庭会议明确采取侵权责任与契约责任竞合说。在此基础上，1999年"民法"债编修正增订"民法"第227条之1："债务人因债务不履行，致债权人之人格权受侵害者,准用第192条至第195条及第197条之规定,负损害赔偿责任。"更进一步整合了侵权责任与契约责任,完善了民事责任体系,促进了损害赔偿法的发展。

  本书能够顺利完成,应向本书所参引著作论文的作者表示敬意,尤其要感谢挚友曾世雄教授经典巨著《损害赔偿法原理》的启发及鼓励。最要感谢的是　祂的恩典,保守我的身心,坚定我的心志,以卑微的工作彰显祂的荣耀。

王泽鉴

二〇一七年十二月十五日

简 目

第一章 风险社会、保护国家与损害赔偿制度 …………………… (1)
  第一节 风险社会与保护国家 …………………………………… (1)
  第二节 风险的预防 ……………………………………………… (2)
  第三节 损害赔偿制度 …………………………………………… (10)

第二章 损害赔偿法的规范体系、目的、归责原则及发展趋势
  ………………………………………………………………………… (21)
  第一节 损害赔偿法的规范体系 ………………………………… (21)
  第二节 损害赔偿法之目的 ……………………………………… (24)
  第三节 损害赔偿的归责原则 …………………………………… (41)
  第四节 损害赔偿法的发展 ……………………………………… (45)
  第五节 回顾与瞻望 ……………………………………………… (48)

第三章 损害赔偿之债、请求权基础及体系构造 ………………… (49)
  第一节 损害赔偿之债 …………………………………………… (49)
  第二节 损害赔偿的请求权基础 ………………………………… (50)
  第三节 损害赔偿责任的成立与责任范围 ……………………… (54)
  第四节 损害赔偿的体系构造及案例解说 ……………………… (56)

第四章 损害概念、损害分类、损害的计算时点 ………………… (60)
  第一节 概说 ……………………………………………………… (60)
  第二节 损害概念 ………………………………………………… (61)
  第三节 差额说理论的建构 ……………………………………… (63)
  第四节 损害分类 ………………………………………………… (70)

第五节　损害的计算时点 …………………………………………（78）
　第六节　两个核心问题 ……………………………………………（79）

第五章　损害归责 ……………………………………………………（81）
　第一节　问题说明 …………………………………………………（81）
　第二节　责任成立因果关系与责任范围因果关系 ………………（82）
　第三节　因果关系
　　　　　——条件关系、相当因果关系、法规目的论 …………（84）
　第四节　合法性替代行为 …………………………………………（107）
　第五节　假设因果关系（损害的保留原因）……………………（108）

第六章　损害赔偿的方法及内容 …………………………………（112）
　第一节　恢复原状与金钱赔偿 ……………………………………（112）
　第二节　财产上损害赔偿 …………………………………………（128）
　第三节　非财产上损害的金钱赔偿
　　　　　——慰抚金 …………………………………………………（239）

第七章　损害赔偿的请求权人
　　　　　——损害赔偿人的范围 …………………………………（272）
　第一节　问题说明：债权人利益理论 ……………………………（272）
　第二节　契约责任的请求权人 ……………………………………（272）
　第三节　侵权责任：直接被害人与间接被害人的损害
　　　　　赔偿请求权 …………………………………………………（274）
　第四节　第三人损害求偿 …………………………………………（277）

第八章　损害赔偿的范围
　　　　　——减免损害赔偿的三个制度 …………………………（283）
　第一节　损益相抵
　　　　　——"民法"第216条之1 ……………………………（283）
　第二节　与有过失
　　　　　——"民法"第217条 ……………………………………（301）

第三节　损害赔偿的酌减
　　——"民法"第218条 ………………………………………(341)

第九章　惩罚性赔偿 ……………………………………………(355)
　第一节　填补性损害赔偿与惩罚性赔偿 ………………………(355)
　第二节　美国法上的惩罚性赔偿 ………………………………(359)
　第三节　中国台湾地区法上的惩罚性赔偿 ……………………(375)
　第四节　结论:美国惩罚性赔偿的继受与本土化的发展 ………(403)

主要参考文献 ……………………………………………………(409)

索　　引 …………………………………………………………(427)

详　目

第一章　风险社会、保护国家与损害赔偿制度 (1)

第一节　风险社会与保护国家 (1)
一、风险社会 (1)
二、保护国家 (2)

第二节　风险的预防 (2)
第一款　行政法与危险预防 (3)
一、风险管制行政法 (3)
二、行政管制危险手段 (4)
三、行政管制危险原则 (4)

第二款　刑法与危险预防 (6)

第三款　私法与风险预防 (6)
一、契约法 (7)
二、侵权行为法 (7)
三、不作为请求权 (8)

第四款　法秩序的统一性与各部门法律的协力义务 (8)
一、保护他人之法律 (9)
二、整合型的特别民法 (9)
三、环境法 (10)

第三节　损害赔偿制度 (10)
第一款　国家保护义务与损害赔偿或补偿制度的建立 (10)
第二款　损害赔偿法的建构 (11)
一、规范体系 (11)
二、损害赔偿法的重要性 (13)
三、学说理论的建构 (14)

四、损害赔偿案例法……………………………………………（14）
　　五、比较法的发展：德国法的继受………………………………（15）
　　六、大陆民法上的民事责任制度：损害赔偿法的建构…………（17）
　　七、研究课题及方法………………………………………………（20）

第二章　损害赔偿法的规范体系、目的、归责原则及发展趋势
　　………………………………………………………………………（21）
第一节　损害赔偿法的规范体系………………………………（21）
　　一、内在体系与外在体系…………………………………………（21）
　　二、责任法与赔偿法………………………………………………（22）
　　三、得请求赔偿的损害：概念和思考方法………………………（22）
　　四、任意规定、排除及限制………………………………………（23）
　　五、宪法与损害赔偿法……………………………………………（23）
第二节　损害赔偿法之目的……………………………………（24）
　　第一款　损害填补……………………………………………（25）
　　　一、损害填补与"民法"第213条的基本原则…………………（25）
　　　二、全部损害赔偿与禁止得利原则……………………………（27）
　　　三、加害人的故意过失与资力…………………………………（28）
　　　四、全部损害赔偿原则及其限制………………………………（29）
　　第二款　损害预防……………………………………………（31）
　　　一、损害预防的功能……………………………………………（31）
　　　二、与有过失与预防损害………………………………………（32）
　　　三、责任保险与损害预防………………………………………（32）
　　　四、损害预防的经济分析………………………………………（33）
　　第三款　惩罚制裁……………………………………………（35）
　　　一、民事责任与刑事责任………………………………………（35）
　　　二、慰抚金………………………………………………………（37）
　　　三、惩罚性赔偿金………………………………………………（38）
　　　四、结语…………………………………………………………（40）
第三节　损害赔偿的归责原则…………………………………（41）
　　第一款　契约责任的归责原则………………………………（41）
　　　一、过失责任……………………………………………………（42）

二、无过失责任 ……………………………………… (42)
　第二款　侵权行为的归责原则 ………………………… (43)
　　　一、过失责任 ………………………………………… (43)
　　　二、衡平责任 ………………………………………… (44)
　　　三、无过失责任(危险责任) ………………………… (44)
　第三款　无过失责任的归责原则 ……………………… (44)
　　　一、因某种合法或可危害他人行为而享受利益者,应就
　　　　　因此所生损害负赔偿责任 …………………… (44)
　　　二、使用他人之物 …………………………………… (45)
　　　三、担保、信赖责任 ………………………………… (45)
第四节　损害赔偿法的发展 …………………………………… (45)
　　　一、责任原因的扩大 ………………………………… (45)
　　　二、损害赔偿范围的扩大 …………………………… (46)
　　　三、契约责任与侵权责任的竞合:选择自由的扩大 … (47)
第五节　回顾与瞻望 …………………………………………… (48)

第三章　损害赔偿之债、请求权基础及体系构造 ………… (49)
第一节　损害赔偿之债 ………………………………………… (49)
　　　一、债之关系 ………………………………………… (49)
　　　二、赔偿之债的种类 ………………………………… (50)
第二节　损害赔偿的请求权基础 ……………………………… (50)
　　　一、契约上的损害赔偿请求权 ……………………… (51)
　　　二、类似契约上的损害赔偿请求权 ………………… (52)
　　　三、无因管理上的损害赔偿请求权 ………………… (52)
　　　四、物权关系上的损害赔偿 ………………………… (53)
　　　五、不当得利上的损害赔偿请求权 ………………… (53)
　　　六、侵权行为损害赔偿请求权 ……………………… (53)
　　　七、亲属关系上的损害赔偿 ………………………… (54)
　　　八、其他损害赔偿请求权 …………………………… (54)
第三节　损害赔偿责任的成立与责任范围 …………………… (54)
　　　一、责任成立规范 …………………………………… (54)
　　　二、责任范围规范 …………………………………… (55)

第四节　损害赔偿的体系构造及案例解说 ……………………… (56)
　　第一款　体系构造 …………………………………………… (56)
　　第二款　案例解说:产前遗传诊断失误案件:Wrongful Birth 及
　　　　　　Wrongful Life ……………………………………… (57)
　　　　一、问题 ……………………………………………………… (57)
　　　　二、甲妇对丙医院及丁检验员的损害赔偿请求权 ………… (58)
　　　　三、得请求赔偿的损害 ……………………………………… (58)

第四章　损害概念、损害分类、损害的计算时点 ……………… (60)
第一节　概说 …………………………………………………… (60)
　　一、问题的提出 ………………………………………………… (60)
　　二、得请求赔偿的损害 ………………………………………… (61)
第二节　损害概念 ………………………………………………… (61)
　　一、学说及判例:差额说与自然的损害概念 ………………… (61)
　　二、实务上见解:公平正义及社会通念的评价 ……………… (62)
　　三、研究课题 …………………………………………………… (62)
第三节　差额说理论的建构 ……………………………………… (63)
　　一、差额说的意义及历史背景 ………………………………… (63)
　　二、差额说 ……………………………………………………… (64)
　　三、差额说的肯定及损害的规范评价 ………………………… (68)
第四节　损害分类 ………………………………………………… (70)
　　第一款　所受损害及所失利益 ……………………………… (70)
　　　第一项　"民法"第213条第1项规定的全部损害赔偿 …… (70)
　　　第二项　"民法"第216条的规范目的及解释适用 ………… (71)
　　　　一、规范目的 ……………………………………………… (71)
　　　　二、所失利益的概念、法律适用及排除 …………………… (72)
　　　　三、举证责任 ……………………………………………… (74)
　　第二款　财产上损害及非财产上损害 ……………………… (75)
　　第三款　直接损害与间接损害 ……………………………… (76)
　　第四款　履行利益的损害及信赖利益的损害 ……………… (77)
第五节　损害的计算时点 ………………………………………… (78)
　　第一款　恢复原状 …………………………………………… (78)

第二款　金钱赔偿 …………………………………………（78）
　　　一、实体法上的准据时点 ……………………………（78）
　　　二、诉讼法上的准据时点 ……………………………（78）
　第六节　两个核心问题 ………………………………………（79）
　　　一、损害的规范评价 …………………………………（79）
　　　二、非财产上损害的财产化 …………………………（80）

第五章　损害归责 …………………………………………………（81）
　第一节　问题说明 ……………………………………………（81）
　第二节　责任成立因果关系与责任范围因果关系 …………（82）
　　　一、双重因果关系 ……………………………………（82）
　　　二、分析说明 …………………………………………（83）
　第三节　因果关系
　　　　　——条件关系、相当因果关系、法规目的论 …（84）
　　第一款　思考架构的构成 ………………………………（84）
　　　一、相当因果关系的构造 ……………………………（84）
　　　二、相当因果关系的适用:三层次检查 ……………（85）
　　第二款　条件关系:因果关系的等值性 ………………（85）
　　第一项　意义及功能 ……………………………………（85）
　　第二项　因果关系的态样 ………………………………（86）
　　　一、多数因果关系 ……………………………………（86）
　　　二、作为与不作为的因果关系 ………………………（87）
　　　三、直接因果关系及间接因果关系 …………………（87）
　　　四、物理的因果关系与心理的因果关系 ……………（87）
　　　五、经由第三人行为引起权益侵害的因果关系 ……（87）
　　　六、被害人自己的行为肇致权益受侵害及损害 ……（88）
　　第三项　责任成立的条件因果关系 ……………………（88）
　　　一、实务案例 …………………………………………（88）
　　　二、综合分析 …………………………………………（90）
　　第四项　责任范围的条件因果关系 ……………………（90）
　　第五项　条件因果关系不能合理限制损害归责 ………（91）

第三款　相当因果关系
　　——条件关系的相当性 …………………………………(91)
　第一项　基本理论 ……………………………………………(91)
　　一、构造及功能 ………………………………………………(91)
　　二、判断基准 …………………………………………………(91)
　　三、故意侵害行为 ……………………………………………(92)
　　四、举证责任 …………………………………………………(92)
　　五、两个应予区别的思考层次 ………………………………(92)
　第二项　责任成立的相当因果关系 …………………………(93)
　　一、肯定案例 …………………………………………………(93)
　　二、否定案例 …………………………………………………(95)
　第三项　责任范围因果关系 …………………………………(96)
　　一、问题说明 …………………………………………………(96)
　　二、否定案例 …………………………………………………(97)
第四款　规范目的论 ……………………………………………(99)
　第一项　规范目的论与相当因果关系 ………………………(99)
　第二项　规范目的论的依据 …………………………………(100)
　　一、契约责任 …………………………………………………(100)
　　二、侵权责任 …………………………………………………(100)
　第三项　规范目的论的适用 …………………………………(102)
　　一、责任成立与规范目的 ……………………………………(102)
　　二、规范目的与责任范围 ……………………………………(103)
第五款　思考方法、体系构成、案例研究 ……………………(103)
　第一项　思考方法 ……………………………………………(103)
　第二项　体系构成、案例研究
　　——损害赔偿法上的请求权基础 …………………………(104)
　　一、体系构成 …………………………………………………(104)
　　二、案例研究 …………………………………………………(105)

第四节　合法性替代行为 ………………………………………(107)
　第一款　问题说明 ……………………………………………(107)
　第二款　劳工违法终止契约,雇主得否请求征才
　　　　　广告费用? ……………………………………………(107)

第三款　医生未尽说明告知义务 ………………………………… (107)
　第五节　假设因果关系(损害的保留原因) ………………………… (108)
　　第一款　问题说明 ………………………………………………… (108)
　　第二款　损害体质 ………………………………………………… (109)
　　　一、人身伤害 ……………………………………………………… (109)
　　　二、物之毁损 ……………………………………………………… (110)
　　第三款　直接损害(客体损害)与间接损害(财产
　　　　　　结果损害) ………………………………………………… (110)
　　　一、直接客体损害 ………………………………………………… (110)
　　　二、间接财产结果损害 …………………………………………… (111)

第六章　损害赔偿的方法及内容 ………………………………… (112)
　第一节　恢复原状与金钱赔偿 ……………………………………… (112)
　　第一款　绪说 ……………………………………………………… (112)
　　　一、问题的提出 …………………………………………………… (112)
　　　二、损害赔偿方法机制 …………………………………………… (112)
　　　三、完整利益与价值利益 ………………………………………… (113)
　　第二款　恢复原状 ………………………………………………… (114)
　　　一、恢复原状优先原则 …………………………………………… (114)
　　　二、恢复原状原则及例外 ………………………………………… (115)
　　　三、因恢复原状而应给付金钱 …………………………………… (116)
　　　四、恢复原状请求权 ……………………………………………… (116)
　　第三款　金钱赔偿 ………………………………………………… (120)
　　　第一项　请求恢复原状所必要费用的金钱赔偿 ………… (120)
　　　　一、"民法"第213条第3项规定的金钱赔偿 …………………… (120)
　　　　二、"民法"第214条规定的金钱赔偿 …………………………… (123)
　　　第二项　金钱赔偿：价值赔偿 ……………………………… (124)
　　　　一、恢复原状不能与金钱赔偿 …………………………………… (124)
　　　　二、恢复原状显有困难与金钱赔偿 ……………………………… (126)
　　　第三项　关于侵权行为的特别规定 ……………………… (127)
　　　　一、侵害人身的财产上损害赔偿 ………………………………… (127)
　　　　二、非财产上损害得请求慰抚金的特别规定 ………………… (127)

三、物之毁损损害赔偿 …………………………………… (127)
　第四款　损害赔偿方法的基本架构 ………………………… (128)
第二节　财产上损害赔偿 ………………………………………… (128)
　第一款　人身损害 …………………………………………… (128)
　　第一项　概说 ……………………………………………… (128)
　　　一、财产上损害与非财产上损害 ……………………… (128)
　　　二、人身损害赔偿的法律架构 ………………………… (129)
　　　三、人身损害赔偿的基本问题 ………………………… (130)
　　第二项　因死亡而生的损害赔偿 ………………………… (130)
　　　一、死亡与损害赔偿 …………………………………… (130)
　　　二、比较法 ……………………………………………… (131)
　　　三、中国台湾地区的"民法" …………………………… (133)
　　　四、支出费用者的请求权 ……………………………… (135)
　　　五、扶养费的损害赔偿 ………………………………… (136)
　　　六、损害赔偿范围 ……………………………………… (138)
　　第三项　侵害身体、健康的损害赔偿 ……………………… (140)
　　　一、一般规定与特别规定 ……………………………… (140)
　　　二、间接被害人的损害赔偿 …………………………… (141)
　　　三、医疗看护费用 ……………………………………… (142)
　　　四、增加生活上需要的赔偿 …………………………… (143)
　　　五、劳动能力丧失或减少 ……………………………… (144)
　　　六、损害赔偿给付方法：一次赔偿与定期金赔偿 …… (149)
　　　七、时间浪费与使用利益的丧失 ……………………… (150)
　　第四项　人身损害赔偿与社会安全制度 ………………… (151)
　第二款　为新生命而负责：人之尊严与损害概念
　　　　　——Wrongful Birth 及 Wrongful Life ………… (151)
　　第一项　绪说 ……………………………………………… (151)
　　　一、"最高法院"2003 年台上字第 1057 号民事判决 … (151)
　　　二、Wrongful Birth, Wrongful Life 及 Wrongful Pregnancy … (152)
　　　三、社会变迁与损害赔偿法的新课题 ………………… (153)
　　第二项　Wrongful Birth：父母就计划外生育的损害赔偿
　　　　　——请求权基础的建构 ………………………… (154)

一、契约责任：医疗契约上的不完全给付 …………………… (154)
　二、侵权行为 ……………………………………………………… (155)
　三、契约责任与侵权责任的竞合 ………………………………… (158)
　四、财产上损害的赔偿 …………………………………………… (158)
　五、中国台湾地区法上实务与学说的发展 ……………………… (162)
第三项　Wrongful Life：残障子女的损害赔偿请求权 ………… (166)
　一、问题的提出 …………………………………………………… (166)
　二、请求权基础 …………………………………………………… (166)
　三、法国法上的发展 ……………………………………………… (167)
　四、由损害赔偿法到社会安全制度 ……………………………… (168)
第三款　物之损害赔偿 …………………………………………………… (168)
第一项　绪说 …………………………………………………………… (168)
　一、物之损害赔偿的重要性 ……………………………………… (168)
　二、请求权基础 …………………………………………………… (169)
　三、物之损害与纯粹经济上损失 ………………………………… (169)
　四、凶宅与纯粹经济上损失 ……………………………………… (171)
　五、规范体系 ……………………………………………………… (172)
　六、研究课题 ……………………………………………………… (173)
第二项　物之损害的恢复原状与金钱赔偿 …………………………… (173)
　一、恢复原状 ……………………………………………………… (173)
　二、金钱赔偿 ……………………………………………………… (175)
　三、赔偿方法的选择 ……………………………………………… (177)
第三项　以新换旧 ……………………………………………………… (178)
　一、问题说明 ……………………………………………………… (178)
　二、以新换旧与禁止得利原则 …………………………………… (178)
　三、以新换旧与损益相抵 ………………………………………… (178)
　四、以新换旧上所受利益的扣除 ………………………………… (179)
第四项　技术性贬值、交易性贬值 …………………………………… (180)
　一、问题说明 ……………………………………………………… (180)
　二、实务见解 ……………………………………………………… (180)
　三、技术性贬值及交易性贬值的区别 …………………………… (182)
　四、心理上价值减损与交易性贬值 ……………………………… (182)

五、交易性贬值的客体 …………………………………… (182)
　　六、被害人须否出售其物,始能请求交易性贬值？……… (182)
　　七、交易性贬值的计算 …………………………………… (183)
　　八、交易性贬值的计算时点 ……………………………… (183)
第五项　物之使用利益费用支出:非财产上损害的财产化
　　……………………………………………………………… (183)
　　一、劳动力 ………………………………………………… (183)
　　二、休闲、度假 ……………………………………………… (184)
　　三、物之使用利益的丧失 ………………………………… (185)
　　四、费用支出 ……………………………………………… (186)
第四款　债务不履行的损害赔偿
　　　　——违约责任与损害赔偿 ………………………… (187)
第一项　法律构造及请求权基础 ……………………………… (187)
　　一、案例 …………………………………………………… (188)
　　二、思考模式 ……………………………………………… (188)
第二项　给付不能 ……………………………………………… (189)
　第一目　基本理论 …………………………………………… (190)
　　一、契约上的给付义务及债权人的履行请求权 ………… (190)
　　二、给付不能的意义及类型 ……………………………… (191)
　　三、主给付请求权与次给付请求权 ……………………… (192)
　第二目　自始不能 …………………………………………… (192)
　　一、给付自始客观不能 …………………………………… (192)
　　二、给付自始主观不能 …………………………………… (195)
　第三目　嗣后不能 …………………………………………… (197)
　　一、不可归责于债务人的给付不能 ……………………… (197)
　　二、可归责于债务人的给付不能 ………………………… (200)
　第四目　给付不能的体系构成及现代化 …………………… (203)
　　一、给付不能的体系构成 ………………………………… (203)
　　二、给付不能制度的现代化 ……………………………… (204)
第三项　给付迟延 ……………………………………………… (207)
　第一目　给付迟延的要件 …………………………………… (207)
　　一、给付系属可能 ………………………………………… (207)

二、于给付期限届满仍未为给付 …………………………………（207）
　　三、可归责于债务人 ………………………………………………（207）
　　四、给付的可实现性 ………………………………………………（208）
　第二目　给付迟延的效果 ……………………………………………（208）
　　一、损害赔偿 ………………………………………………………（208）
　　二、给付迟延中的不可抗力责任 …………………………………（209）
　　三、解除契约 ………………………………………………………（210）
　第三目　债务人于履行期前拒绝履行：期前违约责任的创设 ……（211）
　　一、问题的提出 ……………………………………………………（211）
　　二、实务与学说的对立见解 ………………………………………（211）
　　三、比较法的观察 …………………………………………………（212）
第四项　不完全给付与瑕疵担保责任 ……………………………………（214）
　第一目　问题说明与体系构成 ………………………………………（214）
　　一、问题说明 ………………………………………………………（214）
　　二、体系构成 ………………………………………………………（214）
　第二目　不完全给付 …………………………………………………（215）
　　一、请求权基础的创设 ……………………………………………（215）
　　二、适用范围 ………………………………………………………（217）
　　三、法律效果 ………………………………………………………（219）
　第三目　不完全给付与买卖之物瑕疵担保责任 ……………………（220）
　　一、问题说明 ………………………………………………………（220）
　　二、买卖物之瑕疵担保责任与不完全给付的比较 ………………（221）
　　三、物的瑕疵担保与不完全给付的适用关系 ……………………（224）
　　四、买卖物之瑕疵担保与不完全给付债务不履行一体化
　　　　的发展方向 ……………………………………………………（230）
　第四目　不完全给付与承揽瑕疵担保责任 …………………………（231）
　　一、承揽瑕疵担保责任的构造 ……………………………………（231）
　　二、承揽瑕疵担保责任与不完全给付的适用关系 ………………（232）
第五项　结论 ………………………………………………………………（234）
　第一目　违约债务不履行责任体系的形成及发展 …………………（234）
　　一、现行体系的形成 ………………………………………………（234）
　　二、再造及发展 ……………………………………………………（237）

第二目　契约责任保护范围的扩大……………………………(238)
　　　　一、债务不履行与人格权的保护……………………………(238)
　　　　二、雇用人对受雇人人身安全的保护………………………(238)
　　　　三、旅游契约上旅客时间浪费的损害赔偿:非财产损害……(239)
　第三节　非财产上损害的金钱赔偿
　　　　　——慰抚金……………………………………………(239)
　　第一款　非财产上损害的意义与赔偿方法……………………(239)
　　　　一、非财产上损害的意义……………………………………(239)
　　　　二、非财产上损害的恢复原状………………………………(240)
　　　　三、非财产上损害的金钱赔偿………………………………(240)
　　第二款　慰抚金的请求权基础…………………………………(241)
　　　第一项　请求权基础的体系构成………………………………(241)
　　　　一、侵权行为…………………………………………………(241)
　　　　二、债务不履行………………………………………………(245)
　　　　三、身份关系…………………………………………………(246)
　　　　四、特别法……………………………………………………(246)
　　　　五、综合整理…………………………………………………(247)
　　　第二项　慰抚金制度的发展……………………………………(249)
　　　　一、请求权基础的扩大………………………………………(249)
　　　　二、德国与中国台湾地区发展途径的比较…………………(249)
　　　　三、实务学说的任务…………………………………………(250)
　　第三款　慰抚金的概念与性质…………………………………(250)
　　　第一项　"慰抚金"与"非财产上损害相当金额的赔偿"…(250)
　　　第二项　慰抚金的专属性………………………………………(251)
　　　　一、慰抚金的专属性…………………………………………(251)
　　　　二、专属性的立法理由………………………………………(252)
　　　　三、非财产上损害金钱赔偿专属性的废除…………………(254)
　　第四款　慰抚金的功能…………………………………………(254)
　　　　一、填补损害…………………………………………………(254)
　　　　二、被害人的慰抚……………………………………………(255)
　　　　三、预防功能…………………………………………………(258)
　　第五款　慰抚金的量定…………………………………………(258)

第一项　问题的提出与"最高法院"见解 …………………（258）
　　　一、问题的提出 ……………………………………………（258）
　　　二、"最高法院"见解 ………………………………………（259）
　　第二项　量定模式的建构 ……………………………………（259）
　　　一、模式构造 ………………………………………………（259）
　　　二、慰抚金数额的量定与第三审上诉 ……………………（264）
　　　三、慰抚金的给付方式 ……………………………………（264）
　　第三项　慰抚金的量定与法院实务 …………………………（265）
　　　一、重要课题与实证研究 …………………………………（265）
　　　二、实务案例 ………………………………………………（266）
　　　三、实践理性、案例比较，建立可操作的量定标准 ……（268）
　第六款　结论：非财产上损害赔偿（慰抚金）的发展与
　　　　　人格权的保护 …………………………………………（269）
　　　一、非财产上损害赔偿（慰抚金）的发展 ………………（269）
　　　二、慰抚金专属性的废除 …………………………………（270）
　　　三、非财产上损害赔偿（慰抚金）的量定 ………………（270）
　　　四、人格权财产上损害及非财产上损害的保护 …………（270）

第七章　损害赔偿的请求权人
　　　　——损害赔偿人的范围 …………………………………（272）
第一节　问题说明：债权人利益理论 ……………………………（272）
第二节　契约责任的请求权人 ……………………………………（272）
　第一款　契约关系当事人 ………………………………………（272）
　第二款　契约责任的扩大 ………………………………………（273）
　　　一、第三人利益契约 ………………………………………（273）
　　　二、具保护第三人作用契约 ………………………………（274）
第三节　侵权责任：直接被害人与间接被害人的损害
　　　　赔偿请求权 ………………………………………………（274）
　第一款　构成要件原则：直接被害人 …………………………（274）
　第二款　间接被害人 ……………………………………………（275）
　　　一、间接被害人就纯粹经济损失不得请求损害赔偿原则 ……（275）

二、间接被害人得请求损害赔偿的例外："民法"第 192 条的
　　适用,不法侵害他人致死 ………………………………… (275)
三、第 192 条的类推适用:不法侵害他人身体健康 ………… (277)
第四节　第三人损害求偿 ……………………………………… (277)
　第一款　问题说明:第三人损害求偿制度的法律构造 …… (277)
　第二款　间接代理 …………………………………………… (278)
　第三款　债法上的危险免责 ………………………………… (279)
　第四款　看顾他人之物 ……………………………………… (280)
　第五款　第三人损害求偿的法律效果 ……………………… (281)

第八章　损害赔偿的范围
　　——减免损害赔偿的三个制度 ………………………… (283)
第一节　损益相抵
　　——"民法"第 216 条之 1 ……………………………… (283)
　第一款　绪　说 ……………………………………………… (283)
　　一、损益相抵的意义 ……………………………………… (283)
　　二、"民法"第 216 条之 1 的规定 ………………………… (284)
　第二款　理论基础、判断基准与类型分析 ………………… (286)
　　第一项　理论基础与思考模式 …………………………… (286)
　　第二项　损益相抵的要件与判断基准 …………………… (287)
　　　一、受有利益 …………………………………………… (287)
　　　二、因果关系 …………………………………………… (287)
　　　三、法律评价 …………………………………………… (288)
　　　四、利益与损害的一致性 ……………………………… (288)
　　　五、举证责任 …………………………………………… (288)
　第三款　损益相抵的类型 …………………………………… (288)
　　第一项　第三人给付 ……………………………………… (288)
　　　一、第三人自愿为给付 ………………………………… (289)
　　　二、公务人员抚恤金 …………………………………… (289)
　　　三、扶养请求权 ………………………………………… (289)
　　　四、保险制度与损益相抵:"最高法院"1979 年台上字
　　　　　第 42 号判例的检讨 ……………………………… (291)

五、全民健康保险给付与侵权行为损害赔偿请求权 …………（293）
　　六、全民健康保险给付与"国家赔偿请求权" ………………（295）
　　七、职业灾害补偿与侵权行为损害赔偿 ……………………（296）
　　八、劳工保险的伤害给付 ……………………………………（296）
　　九、雇主继续支付工资 ………………………………………（297）
　第二项　第三人给付以外的损益相抵类型 ………………（297）
　　一、节省费用 …………………………………………………（297）
　　二、被害人自己的劳力所得 …………………………………（298）
　　三、遗产 ………………………………………………………（298）
　　四、因受利益而缴纳税捐 ……………………………………（298）
　　五、以新代旧 …………………………………………………（299）
　　六、让与请求权 ………………………………………………（299）
　第三项　分析讨论 …………………………………………（300）
　第四款　损益相抵的实施 ……………………………………（301）
第二节　与有过失
　　　　——"民法"第217条 …………………………………（301）
　第一款　绪论 …………………………………………………（301）
　　一、问题的提出 ………………………………………………（301）
　　二、由全有全无原则到损害的分配 …………………………（302）
　　三、两个建构原则 ……………………………………………（303）
　　四、理论基础 …………………………………………………（303）
　　五、比较法 ……………………………………………………（304）
　　六、"最高法院"2011年台上字第821号判决：思考模式
　　　　的建构 ……………………………………………………（305）
　第二款　与有过失的适用 ……………………………………（307）
　第一项　与有过失的法律构造 ……………………………（307）
　　一、一般法律原则及适用范围的扩大 ………………………（307）
　　二、法律性质 …………………………………………………（307）
　　三、责任成立与责任范围的与有过失 ………………………（308）
　第二项　与有过失的要件 …………………………………（308）
　　一、与有过失行为 ……………………………………………（308）
　　二、不真正义务的违反 ………………………………………（309）

　　　　三、与有过失的识别能力及注意程度 ………………………… (310)
　　　　四、须与有过失的行为与损害的发生、扩大具有因果关系 …… (310)
　　第三项　与有过失的态样 ……………………………………… (312)
　　　第一目　损害发生、扩大的与有过失 ……………………… (312)
　　　　一、被害人的特殊体质 ………………………………………… (313)
　　　　二、发生交通事故时未戴安全帽或未系安全带 ……………… (313)
　　　　三、挑衅行为、正当防卫、互殴 ……………………………… (314)
　　　　四、未善为保管、使用金融信息 ……………………………… (316)
　　　　五、病患与有过失 ……………………………………………… (317)
　　　第二目　不作为的与有过失 ………………………………… (317)
　　　　一、重大损害原因的警告 ……………………………………… (317)
　　　　二、急于避免损害 ……………………………………………… (318)
　　　　三、急于减少损害 ……………………………………………… (318)
　　第四项　无过失危险责任及与有过失 ………………………… (319)
　　第五项　自甘冒险及与有过失 ………………………………… (320)
　　第六项　第三人与有过失 ……………………………………… (321)
　　　第一目　代理人、使用人的与有过失 ……………………… (321)
　　　　一、问题说明："民法"第217条第3项的增订 ……………… (321)
　　　　二、"民法"第224条的适用 ………………………………… (322)
　　　　三、"民法"第224条的"准用" ……………………………… (324)
　　　第二目　间接被害人应承担直接被害人的与有过失 ……… (329)
　　　　一、间接被害人得请求损害赔偿的特例 ……………………… (329)
　　　　二、直接被害人与有过失的承担 ……………………………… (330)
　　　第三目　惊吓损害 …………………………………………… (330)
　　　　一、惊吓损害的侵权责任 ……………………………………… (330)
　　　　二、主被害人与有过失的承担 ………………………………… (331)
　第三款　法律效果 ………………………………………………… (331)
　　第一项　与有责任及损害分配 ………………………………… (331)
　　第二项　责任衡量与损害分配方式 …………………………… (332)
　　　　一、衡量因素 …………………………………………………… (332)
　　　　二、损害分配 …………………………………………………… (333)
　　　　三、伤害、死亡与继承关系上的与有过失 …………………… (334)

第三项　与有过失及慰抚金的量定 …………………… (334)
　　　第四项　多数加害人与多数被害人 …………………… (335)
　　　　一、多数被害人 ……………………………………… (335)
　　　　二、多数加害人 ……………………………………… (335)
　　第四款　适用范围 ………………………………………… (337)
　　　第一项　"民法"第217条的适用对象 ………………… (337)
　　　　一、私法上的损害赔偿请求权 ……………………… (337)
　　　　二、公法上的损害赔偿请求权 ……………………… (337)
　　　　三、实务案例 ………………………………………… (337)
　　　第二项　"民法"第217条的类推适用 ………………… (339)
　　　　一、与有过失构造的调整：由"与有过失"到"与有物或
　　　　　　企业危险" ………………………………………… (339)
　　　　二、间接被害人承担直接被害人的与有过失 ……… (339)
　　　　三、连带侵权责任债务人的内部求偿关系 ………… (339)
　　　　四、雇用人与受雇人连带损害赔偿责任的内部求偿关系 …… (339)
　　第五款　诉讼法上的问题 ………………………………… (340)
第三节　损害赔偿的酌减
　　　　——"民法"第218条 ………………………………… (341)
　　第一款　问题的提出及规范模式 ………………………… (341)
　　　　一、全有全无损害赔偿原则 ………………………… (341)
　　　　二、程序法上保障债务人生计的规定 ……………… (341)
　　　　三、宪法保障人民生存权及人格发展的义务 ……… (342)
　　　　四、规范模式 ………………………………………… (343)
　　第二款　法律构造 ………………………………………… (345)
　　　　一、比较法 …………………………………………… (345)
　　　　二、分析说明 ………………………………………… (346)
　　第三款　法律性质与适用范围 …………………………… (348)
　　　　一、法律性质 ………………………………………… (348)
　　　　二、强行规定 ………………………………………… (348)
　　　　三、适用范围 ………………………………………… (348)
　　第四款　酌减的要件 ……………………………………… (349)
　　第五款　法院酌减权的行使 ……………………………… (351)

一、法院酌减权的自由裁量与考虑因素 …………………… (351)
　　　二、赔偿义务人申请法院行使酌减权 ……………………… (352)
　　　三、法院行使酌减权的法律效果 …………………………… (353)
　　第六款　结论 …………………………………………………… (353)
　　　一、三个损害赔偿范围规定的适用 ………………………… (353)
　　　二、过失相抵与损益相抵 …………………………………… (353)
　　　三、酌减条款的实践 ………………………………………… (353)

第九章　惩罚性赔偿 …………………………………………… (355)
第一节　填补性损害赔偿与惩罚性赔偿 ……………………… (355)
　　一、民事赔偿责任的发展 ……………………………………… (355)
　　二、民刑分立 …………………………………………………… (356)
　　三、全部损害赔偿原则与禁止得利原则 ……………………… (357)
　　四、隐藏性的"惩罚性赔偿" …………………………………… (357)
　　五、填补性损害赔偿与惩罚性赔偿的关系 …………………… (359)
　　六、研究课题 …………………………………………………… (359)
第二节　美国法上的惩罚性赔偿 ……………………………… (359)
　　第一款　惩罚性赔偿的意义 …………………………………… (359)
　　第二款　英国法的渊源、美国法的发展 ……………………… (360)
　　　一、英国法的渊源与存废的争论 …………………………… (360)
　　　二、美国法上惩罚性赔偿制度的发展 ……………………… (362)
　　第三款　惩罚性赔偿的目的、成立要件及金额的量定
　　　　　　（效果）……………………………………………… (364)
　　　第一项　惩罚性赔偿的目的、性质与责任保险 …………… (364)
　　　　一、目的 ……………………………………………………… (364)
　　　　二、法律性质：民事责任？刑事责任？ …………………… (365)
　　　　三、惩罚性赔偿金的保险性 ………………………………… (365)
　　　第二项　惩罚性赔偿的成立要件
　　　　　　　——何种侵害行为应承担惩罚性赔偿责任？ … (366)
　　　　一、须被害人依美国各州的法律有损害赔偿请求权 …… (366)
　　　　二、须加害人有主观上可非难性的加重事由 …………… (367)
　　第四款　惩罚性赔偿金的量定 ………………………………… (368)

一、陪审团与惩罚性赔偿金 …………………………………（368）
　　二、惩罚性赔偿金量定因素、数额与合宪性控制 …………（368）
　第五款　实证研究与改革发展 …………………………………（370）
　　第一项　统计学上的发现：由神话到理论 …………………（370）
　　第二项　分立式赔偿制度 ……………………………………（372）
　　第三项　改革发展 ……………………………………………（373）
　第六款　大陆法国家或地区与美国法上的惩罚性赔偿 ………（373）
　　一、大陆法国家或地区不采用惩罚性赔偿制度 ……………（373）
　　二、美国为何要采用惩罚性赔偿 ……………………………（374）
　　三、一个值得深思的基本问题 ………………………………（374）
第三节　中国台湾地区法上的惩罚性赔偿 ………………………（375）
　第一款　惩罚性赔偿结构分析 …………………………………（375）
　　第一项　现行规定的整理 ……………………………………（375）
　　第二项　分析说明 ……………………………………………（377）
　　　一、特别法的规范模式 ………………………………………（377）
　　　二、列举主义、禁止类推、美国法院惩罚性赔偿金的
　　　　　承认与执行 ……………………………………………（377）
　　　三、适用范围与法秩序一贯性的价值判断 …………………（378）
　　　四、惩罚性赔偿金的控制 ……………………………………（378）
　　　五、请求权基础 ………………………………………………（379）
　第二款　专利法上的惩罚性赔偿 ………………………………（380）
　　第一项　知识产权的侵害与损害赔偿 ………………………（380）
　　第二项　侵害专利权的填补性损害赔偿 ……………………（380）
　　　一、专利权的侵害 ……………………………………………（380）
　　　二、填补性损害赔偿：三种计算方法 ………………………（381）
　　第三项　侵害专利权的惩罚性赔偿 …………………………（382）
　　　一、惩罚性赔偿或刑罚制裁：规范手段的选择 ……………（382）
　　　二、惩罚性赔偿的要件：故意侵权 …………………………（383）
　　　三、惩罚性赔偿的酌定 ………………………………………（385）
　第三款　"消费者保护法"第51条规定的惩罚性赔偿金 ……（386）
　　第一项　消费者保护与惩罚性赔偿：请求权
　　　　　　基础的构造 ……………………………………………（386）

第二项　依消费者保护法所提之诉讼:适用范围 …………(388)
　　一、惩罚性赔偿金的适用范围 ……………………………(388)
　　二、"消费者保护法"第7条第3项:产品、服务责任与
　　　　惩罚性赔偿 ………………………………………………(390)
　　三、"消费者保护法"第22条:不实广告与惩罚性赔偿 ……(392)
　　四、分析讨论 ………………………………………………(394)
第三项　惩罚性赔偿金的要件及效果 ……………………(396)
　　一、立法政策 ………………………………………………(396)
　　二、企业经营者的故意、过失 ……………………………(397)
　　三、损害额与惩罚性赔偿金 ………………………………(399)
　　四、举证责任 ………………………………………………(400)
第四项　惩罚性赔偿金的当事人 …………………………(400)
　　一、请求权人:消费者、第三人 …………………………(400)
　　二、消费者死亡与惩罚性赔偿金 …………………………(400)
　　三、多数被害人:团体诉讼、巨额惩罚性赔偿金 ………(402)
　　四、多数加害人:连带责任 ………………………………(402)
第四节　结论:美国惩罚性赔偿的继受与本土化的发展 ………(403)
　第一款　惩罚性赔偿制度的省思 …………………………(403)
　　一、为何要有惩罚性赔偿制度? ……………………………(403)
　　二、如何整合强化保护人民权益的法律机制? ……………(403)
　第二款　惩罚性赔偿与民事责任的建构 …………………(405)
　　一、解释适用的方法论 ……………………………………(405)
　　二、知识产权与惩罚性赔偿 ………………………………(405)
　　三、消费者保护法上的惩罚性赔偿金 ……………………(405)
　第三款　实证研究的发现及启示 …………………………(406)
　　一、三个统计资料 …………………………………………(406)
　　二、发现、分析及期待 ……………………………………(408)

主要参考文献 …………………………………………………(409)

索　引 …………………………………………………………(427)

第一章　风险社会、保护国家与损害赔偿制度

第一节　风险社会与保护国家

"损害赔偿法"旨在规范民法上被害人于何种情形,得向加害人请求赔偿何种损害的基本问题。兹先提出"风险社会"与"保护国家"两个概念,作为讨论的出发点,从较宏观的视野检视损害赔偿制度。

一、风险社会

现代社会可以从不同的角度加以观察,以显现其典型的特征,称为科技社会、信息社会、消费社会等。应予指出的是,现代社会亦可称为风险社会(Risikogesellschaft)[1],即我们所处的,乃是一个充满各种危害的生活环境或社会结构。风险社会的形成与科技进步、信息发达、企业竞争、消费活动、社会政治经济发展等具有密切关系。

现代社会的风险源包括天灾与人祸,而天灾常因人祸而发生。除天灾人祸外,产业的发展及现代科技,例如计算机、网络、核能、生物基因工程等带来了新的危害,使现代社会的损害具有大量性、严重性及科技性[2],事先不易防范,事后难以承担,必须结合国家与社会的力量,从事有效率的风险经营管控(Risikomanagment),始能预防于先,善处于后。

---

[1] Ulrich Beck, Risikogesellschaft. Auf dem Weg in eine andere Moderne (1986); Peter-Tobias Stoll, Sicherheit als Aufgabe von Staat und Gesellschaft (2003). 关于法社会学的分析,Niklas Luhmann, Soziologie des Rechts (1991).

[2] Harald Koch/Armin Willingmann (Hrsg.), Grossschäden-Complex Damages, Rechtliche und alternative Regulierungsstrategien im In-und Ausland (1998).

二、保护国家

处在一个风险社会,人民最需要的是安全。保障人民安全系国家存在的意义及目的,此不仅是政治哲学的理念,更是宪法上的国家义务。

宪法的任务在于保障人民的基本权利,尤其是人身自由、生存权、工作权、财产权及其他自由权利。基本权利是一种防御的权利,其主要作用在于对抗公权力,以确保人民的自由与财产免遭公权力的侵害,而能享有不受公权力干预的空间。基本权利,除此种主观权利功能的面向外,尚具有一种客观的面向,即基本权利的保护功能,使国家负有保护人民生命、健康、自由及财产安全的义务。①"司法院"大法官释字第 400 号解释谓:"'宪法'第 15 条关于人民财产权应予保障之规定,旨在确保个人依财产之存续状态行使其自由使用、收益及处分之权能,并能免予遭受公权力或第三人之侵害,俾能实现个人自由,发展人格及维护尊严。"体现了基本权利防御功能及国家保护义务的意旨。

国家的任务因社会发展而演变,由警察国到法治国,再到社会福利国。在现代风险社会,产生了安全保障的基本权利(Grundrecht auf Sicherheit)②,使国家成为所谓的保护国家(保护国,Schutzstaat)。③前述各种国家任务不是互相取代,而是一种重叠性的发展过程。保护原则,决定了国家在现代风险社会的使命及权限,即国家应在宪法价值体系及法秩序统一性下,整合各相关部门法律,使其分工、互补、协力及合作,有效率地保障人民安全,并使其于遭受损害时,得获合理必要的救济。④

第二节 风险的预防

风险危害首重预防,期能防患于未然。此须结合相关部门法律,以资

---

① 参见李建良:《基本权利与国家保护义务》,载《宪法理论与实践》第 59 页以下(2000);Johannes Dietlein, Die Lehre von grundrechtlichen Schutzpflichten (1992).

② Josef Isensee, Das Grundrecht auf Sicherheit: Zu den Schutzpflichten des freiheitlichen Verfassungsstaates (1983).

③ Hans A. Hesse, Der Schutzstaat: rechtssoziologische Skizzen in dunkler Zeit (1994). 亦有称之为预防国家(Der Präventionsstaat),Erhard Denninger, Der Präventions-Staat, KJ 1988, I.

④ Peter-Tobias Stoll, Sicherheit als Aufgabe von Staat und Gesellschaft (2003).

规范,兹分就行政法、刑法及私法简要加以论述:

第一款　行政法与危险预防

一、风险管制行政法

行政,依其性质及作用,最适于防范风险。行政法令规章多在于直接、间接保障人民安全,得称之为"风险管制行政法"(Risikoverwaltungsrecht)。[①]兹举若干现行法上以"安全""防治""管理"等为名的法律,归为下列类型,以便参照(请注意其制定年代及历年修正):

(1)关于灾害,有"灾害防救法"(2000)。

(2)关于劳动者保护,有"矿场安全法"(1973)、"职业安全卫生法"(1974)等。

(3)关于食品,有"食品卫生管理法"(1975)、"商品标示法"(1982)、"商品检验法"(1932)、"健康食品管理法"(1999)等。

(4)关于交通,有"道路交通管理处罚条例"(1968)、"道路交通安全规则"(1968)等。

(5)关于环保,有"环境影响评估法"(1994)、"空气污染防治法"(1975)、"水污染防治法"(1974)、"海洋污染防治法"(2000)、"废弃物管理法"(1974)、"毒性化学物质管理法"(1986)等。

(6)关于疾病,有"人类免疫缺乏病毒传染防治及感染者权益保障条例"(1990)、"传染病防治法"(1944)等。

(7)其他防治危害法规,如"烟害防治法"(1997)、"家庭暴力防治法"(1998)、"洗钱防治法"(1996)等。

关于前揭法律的内容,在此难以详论,请参考阅读,以了解其立法目的及规范内容。交通法令与人民日常生活具有密切关系,"道路交通管理处罚条例"第31条规定,(第1项)汽车行驶于道路上,其驾驶人、前座或小型车后座乘客未依规定系安全带者,处驾驶人新台币1 500元罚款,(第2项)汽车行驶于高速公路或快速公路违反前项规定者,处驾驶人新

[①] Udo Di Fabio, Risikosterung im öffentlichen Recht, in: Wolfgang Hoffmann-Riem/Eberhard Schmidt-Assmann (Hrsg.), Öffentliches Recht und Privatrecht als wechselseitige Auffangsordnungen (1996), S. 143–223. 本论文副题为:Zwischen hoheitlicher Überwachung und regulierter Freiwilligkeit(处于公权力监督与规律的自发性之间),深具启示性。

台币3 000元以上6 000元以下罚款,(第6项)机车驾驶人或附载座人未依规定戴安全帽者,处驾驶人新台币500元罚款。驾驶人及乘客应系安全带(戴安全帽),耗费甚少,但对危害的预防确有极大的效用,有助于减少个人、家庭的负担及社会的成本。

二、行政管制危险手段

为保障人民安全,行政法上可采的手段、措施或机制甚多,得依事项而为不同的选择及结合,主要有:

(1)规划评估:可运用于所有相关法令,最值得重视的是环境影响评估法。

(2)核准许可:从事具有一定危险性或攸关公益的工作的从业者,须经主管机关的核准许可。例如电业专营权的取得,须经"中央主管机关"("经济部")核准("电业法"第3条以下)。

(3)职业资格:从事专门职业者,须依法取得专业资格,例如律师、医师、建筑师、会计师等须经考试及格并依此领有证书,始得充任(参照"律师法""医师法""建筑师法""会计师法")。

(4)标准检验:标准的制定及检验,于商品、食品、药品、化妆品等最为重要(参阅"商品检验法""商品标示法""标准法"及相关标准制定办法等)。

(5)行政制裁:包括罚款、停业处分、撤销执照等。

三、行政管制危险原则[①]

以行政法上的手段管制危险,必须遵从若干基本原则,分六项简述如下:

(一)预防原则

预防危险,避免或减少损害,系行政法的核心任务,属于最优先的原则。例如道路交通安全规则关于汽车牌照、汽车驾驶人与技工执照登记及考试、汽车装载行驶、慢车、行人、道路障碍等规定,虽均属于技术性规定,但确具预防车祸事故的重要功能。

(二)理性原则

防治危险的政策抉择及具体措施,均需符合理性原则,此应建立于对

---

① Peter-Tobias Stoll, Sicherheit als Aufgabe von Staat und Gesellschaft (2003), S. 319 ff.

危险的科学认识,避免决策于未知,始能作成符合事理,针对客体,调和各种冲突的利益,兼顾公平与效率的判断。①理性原则亦应适用于行政程序②,行政程序法的制定,建立了必要的法制基础。③

(三) 责任原则

在风险社会,国家、企业及个人拥有前所未有的侵害他人、破坏自然的能力及可能性,其肇致危害的,应承担相对应的责任,包括行政责任及损害赔偿责任。

(四) 自主及自律原则

危害的防治,除公权力外,尚须个人、企业及社会的协助。个人及企业最接近于危险,较能有效率、弹性地防范危害。消费者的选择,在相当程度下可以影响企业者的行为。工厂对劳工安全保护具有直接利害关系。专门职业团体的自律应予强化,社会监督机制(例如消费者保护团体),应予鼓励及扶助。关于 SARS 或艾滋病等的防治,个人的自我管理最为关键。在此方面,国家负有教育及提供必要信息的义务。

(五) 时间性原则

危险层出不穷,为期有效防治,必须因应社会变迁、科技发展而适时采取必要的对策。其应受关注的,除当前问题外,须有前瞻性,尤其是环境保护,应特别重视永续经营的课题。

(六) 法律保留与比例原则

以行政法作为防治危险的手段,须遵守法律保留及比例原则(参阅"宪法"第 23 条),此甚属重要,兹举两个"司法院大法官"解释,以供参照:

1. 法律保留(释字第 390 号解释)

对于人民设立工厂而有违反行政法上义务之行为,予以停工或勒令歇业之处分,涉及人民权利之限制,依"宪法"第 23 条及"中央法规标准法"第 5 条第 2 款规定,应以法律定之;若法律授权以命令为补充规定者,授权之目的、内容及范围,应具体明确,始得据以发布命令。"工厂设立登记规则"第 19 条第 1 项规定,"工厂不依照本规则之规定申请设立登记,

---

① 参见叶俊荣:《环境理性与制度抉择》,载《台大法学丛书》1999 年第 110 期;Udo di Fabio, Risikoentscheidung im Rechtsstaat (1994).

② 参见叶俊荣:《环境行政的正当程序》,载《台大法学丛书》1997 年第 76 期。

③ 参见汤德宗:《行政程序法论》(2000)。

或不依照核定事项经营,或违反其他工厂法令者,得由省(市)建设厅(局)予以局部或全部停工或勒令歇业之处分",涉及人民权利之限制欠缺法律授权之依据,与前述意旨不符,应自解释公布之日起,至迟于届满一年时失其效力。

2. 比例原则(释字第531号解释)

1986年5月21日修正公布之"道路交通管理处罚条例"第67条第1项明定,因肇事逃逸而受吊销驾驶执照之处分者,不得再行考领驾驶执照。该规定系为维护车祸事故受害人生命安全、身体健康必要之公共政策,且在责令汽车驾驶人善尽行车安全之社会责任,属于维持社会秩序及增进公共利益所必要,与"宪法"第23条尚无违背。惟凡因而逃逸者,吊销其驾驶执照后,对吊销驾驶执照之人已有恢复适应社会能力获改善可能之具体事实者,是否应提供于一定条件或相当年限后,予肇事者重新考领驾驶执照之机会,有关机关应就相关规定一并尽速检讨,使其更符合宪法保障人民权益之意旨。①

第二款 刑法与危险预防

刑法对违反国家共同生活秩序、危害社会的行为科以刑罚,乃在保障人民及社会安全,具有一般及特别的预防功能。其攸关个人生命、健康及财产权益的,有杀人罪、伤害罪、妨害自由罪、窃盗罪等。近年来制定的"性侵害犯罪防治法""儿童及少年性交易防制条例""家庭暴力防治法",顾名思义,均在预防危险。为实践基本人权的保护义务,立法部门须因应犯罪态样,适时检讨修正相关法律,以防治犯罪、保障人民安全。②

第三款 私法与风险预防③

须特别提出的是,私法亦具有保障人民安全的重要功能,分就契约

---

① 2005年12月28日"道路交通管理处罚条例"修正,其中第67条第1项增加但书规定:"……终身不得考领驾驶执照。但有第67条之1所定情形者,不在此限。"增订第67条之1规定:"前条第1项及第4项规定情形,符合特定条件,得于下列各款所定期间后,向公路主管机关申请考领驾驶执照……"

② 关于刑法与风险的专著,参见 Cornelius Prittwitz, Strafrecht und Risiko (1993).

③ Reinhard Damm, Risikosteuerung im Zivilrecht, in: Wolfgang Hoffmann-Riem/Eberhard Schmidt-Assmann (Hrsg.), Öffentliches Recht und Privatrecht als wechselseitige Auffangordnungen (1996).

法、侵权行为法及不作为请求权加以说明:

一、契约法

契约法的基本原则在于私法自治及契约自由,即个人得依其需要与他人订立契约而增进其社会生活,具有明确权益、分配风险的重要功能。除当事人约定者外,法律设有两项制度,维护契约相对人的权益:

(一) 不完全给付债务不履行责任

"民法"第 227 条规定:(第 1 项)因可归责于债务人之事由,致为不完全给付者,债权人得依关于给付迟延或给付不能之规定行使其权利。(第 2 项)因不完全给付而生前项以外之损害者,债权人并得请求赔偿。本条第 2 项系规定所谓"加害给付",此项加害给付,除违反给付义务外,多因违反保护、照顾、通知等附随义务。例如,出卖人交付具有瑕疵的商品,或未告知物品的使用方法,致侵害买受人身体健康。此等保护、照顾、通知义务具有预防危险的功能。①

(二) 瑕疵担保责任

民法就买卖、租赁、承揽等契约设有瑕疵担保责任(参阅"民法"第 354 条、第 347 条、第 492 条)。例如,购买的汽车欠缺安全性时,买受人得请求补正或交付无瑕疵之物(第 364 条*)。租赁物为房屋或其他供居住之处所,如有瑕疵危及承租人或其同居人之安全或健康时,承租人虽于订约时已知其瑕疵,或已抛弃其终止契约之权利,仍得终止契约(第 424 条)。承揽人完成之工作不具有安全性时(例如完成的铁皮屋有倒塌之虞),定作人得请求承揽人修补之。此等规定亦均具防范危害的功能。

二、侵权行为法

侵权行为法系在规定加害人在何种情形下,应就其不法侵害他人权益,负损害赔偿责任(第 184 条以下)。侵权行为法系以填补损害为目的,但亦具引导行为人趋利避害、预防危险的机能②,分五点言之:

---

① 参见侯英泠:《论院内感染之民事契约责任——以爆发 SARS 院内感染为例》(2004)。

* 本书括号内的条文在未特别标注法律名称时,均为"民法"。

② 参见王泽鉴:《侵权行为法》,增订新版,第 7 页以下(2015);Thomas H. Koenig & Michael L. Rustad, In Defense of Tort Law (2003); Marshall S. Shapo, Tort Law and Culture (2003).

（1）认定某种行为构成侵权行为，乃在确立社会共同生活应予遵循的行为准则。

（2）侵权行为法上的社会安全义务（德文为 Verkehrssicherungspflicht 或 Verkehrspflicht），系在要求行为人须尽交易上应有注意，以防范危险，保护他人权益不受侵害。

（3）损害赔偿责任亦具有促使行为人预防侵害他人权利的机能。

（4）损害赔偿法上与有过失的规定（第 217 条），乃在要求被害人应自我注意，避免损害的发生或扩大。

（5）"消费者保护法"等特别法规定惩罚性赔偿，其目的乃在借民事制裁的威吓以预防损害，此涉及损害赔偿的惩罚功能，将列为专章，作较深入研究。①须特别指出的是，新的危险（例如在网络上侵害他人人格权等），产生了新的侵权行为。②为期因应，侵权行为法应予现代化，包括调整归责原则，创设新的侵权行为类型，并须有新的证据法。③诸此问题将于相关部分再行论述。

三、不作为请求权

"民法"第 18 条第 1 项规定，人格权有受侵害之虞时，得请求防止之。又依"民法"第 767 条规定，所有人对于有妨害其所有权之虞时，得请求防止之。此等不作为请求权均在于使权利人得请求防止未发生的侵害，不以侵害者具有过失为要件。

第四款 法秩序的统一性与各部门法律的协力义务

国家应保障人民安全，此为基本权利的功能，乃国家在宪法上的义务，基于法秩序统一性或整体性，国家应经由立法、行政及司法使各相关部门法律得以预防危险、保护人民权益④，兹提出三点说明如下：

---

① 此为近年来损害赔偿法上备受重视的问题，Ina Ebert, Pönale Elemente im deutschen Privatrecht: von des Renaissance der Privatstrafe im deutschen Recht (2004).
② Michael von Hinden, Persönlichkeitsverletzungen im Internet (1999).
③ 参见姜世明：《新民事证据法论》(2002)。
④ 参见 Dagmar Felix, Einheit der Rechtsordnung (1998), S. 168 f.; Wolfgang Hoffmann-Riem/Eberhard Schmidt-Assmann (Hrsg.), Öffentliches Recht und Privatrecht als wechselseitige Auffangordnungen (1996).

一、保护他人之法律

行政法防治危险的规定、刑法处罚犯罪的条文,均在保护他人不受侵害。违反者,应受行政或刑罚制裁。值得注意的是,"民法"第184条第2项规定:"违反保护他人之法律,致生损害于他人者,负赔偿责任。但能证明其行为无过失者,不在此限。"所谓违反保护他人之法律,系指保护个人权益不受侵害的法律,包括行政法令及刑法。[1]此乃在体现民法与行政法及刑法的协力关系,兹举三例如下:

(1)"道路交通管理处罚条例"第21条第1项规定,未领有驾驶执照者禁止其驾驶,无照驾驶因而致人受伤或死亡者,依法负刑事责任,并有加重其刑之规定,故驾驶执照不仅是交通监理单位对驾驶人必要之行政管理,且是驾驶技术合格之检验,汽车驾驶人合格取得驾照后,始准驾驶汽车等规定,属于保护他人之法律,违反者即应推定有过失,应负损害赔偿责任。[2]

(2)"职业安全卫生法"第5条规定:"雇主使劳工从事工作,应在合理可行范围内,采取必要之预防设备或措施,使劳工免于发生职业灾害。"凡违反此规定者,即属于违反保护他人之法律,依"民法"第184条第2项规定推定有过失。被害人自得依侵权行为规定请求损害赔偿。[3]

(3)"人类免疫缺乏病毒传染防治及感染者权益保障条例"第21条规定:"明知自己为感染者,隐瞒而与他人进行危险性行为或有共享针具、稀释液或容器等施打行为,致传染于人者,处五年以上十二年以下有期徒刑。"此亦属于"民法"第184条第2项所称保护他人之法律,被害人得请求侵权行为损害赔偿。

二、整合型的特别民法

近年来,因应社会经济发展,制定了若干保护人民权益的特别民法,其特色有三:

(1)多受美国法的影响。

---

[1] 参见王泽鉴:《侵权行为法》,第341页以下(2015);陈聪富:《论违反保护他人法律之侵权行为》,载《侵权归责原则与损害赔偿》,第77页以下(2004)。
[2] "最高法院"1996年度台上字第2140号判决。
[3] "最高法院"1998年度台上字第241号判决。

(2)修正或补充民法(尤其是侵权行为法)的基本原则。

(3)兼含行政法及刑法的规定,可称为整合相关部门法律的民事立法,例如个人资料保护法、消费者保护法等。

私法与公法(尤其是行政法)的协力合作对保障人民的权益,至为重要,在此方面的研究①,应有加强的必要。

三、环境法

在现代风险社会,最值关切的是环境破坏,不仅影响个人,更是人类永续发展的重大课题。在中国台湾地区已逐渐建构的环境法专门领域,即以宪法上符合人性尊严的环境为基础(环境宪法),采取行政措施(环境行政法),运用刑法制裁(环境刑法),及建立私法上危害排除与防止请求权及损害赔偿制度(环境私法),构成一个包括预防、管制及救济的规范体系。②

第三节 损害赔偿制度

第一款 国家保护义务与损害赔偿或补偿制度的建立

国家对人民负有安全保障义务,防治危险,已详上述。事后救济亦属重要,其重点在于建构损害或损失赔偿(补偿)制度。

民事损害赔偿,指因违反法令或约定义务,致他人受损害,应予赔偿,以恢复原状,包括侵权行为及债务不履行损害赔偿责任。此为本书所要研究的课题。

值得重视的是,除前述民事损害赔偿外,尚有其他无过失补偿及社会安全制度,充分显现台湾地区社会经济变迁及政府保护义务的实践,其主要者有:"劳工保险条例"(1958)、"全民健康保险法"(1993)、"强制汽车责任保险法"(1996)、"药害救济法"(2000)、"犯罪被害人保护法"(2002)。应强调者有二:

---

① "最高法院"学术研究会编印:《民法与行政法交错适用》,载《"最高法院"学术研讨会丛书》(九)(2003)。

② 参见陈慈阳:《环境法总论》,第50页以下(2000)。

(1)"劳工保险条例"制定于1958年,对保障劳工生活、促进社会安全有极为深远重大的贡献。其他补偿制度系于1994年后陆续制定,乃20世纪80年代宪政改革、民主化的成就,虽属"迟来的社会正义",却已奠定一个安和乐利社会的法制基础。

(2)民事损害赔偿与前揭无过失补偿及社会安全制度,形成了多重的救济体系,其制度设计及法律适用关系,涉及有限资源分配上公平与效率等,亦属重要的研究课题。①

第二款　损害赔偿法的建构

一、规范体系

在现行法上,并无一个称为"损害赔偿法"的法律。所谓损害赔偿法,系关于损害赔偿法律规定的总称。广义言之,包括损害赔偿的"发生原因"及"法律效果",狭义言之,则仅指其法律效果而言。

损害赔偿的"发生原因",分别规定于"民法"及其他法律,在"民法"又分见于各编。关于损害赔偿的"法律效果",则于"民法"债编第一章(通则)第二节(债之标的)设一般规定(第213条至第218条),并就侵权行为等设特别规定(第192条至第198条)。此种规范体系攸关法律适用,即关于损害赔偿,除法律有特别规定外,均应适用"民法"一般规定及侵权行为法的特别规定。为便于参照,将现行"民法"关于损害赔偿的规定,摘录如下,并简要说明其建构原则:

(一) 损害赔偿的一般规定

第213条:(**第1项**)负损害赔偿责任者,除法律另有规定或契约另有订定外,应恢复他方损害发生前之原状。

(**第2项**)因恢复原状而应给付金钱者,自损害发生时起,加给利息。

(**第3项**)第一项情形,债权人得请求支付恢复原状所必要之费用,以代恢复原状。

第214条:应恢复原状者,如经债权人定相当期限催告后,逾期不为恢复时,债权人得请求以金钱赔偿其损害。

---

① 参见王泽鉴:《侵权行为法》,第26页以下(2015);Peter Cane, Atiyah's Accidents, Compensation and the Law (6th ed, 2004).

第 215 条：不能恢复原状或恢复显有重大困难者，应以金钱赔偿其损害。

第 216 条：(**第 1 项**) 损害赔偿，除法律另有规定或契约另有订定外，应以填补债权人所受损害及所失利益为限。

(**第 2 项**) 依通常情形，或依已定之计划、设备或其他特别情事，可得预期之利益，视为所失利益。

第 216 条之 1：基于同一原因事实受有损害并受有利益者，其请求之赔偿金额，应扣除所受之利益。

第 217 条：(**第 1 项**) 损害之发生或扩大，被害人与有过失者，法院得减轻赔偿金额，或免除之。

(**第 2 项**) 重大之损害原因，为债务人所不及知，而被害人不预促其注意或怠于避免或减少损害者，为与有过失。

(**第 3 项**) 前二项之规定，于被害人之代理人或使用人与有过失者，准用之。

第 218 条：损害非因故意或重大过失所致者，如其赔偿致赔偿义务人之生计有重大影响时，法院得减轻其赔偿金额。

(二) 关于侵权行为的特别规定

第 192 条：(**第 1 项**) 不法侵害他人致死者，对于支出医疗及增加生活上需要之费用或殡葬费之人，亦应负损害赔偿责任。

(**第 2 项**) 被害人对于第三人负有法定扶养义务者，加害人对于该第三人亦应负损害赔偿责任。

(**第 3 项**) 第一百九十三条第二项之规定，于前项损害赔偿适用之。

第 193 条：(**第 1 项**) 不法侵害他人之身体或健康者，对于被害人因此丧失或减少劳动能力或增加生活上之需要时，应负损害赔偿责任。

(**第 2 项**) 前项损害赔偿，法院得因当事人之声请，定为支付定期金。但须命加害人提出担保。

第 194 条：不法侵害他人致死者，被害人之父、母、子、女及配偶，虽非财产上之损害，亦得请求赔偿相当之金额。

第 195 条：(**第 1 项**) 不法侵害他人之身体、健康、名誉、自由、信用、隐私、贞操，或不法侵害其他人格法益而情节重大者，被害人虽非财产上之损害，亦得请求赔偿相当之金额。其名誉被侵害者，并得请求恢复名誉之适当处分。

(第2项) 前项请求权,不得让与或继承。但以金额赔偿之请求权已依契约承诺,或已起诉者,不在此限。

(第3项) 前二项规定,于不法侵害他人基于父、母、子、女或配偶关系之身份法益而情节重大者,准用之。

第196条:不法毁损他人之物者,被害人得请求赔偿其物因毁损所减少之价额。

第197条:**(第1项)** 因侵权行为所生之损害赔偿请求权,自请求权人知有损害及赔偿义务人时起,二年间不行使而消灭。自有侵权行为时起,逾十年者亦同。

(第2项) 损害赔偿之义务人,因侵权行为受利益,致被害人受损害者,于前项时效完成后,仍应依关于不当得利之规定,返还其所受之利益予被害人。

(三) 损害赔偿法的原则

民法关于损害赔偿的规定建构在四个原则之上。认识这四个结构原则,有助于了解损害赔偿的立法政策,理解法律规定的内容,究明解释适用的方法,处理具有争议的问题。兹先行提出,俟于相关部分再详为论述:

(1) 全部损害赔偿原则。损害赔偿义务人应对被害人权益所受损害负全部损害赔偿责任,包括财产上损害与非财产上损害(本书第25页)。

(2) 禁止得利原则。本着全部损害赔偿原则,被害人不能请求或保有损害赔偿以外利益,此涉及损益相抵与惩罚性赔偿金的问题(本书第287、359页)。

(3) 符合经济性原则。损害赔偿的方法及内容应符合经济性要求。

(4) 债权人利益理论(Dogma vom Gläubigerinteresse)与构成要件原则(Tatbestandsprinzip):得请求损害者,须符合法律规定的构成要件(第184条),不具备构成要件的被害人不得请求损害赔偿,此涉及第三人损害的求偿、间接被害人的损害赔偿请求权(本书第272页)。

二、损害赔偿法的重要性

损害赔偿法在私法上居于重要地位。损害赔偿系民事责任的核心,民事特别法亦多设有损害赔偿的规定。实务上损害赔偿的案件占较大的比例，新的社会风险多反映于损害赔偿之上。在某种意义上，所谓民事，实乃损害赔偿问题。

三、学说理论的建构

关于损害赔偿法的研究，除教科书外，还有不少论文①，尤其是以下三本专门著作：

（1）何孝元所著《损害赔偿之研究》（台北商务印书馆1968年版）。此为台湾地区第一本关于损害赔偿的专门著作，具有开创意义，其内容丰富，包括损害赔偿的沿革及理论依据、损害赔偿的分类、损害赔偿的范围、损害赔偿的证明、损害赔偿的计算、民事法上的损害赔偿、刑事法上的损害赔偿、行政法上的损害赔偿、特别法上的损害赔偿。

（2）曾世雄所著《损害赔偿法原理》（台北新学林出版有限公司1968年初版，2013年三版）。本书系以"损害赔偿"的法律效果为内容，参酌德国及法国民法判例学说建构损害赔偿的基本原理，立论精微深刻，多有创见，属于德国学者所谓"奠基性"（grundlegend）的经典巨著。

（3）曾隆兴所著《详解损害赔偿法》（台北三民书局2013年版）。本书内容包括损害赔偿的成立要件（尤其是侵权行为）及法律效果，其重点在于整理判例，并做深刻的评论，阐释法律解释适用的疑义，深具实务参考价值。

四、损害赔偿案例法

民法关于损害赔偿的规定（尤其是关于法律效果部分），甚为抽象概括，有赖于实务上的解释适用。数十年丰富案例的累积，逐渐形成"损害赔偿案例法"，近年来为因应社会发展，各级法院多有突破性的见解，例如"最高法院"在一个车祸事件中认为，夫或子女照顾四肢瘫痪之妻或母亲，所受精神痛苦，系基于亲情、伦理、生活扶持之利益受损，得依"民法"

---

① 参见相关部分的论述及本书附录。

第 195 条第 3 项规定,请求侵害身份法益之损害赔偿。①

五、比较法的发展：德国法的继受

在中国台湾地区,民法上的损害赔偿法,主要系继受《德国民法》第 249 条至第 254 条②,兼及瑞士及日本民法立法例③,并一直受其判例学说的影响。德国于 2002 年 8 月 1 日施行第二次损害赔偿法(Schadensersatzrecht),在瑞士亦有关于侵权行为及损害赔偿的修正草案。④特别值得提出的是,欧洲正在从事私法整合,积极讨论制定欧洲民法典,对契约、侵权行为及损害赔偿法从事比较研究⑤,精心设计"假设的案例",探讨各国法律的解释适用,而提出立法的基本原则。⑥比较法的研究提供了不同

---

① "最高法院"2003 年台上字第 1507 号判决谓:不法侵害他人之身体、健康、名誉、自由、信用、隐私、贞操,或不法侵害其他人格法益而情节重大者,被害人虽非财产上之损害,亦得请求赔偿相当之金额。该项规定于不法侵害他人基于父、母、子、女或配偶关系之身份法益而情节重大者,准用之。2000 年 5 月 5 日施行之修正"民法"第 195 条第 1 项、第 3 项分别定有明文。故被害人因人格权或人格法益受侵害,固得依该第 1 项规定请求精神慰抚金,如系身份法益受侵害,情节重大,则系准用同项规定请求赔偿,二者并不相同。本件被上诉人丙○○、丁○○各主张"其遭此事故后不仅身体受伤,妻四肢瘫痪并需长期住院复健,还需强忍悲伤奔波新营高雄、新营台南,并需照顾其妻之事业及家庭,一人身兼数职,其所受之精神痛苦实非常人所能忍","其遭此伤害后不仅经常身体不适,更需经常奔波照料四肢瘫痪之母亲,并代母亲操持家务,原本一家人和乐之情景已难再现,其所受精神上痛苦,非常人可负担"等语,请求上诉人赔偿精神慰抚金。究系仅以其己身体、健康受侵害为由,请求赔偿非财产上之损害,抑并主张其基于亲情、伦理、生活扶持之利益受损,请求侵害身份法益之赔偿？倘系并为主张,则其情节是否重大,符合"民法"第 195 条第 3 项规定？原审未予以区别、厘清,即依"民法"第 195 条第 1 项规定,命上诉人赔偿,亦有可议。

② Gerhard Wagner, Das neue Schadensersatzrecht (2002); Christian Huber, Das neue Schadensersatzrecht (2003).

③ 损害赔偿是日本民法上重要的研究课题,有丰富的案例与学术著作,参见〔日〕有泉亨监修:《现代损害赔偿法讲座》,共有 8 卷:(1)总论。(2)名誉・プライバシー。(3)交通事故。(4)医疗事故・制造物责任。(5)公害・生活妨害。(6)使用者责任・工作物责任・国家赔偿。(7)损害赔偿的范围与额の算定。(8)损害と保险(日本评论社,1972 年);〔日〕山田卓生(编集代表):《新・现代损害赔偿法讲座》,全 6 卷:(1)总论。(2)权利侵害与被侵害利益。(3)制造物责任・专门家责任。(4)使用者责任ほか。(5)交通事故。(6)损害と保险(日本评论社,1998 年)。

④ Pierre Widmer, Reform und Vereinheitlichung des Haftpflichtrechts auf Schweizerischer und Europäischer Ebene, in: Reinhard Zimmermann (Hrsg.), Grundstrukturen des Europäischen Deliktsrechts, 2003, S. 147.

⑤ Christian v. Bar, Gemeineuropäisches Deliktsrecht, Erster Band (1996), Zweiter Band (1996); Reinhard Zimmermann (Hrsg.), Grundstrukturen des Europäischen Deliktsrecht (2003).

⑥ European Center of Tort and Insurance Law 主编,Springer Verlag(Kluwer Law International, The Hague)发行的 Principles of European Tort Law,目前已出版 7 册,甚具参考价值。

的规范模式及思考方法,开拓了新的视野,本书亦将论述及之,俾供参照。

为便于对照,将《德国民法典》相关条文(第249条至第255条)摘录如下(参照台湾大学法律学院、台大法学基金会编译:《德国民法》,元照出版有限公司2016年版):

第249条(损害赔偿之种类及范围):Ⅰ负损害赔偿义务者,应恢复至如同使赔偿义务发生之情事未发生时之状态。Ⅱ因对人侵害或对物毁损,而应赔偿损害者,债权人得不请求恢复原状,而请求恢复原状所必要之金额。于物之毁损,营业税仅以实际发生者为限,包括依第一段规定必要金额之范围内。

第250条(期限过后之金钱赔偿):债权人得对赔偿义务人定恢复原状之相当期限,并表示于该期限经过后,债权人拒绝恢复原状。于该期限内,未恢复原状者,债权人得请求金钱赔偿;该恢复原状请求权予以排除。

第251条(毋庸定期之金钱赔偿):Ⅰ恢复原状不能或不足以填补债权人损害者,赔偿义务人应以金钱赔偿债权人。Ⅱ恢复原状需费过巨者,赔偿义务人得以金钱赔偿债权人。因治愈受伤之动物所需之费用虽显超过动物价值者,不当然为需费过巨。

第252条(所失利益):应赔偿之损害,包括所失利益。按事物之通常发展或特殊情事,即如按已订之措施或设备可得期待之利益,视为所失利益。

第253条(非财产上之损害):Ⅰ非财产上损害之金钱赔偿,仅以法律所定之情形为限。Ⅱ因侵害身体、健康、自由或性自主而应赔偿损害者,亦得就非财产上之损害请求公平之金钱补偿。

第254条(与有过失):Ⅰ损害之发生被害人与有过失者,赔偿义务及赔偿之范围,应按具体情事而定,即如斟酌损害在何种程度系主要由一方或他方所引起者。Ⅱ被害人之过失纵仅为怠于预促债务人注意其所不知或不可得而知之非通常高度损害之危险,或怠于避免或减轻损害者,亦同。第二百七十八条规定,准用之。

第255条(赔偿请求权之让与):就物或权利之丧失应赔偿损害者,仅于赔偿请求权人让与基于物之所有权或基于权利对第三人之请求权时,始负给付之义务。

六、大陆民法上的民事责任制度：损害赔偿法的建构

(一) 民事责任制度

在大陆,民法因未设债编,并无损害赔偿的一般原则规定,但创设了民事责任制度。民事责任分为责任成立与责任范围。关于民事责任的成立及其法律效果(请求权基础),《中华人民共和国民法总则》(以下简称《民法总则》)、《中华人民共和国物权法》(以下简称《物权法》)、《中华人民共和国合同法》(以下简称《合同法》)、《中华人民共和国侵权责任法》(以下简称《侵权责任法》)等设有明文。关于承担民事责任的主要方式,《民法总则》第179条规定:"承担民事责任的方式主要有:(一)停止侵害;(二)排除妨碍;(三)消除危险;(四)返还财产;(五)恢复原状;(六)修理、重作、更换;(七)继续履行;(八)赔偿损失;(九)支付违约金;(十)消除影响、恢复名誉;(十一)赔礼道歉。法律规定惩罚性赔偿的,依照其规定。本条规定的承担民事责任的方式,可以单独适用,也可以合并适用。"大陆的民事责任制度系建立在某种具有创设性,但非无争论的理论基础之上[①],不易建立精确的体系,在此难以详论。民事责任体系的规范功能和规范内容相当于传统民法的损害赔偿法(广义,包括责任法),为便于比较观察,将现行规定图示如下(务请阅读相关条文,加以整理分析):

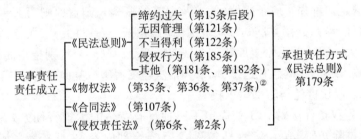

据上图所示,债务人应承担何种形式的民事责任,应依各该当请求权基础而认定。《民法总则》第179条系在体系上综合归纳整理民法上承担民事责任的主要方式,其本身不具创设性的规范效力,债权人不能径依

---

① 参见魏振瀛:《民事责任与债分离研究》(重排版),北京大学出版社2016年版。
② 《物权法》第35条系防御请求权,非属民事责任。第36条和第37条并未明定以故意或过失为要件,法律性质不明。第36条规定毁损不动产或者动产,第37条规定侵害物权。就法律概念言,毁损不动产或动产亦属侵害物权。

《民法总则》第 179 条请求债务人应承担其所规定的责任方式。例如在违约的情形，债权人不能请求债务人赔礼道歉，或精神损害赔偿（《侵权责任法》第 22 条）。

法学研究在于明确法律概念，建立理论体系，发现法律原则。兹从比较法的观点，初步提出《民法总则》第 179 条所体现的民事责任承担方式的规范架构：

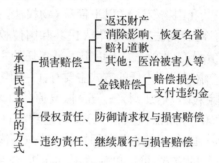

（二）分析说明

1. 损害赔偿

损害赔偿指应依法赔偿他人权益受侵害而发生的不利益（损害、损失）。损害可分为财产上损害与非财产上损害（精神损害）。损害赔偿法旨在规定何种损害应予赔偿（此涉及损害的概念）、归责原则（因果关系、法规目的等）、赔偿方法和赔偿范围（损益相抵、与有过失）。关于赔偿的方法，大陆民法兼采恢复原状和金钱赔偿两个原则。应特别指出的是，消除影响、恢复名誉、赔礼道歉，均系人格法益受侵害恢复原状的方法。

2. 侵权责任与防御请求权

《侵权责任法》第 15 条规定了三种具有特色的承担责任方式：停止侵害、排除妨碍、消除危险（请参阅第 15 条全部内容）。此三者系属传统民法用于保护物权等绝对权不受侵害的防御请求权，侵权责任法明定其为承担侵权责任的方式，具有创意。例如甲排泄废水，污染乙的农田，乙得请求甲停止侵害，排除农田所受污染，于甲预备排泄废水时，得请求消除其危险。此外，乙并得请求农田受污染的损害赔偿。须特别指出的是，排除妨碍等亦属损害赔偿恢复原状的方法，从而《侵权责任法》第 15 条纵未设此规定，被害人亦得请求加害人排除其权益所受侵害或妨碍。

防御请求权系指为保护绝对权不受侵害的请求权。《物权法》第 35

条规定:"妨害物权或者可能妨害物权的,权利人可以请求排除妨害或者消除危险。"本条明定物权的防御请求权,侵害行为须具违法性,但不以有故意或过失为要件,不同于侵权行为,性质上非属民事责任。例如甲的古屋有倾倒的危险,邻居乙得请求甲消除危险,传统民法不认为在此情形发生所谓的民事责任。依《物权法》第35条规定,甲庭院里的老树压坏乙的房屋,甲纵无过失,乙亦得请求甲排除其侵害。就其房屋所受损害,乙得依侵权责任法请求损害赔偿,但须以甲有故意或过失为要件(第6条、第2条)。

值得提出的是,中国台湾地区"民法"第18条第1项规定:"人格权受侵害时,得请求法院除去其侵害;有受侵害之虞时,得请求防止之。"此为人格权的防御请求权,德国民法和大陆民法均未设有此等规定。为保护人格法益,德国通说类推适用《德国民法》第1004条规定的物权防御请求权(RGZ 148,114;BGH NJW 93,925)。在大陆民法亦可采此法之续造的方法,强化对人格法益的保护。

3. 违约责任、继续履行与损害赔偿

《合同法》第107条规定:"当事人一方不履行合同义务或者履行合同义务不符合约定的,应当承担继续履行、采取补救措施或者赔偿损失等违约责任。"并对非金钱债权的违约责任(第110条)、瑕疵、瑕疵担保的修理、更换、重作、退货、减少价款或者报酬(第111条)、履行、补救措施后的损失赔偿(第112条)、损害赔偿的范围(第113条)等详为规定(请阅读条文)。大陆合同法的违约责任系参照联合国货物买卖公约(United Nations Convention on Contracts for the International Sale of Goods,CISG)的规范模式,将之一般化,作为合同法的基本原则,尤其是采统一违约的概念及无过失责任,与合同法的国际发展趋势接轨。应说明的有三点:

(1)《合同法》第107条明定债务人应当承担继续履行的违约责任。在传统民法,债务人的履行义务(主给付义务)因合同成立而发生,除有消灭事由外(如给付不能),债务人应当继续履行,乃属当然,性质上非属违约责任,从而并未就此设有规定。CISG之所以规定履行请求权(参照第45条以下),系为顾及英国普通法未设有实际履行(specific performance)的一般原则。英国普通法之所以采损害赔偿原则,系认为实际履行侵害债务人的自主权,以及不具经济效益。CISG与大陆合同法强调履行请求权的优先性,维护履行利益,应值肯定。

（2）履行请求权及补救措施得与赔偿损失（损害赔偿，次给付义务）并存结合，即债权人于请求履行或补救措施外另受有损害时，尚得请求赔偿（第74条以下）。

（3）合同法关于违约责任的规定有疑义或漏洞时，应参照CISG的相关规定、各国法院判决及丰富的学说见解而为解释适用。

（三）损害赔偿法的建构和发展

损害赔偿是民事责任的核心，大陆民法未详设规定，如何明确其基本概念、建构规范体系和法律原则，系理论与实务的重要课题。期待本书能有参考的价值，有助于完善大陆民事责任制度和损害赔偿法的发展。

七、研究课题及方法

本书将以损害赔偿的法律效果（所谓损害赔偿之债）作为重点，综合整理学说及判决，兼顾理论与实务，对损害赔偿的基本问题，从事专题性的研究，期能建构损害赔偿法的理论体系，俾利法律的解释适用，而有助于现代社会风险的预防及损害救济。应在此先为致谢的是所引用参考论著的作者及各级法院的裁判，他们提供了必要的研究资料，启发思考方向，本书若有些微的研究心得，实全受益于他人的启迪和协助。

第二章 损害赔偿法的规范体系、目的、归责原则及发展趋势

第一节 损害赔偿法的规范体系

一、内在体系与外在体系

在现行法上,并无称为损害赔偿法的法律。所谓损害赔偿法系指关于损害赔偿诸法律的总称,乃法学上的用语,旨在建构损害赔偿制度体系。

法律体系可分为内在体系与外在体系。外在体系(ausseres System)系借着一定的概念及观点,呈现法律逻辑形式的关联,以提升规范的透明度,维护法秩序的安定。内在体系(inneres System)则指实践法律原则及价值。① 民法系以权利及法律行为这两个核心概念,建构五编制体例,以私法自治为根本理念,体现人的自由、平等及人格尊严。②

损害赔偿法的体系构成对立法、司法及法学研究至为重要。在立法上,得供了解法律的整体状况,认知所应修正的部分及其修正对整个法律的影响。在司法上,正确的法律解释适用,须能把握体系关联,使其符合体系正义,避免价值判断的矛盾。法学者的主要任务则在于参与法律体系的形成、维护及调整,以因应社会经济发展。本书的重点在于阐释损害

---

① Franz Bydlinski, System und Prinzipien des Privatrechts (1996), S.1 (31 f.).; Claus-Wilhelm Canaris, Systemdenken und Systembegriff in der Jurisprudenz (2. Aufl. 1983); Karl Larenz, Methodenlehre der Rechtswissenschaft (5. Aufl. 1983), S.420 f.

② 参见王泽鉴:《民法总则》,第19、31页。

赔偿法的构造、规范目的、指导原则及解释适用的发展趋势。

二、责任法与赔偿法

损害赔偿法的外在体系由两个部分构成：一为损害赔偿的发生原因（责任成立原因，Haftungsgrund）；二为损害赔偿内容（Haftungsausfüllung）。前者称为责任法（Haftungsrecht），多用于侵权行为。后者称为损害法（Schadensrecht），以损害赔偿为内容。

损害赔偿的发生原因，系分散规定于民法及其他特别法。损害赔偿内容的一般原则，系统地归纳于"民法"第213条至第218条，对契约责任、侵权责任、无因管理等一切损害赔偿均有适用余地。"民法"第192条至第198条，一方面系关于侵权行为的特别规定，他方面亦具原则性，对一切侵权行为，无论是规定于民法或特别法，采过失责任或无过失责任，均得适用。此项体系构成系建立在一项共同的基本原则之上，即损害赔偿之目的在于填补损害，不受其责任发生原因的影响。关于损害赔偿的内容，法律设有特别规定的，除前述侵权行为（第192条至第197条）外，尚有"民法"第91条、第245条之1、第247条规定的信赖利益赔偿。"民法"第638条规定："运送物有丧失、毁损或迟到者，其损害赔偿额应依其应交付时目的地之价值计算之。"系采所谓客观损害的计算方法。

三、得请求赔偿的损害：概念和思考方法

损害赔偿法在决定被害人"得请求赔偿的损害"，此在学说上称为ersatzfähiger Schaden[①]（具赔偿能力的损害、赔偿适格的损害），系一个重要法律思考上的概念。何种损害得请求损害赔偿，应依责任成立及责任内容相关规定加以认定。兹举一例加以说明：甲骑机车，带其子乙上幼儿园，途中被丙驾驶违规超速的卡车撞倒，甲受重伤，乙成为植物人，经查，甲对损害的发生与有十分之三的过失。在此情形，其依损害赔偿法所要认定的（请先思考）：

(1) 甲得否依"民法"第184条第1项前段规定或第191条之2规定向丙请求损害赔偿，其赔偿范围如何依"民法"第213条以下及第192条以下规定加以认定，尤其是有"民法"第217条与有过失的适用。

---

① Larenz, Schuldrecht I, S. 422.

(2)乙得否依前述规定向丙请求损害赔偿？乙应否承担其父（法定代理人）的与有过失？

(3)甲之妻丁惊闻车祸，到医院目睹其事，精神崩溃住院医治。在此情形，丁得否向丙请求损害赔偿？应否承担甲的与有过失？

(4)甲的老母戊暂停经营小杂货店，照顾甲、乙及丁，精神痛苦不堪。在此情形，戊得否向丙请求慰抚金？谁得向丙请求看护费用？①

四、任意规定、排除及限制

关于损害赔偿的成立及范围，法律斟酌当事人利益详设规定，其内容多属合理。此等规定，并非皆具强行性，多属于任意规定，即当事人得依其合意加以排除或限制，此乃在尊重私法自治及契约自由。惟排除或限制损害赔偿责任（成立及范围）的约定，亦应有其界限，以维护伦理秩序及保护他人权益，即不得违反公序良俗（第72条）；不得违反强行规定（"民法"第222条）。排除或限制系以定型化契约条款为之时，内容违反诚实信用原则，对消费者显失公平者，无效（"消费者保护法"第12条以下）。

五、宪法与损害赔偿法

损害赔偿法系属私法领域，宪法与私法的关系亦适用于损害赔偿法。应予指出的是，国家为实践基本权的保护义务，应建立损害赔偿制度，在责任成立及责任内容，固均有相当形成空间，但仍应斟酌社会经济发展，适时予以检讨修正，前已说明。兹先举四个具有宪法意涵的问题，以供参考，将在本书相关部分作较详细的论述。

1. 人格权与表见自由

二者均系受宪法保障的自由权利，如何调和，系侵权行为法上的重要问题。司法院释字第509号解释涉及刑法诽谤罪，建构了宪法上的调和基准（合理查证义务）；"最高法院"判决则在侵权行为法上界定言论自由与名誉权应受保护的问题。②

2. wrongful birth：宪法的第三人效力

基本权利如何经由"民法"第184条规定，而展开规范效力？最近实务

---

① 以上问题，将于相关部分再行论述，先行提出，以供思考。
② 参见王泽鉴：《人格权法》，第69、361页；王泽鉴：《民法总则》，第361页。

上关于 wrongful birth(计划外生育)的判决,涉及两个具有启示性的问题:

(1)堕胎自由与生育自主权是否为"民法"第184条第1项前段所称权利。

(2)子女是否为一种损害或受宪法保障的价值,得否请求一般生活费用(抚养费)的损害赔偿?① (本书第158页)

3. 侵害名誉的登报道歉启示

4. 惩罚性赔偿

填补损害是民事损害赔偿法的基本原则,近年来,若干特别法(尤其是"消费者保护法"第51条)引进了美国法上的惩罚性赔偿金(punitive damages)。此项以惩罚为目的之制度,在美国法有合宪性的争议。② 德国、日本实务上均以其违反公共秩序而不承认美国法院判决的执行力。③ 在台湾地区,现行规定与美国法院判决的承认及执行亦涉及"宪法"第23条比例原则(本书第371页)。

第二节 损害赔偿法之目的

现行损害赔偿法究具有何种目的? 旨在实践何种功能? 如何建构其内容?

损害赔偿法系由责任成立及责任效果两部分构成,前已说明。关于损害赔偿责任的成立,有为契约(债务不履行等)、有为侵权行为。前者在于保护契约当事人的期待利益。后者包括"民法""消费者保护法""公平交易法"和"核子损害赔偿法"等相关规定,虽同具保护权益不受侵害的规范功能,但亦各有其特别的立法目的。

关于损害赔偿责任的效果(损害赔偿之债),系统一明定于"民法"(第213条以下、第192条以下),另于若干特别法设有规定(如"消费者保护法"第51条)。首先应探究的是损害赔偿之债的目的、功能及指导原则,此对于了解现行损害赔偿法的内容、解释适用,及认识其发展趋势,

---

① 台湾地区士林地方法院1995年重诉字第147号判决,台湾地区高等法院1996年重上字第464号判决,"最高法院"2001年台上字第468号判决。

② Dan B. Dobbs, The Law of Torts, 1069 (2000); John Calvin Jeffries, Jr., A Comment on the Constitutionality of Punitive Damages, 72 Va. L. Rev. 139 (1986).

③ 参见陈聪富、陈忠五、沈冠伶、许士宦:《美国惩罚性赔偿金判决之承认及执行》(2004)。

甚属重要,兹举三个问题如下:

1. 多数被害人的损害赔偿

于同一车祸中,受伤(或死亡)之人,有的是无业游民,有的是家庭主妇,有的是医生,如何定其得请求赔偿的损害?

2. 慰抚金的量定

量定慰抚金(非财产上损害的金钱赔偿)时,所考虑的因素,应否包括双方的资力、加害人故意或过失的轻重?加害人因侵权行为(如无权使用他人照片作为广告)所获利益,应否列入斟酌的因素?

3. 惩罚性赔偿金与填补损害赔偿原则

"消费者保护法"第51条规定惩罚性赔偿金,是否背离民法损害填补基本原则,如何解释适用?

前揭三个问题涉及损害赔偿法的三个目的:

(1)损害填补。
(2)损害预防。
(3)惩罚制裁。

第一款　损 害 填 补

一、损害填补与"民法"第213条的基本原则

(一) 以被害人为规范对象

损害赔偿法的基本目的在于填补被害人所受的损害,学说上称为"损害填补原则"(Ausgleichprinzip, Kompenationsprinzip)[1],体现于"民法"第213条第1项规定:"负损害赔偿责任者,除法律另有规定或契约另有订定外,应恢复他方损害发生前之原状。"此项损害填补原则系针对被害人,以被害人为规范对象。[2] 损害赔偿内容因被害人而异,例如,甲驾车撞伤乙、丙、丁;乙为无业游民,丙为家庭主妇,丁为医生时,其应赔偿的财产上损害(如丧失的劳动力,第193条)及非财产损害赔偿(慰抚金,第195

---

[1] 此为各国法律的共通原则,Hermann Lange/Gottfried Schiemann, Schadensersatz-recht (3. Aufl. 2003); Peter Cane, Atiyah's Accidents, Compensation and The Law (5th ed. 1993);关于日本法上的损害赔偿,参见〔日〕山田卓生等:《新·现代损害赔偿法讲座》(全六卷),日本评论社1998年版。

[2] 参见曾世雄:《损害赔偿法原理》,第19页以下。

条),须就各被害人的职业、身份、地位加以认定。① 损害赔偿不采所谓的"平等原则",其采平等原则的是社会保障型的救济制度或强制责任保险,其给付对象、给付内容等具有平等化的倾向。

损害赔偿法除填补损害之目的外,尚具有所谓权利继续(Rechtsfortsetzung)的功能,即权益受侵害时,损害赔偿请求权使被害人取得该被侵害权益的价值内容,以该权益的客观交易价值作为应予赔偿的最低损害。②

(二)损害赔偿的方法:恢复原状与损害赔偿

损害赔偿之债的构造建立在恢复原状及金钱赔偿两个方法之上。前者旨在贯彻损害填补原则。后者须有法律的特别规定,其情形有四:

(1)债权人得请求支付恢复原状所必要之费用,以代恢复原状(第213条第3项)。

(2)应恢复原状者,如经债权人定相当期间催告后逾期不恢复时,债权人得请求以金钱赔偿其损害(第214条)。此项金钱赔偿究指恢复原状所需费用,抑或为价额赔偿,尚有争论。

(3)不能恢复原状或恢复原状显有重大困难者,应以金钱赔偿其损害(第215条)。不能恢复原状,例如某书被烧毁时,应以金钱赔偿之。恢复原状显有困难,例如撞毁旧车,其修复费用远超过该车的价额时,应以金钱赔偿之,以保护加害人。

(4)不法毁损他人之物者,被害人得请求赔偿其物所减少的价额(第196条)。

综据上述,填补损害的方法甚具弹性,在物受不法侵害的情形,被害人得请求:(1)恢复原状;(2)恢复原状所需费用;(3)其物因损毁所减少的价额。被害人有多种损害赔偿方法,乃在实践损害填补之目的。被害人的选择自由有助于满足其个人的需要,并增进损害赔偿的经济效率。

(三)个人主义的损害赔偿与集体补偿制度

"民法"第213条以下所规定的损害赔偿,系着眼于被害人与加害人

---

① 参见"最高法院"1974年台上字第1394号判例谓:"被害人因身体健康而丧失劳动能力所受之损害,其金额应就被害人受侵害前之身体健康状态、教育程度、专门技能、社会经验等方面酌定之,不能以一时一地之工作收入为准。"又"最高法院"1962年台上字第223号判例谓:"慰藉金之赔偿须以人格权遭遇侵害,使精神上受有痛苦为必要,其核给之标准固与财产上损害之计算不同,然非不可斟酌双方身份资力与加害程度,及其他各种情形核定相当之数额。"

② Larenz, Schuldrecht I, S. 352.

间的关系,乃属一种个人主义损害赔偿。须注意的是,现代损害赔偿趋向于集体化,由责任保险或意外事故补偿制度(参阅"劳工保险条例""强制汽车责任保险法""药害救济法")承担损害分配的任务。在此种集体性的补偿体系,加害人与被害人的关系及赔偿义务范围的认定,仍属重要,在多数责任主体时,得发生代位求偿、损害赔偿请求权移转等问题,必须决定何人应负终局赔偿责任。在日益集体化的赔偿体系,被害人对加害人的损害赔偿请求权不是损害分配终点站,而是一个用于决定谁应负终局责任的中间过程。[①]

二、全部损害赔偿与禁止得利原则

与损害填补有关者,系"禁止得利",即被害人除损害填补外不能更有获利。兹就损益相抵简要说明之,俟于相关部分,再为详论(本书第283页)。

"民法"第216条之1规定:"基于同一原因事实受有损害并受有利益者,其请求之赔偿金额,应扣除所受之利益。"此系1999年"民法"债编修正时所增订,立法理由谓:"按损益相抵,自罗马法、德国普通法以来,即为损害赔偿之一法则,盖损害赔偿之目的,虽在排除损害,恢复损害发生前之同一状态,然非使被害人因而受不当之利益,故如被害人基于同一原因事实受有损害并受有利益时,即应由损害额中扣除利益额,以其余额为请求之赔偿额,此项损益相抵之原则,早经'最高法院'肯认(最高法院1933年上字第352号及1938年沪上字第73号判例参考),且'民法'中亦不乏寓有此原则之规定,如第267条但书、第638条第2项等,惟尚无专条规定,爰增订本条,俾利适用。"兹举两例如下:

(1)某屋出卖人因给付不能应负债务不履行责任时,其损害赔偿须扣除买受人不必支出的相关税捐费用。

(2)甲不幸遭乙驾车撞伤,其所获投保人身伤害保险的保险给付、劳保给付或亲友慰问金,实务上认为均非出于同一原因,不生损益相抵问题。[②]

---

① MünchKommBGB/Oeker §249 Rn. 10-11; Brand, Schadensersatzrecht S.23f.
② 参见"最高法院"1979年台上字第42号判例,本件判例的分析检讨,见本书第291页。

三、加害人的故意过失与资力

(一) 加害人的故意过失

1. 现行法不采责任与赔偿比例原则

在现行法上,加害人的加害行为究出于故意或过失,或其过失轻重,对损害赔偿的内容或范围的认定不生影响,不采取责任与赔偿比例原则。例如,甲杀伤乙,或毁损乙的古董,其损害赔偿的范围,不因甲系故意或过失而有不同,即乙不因甲系故意而得多获赔偿,亦不因甲系轻过失而应少获赔偿。此乃在贯彻损害填补原则。①

2. 慰抚金的量定

于量定慰抚金(非财产上损害的金钱赔偿)时,须否斟酌及于加害人的故意或过失,系实务上及理论上的重要问题。"最高法院"1962 年台上字第 223 号判例未将加害人的故意或过失轻重列入量定因素,此涉及慰抚金的性质及功能,将于相关部分再行论述。

3. 惩罚性赔偿金

"消费者保护法"第 51 条规定:"依本法所提之诉讼,因企业经营者之故意所致之损害,消费者得请求损害额五倍以下之惩罚性赔偿金;但因重大过失所致之损害,得请求三倍以下之惩罚性赔偿金,因过失所致之损害,得请求损害额一倍以下之惩罚性赔偿金。"此系区别故意及过失量定惩罚性赔偿数额的特别规定,乃损害填补原则的例外。

(二) 当事人的资力

1. 不予斟酌原则

基于填补损害原则,于决定损害赔偿的范围,基本上不考虑双方当事人的资力(经济状况),即加害人不因较为富有而应多为赔偿,被害人亦不因其较穷困而多获损害赔偿。

2. 衡平责任

值得注意的是,民法设有斟酌当事人经济状况的衡平责任,其情形有二:①无行为能力人、限制行为能力人与法定代理人的衡平责任(第 187

---

① 比较法斟酌加害人故意或过失以决定损害赔偿内容,例如《奥地利民法》第 1331 条规定,故意或显然疏懈侵害他人财产者,被害人亦得请求特别爱好的价值(den Wert der besondeson Vorliebe);第 1332 条规定,赔偿义务人仅具普通过失者,其应赔偿的损害,限于一般价值(Gemeinewerte)。《瑞士债务法》第 43 条第 1 项规定,法官得依衡平决定赔偿范围。

条第 3 项)。②雇用人的衡平责任(第 188 条第 2 项)。①

3. 慰抚金及惩罚性赔偿金

关于慰抚金的量定因素,"最高法院"1962 年台上字第 223 号判例特别提及双方身份资力。"消费者保护法"第 51 条的惩罚性赔偿金,企业者的资力亦应列为斟酌的因素。②

四、全部损害赔偿原则及其限制

(一) 全部损害赔偿

"民法"第 213 条规定负损害赔偿责任者,除法律另有规定或契约另有订定外,应恢复损害发生前的原状,乃在宣示填补损害的一项重要原则,即责任要件一旦具备,加害人就其加害行为所致全部损害,包括所受损害及所失利益,均应负赔偿责任,学说上称为"全部赔偿原则"(Totalreparation)。反面言之,责任成立要件不具备时,被害人就其所受损害概不得请求赔偿(全有全无原则,Alles oder Nichts Prinzip)。此乃在贯彻填补损害的理念,保护被害人。③

(二) 全部损害赔偿的限制

全部损害赔偿原则系在保护被害人,问题在于因果关系牵连甚远,赔偿范围难以界定。由于科技进步、社会经济发展,常肇致难以预见的重大损害(如公害、高速公路连环车祸等)。责任成立有采过失推定或无过失责任,益趋严格。为顾及加害人的利益,对全部赔偿原则应有合理限制的必要④,分三点言之:

---

① 参见王泽鉴:《侵权行为法》,第 551 页以下。值得注意的是,2002 年 1 月 16 日公布的"两性工作平等法"增设了衡平责任(2008 年 1 月 16 日修正名称为"性别工作平等法"),于第 27 条规定:"(第 1 项)受雇者或求职者因第 12 条之情事,受有损害者,由雇主及行为人连带负损害赔偿责任。但雇主证明其已遵行本法所定之各种防治性骚扰之规定,且对该事情之发生已尽力防止仍不免发生者,雇主不负赔偿责任。(第 2 项)如被害人依前项但书之规定不能受损害赔偿时,法院因其声请,得斟酌雇主与被害人之经济状况,令雇主为全部或一部分之损害赔偿。(第 3 项)雇主赔偿损害时,对于为性骚扰之行为人,有求偿权。"
② 实务上案例,"最高法院"1997 年台上字第 1445 号判决。
③ 参见曾世雄:《损害赔偿法原理》,第 27 页以下。
④ Johann Christian Bartelt, Beschränkung des Schadensersatzumfangs durch das Übermassverbot?: Eine Untersuchung der Vereinbarkeit des Grundsatzes der Totalreparation (§249 I BGB) mit dem verfassungsrechtlichen Verhältnismäßigkeitsprinzip(2004).

1. 相当因果关系说

合理限制损害赔偿的方法之一,系在责任成立与责任范围的认定上采取相当因果关系①,兹举两则判决以供参照:

(1)责任成立因果关系

①"最高法院"2001年台上字第772号判决谓:"侵权行为损害赔偿之债,须损害之发生与加害人之故意或过失加害行为间有相当因果关系,始能成立。所谓相当因果关系,系以行为人之行为所造成之客观存在事实,依经验法则,可认通常均可能发生同样损害之结果而言;如有此同一条件存在,通常不必皆发生此损害之结果,则该条件与结果并不相当,即无相当因果关系;不能仅以行为人就其行为有故意过失,即认为该行为与损害间有相当因果关系。系争汽车及其钥匙遭窃,系出于第三人之故意不法行为,郑希平未尽其保管系争汽车钥匙之注意义务,通常情形,是否可认其均将发生被窃之结果,尚非无疑。"

②"最高法院"2001年台上字第401号判决谓:"损害赔偿之债,以有损害之发生及有责任原因之事实,并二者之间,有相当因果关系为成立要件。所谓相当因果关系,谓无此行为,虽必不生此种损害,有此行为,通常即足生此种损害者,为有相当因果关系;如无此行为,必不生此种损害,有此行为,通常亦不生此种损害者,即为无相当因果关系。查本件被害人黄勉因本件事故身受有百分之八十五之烧伤,存活率低于百分之十,甚或不可能治愈,但在长康医院就医期间,该医院失火,未及逃避致遭烧死,为原审确定之事实,则本件事故致黄勉身受烧伤纵存活率低百分之十,甚或不可能治愈,但按之通常情形,仍有存活可能,本件事故并不当然导致发生黄勉死亡之结果。是于此情形,被害人黄勉之死亡与荣星公司等三人之过失行为,二者之间,并无相当因果关系。"

(2)责任范围因果关系

"最高法院"2011年台上字第141号判决谓:陈○庭等七人主张因被上诉人无权占有系争土地,致不符农业使用之认定标准,使其出售系争土地时,无从依"土地税法"第39条之2第1项规定,申请免课土地增值税,而受有缴纳增值税之损害云云;惟无权占有他人之土地,依吾人智识经验判断,通常并不生使所有人受有额外缴纳增值税之损害,且本件被上诉人

---

① 参见王泽鉴:《侵权行为法》,第212页以下。

系于1979年、2001年间即占有土地,陈○庭等七人则于其行为完成后数年即2007年4月间始因出售移转土地而缴纳土地增值税,被上诉人之行为,与上诉人缴纳税款,难认有相当因果关系。

2. 被害人与有过失

"民法"第217条规定:"(第1项)损害之发生或扩大,被害人与有过失者,法院得减轻赔偿金额,或免除之。(第2项)重大之损害原因,为债务人所不及知,而被害人不预促其注意或怠于避免或减少损害者,为与有过失。(第3项)前二项之规定,于被害人之代理人或使用人与有过失者,准用之。"与有过失的规定,亦具限制全部赔偿的作用,以谋求加害人与被害人间的公平,故在裁判上,法院得以职权减轻或免除之,不以当事人主张为必要。①

3. 损害赔偿之酌减

"民法"第218条规定:"损害非因故意或重大过失所致者,如其赔偿致赔偿义务人之生计有重大影响时,法院得减轻其赔偿金额。"立法理由谓:"谨按凡非因故意或重大过失所生之损害,如因责令赔偿之故,致使加害人之生计顿生重大之影响,按之事理,似亦过酷,故亦得由法院减轻其赔偿金额,以昭平允。"此一损害赔偿减免条款,系采自《瑞士债务法》第44条第2项规定,法院得依职权为赔偿金的减轻(本书第341页)。

第二款 损害预防

一、损害预防的功能

损害赔偿制度旨在填补被害人因他人侵害行为所致损害。损害填补亦具有一定程度预防损害的附带效果:

1. 行为基准的设定

损害赔偿责任的成立,系因行为人违反法律规定的义务。损害赔偿责任使行为规范具体化、明确化,俾行为人或他人得有所遵循,以防范侵害他人权益。

2. 侵害行为的避免

损害赔偿责任是一种不利益,趋利避害乃人的天性,损害赔偿责任在

---

① 参见"最高法院"1965年台上字第2433号判例、2004年台上字第1012号判决。

何种程度具有促使行为人或他人避免侵害行为的诱因,视各种因素而定,诸如事故类型(产品责任或车祸)、侵害行为性质(侵权责任或契约责任)、行为人(个人或企业)、赔偿数额等。预防功能固不能高估,但亦不必迳为否认,兹举两例加以说明:

(1)某食品公司因其产品被法院认定具有制造上的瑕疵,应负巨额赔偿,商誉受损。该食品公司应会采取必要措施,预防瑕疵再度发生。

(2)某医院的医生因手术开错病人、开错部位、弄错开刀手续而应负损害赔偿时,医院通常应会加强医疗安全的管理。[①]

二、与有过失与预防损害

"民法"第217条关于与有过失的规定,除缓和全部损害原则外,尚具预防损害的功能。例如,驾驶机车有过失致后座之人被他人驾驶之车撞死时,若受伤的驾驶人及死者均未戴安全帽,皆应承担损害赔偿减免的不利益。[②] 此有助于促使被害人采取戴安全帽预防损害的必要防范措施。

三、责任保险与损害预防

损害赔偿法旨在决定于何种情形应将被害人所受的损害"移转"于加害人负担(损害移转,loss shifting)。责任保险制度具有的分散损害(loss spreading)功能,具有多种意义。对被害人言,损害赔偿请求权较易实现;对加害人言,得减轻赔偿负担;对社会言,得减少处理损害的成本,并促进社会安全;就侵权行为法言,责任保险使现代侵权行为法的存在及发展(如无过失责任的创设)具有合理性及正当性,二者产生一种共存共生的关系。

责任保险制度可能抑止行为人"预防损害"的诱因,此点常被提起。然应强调的是,责任保险制度与侵权行为法及社会安全具有密切不可分的关系,已如前述,其存在价值及贡献,应予肯定。惟责任保险制度的设计,则应使之具有促进预防损害的功能,例如,得以被保险人防范事故的

---

① 本书作者在某声誉卓著的教学医院看见张贴有"医疗安全"的告示,其中包括加强避免手术开错人、开错部位的安全管理。

② 参见"最高法院"1985年台上字第1170号判例、2000年台上字第1835号判决。

措施及事故发生率作为订定保险费率的标准,并设必要合理的求偿规定。①

四、损害预防的经济分析

（一）损害预防与经济分析

损害填补在于赔偿"过去"业已发生的损害,是一种"事后"的救济。预防损害系着眼于"未来"损害的防免,是一种"向前看"的思考方法。事先防范胜于事后救济,从而损害赔偿制度（尤其是侵权行为法）的设计及运用自应使其发挥预防损害的功能,此系近年来法律经济分析的研究重点,为法学引进了重要的研究方法,此虽为责任成立问题,亦在此加以讨论。

法律经济分析的基本思想系以效率作为一种法律原则,强调立法或司法均应致力于将有限资源作最适当的配置②,就侵权行为言,即应使事故的成本内部化及减少交易成本。兹就"过失"概念的解释,借德国实务上一个著名案例加以说明。

（二）过失的概念与损害预防

现行损害赔偿法系采"过失责任"（第184条、第220条）,实务上对此损害赔偿法上核心概念的认定基准,甚少作必要的阐释。值得注意的是,"最高法院"2004台上字第62号判决认为,所谓过失,乃应注意能注意而不注意,即欠缺注意义务之谓。构成侵权行为之过失,系指抽象轻过失,即欠缺善良管理人之注意义务而言。行为人是否尽善良管理人之注意义务,应依事件之特性,分别加以考虑,因行为人之职业、危害之严重

---

① 在德国,汽车保险费率考虑到汽车种类、马达强度及使用目的（客观危险特征）,行驶的区域,如在较不具危险性的地区（地区等级）,及用户是否为趋避危险的阶层,诸如公务人员等（公务人员费率）。在美国,其责任保险费率亦考虑是否结婚、有无子女、汽车颜色（红色汽车较多事故）等。参见 Kötz/Wagner, Deliktsrecht, S. 152 f. "强制汽车责任保险法"亦以维护道路安全为目的（第1条）,并设有防止交通事故发生的代位求偿规定（第29条第1项）。相关问题,参见陈忠五:《强制汽车责任保险法立法目的之检讨》,载《台湾本土法学杂志》2005年第70期,第59、91页以下（2005）。

② 关于经济分析如何与法释义学接轨,参见王鹏翔、张永健:《被误解的恋情？——经济分析与法学方法》,载"经济分析与法学方法"研讨会,"中央研究院法律所"主办,2016年11月10日。

性、被害法益之轻重、防范避免危害之代价，而有所不同。①

此项过失认定基准，具有利益衡量的意涵，所指"防范避免危害的代价"，系指经济效率而言，接近美国著名法官 Learned Hand 所提出的公式：若发生损失几率为 P，损失金额为 L，并用 B 表示预防成本，则在 B＜PL（即预防成本小于损失金额乘以损失发生几率）时，加害人始有过失。此一所谓"The Negligence Formula of Learned Hand"（汉德公式），经著名的法律经济分析学家 Richard Posner 的积极阐扬以后，不仅对过失认定标准产生重大影响，也成为侵权行为法的核心概念。其基本思想系在增进经济效率，即借着鼓励以合理费用预防意外事故，对财富予以极大化，对成本费用予以极小化。②

（三）德国实务上道路两侧设野生动物围栅案件

1. 德国联邦法院判决（BGH NJW 1989, 2808）

在德国联邦法院判决（BGH NJW 1989, 2808），原告 K 氏于 1985 年 8 月 6 日深夜骑摩托车行驶于 M 镇森林中的道路。某路段设有"动物出入"危险警告标志。K 氏与麋鹿相撞，身受重伤。查在该路段于 1984、1985 年间共发生 50 至 60 件类似交通事故。K 氏以 M 镇仅悬挂警告标志，未设置防范野生动物出入的保护篱笆（Wild-schutzzaun），违反道路交通安全义务（Strassenverkehrssicherungs-pflicht），应依《德国民法》第 823 条第 1 项规定负侵权行为损害赔偿。

K 氏在三审皆遭败诉。德国联邦法院认定，本件情形虽有《德国民法》第 823 条第 1 项的适用，但否认 M 镇违反道路交通安全注意义务，具

---

① "最高法院"2004 年台上字第 851 号判决（吕秀莲诉新新闻周刊侵害名誉案）将此过失认定标准应用于新闻媒体侵害名誉的过失行为，在民法发展史上具有重大意义，摘录如下："新闻自由攸关公共利益，国家应给予最大限度之保障，俾新闻媒体工作者提供信息、监督各种政治及社会活动之功能得以发挥；倘严格要求其报导之内容必须绝对正确，则将缩小其报导空间，造成箝制新闻自由之效果，影响民主多元社会之正常发展。故新闻媒体工作者所负善良管理人之注意义务，应从轻酌定之。倘其在报导前业经合理查证，而依查证所得资料，有相当理由确信其为真实者，应认其已尽善良管理人之注意义务而无过失，纵事后证明其报导与事实不符，亦不能令负侵权行为之损害赔偿责任。惟为兼顾个人名誉法益之保护，倘其未加合理查证率予报道，或有明显理由，足以怀疑消息之真实性或报道之正确性，而仍予报道，致其报道与事实不符，则难谓其无过失，如因而不法侵害他人之名誉，即应负侵权行为之损害赔偿责任。公众人物之言行事关公益，其固应以最大之容忍，接受新闻媒体之监督，然新闻媒体就其言行之报道，仍负证之注意义务，仅其所负注意程度较为减轻而已。"相关问题，参见王泽鉴：《人格权法》，第 172 以下、361 页以下。

② 参见王泽鉴：《侵权行为法》，第 299 页。

有过失。其主要理由系认为野生动物系无主物,出入道路,乃自然现象,系争道路非属快速道路,立警告标志即为已足,无设置保护篱笆的必要。驾驶人应自为减速,注意路况,提高反应的准备。在例外情形,例如在高速公路动物出入频繁的路段,或有设置保护篱笆的必要,本件情形不属之,M镇仅设警告标志,并无违反道路交通安全义务的过失。

2. Kötz 及 Schäfer 教授的经济分析

关于前揭德国联邦法院判决,Kötz 及 Schäfer 两位教授曾从法律经济分析的观点,加以检讨,认为其不具说服力。其要点有二:①

(1)责任法的规范功能乃在促使行为人防范损害的发生,过失应以经济效率及成本作为认定基准。依据调查资料,设置保护篱笆的费用每年约为10至12万马克,其防范费用显然低于事故损失,M镇未设置保护篱笆,系违反道路交通安全义务,具有过失。

(2)学说上有认为被害人通常不会从事"利益—损失"经济分析,以证明加害人的过失;亦难期待有重视经济分析的法官。对此,Kötz 及 Schäfer 认为,法官实际上具有以防范损害成本认定过失的直觉,并负有就此加以阐释的义务,而分配举证责任。就本件判决言,该路段每年有50至60件意外事故,几通电话查询,即可知悉其防范费用低于事故损失。

第三款 惩罚制裁

一、民事责任与刑事责任

损害赔偿法系以损害填补为目的,兼具预防的附带效果。兹应更进一步研究的是,损害赔偿应否具有惩罚制裁性,俾能更有助于抑止损害的再发生。此涉及民事责任与刑事责任的基本问题。

民事责任与刑事责任的分立(民刑分立)是现行法制体制上的特色。二者虽均出于对不法行为的反应,具相同的伦理根源,但已演变为两个独立的制度。现代刑罚的本质在于对反社会的犯罪加以处罚,借一般预防(对一般国民的威吓)及特别预防(对犯罪者的改善),以保护法益不受侵害,并

---

① Hein Kötz 系德国著名的民法、比较法学者,著有 Deliktsrecht (2001) 及 Einführung in die Rechtsvergleichung (3. Aufl. 1996)(与 Konard Zweigert 合著)。Hans-Bernd Schäfer 系有名的法律经济分析学者,与 Claus Ott 合著 Lehrbuch der ökonomischen Analyse des Zivilrechts (6. Aufl. 2015)。

顾及复仇心的满足等传统机能。① 民事责任与刑事责任有如下四点差异②：

（1）民事责任的基础在于法益受侵害致生损害，无损害即无赔偿。刑事责任基于法益的危害性，对未遂犯亦加以处罚（"刑法"第25条）。

（2）在民事责任，其所考虑的是行为可非难性的有无，原则上对故意或过失不为区别。在刑事责任，其责任的有无、大小的判定，则须考虑非难性的有无及程度，例如对故意犯与过失犯刑罚的不同。

（3）民事责任旨在填补损害。刑事责任以制裁为中心，科刑轻重须审酌各种情状（"刑法"第57条），就犯人的改善、更生等社会化作刑事政策上的考虑。

（4）民事责任在于直接保护被害人的利益，刑事责任则通过对犯人的处罚而为间接的保护，事关人权保障，国家刑罚权的行使应为慎重谦抑。③

民事责任与刑事责任不同，已如上述，关于如何认定因果关系、故意过失等问题，在此难以说明。应予指出的有二：

（1）民刑虽已分立，但其共通根源仍存在于刑事诉讼上的附带民事诉讼，即因犯罪而受损害之人，于刑事诉讼得附带提出民事诉讼，对于被告及依民法负赔偿之人恢复其损害。其请求之范围，依"民法"之规定（"刑事诉讼法"第487条）。

（2）"民法"第184条第2项规定："违反保护他人之法律，致生损害

---

① 关于刑法的功能，参见林山田：《刑法通论》，第8版，第14页以下（2003）；蔡墩铭：《刑法精义》，第11页以下（1999）。

② 参见西原春夫：《民事責任と刑事責任》，载〔日〕有泉亨监修：《现代损害赔偿法讲座》（1），第250页（1976）。并请参见 Deutsch, Haftungsrecht. Erster Band: Allgemeine Lehre (1976), S. 80 f. 值得注意的是，德国著名刑法学家 Roxin 认为："刑法与民法在概念上的明确区别，系19世纪法学的重大成就。但在今日，我们必须认为此项严格区别是一个错误的概念。刑法与民法的再接近实有必要。"(Die klare begriffliche Unterscheidung von Straf-und Zivilrecht gilt als eine der grossen juritischen Errungenschaffen der 19. Jahrhunderts… Wir müssen heute erkennen, dass diese strikte Trennung ein Irrweg war und dass… eine Wiederannäherung von Straf-und Zivilrecht nötig sein wird.) Claus Roxin, Strafe und Wiedergutmachung, in: FS für Wernere Lorenz zum 80. Geburtstag, hg. Von Th. Rauscher u. H. - P. Mansel (2001), S. 51 -63. Vgl. Ina Ebert, pönale Elemente im deutschen Privatrecht (2001), S. 51 -56.

③ 关于刑事责任与民事责任的选择，在"司法院大法官"释字第509号关于"刑法"第311条诽谤罪违宪问题的解释中，其解释理由认为对言论自由限制之手段究应采用民事赔偿抑或兼采刑事处罚，则应就国民守法精神、对他人权利尊重之态度、现行民事赔偿制度之功能、媒体工作者对本身职业规范遵守之程度，及其违背时所受同业纪律制裁之效果等各项因素，综合考虑。以现况而言，基于上述各项因素，尚不能认为不实施诽谤除罪化，即属违宪。

于他人者,负赔偿责任。但能证明其行为无过失者,不在此限。"所称违反保护他人之法律,包括刑法在内。

民刑分立系法的进步,对民事责任而言,其主要贡献在于得以建构过失及无过失责任扩大民事损害赔偿。若使民事责任具有惩罚制裁性,将破坏长期法制演进所建立的民刑分化原则,造成法之发展的倒退。此涉及慰抚金及惩罚性赔偿金两种制度,先作简要说明,俟于相关部分再详为论述。

二、慰抚金

(一) 概说

民事责任上的损害分为财产上损害及非财产上损害。无论何者,均应恢复原状。财产上损害不能恢复原状时,应以金钱赔偿。非财产上损害(肉体、精神上痛苦)不能恢复原状时,以法律有特别规定者为限(第18条、第194条、第195条、第227条之1),始得请求慰抚金(第18条第2项;相当金额的赔偿,第194条、第195条)。所谓慰抚金(Genugtungsgeld),系采自《瑞士民法》第38条,"相当金额的赔偿"系采自《德国民法》第253条及第847条所称的eine billige Entschädigung in Geld(学说上称为Schmerzensgeld,痛苦金)。关于《日本民法》第710条规定的非财产上损害的赔偿,判例学说上称为慰谢料。问题重点在于非财产上损害金钱赔偿(慰抚金、痛苦金、慰谢料)的机能及其量定基准。

(二) 比较法①

在瑞士民法,慰抚金原被认为是一种赎罪(Sühne),其后被填补思想所取代。关于慰抚金的量定,须斟酌故意或过失的轻重,因重大过失行为而提高慰抚金额,乃在填补精神损害,不具惩罚因素(pönale Elemente)。②

在德国民法,通说(实务及学说)强调痛苦金除填补功能外,尚具慰抚制裁性的作用,其量定的因素亦包括加害人的故意或过失轻重。德国联邦法院在著名的Caroline v. Monaco案件(BGHZ 128,1)中特别强调,为有效抑止娱乐媒体以假造访问等不当方法侵害他人的人格权,应将加害人因侵害行为所获利益,列为量定痛苦金的重要因素,借以剥夺其所获

---

① Oftinger/Stark, Schweizerisches Haftpflichtrecht, Erster Band: Allgemeiner Teil (1995), S.421 f.
② 关于非财产损害的金钱赔偿的比较研究,W. V. Horton Rogers ed., Damages for Non-Pecuniary Loss in a Comparative Perspective (2001).

利益。此项判决使慰抚金具有"制裁性预防功能"(Präventionsfunktion),在学说上引起对慰抚金的惩罚性空前热烈的讨论。①

在日本民法,通说认为,慰谢料的本质及机能,在于填补损害赔偿,学说上多倡导其应具制裁性。关于慰谢料的量定,实务上亦将加害人故意过失列入考虑。慰谢料具有所谓"补完的机能",于算定慰谢料时,应斟酌各种损害费用举证的困难,并强调此为日本慰谢料特有的机能。②

(三) 中国台湾地区法上的慰抚金

关于台湾地区"民法"上的慰抚金,"最高法院"有两则判例,可资参照:

(1)"最高法院"1958年台上字第1221号判例:名誉被侵害者,关于非财产上之损害,加害人虽亦负赔偿责任,但以相当之金额为限,"民法"第195条第1项订有明文。所谓相当,应以实际加害情形与其名誉影响是否重大,即被害者之身份地位与加害人经济状况等关系定之。

(2)"最高法院"1962年台上字第223号判例:慰藉金之赔偿,须以人格权遭遇侵害,使精神上受有痛苦为必要,其核给之标准与财产上损害之计算不同,然非不可斟酌双方身份资力与加害程度,及其他各种情形核定相当之数额。

由此两个判例可知,实务上并未明确表示将加害人的故意或重大过失列入量定慰抚金的因素,不同于前述瑞士、德国的通说。

实务上甚少阐释慰抚金的机能,之所以未明确将加害人的故意或过失列入考量因素,或系为贯彻损害填补原则,不使慰抚金具有制裁性。然非财产上损害不同于财产上损害,须考虑加害人的故意或过失轻重,始能使金钱赔偿具"相当性",以慰抚被害人精神或肉体上的痛苦。此项故意过失的斟酌,并不使慰抚金成为一种惩罚制裁的制度。③ 此等问题将于相关部分再详为说明。

三、惩罚性赔偿金

(一) 美国法的继受及"本土化"的特色

对中国台湾地区损害赔偿法体系造成重大冲击的是美国法上的 puni-

---

① Lange/Schiemann, Schadensersatz (1993), S.431 (435 f.).
② 参见〔日〕斋藤修:《慰谢料に关する诸问题》,载〔日〕山田卓生、淡路刚久编集:《新·现代损害赔偿法讲座》(6),第231页以下;〔日〕后藤孝典:《现代损害赔偿法论》,日本评论社1984年版,第155页以下。
③ Esser/Weyers, Schuldrecht AT (1993), S.170.

tive damages(惩罚性赔偿,或称为 exemplary damages,典范赔偿)的引进。此项制度在中国台湾地区的继受,始自1988年"证券交易法"(第32条第1项),并扩大及于"专利法"(第89条第3项)、"著作权法"(第88条第3项)、"营业秘密法"(第13条第2项)、"健康食品管理法"(第29条)。应特别指出的是,"消费者保护法"第51条规定:"依本法所提之诉讼,因企业经营者之故意所致之损害,消费者得请求损害额五倍以下之惩罚性赔偿金;但因重大过失所致之损害,得请求三倍以下之惩罚性赔偿金,因过失所致之损害,得请求损害额一倍以下之惩罚性赔偿金。"本条规定使用"惩罚性赔偿金"的概念,乃 punitive damages 的中译,商品责任与服务责任与民法具密切关系,此项发展甚值重视。① 惩罚性赔偿金,顾名思义,旨在以一定数额或倍数的赔偿额处罚行为人,吓阻行为人或其他之人从事侵害行为。台湾地区本土化的惩罚性赔偿制度有三个特色:

(1)在美国,惩罚性赔偿金适用于一切侵权行为。在中国台湾地区,其适用范围较狭。因此产生法益保护差别待遇问题:例如,媒体恶意伤害他人名誉,情节重大的,为何得不受高额赔偿金的"惩罚"?

(2)在美国,惩罚性赔偿金请求权的成立,多以行为人有恶意(malicious)、轻率(reckless)为要件。在中国台湾地区的"消费者保护法",过失行为亦在惩罚之列。问题在于对过失行为加以惩罚制裁,是否合理,有无必要?

(3)在美国,惩罚性赔偿金的数额,除各州法律有规定外,原则上不受限制,由陪审团斟酌情事定之,可多达百万或千万美金,惟法官得为减少。② 在中国台湾地区,惩罚性赔偿金设有一定数额或倍数的限制。问

---

① 关于惩罚性赔偿金的详细论述,参见本书第九章。台湾地区相关论著甚为丰富,参见陈聪富:《美国惩罚性赔偿金的发展趋势——改革运动与实证研究的对峙》,载《台大法学论丛》1997年第27卷第1期,第231—264页;林德瑞:《论惩罚性赔偿金可保性之法律争议》,载《中正大学法学集刊》1999年第2期,第103—129页;谢哲胜:《惩罚性赔偿》,载《财产法专题研究》(二),1999年,第1—49页;何建志:《惩罚性赔偿之法理与应用——论最适赔偿金额之判定》,载《台湾大学法学论丛》,2002年第31卷第3期,第237—289页。

② 在著名的 Grimhaw v. Ford Motor Co., 174 Cal. Rptr. 348 (Cal. App. 198)案件,陪审团认为,生产具有缺陷 pinto 汽车的福特公司应赔偿1.25亿美元,法官将之减为3500万美元。又在麦当劳快餐店案件[Liebeck v. McDonald's Restaurants, No. CV—93—02419, 1994 WL 360309 (N.M. Dist. Ct. Apr. 18, 1994)]中,某妇女因饮用热咖啡受伤,陪审团判赔290万美元,经法院减为48万美元。此两件判决轰动全美,引起对惩罚性赔偿金制度的争论。参见 Richard Allen Epstein, Cases and Materials on Tort 916 (7th ed. 2000).; Twerski & Henderson, Torts: Cases and Material 652 (2003).

题在于低额的赔偿金是否确有惩罚、吓阻的作用？另一个值得重视的难题是，美国法院判决的惩罚性赔偿金超过中国台湾地区的法律规定的限度时，中国台湾地区的法院得否承认及执行？①

（二）惩罚性赔偿金与民事赔偿责任的发展

在现行民刑分立的法制体系，民事责任以损害填补为目的，准此而言，惩罚性赔偿金制度系一种民事罚（Privatstrafe），乃现行法体系的异体物。惩罚制裁系刑法的功能。惩罚性赔偿金制度或在补强刑事司法②，由人民担任"检察官"，以执行法律。此项制度使惩罚制裁思想侵入私法领域，动摇长期历史发展所建立的民刑分立原则，使被害人获得超过其所受损害的利益，实有检讨余地。

惩罚性赔偿金源自英国，适用范围较狭，存废与否，正在检讨中。③大陆法系的德国、日本、法国等均不采此制度。中国台湾地区之所以继受此项具美国法律及政治文化特色的制度，或因台湾地区有民刑不分的传统，或过度高估可以借此制度有效吓阻侵害行为。已经制定的法律，更改匪易，应否继续引进惩罚性赔偿金，须特为审慎，不应使惩罚制裁成为台湾地区损害赔偿法的基本原则。

四、结语

惩罚制裁乃民事损害赔偿体系的异体物，最近立法上陆续引进惩罚性赔偿金，难免高估其吓阻功能，而疏于强化刑法或行政法上预防危害、抑止损害的必要机制。德国著名的法学家 Philipp Heck 曾谓具惩罚制裁的民事罪（Privatstrafe）系法制史上的蜥蜴（Saurier der Rechts-geschichte）。④ 我们应防范此一法制史上蜥蜴的复活，或加以必要的驯服，不任其

---

① 参见陈聪富、陈忠五、沈冠伶、许士宦：《美国惩罚性赔偿金判决之承认及执行》(2003)。

② Kemezy v. Peters, 79 F. 3d 33 (7th Cir. 1996)判决，Posner C. J.特别指出 punitive damages 制度与刑事司法的关系，参见 Richard Allen Epstein, Cases and Materials on Tort 910 (7th ed. 2000)。

③ Basil Markesinis and Simon Deakin, Markesinis & Deakin's Tort Law 726–730 (4th ed. 1999).; Law Commission, Aggravated, Exemplary and Restitutionary Damages, 132 Law. Com 1 (1993).

④ Philipp Heck, Grundriss des Schuldrechts (1929), S. 437; Steffen Klumpp, Die Privatstrafe: eine Untersuchung privater Strafzwecke (2002).

无限扩张①,成为损害赔偿法上难以驾驭的怪兽。

第三节　损害赔偿的归责原则

损害赔偿法旨在规定于何种要件,被害人就何种损害得向加害人请求赔偿。不论其请求权基础为何,损害赔偿责任的成立,均须有得将损害归由加害人负责的理由(Schadenszurechnungsgründe),学说上称为归责原则(Zurechnungsprinzip)。②

损害赔偿的归责原则可分为过失责任及无过失责任。过失责任,顾名思义,系以行为人有故意或过失为归责的理由。无过失责任,其情形甚多,因难以提出一项共同原则,乃就其消极特征,加以说明。兹先分别说明契约责任及侵权责任的归责原则,再整理其他无过失责任的类型。

第一款　契约责任的归责原则③

契约责任,指不履行契约上义务所生的责任,有给付不能、给付迟延及不完全给付三种态样,其责任的成立须有可归责事由(第 226 条、第 227 条、第 231 条)。此项归责事由可分为过失责任及无过失责任:

---

① 2002 年制定的"两性工作平等法"(2008 年修正名称为"性别工作平等法")在立法院审议期间,有其草案版本于第 15 条第 1 项规定:"受雇者或求职者因第 12 条而受侵害者,雇主应对受雇者或求职者负新台币 5 万元以上 100 万元以下之惩罚性赔偿金。但雇主能证明其已遵行第 13 条所定之各种防治性骚扰之规定,且对该事情之发生已尽力防止仍不免发生者,不在此限。"提案理由谓:为促使受雇者于工作场所免受性骚扰之侵害,参见"消费者保护法"第 51 条之规定,明订惩罚性赔偿金。又 2003 年"立法司法委员会"第 5 届第二会期有"立法委员"提案,于"民法"第 654 条之 1 增设:"旅客因运送事故死亡或身体、健康受到伤害而有下列情事之一者,其法定继承人或自己得对于旅客运送人请求损害额三倍以下之惩罚性赔偿金……"提案理由谓:"鉴于运送事故频传,不但造成受害人或其家庭重大损害,也给社会带来极大不安。所以,有必要参酌'消费者保护法'第 51 条规定引进惩罚性赔偿金的规定,以提高运送业之注意程度,减少交通事故,并对于受害人或其家属提供比较充分之赔偿,爰新增本条规定。"由此可知"消费者保护法"第 51 条具有"示范作用"。前揭两个提案均未被采纳,否则惩罚性赔偿金将渐次扩增,难以节制。

② Karl Larenz, Die Prinzipien der Schadenszurechnung. Ihr Zusammenspiel im modernen Schuldrecht, JuS 1965, 373.

③ 参见郑玉波著、陈荣隆修订:《民法债编总论》,第 334 页;孙森焱:《民法债编总论》(下),第 493 页。关于各种契约类型的归责事由,请读者自行参照相关条文列表分类分析,并据以说明其立法理由。

一、过失责任

债务人应就其故意或过失的行为负责(第220条第1项)。过失有重大过失、具体轻过失与抽象轻过失,究负何种过失责任,由当事人自行决定,或由法律依契约类型而设规定(第410条、第434条、第535条)。无约定或法律规定时,过失责任,依事件性质而有轻重,如其事件非予债务人以利益者,应从轻酌定(第220条第2项)。须注意的是,债务人之代理人或使用人,关于债之履行有故意或过失时,债务人应与自己之故意或过失负同一责任。但当事人另有订定者,不在此限(第224条)。

二、无过失责任

可归责于债务人的事由,亦有非因故意或过失而发生的"事变",其情形有二:

(1)通常事变,指债务人虽尽其应尽的义务,而仍不免发生损害。应负此责任的,有旅店等场所主人(第606条)、运送人(第634条、第635条)。

(2)不可抗力,指外部袭来的事变,纵尽交易观念上一切方法,亦不能防止其发生损害,其应负此责任的,有给付迟延中的债务人(第231条)。又出版人就著作物交稿后因不可抗力而灭失,仍有支付报酬的义务(第525条)。须特别指出的是,关于债务不履行归责事由的举证责任,应由债务人负担,盖债务人负有依契约本旨履行的义务,并较接近于归责事由的证据范畴。①

---

① 参照"最高法院"1932年上字第1956号判例:"给付有确定期限者,债务人自期限届满时起当然负迟延责任,其因不可归责于债务人之事由致未为给付者,债务人虽不负迟延责任,但不可归责于债务人之事由,应由债务人负举证之责。""最高法院"2001年台上字第368号判决:"债务人履行债务所负责任之程度,最重者须就事变负责,其次依序为抽象的轻过失(即违反善良管理人之注意义务)、具体的轻过失、重大过失、故意。债务人如应负较重之责任者,其就较轻之责任更应负责。上诉人主张被上诉人未尽善良管理人之注意义务,提供适合储放输送化学品之储槽及管线,应负债务不履行之损害赔偿责任,当然含有被上诉人就较轻之故意及重大过失亦应负责之意。又原审认定被上诉人就系争化学品发生质量变异,仅负故意或重大过失责任,倘该化学品发生质量变异,系因被上诉人未提供适合储放、输送化学品之储槽及管线所致,则被上诉人如欲免责,自应由其就并无可归责之事由即无故意或重大过失负举证责任。"

第二款　侵权行为的归责原则①

在侵权行为,如何定其归责原则,就基本原则言,因他人行为致权益受侵害的被害人,应自承担所生损害的,即损害应停留于其所发生之处②,主要理由为:

(1)若有损害,即须负责,将严重限制行为自由,影响社会经济活动。

(2)损害既已发生,难以除去,转嫁由他人负担,势必另外增加社会成本(例如:谈判、诉讼、人际关系)。侵权行为法的主要任务在于规定得将损害归由加害人负责的"特殊理由"。

在现行法上,其使加害人应为负责的特殊理由有三:

(1)加害人有故意或过失(过失责任)。

(2)基于衡平考虑(衡平责任)。

(3)加害人占有或所有具有危害性的物品,或经营有危险性的企业(危险责任)。

一、过失责任

加害人应就其故意或过失负责(第184条)。为维护社会安全,过失的认定应予客观化,即以从事一定职业、活动、事务者通常应有的注意程度为判断基准,行为人纵因个人主观因素未达此客观注意程度,仍应负责。③ 加害人的过失应由被害人负举证责任,但法律为保护被害人设有举证责任倒置的规定,使较接近证据者,负举证责任,其主要情形为违反

---

① 参见王泽鉴:《侵权行为法》,第12页以下。

② 参照美国伟大法学家 Holmes 的名言:Sound policy lets losses lie where they fall except where a special reason can be shown for interference. (除有特别干预的理由外,良善的政策应使损失停留于其所发生之处。)Oliver Wendell Holmes, The Common Law 50 (1881).

③ 关于此点,Oliver Wendell Holmes, The Common Law 108 (1881)作有精辟的阐释:「The standards of the law are standards of general application. The law takes no account of the infinite varieties of temperament, intellect, and education which make the internal character of a given act so different in different men… When men live in society, a certain average conduct, a sacrifice of individual peculiarities going beyond a certain point, is necessary to the general welfare. If, for instance, a man is born hasty and awkward, is always having accidents and hurting himself or his neighbors, no doubt his congenital defects will be allowed for in the courts of Heaven, but his slips are no less troublesome to his neighbors than if they sprang form guilty neglect. His neighbors accordingly require him, at his proper peril, to come up to their standard, and the courts which establish decline to take his personal equation into account.」

保护他人法律(第 184 条第 1 项)、雇用人责任(第 188 条)、动物占有人责任(第 190 条)、工作物所有人责任(第 191 条)。

二、衡平责任

加害人虽无过失,法律基于衡平的考虑,规定法院得依被害人的声请,斟酌双方当事人的经济情况,令加害人为一部分或全部的损害赔偿,其情形有二:

(1)无识别能力人及法定代理人的衡平责任(第 187 条第 3 项)。

(2)雇用人的衡平责任(第 188 条第 2 项)。在比较法,罕见如此广泛地创设衡平责任。此种道德化的规定陈义虽高,实务上殆无适用的案例。

三、无过失责任(危险责任)

民法未设无过失侵权责任,此系规定于特别法,如"民用航空器法""核子损害赔偿法""消费者保护法"规定的产品责任及服务责任。侵权行为法的无过失责任,多称为危险责任(Gefährdungshaftung),即所有或占有危险物品,从事具危险性的活动,虽非不法,但纵无过失,仍应就所生损害负责,盖其制造了危险来源;享有利益者,应担负其责;并使较有控制能力者承担危险,分散损害。

契约责任的归责原则较为明确、稳定,因其仅涉及特定契约当事人,当事人得自行约定,法律规范具有补充的性质。侵权行为法上归责原则的设计,须考虑道德、效率、公共利益及社会变迁[①],构成多元的体系,其核心问题在于如何实践侵权行为法上的正义,即在分配正义上(distributive justice),须合理决定个人得享有之行为自由的自主性,在平均正义上(corrective justice),使被害人就其所受损害能获得应有的赔偿。[②]

第三款 无过失责任的归责原则[③]

一、因某种合法或可危害他人行为而享受利益者,应就因此所生损害负赔偿责任

属于此类型的,除侵权行为上的危险责任(无过失责任)外,其主要

[①] Peter H. Schuck ed., Tort Law and the Public Interest (1991).
[②] Alan Calnan, Justice and Tort Law (1997).
[③] 参见王泽鉴:《损害赔偿之归责原则》,载《民法学说与判例研究》(一),第 345 页。

情形有二：

(1) 权利义务状态尚未终局确定前,行使假执行、假扣押或假处分者,应就所发生的损害负责("民事诉讼法"第531条、第532条)。

(2) 基于契约或因其他原因,为自己利益使他人从事一定事务,因该事务本身所带的危险性而造成损害。"民法"第546条规定受托人处理委任事务,因非可归责于自己之事由,致受损害者,得向委任人请求损害赔偿。又依"民法"第176条第1项规定,管理事务利于本人,并不违反本人明示或可得推知之意思者,管理人受损害时,得请求本人赔偿其损害。

二、使用他人之物

法律例外允许使用他人之物,对于他人因此所受损害,应负赔偿责任。此多见于不动产相邻关系,以调和土地的利用,即一方须为容忍,他方应为赔偿,其方法有为损害的"赔偿"(第782条、第791条、第796条),有为支付"偿金"(第786条至第789条、第792条)。

三、担保、信赖责任

因担保或信赖法律关系,法律明定应负担保责任,或使他人发生信赖的一方,应赔偿他方因担保,或信赖与事实不符时所受的损害。前者,如出卖人就物欠缺所担保质量的瑕疵担保责任(第360条);后者,如无权代理人的责任(第110条)。

第四节 损害赔偿法的发展

损害赔偿法处于动态的过程,反映着社会经济发展及伦理观念,经由立法、司法实务及学说理论的共同协力不断的演变,扩大其范围功能。兹以1999年4月21日民法债编修正为分水岭,就契约责任及侵权责任的发展分三点加以说明:

一、责任原因的扩大

(一) 契约责任

1999年"民法"债编修正创设两个重要制度:

(1) 增设缔约上过失(第245条之1),使契约责任扩张及于磋商谈判阶段,惟该条规定的要件未臻明确,造成解释适用的困难。

(2)明定不完全给付为债务不履行的一种态样(第227条),其适用范围,除给付义务的违反外,尚应包括违反契约上说明、通知、保护等附随义务在内。

(二) 侵权责任

侵权责任扩大的情形有三:

(1)明定违反保护他人之法律为一种独立侵权行为(第184条第2项)。

(2)增设"民法"第191条之1、第191条之2、第191条之3,采推定过失,使物的责任现代化。

(3)"消费者保护法"第7条规定商品及服务的无过失责任。

二、损害赔偿范围的扩大

(一) 慰抚金请求权

1. 侵权行为上的慰抚金

新修正"民法"第195条有两个重要内容:

(1)将得请求慰抚金的人格法益一般化(第1项)。

(2)明定身份法益受侵害者,亦有慰抚金请求权(第3项)。

2. 契约责任的慰抚金

(1)新增"民法"第227条之1规定,债务人因债务不履行,致债权人之人格权受侵害者,准用"民法"第192条至第195条及第197条之规定,负损害赔偿责任。

(2)在旅游契约,旅客就其时间浪费,得按日请求赔偿相当之金额(第514条之8),亦具非财产上损害金钱赔偿的性质。

(二) 惩罚性赔偿金

"消费者保护法"第51条规定:"依本法所提之诉讼,因企业经营者之故意所致之损害,消费者得请求损害额五倍以下之惩罚性赔偿金;但因重大过失所致之损害,得请求三倍以下之惩罚性赔偿金,因过失所致之损害,得请求损害额一倍以下之惩罚性赔偿金。"所称故意,应包括未必故意在内。所称赔偿额,指每个受侵害的消费者依法得请求的财产上损害。五倍(故意)的惩罚性赔偿金,在大量侵害行为,其赔偿数额可能甚为庞大。

三、契约责任与侵权责任的竞合：选择自由的扩大

损害赔偿法主要系由契约责任与侵权责任所构成，二者关系的发展最足体现民事责任体系的变迁，兹分三个阶段加以说明：

1. 法条竞合说

认为契约关系的存在排除侵权行为法规定的适用，此对被害人殊为不利。①

2. 请求权竞合说

使被害人得选择依契约债务不履行规定，或侵权行为规定，请求损害赔偿。②

3. 债务不履行请求权的扩大

人格权因债务不履行受侵害，债权人依不完全给付请求损害赔偿时，得准用关于侵权行为规定，请求财产上或非财产上的金钱赔偿（慰抚金）。例如甲患病在乙医院治疗，因丙医生之过失，身体健康受侵害。在此情形，甲以"民法"第227条第2项规定为请求权基础时，应推定丙医生的过失，并有"民法"第224条关于使用人规定的适用。在法律效果方面，准用"民法"第192条以下规定（尤其是第194条、第195条关于慰抚金的规定），结合了契约责任与侵权责任的优点。此不但扩大了被害人选择救济方法的自由，使其能够获得必要合理的赔偿，实为民事责任制度上的一项重大成就，此在理论上及实务上甚为重要，特为图示如下：

```
                  ┌ 请求权基础（第227条）┌ 第224条
债务不履行        │                      └ 推定过失
侵害人格权        │                      ┌ 第213条以下
                  └ 法律效果：损害赔偿    └ 准用第192条以下（第227条之1）
```

---

① 参见王泽鉴：《契约责任与侵权责任之竞合》，载《民法学说与判例研究》（一），第395页。
② "最高法院"1988年11月1日，1988年第19次民事庭会议决议（二）：院长交议：A银行征信科员甲违背职务故意，勾结无资力之乙高估其信用而非法超贷巨款，致A银行受损害（经对乙实行强制执行而无效果），A银行是否得本于侵权行为法则诉请甲为损害赔偿？决议：判例究采法条竞合说或请求权竞合说，尚未尽一致。惟就提案意旨言，甲对A银行除负债务不履行责任外，因不法侵害A银行之金钱，致放款债权未获清偿而受损害，与"民法"第184条第1项前段所定侵权行为之要件相符。A银行自亦得本于侵权行为之法则请求损害赔偿。

第五节　回顾与瞻望

损害赔偿法的外在体系,系由责任成立(发生原因)及责任内容(法律效果)所构成。前者分散于民法及其他特别法。后者统一于民法"损害赔偿之债"的一般规定,而以填补损害为共同原则。请求权基础的思考方法有助于结合二者,认定被害人得请求赔偿的损害。

损害赔偿法的内在体系,系建立在得将损害归由加害人负责的特殊理由、事由或原则之上,此乃法律上的价值判断。现行法系以过失责任为基本理念,但经由过失的客观化及推定过失的规定,使过失责任趋于严格化。契约及侵权行为归责原则(尤其是无过失责任)的调整形成了一种互相协力、补充、具发展性的动态体系。[1] 损害赔偿责任成立及赔偿范围的扩大,重构了更为公平的民事责任制度,在这风险社会,使人民的权益获得更大的保障,所受损害得有合理必要的救济。

所应关心的是,损害赔偿法的实际运用。究竟每年有多少意外事故?多少被害人获得损害赔偿?其赔偿数额有多少?为获得损害赔偿,应支付多少成本?现行损害赔偿法能否承担其任务,如何辅之以其他补偿制度?此均属需更费心力研究的重要课题。[2]

---

[1] Walter Wilburg, Entwicklung eines beweglichen Systems im Bürgerlichen Recht (1950); Franz Bydlinski (Hrsg.), Das bewegliche System im geltenden und künftigen Recht (1986).

[2] Peter Cane, Atiyah's Accidents, Compensation and the Law (5th ed. 1993). 本书虽系关于英国法,但其研究方法及内容,深具启示性。

第三章　损害赔偿之债、请求权基础及体系构造

第一节　损害赔偿之债

一、债之关系

损害赔偿是一种债之关系,即一方当事人得向他方当事人请求为损害赔偿的给付。此种法律性质的定位,有助于法律的适用。民法关于债之关系的规定,于损害赔偿均有适用余地。① 兹举一个案例加以说明:甲及乙二人驾车过失撞伤路人丙,丙受伤住院一月,支出医药费10万元,减少收入2万元,甲的友人丁经丙同意,承担甲对丙的债务。乙对丙为全部的赔偿。兹就债之关系分析如下:

1. 债之发生

"民法"第185条第1项前段规定:"数人共同不法侵害他人之权利者,连带负损害赔偿责任。"所谓共同,除意思联络外,数人因过失不法侵害他人之权利,苟各行为人之过失行为均为其所生损害之共同原因,即所谓行为关联共同,亦足成立共同侵权行为("司法院"例变字第1号)。因此丙得依"民法"第185条第1项前段规定,向甲、乙请求应就其身体健康受侵害连带负损害赔偿责任。

2. 债之标的

丙得请求赔偿之损害的范围,依"民法"第213条至第218条及第192条至第198条规定定之。

---

① 关于债之关系,参见王泽鉴:《债法原理》,第1页以下。

3. 多数债权人及债务人

甲、乙应对丙连带负损害赔偿责任，适用"民法"第272条以下关于连带债务的规定。

4. 债之移转

第三人丁与债务人甲订立契约，承担其债务，经债权人丙同意时，债务因而移转（第301条）使丁成为债务人。

5. 债之消灭

连带债务人中的乙，对丙为清债者，损害赔偿债之关系消灭（第309条），并使丁同免责任。在此情形，乙得向丁请求偿还各自分担之部分，并自免责时起之利息。在共同侵权行为，其内部分担部分，应依甲、乙过失轻重定之（第217条类推适用）。

二、赔偿之债的种类

损害赔偿之债可分为约定及法定两种。约定损害赔偿之债系由当事人所约定，例如保险契约、担保契约等。法定损害赔偿之债系因法律规定而发生。其原本以损害赔偿为标的者，称为原始损害赔偿之债，例如保险契约、侵权行为上损害赔偿等。原为一般债权，其后以某种原因变为赔偿之债的，例如因契约债务不履行，使给付义务转变为损害赔偿之债的，称为转变的损害赔偿之债。

损害赔偿之债，无论其发生原因、种类为何，除法律另有规定，契约另有订定外，均适用民法关于损害赔偿的一般规定。转变（传来）损害赔偿之债，乃原来之债的延长，其消灭时效同于原来之债，原来之债的担保，其效力亦及于损害赔偿之债（第740条、第861条、第887条）。

第二节 损害赔偿的请求权基础

损害赔偿的条文，遍布于民法及特别法，在处理具体案件时，发生一个困难的问题：如何有效率地找到得为适用的规定？此须借助请求权基础的思考方法。

请求权基础是指得支持一方当事人向他方当事人有所主张的法律规范。其首应考虑的是，一方当事人究为何种主张，例如某车的交付、某屋所有权的移转、一定费用的偿还或是损害赔偿。无论何种请求权（尤其是损害赔偿),均宜依契约、类似契约、无因管理、物权关系、不当得利、侵权行为等加以检查,判断该当请求权是否存在。此项检查次序乃基于经济性及目的性的考虑,即前提问题先为审究,以避免重复,并有助于养成彻底缜密的法律思考。① 兹先将损害赔偿请求权基础整理如下,再分别加以说明(阅读条文):

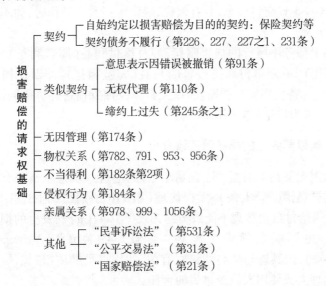

一、契约上的损害赔偿请求权

契约上的损害赔偿请求权,可分为两类:

1. 自始约定以损害赔偿为目的
例如保险契约②、担保契约等。

2. 契约上债务不履行
其主要态样有给付不能(第226条)、不完全给付(第227条、第227条之1)及给付迟延(第231条)。其所违反的义务,有的为给付义务,有的为附随义务。附随义务的违反,例如未善尽通知、说明、保护义务时,得成立不完全给付(加害给付)。兹举一个案例加以说明:甲于3月2日出

---

① 参见王泽鉴:《法律思维:请求权基础理论体系》。
② 通说认为,保险契约系损害赔偿的一种发生原因,曾世雄对此有深入检讨,参见曾世雄:《损害赔偿法原理》,第14页。

售某车给乙,约定3月5日交付,设:

(1)3月1日该车遭火烧毁时,为自始客观给付不能(第246条、第247条)。

(2)3月3日该车因车祸灭失时,为给付嗣后不能(第225、226条)。

(3)3月5日,该车迟未交付时,为给付迟延(第229条)。

(4)3月5日交付该车,具有瑕疵,肇致车祸致乙受伤时,为不完全给付(第227条)。

契约上债务不履行的损害赔偿,涉及给付利益(履行利益)、债权人的人身或财产不因给付而受侵害的利益(完整利益)、非财产损害赔偿(慰抚金)、无益费用支出的赔偿,以及具体及抽象损害计算等问题,将于相关部分,再为详论(本书第187页)。

二、类似契约上的损害赔偿请求权

于认定无契约上的损害赔偿请求权后,应进一步检视是否有意思表示因错误被撤销(第91条)、无权代理(第110条)、缔约上过失(第245条之1),因给付自始客观不能致契约无效(第247条)而发生的损害赔偿请求权。此等规定学说上称为"类似契约关系"(Vertragähnliche Verhältnisse),因其皆与契约的订立有关,并均得类推适用"民法"第224条关于代理人或使用人故意过失的责任。

前述所谓类似契约上的损害赔偿,有为过失责任(第245条之1、第247条)、"民法"第91条规定撤销错误意思表示后的赔偿责任、第110条的无权代理人责任系无过失责任。[①] 其应赔偿的损害,多属于信赖利益(第247条、第110条),惟无权代理人负履行利益的赔偿责任(第110条)。

三、无因管理上的损害赔偿请求权

无因管理上的损害赔偿请求权,所以列在契约之后再为检查,其理由

---

① "最高法院"1967年台上字第305号判例:无权代理人责任之法律上根据如何,见解不一,而依通说,无权代理人之责任,系直接基于民法之规定而发生之特别责任,并不以无权代理人有故意或过失为其要件,系属于所谓原因责任,结果责任或无过失责任之一种,而非基于侵权行为之损害赔偿。故无权代理人纵使证明其无故意或过失,亦无从免责,是项请求权之消灭时效,在民法既无特别规定,则以"民法"第125条第1项所定15年期间内应得行使,要无"民法"第197条第1项短期时效之适用,上诉人既未能证明被上诉人知悉其无代理权,则虽被上诉人因过失而不知上诉人无代理权,上诉人仍应负其责任。

系无因管理系指未受委任,并无义务而为他人管理事务(第172条)。若当事人间有契约关系存在时,不成立无因管理。管理人违反本人明示或可得推知之意思,而为事务之管理者,对于因其管理所生损害,虽无过失,亦应负赔偿之责(第174条)。例如,甲明知乙无意出卖某件古董,甲擅自携往古玩市场拍卖,途中遭遇车祸灭失,甲纵无过失,仍应负损害赔偿责任。又管理人因未尽善良管理人注意义务,依本人明示或可得推知之意思,以有利于本人之管理事务,例如,疏于照顾收留的迷途小孩,致其因车祸受伤时,应负不完全给付债务不履行责任(第227条)。

四、物权关系上的损害赔偿

物权系关于物之归属的法律关系,其涉及损害赔偿的情形有三:

(1)物权法上若干规定属于"民法"第184条第2项所称保护他人之法律:例如"民法"第774条规定土地所有人经营事业及行使其他之权利,应注意防免邻地之损害。违反者,推定其有过失,应负损害赔偿责任。

(2)应成立"损害赔偿"的有:①在相邻关系,用水权人的损害赔偿请求权(第782条)、寻查取回物侵入的容许及损害赔偿请求权(第791条)等。②在占有恢复关系,占有人的损害赔偿责任(第953条、第956条)。

(3)在不动产相邻关系,土地所有人使用或利用他人土地时,就所生损害,应支付"偿金"(第785条第1项、第786条第1项、第787条第2项),以调和土地利用关系。

五、不当得利上的损害赔偿请求权

无法律上原因,而受利益者,应依不当得利规定,返还其所受的利益(第179条)。不当得利受领人于受领时,知无法律上之原因或其后知之者,应将受领时所得之利益,或知无法律上之原因时所现存之利益,附加利息,一并偿还,如有损害,并应赔偿(第182条第2项)。①

六、侵权行为损害赔偿请求权

因侵权行为而发生的损害赔偿请求权,在实务上最属常见。侵权行

---

① 参见王泽鉴:《不当得利》,第266页。关于不当得利与无因管理的关系,参见杨芳贤:《正当的或适法的无因管理与不当得利之关系》,载《台湾本土法学杂志》2005年第67期,第33页。

为分为一般侵权行为及特殊侵权行为,前者规定于"民法"第184条;后者规定于"民法"(第185条至第191条之1、第191条之2、第191条之3)及特别法(如"消费者保护法"第7条)。

七、亲属关系上的损害赔偿

亲属关系上的损害赔偿,可分为三种情形:

(1)为保护婚约、婚姻当事人,"民法"规定婚约解除的损害赔偿(第977条)、违反婚约非财产上的损害赔偿(第979条)、结婚无效或撤销的损害赔偿(第999条)、判决离婚的损害赔偿(第1056条)。

(2)为保护婚姻生活圆满,实务上认为,与有配偶者通奸者,应对他方配偶负共同侵权行为责任。①

(3)"民法"第195条第3项更明定被害人身份法益受侵害而情节重大者,得请求慰抚金(本书第284页)。

八、其他损害赔偿请求权

其他损害赔偿请求权,多见于特别法,例如"民事诉讼法"(第531条)、"土地法"(第68条)、"公平交易法"(第31条)、"国家赔偿法"(第21条)等。

第三节 损害赔偿责任的成立与责任范围

一、责任成立规范

损害赔偿之债的请求权基础系由责任成立规范与赔偿范围所构成。"民法"第184条第1项前段规定:"因故意或过失不法侵害他人权利者,应负损害赔偿责任。""民法"第227条规定:"(第1项)因可归责于债务人之事由,致为不完全给付者,债权人得依关于给付迟延或给付不能之规定行使其权利。(第2项)因不完全给付而生前项以外之损害者,债权人并得请求赔偿。"二者均属责任成立规范(Haftungsgründungsnorm)。关于应如何负损害赔偿责任,则规定于"民法"第213条至第218条,第192条

---

① 参见"最高法院"1966年台上字第2053号判例。

至198条,此属责任范围(Haftungsausfüllende Norm)规范。损害赔偿的责任成立,系分散于"民法"各编设其规定(参见前面关于损害赔偿请求权基础的说明)。损害赔偿成立规范各有不同的要件(如侵权行为及不完全给付债务不履行),但具有类同的规范构造:

1. 须有行为

包括作为及其不作为。例如,受委任照顾兰花,浇水过多(作为),致兰花腐烂;疏未浇水,致兰花枯死。

2. 须侵害他人权益

例如,制造出售有毒的香肠致买受人身体健康受损。

3. 行为与权益侵害之间须有因果关系(责任成立因果关系)

此应依条件关系及相当性加以判断。

4. 须有违法性

在侵权行为,法律设有明文(第184条)。契约责任亦须具违法性,之所以未设规定,系因违约通常具有违法性。无论何者,债务人得主张因有违法阻却事由(如得债权人允诺,正当防卫)而不负责任。

5. 须有故意或过失

在侵权行为,过失应依是否尽善良管理人注意义务加以判断。在违约责任,原则上债务人就其故意或过失之行为,应负责任。过失责任之轻重,依事件而有不同(第220条)。

二、责任范围规范

损害赔偿的责任规范系集中规定于民法第213条至第218条(一般规定)及第192条至第198条(关于侵权行为的特别规定),构成如下的体系架构(务请精确了解,培养体系思考能力):

 一、应予赔偿的损害项目的认定
  (一)损害的认定
   1. 损害的概念
    (1)差额说:自然的损害概念
    (2)损害规范化
   2. 权益侵害损害(直接损害)及间接结果损害
   3. 财产上损害及非财产上损害
  (二)损害归责:责任范围因果关系

1. 条件关系
　　2. 条件关系的相当性:相当因果关系
　　3. 法规目的
二、损害赔偿的方法及内容
　(一)债务人应恢复原状:(第213条第1项)
　　1. 财产上损害
　　2. 非财产损害
　(二)债权人得请求恢复原状所需费用(第213条第3项)
　(三)金钱赔偿
　　1. 经债权人催告,逾期不为恢复原状(第214条)
　　2. 不能恢复原状或恢复显有重大困难,应以金钱赔偿其损害(第215条)
　(四)非财产损害的金钱赔偿(慰抚金)
　　1. 以法律有明文规定为限
　　2. 法律特别规定
　　　(1)侵权行为(第194条、第195条)
　　　(2)债务不履行(第227条之1)
三、损害赔偿的范围
　(一)所受损害及所得利益(第216条)
　(二)损益相抵(第216条之1)
　(三)与有过失(第217条)
　(四)损害赔偿之酌减(第218条)

第四节　损害赔偿的体系构造及案例解说

第一款　体系构造

损害赔偿系民法上最核心的制度。所谓民事问题,实乃为损害赔偿问题。提出以下规范架构,列举若干案例,期能更深刻认识其基本法律问题(务请查阅条文,思考案例,写成书面):

第三章 损害赔偿之债、请求权基础及体系构造 57

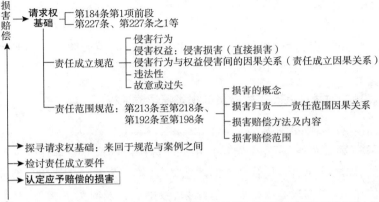

案例
1. 甲与乙因停车事故争吵,甲以钝器击伤乙的脑部,乙住院治疗期间感染病毒,因医生治疗疏误(有过失或无过失),致病情加重,住院期间其手机被盗。乙就何种损害得向甲请求损害赔偿?
2. 甲以1万元购买歌剧入场券,前往剧院途中遭乙驾车撞伤住院,致不能前往观赏其喜爱的歌剧,精神痛苦不堪。甲受有何种损害?得否向乙请求损害赔偿?
3. 甲以10万元承租山间别墅,从事写作休假之用。甲前往别墅途中遭乙撞伤住院,不能使用该别墅,甲得否向乙请求赔偿其租金或不能使用别墅的不利益?
4. 甲出卖 A 画(时价10万元)给乙,价金9万元,乙以11万元转售给丙。乙、丙各支出订约费用5000元。试问下列情形,当事人间的法律关系:(1)该画于订约前日灭失。(2)该画于订约次日交付前灭失。(3)甲以受乙诈欺撤销买卖契约。(4)丙以意思表示错误撤销买卖契约?
5. 甲经营化学工厂,因过失发生爆破,毁损乙的小吃店不能营业。事故后10日,该地发生地震,乙的小吃店全毁。乙是否受有损害,得否向甲请求损害赔偿?
6. 甲驾车超速撞到违规变换车道的乙,发生车祸。乙受重伤,搭乘乙车的乙妻丙、幼子丁及朋友戊亦受伤,经查,乙对车祸的发生与有20%的过失。丙、丁、戊向甲请求损害赔偿时,应否承担乙的过失?

第二款 案例解说:产前遗传诊断失误案件:Wrongful Birth 及 Wrongful Life

一、问题

请求权基础及得请求赔偿的损害,系损害赔偿法基本的思考方法。兹举最近实务上一个重要案例,试加解说。甲妇怀胎儿乙,深恐产下身心障碍子女,乃至丙医院接受羊膜穿刺筛检术,丁检验员因疏失将有多重残障的胎儿乙误判为正常胎儿,致甲妇基于错误信息,未能及时作人工流产,产下患有唐氏症、无肛症、动脉导管闭锁不全多重残障的男婴(乙)。此类产前遗传诊断失误案件,涉及两个法律问题:

(1)甲妇就其计划外生育(wrongful birth),得向丙医院或丁检验员请求何种损害赔偿;

(2)乙婴就其残障的出生(wrongful life),得否向丙医院或丁检验员请求损害赔偿(见本书第151页)。

二、甲妇对丙医院及丁检验员的损害赔偿请求权

1. 请求权基础:责任成立

"民法"第227条(不完全给付):甲妇与丙医院间成立具委任性质的医疗契约,丙医院应负善良管理人的注意义务(第535条),丁检验员系丙医院的使用人,因过失造成错误检验结果,致甲妇未及时为人工流产,而产下有多重残障的婴儿,系因可归责于丙医院的事由(第224条),致甲权益受侵害,应依"民法"第227条及第227条之1规定,负不完全给付债务不履行责任。

2. 甲得否依"民法"第188条规定向丙医院、丁检验员请求应负连带损害赔偿责任

其关键问题在于甲究有何权利受侵害,即"民法"第184条第1项所称"权利",究应作何解释?"最高法院"认为,妇女对其体内未成独立生命,又患有法规范所赋予妇女得中止妊娠之先天性疾病的不健康胎儿,有选择除去之"权利",此项"权利",应受侵权行为法保护。丙医院因丁检验员系丙医院的受雇人,丁因检验疏失,致甲妇未施行人工流产生下重度残障之男婴乙,系因执行职务侵害甲妇"自由选择之权利"。其侵害行为(检验疏失)与甲权利受侵害之间具有条件关系及相当性(责任成立因果关系),丙医院应与丁检验员依"民法"第188条第1项规定连带负损害赔偿责任。

三、得请求赔偿的损害

(一)财产上损害

甲妇无论依"民法"第227条的不完全给付或第188条规定,均得请求医疗费用,对残障儿的特殊教育费用及人力费用,此等损害与甲的权益受侵害具有相当因果关系(责任范围因果关系)。最具争议的是,"一般扶养费用"(生活费用)是否为得请求赔偿的损害?实务上采否定说,其理由为,父母对子女本有抚养义务,不因产下残障儿而异,令医院负担此项生活费用,将破坏伦理亲情,并使"民法"所规定父母对子女保护教养

之权利义务成为具文。

（二）非财产损害的金钱赔偿（慰抚金）

关于甲妇对产下残障婴儿所受精神痛苦得否请求相当金额赔偿（慰抚金），实务上尚无明确见解。在解释上得认为所谓"生育自主权"系人格权的一种，为"民法"第195条第1项所称的其他人格利益，其侵害情节重大者，无论其请求权基础为侵权行为（第188条）或不完全给付（第227条、第227条之1），被害人均得有慰抚金请求权。

（三）残障婴儿乙对丙医院、丁检验员的损害赔偿请求权

1. 契约上的请求权

乙与丙医院、丁检验员均无契约关系，亦非甲妇与丙医院医疗契约的受利益第三人（第269条），对丙医院或丁检验员无契约上的请求权。

2. 侵权行为上的请求权

乙得否依"民法"第188条第1项向丙医院或丁检验员请求损害赔偿，其核心问题在于乙是否因丁的侵权行为致其权利受侵害？此应采否定说，盖乙原既患有疾病，生为残障之人，非系因检验疏误所致。生命系属一种价值，纵有先天缺陷，亦非属可请求赔偿的损害。

第四章 损害概念、损害分类、损害的计算时点

第一节 概　　说

一、问题的提出

损害赔偿法旨在规定填补损害的基本原则,有损害,斯有赔偿。问题在于何者系得请求赔偿的"损害",如何认定？兹先举三个案例,作为讨论的基础:

（一）亲属看护费用

甲驾车违规超速撞伤路人乙,乙身受重伤住院治疗,由其母丙看护,为期一个月。在此情形,①丙得否就其看护主张受有损害,向甲请求赔偿？②乙得否认为其受有"相当看护费用"的损害,而向甲请求赔偿？①

（二）假设因果关系

甲搜集各国名贵美酒,藏于地窖,某日晚间,乙偷取数瓶葡萄酒欢度生日。当日发生地震,甲地窖藏酒全部灭失。甲向乙请求损害赔偿时,乙得否抗称:"纵不偷酒,酒亦必毁于地震,实无损害可言？"此涉及所谓的"假设因果关系",应如何斟酌,认定被害人的损害？②

（三）损益相抵

不法侵害他人致死,倘被害人之父母对被害人现负有抚养义务者,其

---

① 参见"最高法院"1999年台上字第1827号判决。
② 参见曾世雄:《损害赔偿法原理》,第229页;陈哲宏:《假设因果关系与损害赔偿》,载台湾大学法律学研究所硕士论文(1984)。

依"民法"第192条第2项规定,请求加害人赔偿其将来所受扶养权利之损害时,应否扣除其对被害人至有谋生能力时止所需支出的抚养费?①

二、得请求赔偿的损害

在前揭3个案例,被害人是否受有得请求赔偿的损害,在方法论上固可就个案具体加以判断,然此将造成法律适用不安定。另一种方法系建立某种"损害概念"(Schadensberiff),作为判断基准。兹参照前揭案例分析讨论"损害概念"的形成、功用及其在现行损害赔偿法适用的基本问题。②

第二节 损害概念

一、学说及判例:差额说与自然的损害概念

关于何谓"损害",民法未设明文。学说上有人认为:"损害,谓就财产或其他法益所受之不利益,包括财产上及非财产上之积极的损害、履行利益及信赖利益。"③亦有认为"损害系法益所受之不利益"。受不利益之法益包括财产权及非财产权,故损害可分为积极损害及消极损害,对于履行利益之损害及对信赖利益之损害。④此等损害概念可为"自然的损害概念"(natürlicher Schadensbegriff)。⑤

自然损害概念体现于差额说,梅仲协教授在其经典著作《民法要义》中对损害作有如下诠释⑥:"损害(Schaden)者,权利或法益受侵害时所生之损失也。损害事实发生前之状况,与损害事实发生后之情形,两相比较,被害人所受之损失,即为损害之存在。故负有损害赔偿责任者,就原则言,应恢复他方损害发生前之状况(第213条)。"此项损害概念源自德国,其特色在于特别指出"权益受侵害比较上的损失",以"差额"认定损

---

① 参见2003年3月18日"最高法院"2003年第5次民事庭会议决议。
② 曾世雄所著《损害赔偿法原理》第十章对损害概念有精致深入的论述,足供参照。
③ 参见史尚宽:《债法总论》,第277页。
④ 参见孙森焱:《民法债编总论》(上),第438页。
⑤ Lange/Schiemann, Schadensersatz, 3. Aufl., 2003, S. 26 f.
⑥ 参见梅仲协:《民法要义》,1943年刊行于中国大陆(重庆),1954年在台湾地区发行新版,流传甚广。本书系以德国民法的理论为基础,建构了台湾地区的民法概念体系,内容精深,文字典雅,对台湾地区民法学的发展,作出了重大深远的贡献,今日读之,仍多启发。

害。曾世雄在《损害赔偿法原理》一书,亦赞同德国通说所采的利益说(差额说)[①],并作有深入的论述。

二、实务上见解:公平正义及社会通念的评价

中国台湾地区的民法实务,尤其是"最高法院",未对"损害"作抽象原则性的说明,系就个别损害项目加以认定。值得特别提出的是,在前揭"亲属看护费用"的案例,"最高法院"1999年台上字第1827号判决认为:"按因亲属受伤,而由亲属代为照顾被上诉人之起居,固系基于亲情,但亲属看护所付出之劳力,并非不能评价为金钱,只因两者身份关系密切而免除支付义务,此种亲属基于身份关系之恩惠,自不能加惠于加害人即上诉人。故由亲属看护时,虽无现实看护费之支付,但应衡量及比照雇用职业护士看护情形,认为被害人即被上诉人受有相当于看护费之损害,得向上诉人请求赔偿,乃现今实务上所采之见解,亦较符合公平正义原则。"

又在"抚养费损益相抵"案例,"最高法院"谓:父母对子女之扶养请求权与未成年子女对父母之扶养请求权各自独立,父母请求子女扶养,非以其曾抚养子女为前提。具损益相抵原则旨在避免债权人受不当之利益,未成年子女遭不法侵害致死,其父母因而得免支出抚养费,依社会通常之观念亦不能认为系受有利益,自无须扣除其对于被害人至有谋生能力时止所需支出之抚养费。

在前揭两个案例,"最高法院"系以"公平正义原则"认为被害人受有"相当于看护费之损害";以"社会通常观念"判断"损害"与"利益"应否相抵。此种思考方法可称为损害的规范评价。

三、研究课题

据上所述,关于损害概念,学说及实务上有采自然损害概念的差额说,有就个案对损害作规范上的评价。所谓"损害系法益所受的不利益",乃自然意义的损害,此系以一般语言作为出发点,而对损害采取一种自然的理解。此种损害概念的优点在于符合一般人的观念,并能适用于财产上损害及非财产上损害。然而,必须指出的是,损害概念系由法律形成,何种法益上所受的不利益得请求赔偿,当然含有法律上的评价,自然

[①] 参见曾世雄:《损害赔偿法原理》,第153页。

的损害概念及其所体现的差额说,不能就所有情形提供必要的判断基准。① 例如在前揭"亲属看护"案例,就自然损害概念言,如何认定被害人受有损害,实有疑问。"最高法院"乃以公平正义的原则认定其属于得请求赔偿的损害。

第三节　差额说理论的建构

一、差额说的意义及历史背景

德国学者 Friedrich Mommsen 在 1855 年发表"利益说"(Zur Lehre von dem Interesse)巨著,创设"差额说"(Differeztheorie、Differenzhopothses)。所称"利益"(Interesse),指被害人因一定侵害事故所受的损害。利益或损害者,乃被害人总财产额(Gesamtvermögen)于侵害事故的发生与无该侵害事故时所生的差额。② Mommsen 所提出的差额说系针对财产上损害,关于非财产损害,亦有差额的观念,应比较侵害事故前后精神、肉体痛苦的感受加以认定。③

值得说明的是,Mommsen 提出利益或损害概念上差额说的历史背景。自罗马法以来,迄至 19 世纪的德国普通法,并无统一的损害概念④,

---

① MünchKommBGB/Oetker §249 Rn. 17.
② Friedrich Mommsen, Zur Lehre von dem Interesse, 1855. S. 3:"Der Ausdruck id quod interest weist auf eine Vergleichung hin, und eine solche liegt dem Begriff des Interesse zugrunde. Unter dem Interesse in seiner technischen Bedeutung verstehen wir nämlich die differenz zwischen dem Betrage des Vermögens einer Person, wie derselbe in einem gegebenen Zeitpunkte ist, und dem Betrage, welchen dieses Vermögen ohne die Dazwischenkunft eines bestimmten beschädigenden Ereignisses in dem zur Frage stehenden Zeitpunkte haben würde."(id quod interest 一词是指一种比较,并以利益的概念为该比较的基础。在利益的技术性意义下,吾人所理解的是,某人在某一特定时点的财产总额,与如无损害事故的介入,某人之财产于该系争时点所应有之总额间的差额。)参见陈哲宏:《假设因果关系与损害赔偿》,载台湾大学法律学研究所1984年硕士论文,第40页。
须特别指出的是 Mommsen 所谓利益(Interesse)乃指损害(Schaden)而言,二者系属同义,今日德国学说亦有采此见解而将损害区分为积极利益及消极利益,所受损害及所失利益。亦有认为损害为损害赔偿请求权的要件,利益为损害赔偿请求权的法律效果,指某种利益对被害人的价值,属于损害赔偿范围及内容的研究,称为利益论(Die Lehre der Interesse),Fikentscher/Heinemann, Schuldrecht (10. Aufl 2006), S.306. Brand, Schadensersatzrecht, S. 7.
③ Ermann/G. Kckuk, Vor §§249-253 Rn. 25.
④ 德国普通法(Gemeines Recht)系以罗马法(尤其是学说汇编)为中心而建立的法学理论体系,作为日耳曼各邦法律的共同基础。

而是区别直接、间接、通常、特别等损害而为适用,并以行为者的有责程度及损害预见可能性认定应予赔偿的损害。Mommsen 倡导利益说(差额说),其目的在于以统一的损害概念及因果关系作为判断损害有无及范围的理论架构,实践全部赔偿原则,并排除法官的恣意,以保护被害人。①

Mommsen 所建立的利益·损害概念及差额说,受到当时法学者的重视。虽有人认为,Mommsen 对罗马法上所谓"id quod interest"用语的诠释有误,但此项误解却产生了一个具有创造性的理论。② 以统一的损害概念作为算定损害的基准,符合当时概念法学的基本信念。伟大的法学家 Winscheid 曾撰文表示赞同。③

《德国民法》第 249 条第 1 项规定(相当"民法"第 213 条第 1 项)系受到差额说的影响而制定。《德国民法》于 1900 年施行后,实务及学说即以差额说解释《德国民法》关于损害赔偿的规定,并强调损害赔偿法的核心问题在于如何对损害作正确的定义④,引起热烈长期的讨论,迄至今日,仍居于通说地位。⑤

二、差额说

(一) 差额说的基本内容

差额说系以侵害事故所造成"财产差额"作为被害人所受的损害,其基本内容有三:

---

① Heinrich Honsell, Herkunft und Kritik des Interessenbegriffs im Schadensersatzrecht, JuS 1973, 69. 日本学者对德国损害赔偿法有深入系统的研究,其综合简要说明,参见〔日〕高桥真:《损害概念》,载〔日〕山田卓生编集:《新·现代损害赔偿法讲座》(第 6 卷),日本评论社 1998 年版,第 30 页。关于比较法上的损害概念,参见 Schtlectriem, Schadensersatz und Schadensbegriff, ZeuP 1997, S. 232 f.;陈忠五:《法国侵权责任法上损害之概念》,载台湾大学法学论丛,2001 年第 30 卷第 4 期,第 111 页以下。

② Heinrich Honsell, Herkunft und Kritik des Interessenbegriffs im Schadensersatzrecht, JuS 1973, 70.

③ 参见 Winscheid 在 Heideberger Kritische Zeitschrift 的书评(1855),第 525 页。

④ Staudinger/Schiemann, Vorbemerkung zu §§249, 35.

⑤ 德国民法一百多年来关于损害赔偿法的论著汗牛充栋,不可胜计。关于损害概念的专论,参见 Hans Albrecht Fischer, Der Schaden nach dem BGB für das deutsche Recht (1903); Keuk, Vermögensschaden und Interesse (1972); Mertens, Der Begriff des Vermögensschadens im Bürgerlichen Recht (1967); Gottfried Schiemann, Argumente und Prinzipien bei der Fortbildung des Schadensrechts (1981); Selb, Schadensbegriff und Regressmethoden (1963).

1. 以总财产计算差额

其据以比较差额而算定损害的,系侵害事故发生后的财产状况及若无该侵害事故时所应有的财产状态。前者为现实财产状态;后者为假设财产状态。损害乃其计算上的大小(rechnerische Grösse,计算上的数额)。用以计算的,系被害人的总财产(Gesamtes Vermögen),而非个别的损害项目(如人身伤害、物被毁损)。

2. 损害的主观性

损害的有无及其大小,应就被害人的情况,斟酌有利及不利因素而为认定(Subjektbezogenheit)。

3. 全部赔偿原则

以总财产的差额算定损害,并斟酌及于被害人情事,旨在实现全部赔偿原则。差额说寓有具体化全部赔偿原则、扩大损害赔偿的保护功能。

兹举一例加以说明,甲驾驶卡车违规超速,撞到机车骑士乙。乙住院支出医药费10万元,减少收入5万元,乙的机车半毁,减少价值1万元。乙住院期间不能住进其以10万元承租的海滨度假木屋。兹先以下图表示差额说的架构:

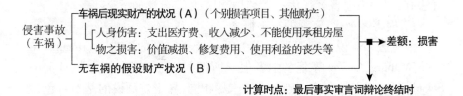

在前揭车祸,比较事故前后财产差额,乙所受财产上损害为医药费10万元,减少收入5万元,机车减少价值1万元,共计16万元。乙于住院期间,不能使用租赁的度假木屋,非属财产上损害,不列入计算。

(二) 对差额说的批评

1. 财产总额与个别损害项目

差额说系以总财产的数额计算被害人的损害。批评者认为,此种算定方法不切实际,过于复杂。例如,甲撞乙,毁损其车时,仅就乙身体受伤,车被毁损(具体损害项目)计算,其损害即为已足,应无斟酌及于乙的房屋、银行存款等所有财产的必要。

2. 计算上大小的损害与法律上的公平正义

差额说系以财产差额为损害,认为损害系计算上的大小。此种算定方式的特色在于价值中立,排除法官的恣意。前已提及,批评者认为,此将使损害的算定成为一种"计算格式",未能顾及法律上的公平、正义。曾世雄教授曾特别指出,依利益说(差额说)而衡量损害是否存在,其结果间或与公平正义观念相悖。依利益说确认损害不存在因而应否定损害赔偿之请求,依一般公平正义观念观之,甚觉其不当者,实常有之。例如,有一面包店与一烤面包工厂订约。依约前者每日供给一定量的面粉,委托后者烤制一定数目的面包。烤面包工厂每日以所得面粉额中私自扣下5磅重面粉,而交付的面包数目则如约定。易言之,所承制的面包与约定者略微小些。原告面包店不知其情,将面包照原价出卖而每日亦均售罄,如依利益说来衡量损害,纵使原告事后发现真情,亦不得请求赔偿,亦即不得请求赔偿每日所失的5磅重面粉的损害。因为原告的财产状况并未因被告的侵占而有所减少。故无所谓二财产状况的差额,亦无损害可言,自不得请求赔偿,此与公平正义显而违背。①

(三) 差额说的修正

针对前揭差额说的缺点,学说上提出补充修正的见解,归纳言之,其方法有二:一为损害客观化;一为损害规范化。分述如下:

1. 损害客观化:客观的损害概念

为克服差额说处理假设因果关系等若干问题的困难,Qertmann、Neuner、Wilburg、Larenz 等著名学者倡导所谓"客观的损害概念"(objktiver Schadensbegriff)②,立论基础及内容未尽相同,异于差额说的基本特色,系将损害区分为直接损害(或称客体损害)及间接损害(或称财产结果损害),例如甲毁损乙的货车,货车本身的毁损为直接损害,乙不能使用该货车所受不利益,为间接损害。关于直接损害,其赔偿应以客观价值为最低损害。关于间接损害,须以被害人的情事为准,就其总财产加以认定(如

---

① 参见曾世雄:《损害赔偿法原理》,第142页。

② Oertmann, Die Vorteilansgleichung beim Schadensersatzanspruch, 1901; R. Neuner, Interesse und Vermögensschaden, AcP 133 (1931), 277; W. Wilburg, Zur Lehre von der Vorteilsausgleichung, Jherings-Jahrbuch (1932), 82, 51; Larenz, Die Berücksichtigung hypothetischer Schadensursachen bei der Schadensermittlung, NJW 1950, 187; Die Notwendigkeit eines gegliederten Schadensbegriffs, VersR 1963, 1. 简要说明及评论,曾世雄:《损害赔偿法原理》,第139页以下。

不能使用货车减少的营业收入)。① 在"假设因果关系"的案例,例如甲毁损乙停放在路边的货车,不久海棠台风来袭,山洪暴发,该车遭洪水冲走。在此情形,依差额说,乙未受有损害,然此实不足保护被害人。依客观损害概念,乙得请求该车被甲毁损的客观上损害。

客观损害概念的理论基础有为 Rechtsverfolgungsfunktion(权利追及作用),或为 Rechtsforsetzungsfunktion(权利继续作用)。问题在于直接损害与间接损害的区别标准未臻明确。将损害概念分为客观损害及整体财产上损害,导致损害概念的分裂。损害的客观化虽有不少争议,因有助于解决假设因果关系等难题,以特定物体或财货的客观价值作为最低赔偿,仍为德国及瑞士多数说所赞同。② "民法"第638条第1项规定:"运送物有丧失、毁损或迟到者,其损害赔偿额应依其应支付时目的地之价值计算之。"系采客观价值赔偿。又"民法"第196条规定:"不法毁损他人之物者,被害人得请求赔偿其物因毁损所减少之价额。"此项价格亦得依交易价额加以认定。相关问题将于论及物之损害赔偿时再为详述。

2. 损害的规范化:规范的损害概念

为修正差额说所采损害算定的价值中立性,德国学说上提出规范的损害概念(Normatver Schadensbegriff),使损害具有规范性,并为实务所采纳。分两点言之③:

(1)损害为法律上的概念,当然具有规范性,广义的规范的损害概念,并无一定的内容,不具明确性,容易流于口号,实不能成为一个与差额说对抗的理论,或取代差额说。

(2)规范的损害概念常用于处理适用差额说所产生的难题,例如受雇人受他人伤害不能工作,雇主依约定或依法继续支付工资时,德国联邦法院认为,此项工资的支付并非在于免除加害人的责任,就法律规范意旨言,仍应肯定受雇人受有损害。④此种就特定案例的损害规范化,乃为学者所赞同,并与差额说结合,称为双重的损害概念(dualistscher Schadensbegriff)。

---

① Roberto, Schadensrecht (1997), S. 19 f.
② Roberto, Schadensrecht (1997), S. 22 (附有文献资料).
③ Walter Selb, Schadensbegriff und Regressmethoden (1963); Medicus, Normativer Schaden, JuS 1979, 233.
④ BGHZ 254, 45 (49).

三、差额说的肯定及损害的规范评价

综据前述,关于损害概念,应以自然意义为其出发点,以财产比较上的差额作为损害,原则上应值赞同。何种不利益属于法律上得请求赔偿的损害,应受规范评价。分述如下:

(一) 差额说应予肯定的理由

(1)差额说以总财产的差额,算定被害人的损害,包括所受损害及所失利益,符合全部赔偿原则。

(2)差额说系以总财产计算损害,故被害人因侵害事故得为主张的是一个损害赔偿请求权,适用一个消灭时效。例如,甲驾车伤害乙,并毁坏乙的机车时,乙的损害赔偿请求权包括人身伤害及物的毁损,而非分别成立两个请求权。

(3)差额说以总财产的差额算定损害,乃一种思考过程,实际上通常系就个别损害项目(如人身伤害、物被毁损、出卖人给付迟延)计算其损害。例如,某人被恶犬咬伤时,不会将其房屋、股票、银行存款等予以列入,而计算其损害。

(4)财产差额的算定斟酌及于被害人个人情事(损害的主观性),旨在贯彻完全赔偿原则。台湾地区实务上亦采之,"最高法院"1974年台上字第1394号的判例谓:被害人因身体健康被侵害而丧失劳动能力所受之损害,其金额应就被害人受侵害前之身体健康状态、教育程度、专门技能、社会经验等方面酌定之,不能以一时一地之工作收入为准,又商人之经营能力固为劳动能力之一种,但营业收入乃出于财产之运用,资本及机会等皆其要素,不能全部视为劳动能力之所得。可资参照。

(5)"民法"第213条第1项规定:"负损害赔偿责任者,除法律另有规定或契约另有订定外,应恢复他方损害发生前之原状。"体现差额说的意旨,适用于财产上损害及非财产上损害。

(二) 损害在规范上评价

损害是自然的概念,但何种损害得请求赔偿乃规范上的评价,差额说本身不是一种评价的理论,损害有无及大小的算定,系以法律上的评价为前提。[①]此种评价应就个案及案例类型加以认定,兹就前揭4则案例简要

---

① Jürgen Brinker, Die Dogmatik zum Vermögensschadensersatz (1982), S. 200.

加以说明:

1. 亲属看护费用

甲撞伤乙,乙住院由其母丙看护。看护所付出的劳力,并非不能评价为金钱,而为一种损害。丙虽受有损害,但并无可向甲请求赔偿的规范基础(不成立侵权行为,因无权利受侵害,其受侵害者,乃纯粹经济上损失)。① 甲对乙虽有侵权行为的请求权基础,但并未支付看护费用,难谓有财产上差额的损害。为不使加害人免予损害赔偿责任,"最高法院"乃基于公平正义原则认为被害人受有相当于看护的损害,而得请求赔偿("最高法院"1999年台上字第1827号判决)。

2. wrongful birth 及 wrongful life

甲妇到乙医院作产前检查,因丙医师疏误未告知胎儿患有唐氏症,致甲妇生产患有重度智障的男婴丁。在此情形,依差额说,甲妇就其一般抚养费用(生活费用),得请求赔偿。惟此涉及"小孩"是否为一种损害,肯定抚养费请求权是否有违亲子关系的伦理性及宪法上人的尊严价值,而应对差额说的适用加以限缩。②关于该出生男婴丙的损害赔偿请求权,应采否定说,盖生为残障,非医师所致,且出生本身乃生命价值的实现,不发生得请求赔偿的损害。③

3. 假设因果关系

甲有美酒,被乙盗饮,此为真实原因。其后发生地震,若甲的美酒未被盗饮,亦将灭失,乃假设原因。依差额说,认为甲未受有损害,然此与公平正义不符,应依损害赔偿法之目的,区别情形,探究符合事理的解决途径。在前举盗饮美酒案例,其所侵害的系具体法益(所有权),其损害本身于侵害行为完成时,既已确定,不再变更,应不受假设原因的影响。准此以言,在毁损他人汽车之例,纵该车其后遭台风土石流冲走灭失,被害人就该车被损毁时已发生的损害,亦得请求赔偿。

---

① 关于侵权行为法上的纯粹经济上损失,参见王泽鉴:《侵权行为法》,第403页。

② 关于实务上否认一般抚养费(生活费用)的请求权,参见台湾地区高等法院1996年重上字第44号判决;"最高法院"2003年台上字第1057号判决。此为比较法上具有争议的问题,将于相关部分,再为详论(本书第162页)。

③ 此为比较法上的通说,参见 Basil S. Markesinis & Hannes Unberath, The German Law of Torts: A Comparative Treatise 156 (4th ed. 2002)。

4. 损益相抵

肇致赔偿责任的事由，亦得为赔偿请求权人带来利益，诸如第三人的赠与、节省的费用、保险给付等。依差额说，此等因同一侵害事由所增加的财产或节省费用，凡与损害事由具有因果关系的，均应纳入计算，予以相抵。损害与利益应否相抵，乃评价问题。

在前揭"抚养费应否扣除"案例，"最高法院"2003年民事庭会民议字第1号提案，有两种见解，肯定说认为，被害人之父母对于被害人至有谋生能力时止所需之抚养费，为其将来得取得受扶养权利之必要支出费用，被害人之父母因所抚养之子女死亡，虽有丧失将来应受被害人扶养之权利之损害，惟同时免除抚养被害人之义务，而受有无须支出抚养费之利益。是该被害人之父母请求加害人赔偿扶养权利被侵害所受之损害时，依"民法"第216条之1损益相抵之规定，自应扣除其对被害人至有谋生能力时止所需支出抚养费，始符公平原则。"最高法院"决议系采否定说，并以"社会通常之观念"为理由，前已提及。肯定说及否定说各以"社会通念为依据"及"公平正义原则"，突显此属价值判断问题，但亦显示法律上评价的困难。

第四节 损害分类

损害可依各种不同的观点加以分类。损害种类有为法律所明定，有为学说上的归类，对于认识损害及法律适用具有实益，择其重要者，分述如下：

第一款 所受损害及所失利益

第一项 "民法"第213条第1项规定的全部损害赔偿

"民法"第213条第1项规定："负损害赔偿责任者，除法律另有规定或契约另有订定外，应恢复他方损害发生前之原状。"此项规定宣示全部损害赔偿原则，即应予赔偿的，系被害人在一定准据时点因权益受侵害所肇致的现实状态，与若无该侵害事由时所处状态在比较上的差额。所受损害，系指现存利益积极减少（直接损害）。所失利益，则系指消极妨害新财产的取得（间接损害）。此种比较上差额的损害包括所受损害及所失利益，兹举两例加以说明：

1. 侵权行为

甲违规驾车撞上乙驾驶的出租车。在此情形,乙因身体健康受侵害而支出医疗费用、因汽车毁损支出修缮费用,系所受损害。乙因人伤车毁不能营业所减少的收入,系所失利益。

2. 契约责任

甲卖出某车给乙(价金100万元),乙转卖予丙(110万元),支出订约费用5万元。其后发现于订约前(或其后),该车灭失:

(1)在自始客观不能的情形(订约前汽车灭失),依"民法"第246条第1项规定,以不能之给付为契约标的者,其契约为无效。又"民法"第247条第1项规定:"契约因以不能之给付为标的而无效者,当事人于订约时知其不能或可得而知者,对于非因过失而信契约为有效致受损害之他方当事人,负赔偿责任。"乙得依"民法"第246条及第247条规定向甲请求信赖利益的损害赔偿,包括订约费用5万元。①

(2)在嗣后不能的情形(订约后汽车灭失),依"民法"第226条第1项规定:"因可归责于债务人之事由,致给付不能者,债权人得请求赔偿损害。"乙得向甲请求债务不履行的损害赔偿,包括转售利益10万元。②

由前揭两例,可知侵权行为的损害赔偿、契约上的信赖利益及履行利益所生损害均包括所受损害及所失利益。

第二项 "民法"第216条的规范目的及解释适用

一、规范目的

"民法"第216条规定:"损害赔偿,除法律另有规定或契约另有订定外,应以填补债权人所受损害及所失利益为限。依通常情形,或依已定之

---

① "最高法院"1962年台上字第2101号判例:"契约因出卖人以不能之给付为标的而归无效者,买受人所得请求赔偿之范围,依'民法'第247条第1项自以因信赖契约有效所受之损害为限,此即所谓消极的契约利益,亦称为信赖利益。例如订约费用、准备履行所需费用或另失订约机会之损害等是。至于积极的契约利益,即因契约履行所得之利益,尚不在得为请求赔偿之列。"

② "最高法院"2013年台上字第195号判决:"'民法'第226条第1项规定债务人因嗣后不能所负之损害赔偿责任,系采取完全赔偿之原则,且属'履行利益'之损害赔偿责任,该损害赔偿之目的在于填补债权人因而所生之损害,其应恢复者并非'原有状态',而系'应有状态',应将损害事故发生后之变动状况考虑在内。故给付标的物之价格当以债务人应为给付之时为准,债权人请求赔偿时,债务人即有给付之义务,算定标的物价时,应以起诉时之市价为准。"

计划、设备或其他特别情事,可得预期之利益,视为所失利益。""民法"于第213条第1项规定外,另设第216条规定,其立法目的有二:

(1)第216条第1项在于阐明"民法"第213条第1项的全部损害原则,包括所受损害及所失利益(阐明说),而不是要在实体法上对损害赔偿义务加以限制(实体法限制说)。

(2)"民法"第216条第2项规定旨在减轻被害人的举证责任[①],因为是否发生所失利益乃未来可能性的判断,不易明确证明,特设举证责任规定,以保护被害人。

二、所失利益的概念、法律适用及排除

(一) 所失利益的概念

所失利益系被害人于侵害事由时尚未发生,但若无此等侵害事由,将来预期可取得的财产利益,即侵害事由消极妨碍新财产利益的取得,究为金钱或其他财务上利益(劳动力减损、所有权受侵害不能使用的损失),在所不问,于任何权益受侵害的情形,均得发生所失利益:

1. 人身伤害

收入减少、劳动力减损,此最为常见。将于相关部分再为详述(本书第128页)。

2. 物之侵害

物之权利人(所有人或用益物权人)因物受侵害致丧失物的使用利益。

3. 侵害知识产权

如何认定及计算知识产权的所失利益系损害赔偿法的重要问题("著作权法"第88条、"专利法"第97条、"商标法"第71条)(本书第385页)。

---

① "民法"第216条系参照《德国民法》第252条规定:"应予赔偿的损害亦包括所失利益。依事物的通常运行或根据特殊情事,特别是根据所做设备与所采取的预备措施可能预期获得的利益,视为所失利益。"(Der zu ersetzende Schaden umfasst auch den entgangenen Gewinn. Als entgangen gilt der Gewinn, welcher nach dem gewöhnlichen Lauf der Dinge oder nach den besonderen Umständen, insbesondere nach den getroffenen Anstalten und Vorkehrungen, mit Wahrscheinlichkeit erwartet werden konnte.)德国通说认为,此系关于减轻被害人举证(Beweiserleichterung)的规定,MünchKommBGB/Oetker § 252 Rn. 31.

4. 债务不履行

例如，出卖原料给付迟延，致买受人的工厂被迫停工或减产。

（二）所失利益的准据时点

所失利益系以事实审最后言词辩论为准据时点，并依损害事由发生后的客观情事判断其获得利益的可能性。甲偷乙的彩券，其后中奖，乙得向甲请求中奖彩金。获利可能性在侵害事由后始行发生的，亦得赔偿。例如，某外籍劳工预定返国，于车祸受伤后在台中结婚，继续居留时，亦得请求依台湾生活水平计算所失利益。

（三）损害赔偿法的适用

"民法"第213条第1项采全部损害赔偿原则，包括所受损害及所失利益，因此"民法"第213条以下关于损害赔偿的方法的规定，对所失利益亦得适用，包括恢复原状与金钱赔偿。"民法"第216条之1关于损益相抵、第217条关于过失相抵的规定亦适用于所失利益，例如被害人请求人身伤害或货车毁损的收入减少所失利益时，应扣除因此节省的费用。被害人怠于避免或减少所失利益的损害者，为与有过失，法院得减轻赔偿金额或免除之。

（四）所失利益的限制或排除

1. 契约另有约定

关于所失利益的赔偿，当事人得以契约规定加以限制或排除。其中采定型化契约时，应适用"民法"第247条之1的规范。

2. 违反法律强行规定

"民法"第71条规定："法律行为，违反强制或禁止之规定者，无效。"被害人不能请求未能从事该项法律行为的所失利益。例如，贩卖毒品、走私等法律行为违反强行规定，无效。毒贩遭车祸住院不能向被害人请求不能贩毒所失利益。此仅适用于其所违反的系效力规定，不包括取缔规定。例如违规摆设摊位，遭人毁损时，仍得请求不能营业所失利益，盖在此等情形，法律所禁止的系不得在某地区摆摊，而非否认其所从事法律行为的效力。

3. 违反公序良俗

"民法"第72条规定："法律行为，有悖于公共秩序或善良风俗者，无效。"例如娼妓卖淫行为。在此情形发生一个问题：娼妓遭受不法人身伤害时，得否向加害人请求赔偿不能卖淫所失收入。德国联邦最高法院曾认为,娼妓的交易行为虽属无效,不能据此而主张其营业收入的损失,但应得向加害人请求简单生活的费用,其主要理由系为保障娼妓的基本生活,并避免增加社会福利的负担。① 此项折中性见解备受争议。值得提出的是,德国于 2001 年制定娼妓法(Prostitutionsgesetz)排除卖淫行为的违反公序性,娼妓有报酬请求权,从而于其人身遭受侵害时,亦得请求其因不能从事性交易而丧失的收入。

在中国台湾地区法上,娼妓行为原则上应认为有悖于公序良俗,系属无效,不发生约定的报酬请求权。为维护伦理秩序,基本上仍应否定卖淫所失利益的损害赔偿请求权。②

三、举证责任

(一) 所失利益的推定及计算

1. 所失利益的推定

如前所述,"民法"第 216 条第 2 项的规定,旨在减轻被害人关于所失利益的举证责任,即依通常情形或依已定之计划、设备或其他特别情事可得预期之利益,视为所失利益。此系采推定及反证的规范模式,例如:

(1)遭受诽谤致遭解雇的劳工,丧失通常的薪资收入。

(2)工厂接受订单,因原料出卖人迟未给付,遭受不能如期生产交货的损失。

(3)某歌手因车祸受伤,丧失预定工地秀演唱的报酬。

请求权人对可据以推定将来可期待获得一定利益的事实(推定的联系事实),例如从事某种职业已定计划(租屋营业)或设备(工厂购买机器接受订单),应予陈述并为一定程序的证明,作为期待利益可能性判断的基础。

所失利益的推定须具有一定的可能性,此应就一般情事而为认定。须特别说明的是,其仅系机会利益丧失时,例如某女的容貌因车祸伤害不能参加选美,其预期的利益具高度不确定性,不能视为所失利益。又例如钢琴家手指受伤,不能参加钢琴比赛;短跑选手腿部受伤,不能参加田径

---

① BGH NJW 76, 1883.

② 值得注意的是,社会秩序维护法关于从事性交易行为设有规定,第 80 条:"有下列各款行为之一者,处新台币三万元以下罚款:(一)从事性交易。但符合第九十一条之一第一项至第三项之自治条例规定者,不适用之。(二)……"第 91 条之 1 第 1 项规定:"直辖市、县(市)政府得因地制宜,制定自治条例,规划得从事性交易之区域及其管理。"

比赛,其因丧失机会所受的不利益,亦非属得请求赔偿的所失利益。

2. 所失利益的计算

依通常情形而计算所失利益,称为抽象计算方法,例如受雇人,得依通常薪资收入计算其所失利益。在商业交易,商品出卖人或买受人(出租人或承租人)得依市场价格的差额作为所失利益。此种抽象计算方法,系一种具体类型化的计算方法。被害人亦得就个案情形具体计算其所失利益,例如稀有邮票买受人于出卖人给付不能时,得请求高价转售利益,歌手得请求其出席某工地秀的报酬。在此等情形,请求权人应就其具体事实(市价转售、工地秀)负证明责任。

(二) 视为与反证推翻

"民法"第216条第2项所称"视为"所失利益,实乃推定,加害人得反证所失利益将因一定事由不能实现。例如车祸受伤的被害人请求未来十年丧失劳动能力的所失利益时,加害人得证明经医疗鉴定乙患有晚期胰腺癌,生存时间不超过半年时,乙仅得请求生存期间的所失利益。经营便当店的被害人请求房屋遭火灾烧毁,不能供应某工厂员工便当的每月营业利益时,加害人得证明该工厂将于半个月内歇业,被害人不能请求全部所失利益。

第二款 财产上损害及非财产上损害

财产上损害,指具有财产价值,得以金钱计算的损害。非财产上损害,指精神、肉体痛苦等不具有财产价值、难以用金钱计算的损害。侵害财产权时,例如毁损他人具有纪念性的照片、心爱的宠物时,得发生财产上的损害(如物之价值的灭损)及非财产损害(精神痛苦)。侵害非财产权时,例如伤人身体或毁人名誉,亦得发生财产上损害(支出医药费,或因名誉被毁致遭解聘)及非财产上损害(肉体或精神痛苦)。

财产上损害与非财产上损害,系"民法"上的法定分类,具有重要的意义。无论何种损害,均应恢复原状(第213条第1项)。财产上损害不能恢复原状时,得请求金钱赔偿(第215条)。但关于非财产上损害,则须有法律特别规定,始得请求相当金额的赔偿(慰抚金)。[①]在法律适用上应

---

① 参见"民法"第18条第2项(人格权保护的原则)、第194条(侵害生命权的非财产上损害赔偿)、第195条(侵害其他人格或身份法益的非财产损害赔偿)、第227条之1(因债务不履行侵害人格权的损害赔偿)。

特别指出的有两项：

1. 非财产损害金钱赔偿的请求权基础的扩大

在侵害行为，"民法"第195条对人格法益的概括化，及增设身份法益的保护。在债务不履行，除增订"民法"第227条之1外，"民法"第514条之8更规定："因可归责于旅游营业人之事由，致旅游未依约定之旅程进行者，旅客就其时间之浪费，得按日请求赔偿相当之金额。但其每日赔偿金额，不得超过旅游营业人所收旅游费用总额每日平均之数额。"旅游时间的浪费，系非财产上损害，现代社会重视旅游休闲活动，特明定为得请求赔偿的损害。

2. 财产上损害扩大解释的问题

如何认定财产上损害，系损害赔偿法的重要问题。例如甲驾车闯红灯，撞到乙，乙身受重伤住院，其车毁损。乙就其不能使用该车、不能住进刚在阳明山竹子湖租赁的农舍时，其所受的损害究为财产上损害抑或为非财产上之损害？将于相关部分再为评论(本书第183页)。

第三款　直接损害与间接损害

损害分为"直接损害"(Unmittelbarer Schaden)及"间接损害"(Mittelbarer Schaden)，此系基于因果关系而为的分类。[①] 直接损害，指因侵害行为对权益本身所肇致的损害(侵害权益损害)，例如，伤害身体、毁损某车，又称为"具体损害"(konkreter Schaden)或"客体损害"(Objektschaden)。间接损害指因对权益受侵害间接致被害人的财产受有的损害，例如，伤害某人，致其不能工作，收入减少；毁损某车(货车或出租车)，致其不能营业，又称为"财产结果损害"(Vermögensfolgenschäden)。关于此项分类，应说明的有：

(1)关于侵权行为成立要件，其行为人的过失系就直接损害加以认定，不及于间接损害。

(2)与此项损害应予区别的是"直接被害人及间接被害人""直接侵害及间接侵害"。甲不法致乙死亡，乙为直接被害人，其配偶丙为间接被害

[①] Medicus, Unmittelbarer und mittelbarer Schaden (1977); Lange/Schiemann, Schadensersatz (2003), S. 59.

人,关于间接被害人的损害赔偿请求权"民法"设有规定(第192条、第194条)。① 甲医师对乙孕妇输血,血有病毒,乙妇健康受损(直接侵害),胎儿丙亦受感染(间接侵害),均足以成立因果关系,乙、丙皆得请求损害赔偿。

(3)直接损害与间接损害均应予以赔偿。前者属于具体客体损害,以恢复原状为原则。后者属于计算上损害,应以金钱赔偿之。

(4)之所以特别提出直接损害及间接损害,主要在于处理假设因果关系的损害赔偿问题。例如甲毁损乙在大甲溪河岸经营黑白切小吃店的木屋,3日后该木屋被洪水冲走。在此情形,甲应赔偿木屋本身毁损所受损失(直接损害)。关于营业损失(间接损害),则应斟酌该假设因果关系(山洪暴发),予以计算,该木屋被冲走后的营业损失,非属得请求赔偿的损害。

第四款　履行利益的损害及信赖利益的损害

法律行为上的损害可分为履行利益及信赖利益的损害。履行利益(又称为积极利益,positives Interesse,此不同于积极损害,应予注意),指于法律行为发生的债务时,债权人可获得的利益。信赖损害(又称为消极利益,negatives Interesse,此不同于消极损害,应予注意),指因信赖法律行为有效成立所受损害,其主要情形为:表意人依"民法"第88条及第89条规定,撤销错误的意思表示或传达错误时,对于善意信其意思表示有效而受损害之相对人或第三人,应负赔偿责任(第91条)。契约因以不能之给付为标的而无效者,当事人于订约时知其不能或可得而知者,对于非因过失而信契约为有效致受损害之他方当事人负赔偿责任(第247条)。应说明者有三:

(1)履行利益的损害及信赖利益的损害均包括所受损害(积极损害)及所失利益(消极损害)。例如甲向乙购买某货车,于乙给付迟延时,甲得向乙请求支付司机工资(所受损害)及不能营业(所失利益)的损害。在上举之例,设该车于订约时既已灭失时,甲得请求订约费,准备履行费用(所受损害),丧失订约机会的损害(所失利益)。

---

① 关于直接被害人及间接被害人,参见"最高法院"1984年台再字第182号判例:"民法"第192条第1项规定不法侵害他人致死者,对于支出殡葬费之人,亦应负损害赔偿责任,系间接被害人得请求赔偿之特例。此项请求权,自理论言,虽系固有之权利,然其权利系基于侵权行为之规定而发生,自不能不负担直接被害人之过失,倘直接被害人于损害之发生或扩大与有过失时,依公平原则,亦应有"民法"第217条过失相抵规定的适用。

(2) 信赖利益的赔偿不得超过履行利益。

(3) 关于债务不履行,尚有所谓"无益费用支出"损害赔偿的问题。例如,甲承租乙的会馆举办学术演讲会,因乙会馆过失,不能提供会馆场所,甲被迫取消演讲会。甲就其广告印刷文件等费用支出,得否向乙请求损害赔偿,是一个值得研究的课题(本书第 205 页)。

第五节　损害的计算时点

第一款　恢复原状

损害以恢复原状为原则。关于恢复原状不生损害计算时点问题,加害人应依被害人的请求恢复损害发生前的原状,例如医治受伤的动物、修复毁损的汽车、购置替代赔偿物等。加害人应承担恢复原状增加费用的风险。加害人是否尽其赔偿义务,以恢复原状之时为判断基准。

第二款　金钱赔偿

关于金钱赔偿,无论是恢复原状的必要费用(第 213 条第 2 项)、价额赔偿(第 215 条)等,均发生损害计算时点问题,以认定被害人何时得请求金钱赔偿及赔偿数额。兹分实体法上的准据时点及诉讼法上的准据时点加以说明。

一、实体法上的准据时点

实体法上的准据时点,指加害人(债务人)在法律上应为履行债务的时点,例如被害人请求加害人支付恢复原状所需费用,或不能恢复原状应以金钱赔偿之时点。在此准据时点后所发生的价额变动,对应为赔偿的数额不生影响,例如债权人不得以其后恢复原状的费用较高,要求提高赔偿金额,债务人亦不得以其后恢复原状费用降低要求减少其赔偿金额。

二、诉讼法上的准据时点

诉讼法上的准据时点,原则上应以最后言词辩论终结时存在的事实为依据,惟履行前有利或不利,亦应斟酌,以顾及全部损害赔偿与禁止得利原则。赔偿的数额依其情事在履行前亦得为确定,例如关于汽车毁损

的交易性贬值的估算,当事人已为同意,或所失利益业已查证确定。其可资参照的有两个"最高法院"判决:

1. 人身侵害的损害赔偿

"最高法院"1999年台上字第1771号判决谓:查依"民法"第193条第1项规定"不法侵害他人之身体或健康者,对于被害人因此丧失或减少劳动能力或增加生活上之需要时,应负损害赔偿责任"。所称之增加生活上之需要,系指被害以前并无此需要,因为受侵害,始有支付此费用之需要而言。其因身体或健康受不法侵害,需人长期看护,就将来应支付之看护费,系属增加生活上需要之费用,加害人固应予以赔偿,惟被害人是否确需依赖他人长期看护,仍应以最后事实审言词辩论终结时之事实状况为认定标准。

2. 物之毁损

"最高法院"1975年11月11日1975年第6次民庭庭推总会决议谓:物因侵权行为而受损害,请求金钱赔偿,其有市价者,应以请求时或起诉时之市价为准。盖损害赔偿之目的在于填补所生之损害,其应恢复者,并非"原来状态",而系"应有状态",应将损害事故发生后之变动状况考虑在内。故其价格应以加害人应为给付之时为准,被害人请求赔偿时,加害人即有给付之义务,算定被害物价格时,应以起诉时之市价为准,被害人于起诉前已曾为请求者,以请求时之市价为准。惟被害人如能证明在请求或起诉前有具体事实,可以获得较高之交换价格者,应以该较高之价格为准。因被害人如未被侵害,即可获得该项利益也。

第六节 两个核心问题

一、损害的规范评价

如何认定"得请求赔偿的损害",系损害赔偿法的任务。"民法"第213条规定,采全部损害赔偿原则,适用于财产上损害及非财产损害。关于非财产损害,应比较侵害事故前后精神、肉体等感受而为认定。关于财产上损害,以总财产的差额作为判断的基准,符合全部赔偿原则,基本上应值肯定。

应再强调的是,损害是一种法律概念,损害算定乃法律规范上评价,关于亲属看护费用，wrongful birth 案例的抚养费请求权，父母因子女死亡对加害人请求抚养费时，应否扣除被害人所需支出的抚养费所涉及"损益相抵"等问题，实务上均采此种规范上评价的思考方法，实值赞同，有助于就相关案例类型作较深入的研究。

二、非财产上损害的财产化

财产上损害及非财产损害的区别系损害赔偿法理论及实务的重要问题。例如甲驾车肇致事故，乙受重伤，其车毁损。在此情形，乙受有财产上损害，包括所受损害（身体受伤支出医药费、看护费用、收入减少；车被毁，支出修缮费用，交易性贬值）及非财产上损害（身体受伤，身心痛苦）。有争论的是，乙因车祸住院、不能使用汽车、不能住进其承租的度假公寓、不能欣赏入场券价格高昂的音乐会、被迫取消出国旅游、长期住院耗费时光等，得否以受有财产上损害而请求赔偿。在这个商业化的凡事多以金钱计算的社会，如何判断财产上损害，是现代损害赔偿法的重要课题。

第五章 损害归责

第一节 问题说明

损害赔偿法的体系构成与案例研究,首先需要认定的是,被害人是否受有损害,何种损害?例如甲因乙在其门口前停车以木棍击伤乙的头部,致乙长期住院,不能使用其自有房屋或在海滨承租的度假别墅时,乙是否受有损害,何种损害?

其次,需要要进一步认定乙所受的损害可否归责于甲的行为,甲应就其行为所肇致的损害负损害赔偿责任,学说上称为损害归责(Zurechnung des Schadens),先以下举数例作为讨论及思考的出发点:

(1)甲驾车违规超速撞伤乙的身体,乙住院医治,住院期间感染病毒,因医生治疗失误加重病情,住院期间家中财物遭窃,致不能如期支付债务,必须支付违约金。

(2)乙寄托某家传古瓶于甲,因甲受雇人的过失致该古董灭失,乙丧失预定出售的利益,于获知该古董灭失时情绪激动,致发生心脏病。

(3)乙搭乘甲公司的公交车,因司机丙违规超载过度拥挤,乙钱包被盗。

(4)甲医生未对病人乙手术善尽告知义务,乙以发生手术副作用而向甲请求损害赔偿。甲医生得否主张纵为告知,乙亦会同意为该项手术,而不必负责?

(5)甲毁损乙的某屋门窗,其后3小时发生地震,该屋全毁。乙得否向甲请求门窗毁损的损害赔偿?

(6)甲与乙因细故争吵,甲持刀杀死乙,发现乙患末期胰腺癌,存活期间的3年,如何计算乙的妻儿得向甲请求赔偿的扶养费?

请就前揭案例,思考以下问题:
(1)被害人是否受有损害,何种损害?
(2)何谓责任成立因果关系,何谓责任范围因果关系?
(3)如何建立因果关系的判断基准?因果关系与规范目的具有何种适用关系?
(4)何谓合法性替代行为(案例4)?
(5)何谓假设因果关系(案例5、6),其所涉及的究系因果关系,抑或为损害计算问题?

第二节　责任成立因果关系与责任范围因果关系

一、双重因果关系

损害赔偿请求权系由责任成立及责任范围所构成。责任成立指损害赔偿请求权的成立要件,责任范围指损害赔偿请求权的法律效果。"民法"第184条第1项前段规定:"因故意或过失,不法侵害他人之权利者,负损害赔偿责任。"在此规定,"因故意或过失不法侵害他人权利",系责任成立要件,"负损害赔偿责任",为责任范围(法律效果)。"民法"第227条规定:"因可归责于债务人之事由,致为不完全给付者,债权人得依关于给付迟延或给付不能之规定行使其权利。因不完全给付而生前项以外之损害者,债权人并得请求赔偿。"在此规定,因可归责致为不完全给付,而生前规定之外之损害,系责任成立要件,债权人并得请求赔偿,则为责任范围(法律效果)。须特别指出的是,责任的成立,须侵害行为与侵害权益之间有因果关系,是为责任成立因果关系。在责任范围,其所受损害与权益受侵害之间亦须有因果关系,是为责任范围因果关系。归责原则判断标准有条件因果关系、条件关系的相当性及规范目的,此为损害归责的核心问题,图示如下,俾便参照:

第五章 损害归责 83

二、分析说明

（1）权益侵害（Rechtsgutverletzung），指人格权（身体、健康等）、所有权等受到侵害，又称侵害损害（Verletzungsschaden）或初始侵害（Esetverletzung）。结果损害，指因权益侵害而产生的损害（Folgeverletzung）。二者均得请求赔偿，例如甲驾车撞伤乙的身体，具备责任成立关系时，乙得请求恢复原状。被害人请求因人身遭受侵害（权益侵害）而支出的医药费或减少的收入等结果损害时，须以具备责任成立因果关系及责任范围因果关系为要件（双重因果关系）。

（2）责任成立须以加害人有故意或过失为要件，其是否有过失，系针对权益侵害（初始侵害），并不及于结果损害及其范围。例如甲驾车撞伤乙，乙住院感染病毒，甲就乙身体健康受侵害须有过失，对乙住院遭受感染虽无过失，仍应负责。

（3）关于责任成立因果关系及责任范围因果关系，原则上请求权人应负举证责任，就结果损害，法院较有裁量的余地。

（4）责任的成立不以侵害一定的权益（如人身权、所有权等）作为要件，例如故意以悖于善良风俗之方法加损害于他人（第184条第1项后段），或在债务不履行，例如出卖人给付不能、迟延，承揽人完成有瑕疵的工作,其因果关系存在于义务违反(责任成立)与损害(责任范围)之间。

第三节　因 果 关 系①
——条件关系、相当因果关系、法规目的论

第一款　思考架构的构成

一、相当因果关系的构造

行为肇致权益侵害或损害,其得归责于行为人负责,须其行为对权益侵害或损害具有因果关系。因果关系一方面为责任的原因,一方面亦在界限责任。关于因果关系的判断,台湾地区通说系采相当因果关系,早在"民法"制定之初(1929年),"最高法院"1941年上字第18号判例就宣示:"损害赔偿之债,以有损害的发生及有责任原因,并二者之间有相当因果关系为其成立要件。"何谓相当因果关系,"最高法院"判决多有阐释,值得特别指出的是,"最高法院"2012年台上字第443号判决谓:按侵权行为之债,固以有侵权之行为及损害之发生,并二者间有相当因果关系为其成立要件(即"责任成立之相当因果关系")。惟相当因果关系乃由"条件关系"及"相当性"所构成,必先肯定"条件关系"后,再判断该条件之"相当性",始得谓有相当因果关系,该"相当性"之审认,必以行为人之行为所造成之客观存在事实,为观察之基础,并就此客观存在事实,依吾人智识经验判断,通常均有发生同样损害结果之可能者,始足称之;若侵权之行为与损害之发生间,仅止于"条件关系"或"事实上因果关系",而不具"相当性"者,仍难谓该行为有"责任成立之相当因果关系"。

本件判决具有两个重要意义:
(1)明确肯定"相当因果关系"系由"条件关系"(事实因果性)及"条件关系的相当性"(规范因果性)所构成,即以条件关系为相当性的基础,从而须先肯定条件关系的因果性,再检视该条件关系是否具有相当性。
(2)提出"责任成立因果关系的概念",区别责任成立因果关系及责

---

① 参见王泽鉴:《侵权行为法》,第252页。Brand, Schadensersatzrecht, S. 27ff.

任范围因果关系。

二、相当因果关系的适用：三层次检查

须特别强调的是,在适用相当因果关系时,实务上多未明确分别条件关系及相当性,依序加以检查认定,多概括地依相当因果关系加以论断。亦未区别责任成立因果关系及责任范围因果关系加以说明。又损害归责与损害赔偿法的规范目的(法规目的,Normzweck)具有密切关系,关于相当性因果关系与侵害行为法或契约的规范目的的适用关系,实务案例甚少。基此方法论上的认识,关于损害归责的因果关系,应分为三个层次依序加以检查认定：

(1)首先应认定的是,是否有条件关系。条件关系是相当因果关系的基础,具有过滤的作用。

(2)肯定条件关系时,应进一步认定阐释因果关系的相当性。

(3)探究相当因果关系与法规目的论的适用关系。

条件关系系自然科学事实因果性,相当性与法规目的论系法律评价的规范因果性,构成损害归责的判断基准,以合理限制加害人的责任。

第二款 条件关系：因果关系的等值性

第一项 意义及功能

责任成立及责任范围的因果关系均须具有的条件关系(conditio sine qua non)。条件关系的认定系采"若无,则不"(but-for)的检验方式。中国台湾地区判例学说所谓"无此行为,必不生此种损害",即指条件的因果关系,举例言之,"若无甲之下毒,乙必不死亡"(作为),"若非医生迟不开刀,乙必不死亡"(不作为)。"若无,则不"的程序是一种反证规则,旨在认定："若 A 不存在,B 仍会发生,则 A 非 B 的条件。"德国学说称之为假设的消除程序(hypothetisches Eliminations-verfahren, Hinwegdenken),其功能在于排除与造成某种结果无关的事物,具有过滤的作用。条件系一种具自然科学意义的事实,在因果关系所有的条件均属等值,又称为等值说(Aguivalenztheorie)。

第二项　因果关系的态样

一、多数因果关系

一定结果的发生,因单一事实而发生的,其因果关系较易判断。多数原因事实存在,彼此相互结合具有关联时,如何判定其因果关系,分三情形加以说明:

(一) 聚合因果关系

甲、乙同时分别对丙下毒,其分量各足致丙死。甲、乙同时持火把至油库,引起爆炸,致丙屋烧毁。在诸此情形,数人中一人的个别行为均足肇致侵害他人权益,学说上称为 kumulative Kausalität(聚合因果关系、累积性的因果关系)。此际若适用"若无,则不"的判断标准,则甲或乙各得主张"若我不下毒,丙仍会死亡,故我的下毒非丙死亡的条件",皆得不负致人死亡的责任,自非合理,故于此情形,"若无,则不"判断标准的适用应受限制,而认定甲、乙的下毒行为,皆属于丙死亡的条件。

(二) 共同的因果关系

甲、乙同时分别对丙下毒,个别的分量不足致丙死亡,但其共同作用而发生丙死亡的结果。甲、乙两个工厂各自排泄废水,个别的分量不足致丙养殖的鳟鱼死亡,因共同作用而发生鳟鱼死亡的结果,学说上称为 addierte Kausalität(共同因果关系)。对此问题,"民法"第 185 条第 1 项前段规定"数人共同不法侵害他人之权利者,连带负损害赔偿责任"。依"司法院"例变字第 1 号,共同侵权行为人间不以有意思联络为必要,数人因过失不法侵害他人之权利,苟各行为人之过失行为均为其所生损害之共同原因,即所谓行为关联共同,亦足以成立共同侵权行为。[①] 例如甲、乙驾车过失共同撞伤路人某丙。惟若各该行为人之行为与损害间无因果关系者,不但其侵权行为无由成立,亦无成立共同侵权行为之余地。

(三) 择一的因果关系(alternative Kauslität)

甲、乙狩猎时开枪,其中一弹伤及丙,不知何人所射;甲、乙投掷汽油爆竹,其中之一引起丙屋失火,不知何人所投。学说上虽称为择一的因果关系,但实非属因果关系,而系其证明的问题。为保护被害人,减轻举证

---

① 参见王泽鉴:《侵权行为法》,第 266 页以下。

责任的困难,"民法"第 185 条第 1 项后段规定,不能知其中孰为加害人者,连带负损害赔偿责任。

二、作为与不作为的因果关系

侵害行为,得为作为或不作为。作为因果关系,例如驾车撞人。不作为因果关系,例如汽车爆胎停放于路边等待道路救援,却未于车后一定距离设置警告标志,致机车骑士撞到汽车受伤。不作为之应负损害赔偿责任,以有契约或法律上的作为义务为要件。

三、直接因果关系及间接因果关系

行为直接侵害权益的,为直接因果关系。间接侵害的,称为间接因果关系。例如甲妇在乙医院体检感染病毒,是为直接侵害,其后传染给怀孕的胎儿时为间接侵害,二者均足成立契约责任或侵权责任。

四、物理的因果关系与心理的因果关系

权益侵害因客体接触而发生的,例如开车撞人、烧毁他人名画,系物理的因果关系(physische Kausalität)。其权益受侵害系因被害人自己的反应,未有物理性的影响时,则为心理的因果关系(psychische Kausalität)[①],其典型案例,例如遭他人辱骂导致心脏病发作,闻知独子遭车祸死亡,精神崩溃等。此种经由心理性因素媒介的因果关系,应就其是否具有充分可能性加以认定。

五、经由第三人行为引起权益侵害的因果关系

在若干情形,先有加害人侵害他人权益,其后第三人的行为导致对被害人的其他权益或他人权益加以侵害(第三人媒介因果关系,Drittvermittelte Kausalität)。例如甲杀伤乙,丙医生急救时因疏误致乙身体另受损害。在此情形,发生一种问题,即医生(第三人)对乙所肇致其他损害应否归由第一个加害人负责(此属责任范围因果关系)。就前举案例言,除医生具有重大疏误外,其所生结果损害与乙遭甲杀伤具备条件关系及相当性,应归由第一加害人(甲)负责。

---

① Medicus, Die psychische vermittelte Kausalität im Zivilrecht, JuS 2005, 289.

在德国法上一个著名的案例（绿地案件），甲违规驾车发生事故，阻塞道路，若干车辆驾驶人不耐等候，驾车跨越乙的绿地而造成损害。由于难以查知跨越绿地之人，乙乃向甲请求损害赔偿。在此情形，其得主张的请求权基础系《德国民法》第823条第1项（相当于"民法"第184条第1项前段）。首应认定的是甲驾车肇致阻塞交通与乙绿地所有权受侵害，是否具有因果关系，此涉及条件关系，条件关系的相当性及规范目的，先予提出，俟后再加说明（本书第103页）。

六、被害人自己的行为肇致权益受侵害及损害

权益受侵害或结果损害由被害人自己的行为引起的，亦属有之。就权益侵害而言，例如便利商店售货员追逐小偷掉入水沟受伤；路人深夜救助公路上违规发生车祸受伤者，被汽车撞到受伤。德国法上有一个著名的案例（母亲捐肾案件），甲医生误摘车祸受伤某女唯一的肾脏，其母乙捐肾救助其女，此情形乙得否向甲医生请求损害赔偿？① （本书第93页）

第三项 责任成立的条件因果关系

一、实务案例

关于行为与权益侵害责任成立的条件因果关系，兹举4个重要案例加以说明：

（一）公害：排放废气与水稻枯槁

在"最高法院"1981年台上字第1005号判决，原告116人皆为彰化县花坛湾子口一带的农民，主张其所耕作的水稻，系受被告砖窑烧重油所排放之废气所危害，致最严重者，全部枯槁，轻者矮化歉收。争点问题系水稻枯槁（权利侵害）与砖窑重油所排放的废气是否具有因果关系。"最高法院"谓："测验当时因大部分时间吹南风，烟气吹向山区，致测量结果较平时轻微，不能代表该地长期之空气质量，自不足以证明稻作受害与被告燃烧重油间无相当因果关系。"

本件的问题在于条件关系，即若无被告"燃烧重油""稻作是否受

---

① 此类案例称为被害人自害行为（selbstschädiges Verhalten。此系由第三人行为所引起，又称为 Herausforderungsfälle，惹起挑衅案例）。

害",而非条件关系的"相当性",笼统地以有无相当因果关系加以论断,掩盖问题争点,难作精确的认定,论证说理。

(二) 医疗事故:未适时急救

在"最高法院"1988年台上字第1876号判决,值日医生某甲对医院已接受求诊的急性心脏病患疏于注意,未即亲自诊治,导致心肺衰竭死亡。医疗纠纷鉴定委员会鉴定书谓:"急性心肌梗塞死亡率颇高,虽经适当治疗,亦不一定有存活希望。""最高法院"则认为:"然非谓急性心肌梗塞症患者,纵经适当治疗,概无存活之希望,故如及时适当治疗,仍应有存活之可能。兹该医生延误时间,未为适当治疗,致病患丧失存活之可能机会,其过失行为与病患之死亡间,自有相当之因果关系存在。"

本件所涉及的核心问题,亦属条件关系,即"若无医生延误时间,未为适当治疗,病患能否存活",若为肯定,应更进一步认定其有无相当性,分两个阶段加以检查认定。

(三) 劳工职业病:工厂粉尘与肺尘病

关于劳工职业病,有两个肺尘症案例。"最高法院"1988年台上字第839号判决谓:查王〇秀等因违反劳工安全卫生法,业经刑事法院判处罪刑确定,有刑事判决可稽。劳工安全卫生法系保护他人之法律,王〇秀等既违反该法,依"民法"第184条第2项规定,推定其有过失。原审谓王〇秀等并无任何过失,不无可议。陈〇福系因肺尘病而死亡,似为双方所不争。倘陈〇福之肺尘病乃因王〇秀等未注意工厂粉尘危害之预防所致,尚难谓陈〇福之死亡,与王〇秀等之行为间无相当因果关系,上诉人不得依侵权行为之法律关系,对被上诉人为本件请求。原审未查明陈〇福之肺尘病,是否因王〇秀等未注意预防工厂粉尘危害所致,遽以前述理由而为上诉人败诉之理由,自嫌速断。又在另件涉及肺尘症判决,"最高法院"1988年台上字第479号判决,以上诉人曾在其他矿坑工作达十余年之久,早已染有肺尘症,而认为:"上诉人之得有肺尘症而丧失劳动能力,与其受雇于被上诉人担任矿工间,无相当因果关系。"

在此两个肺尘症的案例,责任成立的因果关系所涉及的争议均属于条件关系,而非条件关系的相当性。

(四) 商品缺陷:米糠油多氯联苯与皮肤病

因商品缺陷肇致侵害他人之权利而生损害的因果关系,值得提出讨论的是发生于20世纪七八十年代的多氯联苯中毒案。此为商品责任的惨烈事件,起初病例不多,以为是青春痘,后来情况严重,患者的鼻子、牙龈、指甲及背部都冒出异色素沉淀,并且有经常疲倦、四肢无力及视力减退等现象,更可怕的是,整个家族都罹患此症,姊妹有人生出皮肤黝黑的婴儿,经过锲而不舍的追踪,并延请美日专家协助,长期检验后,始确知被害人所食用的米糠油含有多氯联苯。之所以诉讼多年,系其条件因果关系难以确认,而非条件关系的相当性问题("最高法院"1991年台上字第636号判决)。

二、综合分析

据上述实务案例类型的整理,应说明的有三点:

(1)上开案例均属于责任成立因果关系,多为条件关系的问题,"最高法院"认为其有相当因果关系时,系肯定其有条件关系与相当性。"最高法院"认定其无相当因果关系时,究系无条件关系,抑或欠缺相当性,未臻明确。因此在论证上应分别说明有无条件关系,及该条件关系有无相当性。

(2)条件因果关系,须借助专业鉴定,由法院依经验法则综合所有证据加以认定,从多数的事由中认定何者系对一定结果应该负责的条件。此乃法之判断,属于法律问题,而非事实问题,故得作为上诉第三审的理由。

(3)诸种案例的因果关系常有不同的认定方法,例如在医疗事故采用的统计的因果关系、盖然的因果关系。公害事故多应用疫学因果关系。从事类型研究,实有必要。

第四项 责任范围的条件因果关系

责任范围因果关系指权利侵害与其因此所生损害之间的因果关系。此种因果关系的成立亦须以条件关系(若无则不)为必要。在医疗事故、公害、职业病、商品责任等亦常须审慎认定责任范围的条件因果关系。其因权益侵害所由发生的损害具有条件关系的,例如:

(1)被害人因身体健康受侵害而支出医疗费用,住院感染病毒,住院期间财物被盗,罹患忧郁症自杀未遂。

(2)被害人因物被毁损而支出修复费用,不能使用该物的所失利益,丧失转售该物的获利等。

第五项　条件因果关系不能合理限制损害归责

条件因果关系是损害归责的"必要要件",具有过滤作用,即不具条件关系者,其权益侵害或损害项目(责任范围),均不归由行为人负责。须强调的是,条件因果关系不是损害归责的"充分条件",不能合理限制加害人的责任,其主要理由系条件、系自然科学的事实关系,肇致权利侵害的原因众多,常导致一连串无止境的因果连锁,不能尽归加害人承担赔偿责任。因此判例学说乃创设两种"具法律评价规范性"的归责原则,以合理限制行为人的赔偿责任:

(1)相当因果关系:条件关系的相当性。
(2)法规目的。

第三款　相当因果关系
——条件关系的相当性

第一项　基本理论

一、构造及功能

相当因果关系说系由条件关系及条件关系的相当性(Adäquanz)所构成。在适用上须先肯定某个事由系肇致权益侵害(责任成立)及结果损害(责任范围)的条件(若无一则不),然后再检视该条件对权益侵害及结果损害的相当性。相当因果关系具规范性的功能,是一种法律政策的工具,应否归责之法的价值判断。

二、判断基准

判例学说对相当因果关系采如下的认定公式:无此行为,虽必不生此损害,有此行为,通常即足生此种损害者,是为有因果关系。无此行为,必不生此种损害,有此行为通常亦不生此种损害者,即无因果关系。应说明者有三:

(1)所谓无此行为,虽必不生此损害,系采条件说,用以排除与损害不具因果关系的行为,前已提及,请再参照。

(2)所谓有此行为,通常足生此种损害,系指因果关系的"相当性",并从积极方面加以界定。所谓有此行为通常亦不生此种损害,系从消极方面加以界定,其目的在于排除"非通常"的条件因果关系。

(3)因果关系的"相当性"实务上多以"通常足生此种损害"为判断基准。"最高法院"1987年台上字第158号判决谓:"按侵权行为之债,固须损害之发生与侵权行为间有相当因果关系始能成立,惟所谓相当因果关系,系以行为人之行为造成的客观存在事实,为观察的基础,并就此客观存在事实,依吾人智识经验判断,通常均发生同样损害结果之可能者,该行为人之行为与损害间,即有因果关系。"又"最高法院"1993年台上字第2161号判决亦谓:"所谓相当因果关系,系以行为人之行为所造成的客观存在事实为观察的基础,并就此客观存在事实,依吾人智识经验判断,通常均有发生同样损害结果之可能者,该行为人之行为与损害间,即有因果关系。"均采客观的判断基准,以行为时所存在的一切事实及行为后一般人可能预见的事实为基础。

三、故意侵害行为

应特别指出的是,在故意侵害行为的情形,加害人对于不具备相当因果关系的损害,亦应负责。盖加害人对于某种通常不足发生的结果,所以不必负责,系因此种结果在其可预见及得控制的事态之外。加害人既有意使其发生此种非通常的结果,自无不必负责之理。例如甲放置炸药于某处,因电线走火引燃爆炸致乙死亡,一般情形应认定甲放置炸药与乙被炸死,不具有相当因果关系。惟甲如明知该处电线经常走火,故意放置炸药,致乙死亡,对此纵不具相当因果关系的损害,仍应负责。

四、举证责任

相当因果关系上的"条件关系",原则上应由被害人负举证责任。至于"相当性"的举证责任,既采客观认定基准,原则上应由加害人负担证明该条件关系不具相当性。

五、两个应予区别的思考层次

在"最高法院"肯定具有相当因果关系的案例,应认系具备条件关系及条件关系的相当性。在"最高法院"否定相当因果关系的案例,究系认为不具条件关系抑或认定条件关系不具有相当性,多未明确说明,为使法律适用及论证说理更臻精确,更具说服力,应有明辨的必要。

第二项　责任成立的相当因果关系[①]

责任成立的相当因果关系,指存在于行为与权益受侵害之间的因果关系。此种相当因果关系须分两个阶段加以认定,即先肯定条件关系后,再判断其相当性。兹先说明实务上的重要判决,并介绍比较法上具有启示性的案例。

一、肯定案例

(一) 旅客于连环车祸中跳落桥下伤亡:被害人自害行为

被害人因自己的行为肇致其权益遭受侵害时,在何种情形影响因果关系的相当性?在"最高法院"1987年台上字第158号判决,加害人驾车追撞前行车辆,造成连环车祸,并起燃烧,被害人下车后,又见火势猛烈,唯恐车身爆炸,遂将桥缝误为安全岛纷纷跳下而造成伤亡。"最高法院"谓:"依此项客观存在之事实观察,如车身爆炸而不及时走避,其造成之伤亡将更为惨重,且当时又系夜晚,更易引起慌乱,在此紧急情况之下,欲求旅客保持冷静,安然离开现场,殆无可能,故依吾人一般智识经验,上述旅客在慌乱中跳落桥下伤亡,是否与陈荣辉驾车追撞而造成之上述车祸,无相当因果关系,非无研究余地。"

本件判决的重要意义在于认为被害人自己跳落桥下伤亡,加害行为(汽车追撞造成车祸)与权益侵害间的相当性不因此而受影响。至于被害人跳落桥下的行为,是否构成与有过失(第217条),系另一问题。

(二) 母亲捐肾救女

1. 德国法上著名案例

具有启示的是德国著名的母亲捐肾救女案。在BGHZ 101, 215判决。13岁的甲女因运动受伤,乙医生认定其左肾受伤而摘除之,因发生肾功能病变而转诊于某大学医院。经检查后发现,甲女天生仅有左肾。基于医生建议甲女的母亲丙决定捐肾移植。各审法院认定乙医生具有医疗过失,应对甲女负侵权行为损害赔偿责任。诉讼的争点在于甲女的母亲丙对乙医生得否主张损害赔偿。原审认为不成立无因管理,而否定捐肾救甲女的母亲丙有费用支出请求权。关于侵权行为损害赔偿请求权,

---

[①] 参见王泽鉴:《侵权行为法》,第277页。

原审及联邦"最高法院"(BGH)均为肯定。

德国联邦最高法院强调,乙医生的过失行为侵害甲女的身体健康,并因此而创造了一种危险状态,致甲女的亲人丙为救助其生命健康而捐肾,使自己的健康受损,符合侵权行为上"侵害他人权利"的要件。在应由乙医生负责的摘肾行为与甲的母亲丙捐肾间具有因果关系。此项因果关系联络亦不因捐肾系基于捐赠者的自由决定而中断。盖此项决定,系为因应医疗过失所创危险状态而生的救助行为,此种经由心理或精神所媒介的因果关系(psychisch vermittelte Kauslität),亦足以作为责任成立的依据。捐肾者同意移植肾脏,对从事此项手术的医生固可阻却违法,惟对加害人言,其侵权行为的违法性不因此而受影响。

2. 中国台湾地区法上的解释适用

台湾地区法亦应肯定救助他人而致其身体健康受侵害者,得依侵权行为规定向加害人请求损害赔偿。盖人群相处,共谋团体生活,在侵权行为法上保护急公好义、危难相助之人,诚属合理必要。至其成立要件应采如下原则,即:

(1)须因加害人故意或过失的行为造成一种危险的状态,惹起救助者的介入。

(2)因某种危害自己的行为致自己的身体健康受到侵害,与其介入所欲达成的效果须有适当的关联及合比例性。

(3)加害行为与救助者身体健康受害之间的相当因果关系,不因救助行为系受害人的自发介入而受影响。

兹参照前述就德国法上母亲捐肾救女的裁判,提出如下的请求权基础结构:

一、请求权基础(责任规范):第184条第1项前段
  Ⅰ 乙医生的医疗行为:乙误摘甲女唯一肾脏
  Ⅱ 丙捐肾致自己的身体健康遭受侵害
  Ⅲ 乙的医疗行为与丙权利受侵害
    1. 条件关系(+):若无乙的行为不发生丙捐肾救甲(心理的因果关系)
    2. 条件关系相当性(+)
      (1)母为女捐肾非属异常
      (2)通常得为预见
    3. 规范目的(+)

(1) 行为义务的规范保护范畴
(2) 丙的自害系由乙的医疗过失引发
  ① 乙的医疗行为具体引发某种危险状态,使丙捐肾(伤害自己身体)救甲
  ② 丙捐肾救女的目的与自害的行为具适当关联及比例性,未违反公序良俗,非为法秩序所非难
  ③ 丙为救女而摘肾,系乙医生过失医疗行为所造成风险的实现
4. 违法性(+)
5. 过失(+)

二、甲的母亲丙得向乙医生请求财产上(摘肾手术的费用)及非财产上损害赔偿(慰抚金)

二、否定案例

(一) 寄放的炸药因电线走火引燃爆炸

在"最高法院"1944年上字第769号判例,上诉人于1938年6月间,将其与某甲共同贩卖的炸药寄放于某乙开设的洗染店楼上,至1940年8月13日夜间,因该洗染店屋内设置的电线走火,引燃该项炸药,致将住宿于该店的被上诉人胞兄某丙炸死。"最高法院"认为:"纵令上诉人如无寄放炸药之行为某丙不致被炸身死,然寄放之炸药非自行爆炸者,其单纯之寄放行为,按诸一般情形,实不适于发生炸死他人之结果,上诉人之放炸药与某丙之被炸身死不得谓有相当之因果关系,被上诉人对于上诉人为赔偿殡葬费、扶养费之请求,无从认为有理由。"

在本件判决,寄放的炸药爆炸,致丙死亡,侵害其权利,具有条件关系,但不具相当性。盖电线走火系属意外,单纯的寄放行为通常不至于发生炸死他人的结果。

(二) 借车于无驾照之人驾驶,未使所载之人戴安全帽遭车祸受伤

甲借机车予无驾照之人乙驾驶,乙载丙未使其戴安全帽。丁驾车违规超速,撞到甲的机车,致丙受伤。丙主张如乙不让其搭乘或非无照驾驶,其不致头部受伤,甲将机车借予无驾照之乙驾驶,甲应与乙成立共同侵权行为,负损害赔偿责任。

在此案例,"最高法院"2012年台上字第443号判决提出相当因果关系说,系由条件关系及条件的相当性所构成,前已论及(本书第84页),并据而认为:

(1) 上诉人（丙）头部受伤发生损害，系因黄○杰（丁）超速行驶等违反交通规则之过失行为，自左后方撞及邱○彬（乙）之机车发生车祸所致，二者间有相当因果关系。

(2) 邱○彬于车祸之发生无从防免，既为原审所确定之事实，且车祸之发生，非因邱○彬（乙）无照或未让上诉人（丙）戴安全帽而予驾驶所致，邱○彬（乙）违反交通法规之行为，按一般情形，未必发生车祸受伤之结果，邱○彬（乙）之骑车搭载行为，与上诉人所受伤害，揆诸上揭趣旨并参照1934年上字第107号暨1944年上字第769号判例意旨，即不得谓有相当因果关系，亦难成立侵权行为责任。

"最高法院"判决的理由有二：
(1) 此涉及责任成立因果关系。
(2) 乙违反交通规则行为，无照驾驶、未使丙戴安全帽与丙因车祸受伤害，有条件关系，但不具相当性。

第三项　责任范围因果关系

一、问题说明

在实务上关于责任范围相当性因果关系的案例较多，其主要理由有二：

(1) 在责任成立，加害人对侵害他人权益须有过失，具有限制责任的作用。在责任范围，不以加害人对结果损害的发生及范围有所预见为必要。

(2) 在责任范围常发生各种难以预见的结果损害。须特别指出的是，责任范围的因果关系牵连甚广，例如，甲因停车纠纷杀伤乙（此为台湾地区之社会经常发生的事故，特举此例以志其事）；乙住院，感染病毒，医生处理疏失造成伤害，延长住院期间，在此期间，手机失窃，家中财物被盗，遭受损失，不能如期清偿租金，须支付违约金。在此等情形，每个环节的损害项目均须有相当因果关系，被害人始得请求损害赔偿，例如因手机被盗支出重建档案费用，虽与手机被盗具有相当因果关系，但手机被盗与乙被甲杀伤并无相当因果关系，乙不得据此损害项目向甲请求损害赔偿。

(一) 悬红寻牛

"司法院"院字第1662号解释："侵权行为之赔偿责任，以加害人之故意或过失与损害有因果联络者为限,来问所称事主被盗失牛,悬红寻觅,此项花红如有必要,即不能谓无因果联络,至其数额是否相当,则属于事实问题。"

在本件案例,悬红寻觅失牛与被盗失牛之间存在条件关系,具相当性,对此应值肯定。准此以言,母亲因婴儿在医院因管理疏失被他人抱走,而支出的必要悬赏广告或侦探费用,亦具相当因果关系,得向医院请求损害赔偿。

(二) 因伤致病,因病致死

被害人受伤后因病身死,"最高法院"1997年台上字第1205号判决分别情形认定其条件关系及相当性,强调加害人应否负责,须视其是否因伤所引起,如系因伤致病,因病致死,则侵权之行为与死亡之结果即具有相当因果关系,否则如系受伤害因他病而死,自无因果关系可言。依诊断书记载,被害人死亡之直接原因为郁血性心脏病、两侧肋膜积水、肺炎并呼吸衰竭、糖尿病、高血压、老旧下壁心肌梗死等病。若其系受伤后,因久未能痊愈导致身体衰竭引起上述病症而死,则受伤与死亡不能谓无相当因果关系;若其颅内出血,及多处骨折已痊愈,于进行复健中,因宿病或年老体衰感染引起上开病症而死,则受伤与死亡间即无相当因果关系。

二、否定案例

(一) 车祸事故:车祸与精神分裂症

车祸事故的因果关系多涉及并发症。在"最高法院"1995年台上字第2170号判决,上诉人搭乘客运汽车,司机于行驶中紧急煞车,致其头部受伤,合并发生意识障碍,造成精神分裂症。关于其因果关系,台大医院鉴定略谓:"赖○嫒(即上诉人)所患紧张型精神分裂病,并非直接由车祸外伤所导致,其于事发前即已呈现精神病之前驱征兆,仅因该事件诱发其潜伏之病态,而呈现出明显之精神分裂病症。……精神分裂病之诱发原因甚多……车祸外伤可为诱发原因之一,但非必要原因。所谓诱发原因,乃指恰与病患症状明显化或再发之时间相符之任何事件而言,此诱发原因与症状出现之连带关系,无法以科学方法加以证明。车祸外伤仅为与赖○嫒精神分裂明显化在时间上相符之事件而已,对其病态之影响程度很少。车祸外伤虽有可能对其症状明显化有影响,但如无此次车祸外伤,赖○嫒目前之病态亦可能因任何身体、生理、心理、社会压力因素而诱发。""最高法院"据此鉴定认为:"足征因车祸受有外伤,通常并不足以生有精神分裂症之结果,本件车祸与上诉人目前之病态并无相当因果关系。"

在本件"最高法院"系认为因车祸受有外伤致生精神分裂症的结果,具有条件关系,但无相当性,惟其所涉及的是否为条件关系,仍有研究余地。

(二) 被害人自杀

在"最高法院"1956年台上字第520号判决,上诉人之子(或夫或父),遭被上诉人殴打成伤,约1个月后自缢身死。上诉人以死者受伤无钱医治羞愤自缢,其死亡与伤害有因果关系,乃对被上诉人提起赔偿慰抚金之诉。"最高法院"谓:原审就此部分认为刑事判决仅科以被上诉人以普通伤害罪,并且诊断书所载陈水共前胸受打扑伤,治疗期间为10日,并无足以致死之情形,而自缢身死系在经过治疗10日以后,难以认为与伤害有因果关系,而上诉人主张死者自缢之原因又乏相当之证明,因而为维持第一审驳回其诉之判决,洵无不合。

在本件"最高法院"认为伤害与自杀无因果关系之存在,所谓无因果关系之存在,究系指条件因果关系或相当因果关系,应有说明的必要。

(三) 律师及诉讼防御费用

1. 问题提出

"司法院"院字第205号解释谓:台湾地区民事诉讼非采用律师诉讼主义。当事人所支出之律师费用,自不在诉讼费用之内。至当事人之旅费及当事人确有不能自为诉讼行为,必须委任人代理之情形所支出之代理人费用,如可认为伸张权利或防御上所必要者,应属于诉讼费用之一种,于必要限度内,得令败诉人赔偿。所谓必要限度,依讼争或代理之事件及当事人、代理之身份定之。当事人如有争执,由法院断定。问题在于律师费用,得否作为侵权行为所受损害,请求赔偿。

2. 刑事诉讼防御费用案(BGHZ 27,318):规范目的论

德国联邦最高法院于著名的"刑事诉讼防御费用案"(BGHZ 27,318),首度采用规范目的,说明律师费用是否得请求赔偿的损害,在方法论上具有重要意义,特予提出,以供参照。

本件原告骑机车与被告之夫所驾驶的小客车相撞,原告受伤,二人均因交通规则而受刑事追诉。被告之夫在起诉书送达前死亡,原告因违规超速被处罚金30马克,上诉后则被判无罪,原告以在刑事诉讼中聘请律师防御所支出的费用686.88马克,乃诉请被告分担4/5。原审认为,被告

之夫驾驶违规行为与此项防御费用无相当因果关系而判决原告败诉。原告上诉亦遭驳回。德国联邦最高法院强调纵肯定其相当因果关系，亦难认为原告得请求被告赔偿其防御费用。德国联邦最高法院认定，原告为防御刑事诉讼支出的费用系财产损害，而财产本身非属《德国民法》第823条第1项（相当"民法"第184条第1项前段）所保护的客体，问题在于此项损害可否认系原告身体、健康受侵害而生的结果损害，而归由被告负责？

关于此点，德国联邦最高法院采否定见解，明确表示本件原告就身体受伤及车辆毁损得请求赔偿恢复原状的费用、丧失的营业收入及车辆的使用利益。至于刑事诉讼中聘请律师等防御费用，则应为不同的判断，盖其非属法律于车祸事故中所欲防范危险的实现。此等费用支出与原告车祸受伤无关，因刑事处罚行为的追诉，为一般国民均可能遭遇的"一般生活风险"，此种日常生活上的一般风险系独立于被害人所受身体或物之侵害之外，纵使在车祸中无人或物之损害，亦会发生，甚至违规驾驶根本不发生车祸，亦属难免。因涉及刑事诉讼而必须支付防御费用既对任何人皆会发生，非属《德国民法》第823条第1项（相当"民法"第184条第1项前段）保护生命、身体、健康或所有权所要防范的危险。易言之，不论加害人的行为与其发生损害间有无相当因果关系，此种刑事诉讼防御费用均在法律保护目的之外，故不得以《德国民法》第823条第1项规定作为主张损害赔偿的请求权基础。

第四款　规范目的论

第一项　规范目的论与相当因果关系

在关于责任成立因果关系及责任范围因果关系，台湾地区判例学说皆以相当因果关系（条件关系的相当性）作为判断基准。本书前特别介绍两个德国法上著名的案例（母捐肾救女案及刑事诉讼防御费用案），旨在突显德国法上除相当因果关系理论以外，尚创设发展规范目的论，作为损害归责的判断基准。规范目的论（法规目的论，Normzwecklehre；又称为Rechtswidrigkeitszusammenhang，违法性关连）强调违约或侵权行为所生损害赔偿责任应探究契约目的或侵权行为责任规范的保护目的而为认定，其理论依据有二：

(1)行为人就其侵害行为所生的损害应否负责,系法律问题,属于法之价值判断,应依规范目的加以认定。

(2)相当因果关系说的内容抽象不确定,难以合理界定损害赔偿的范围。

规范目的论是由 Rabel 教授于 20 世纪 30 年代所提出,50 年代再经 v. Caemmerer 加以阐述发挥,而成为德国通说,并认为规范目的与相当因果关系两者可以并存适用,即损害应否赔偿,首先须认定其有无相当因果关系,其次再探究其是否符合规范目的。易言之,即损害之发生虽具相当因果关系,但在规范目的之外的,仍不得请求损害赔偿。

第二项 规范目的论的依据

依规范目的认定某项损害应否归使行为人负责,具有说服力。规范决定法律义务,因违反义务而肇致损害时,其赔偿义务与责任规范具有关联性。兹分契约责任及侵权责任说明如下:

一、契约责任

因违反契约义务致他人权益受侵害,其赔偿责任的成立与范围应依当事人契约内容,依诚实信用与交易惯例而为认定。例如甲将毕生储蓄委任乙从事投资交易期货,乙告知甲投资失败,损失惨重,甲情绪激动,致心脏病发作。在此情形,委任契约内容在于经营期货买卖,投资者的身体健康非属契约的保护范围,纵认为甲身体健康受损与乙操作期货不当具有相当因果关系,甲亦不得向乙请求损害赔偿。

二、侵权责任

(一)"民法"第 184 条第 2 项保护他人法律之规范目的

"民法"第 184 条第 2 项规定:"违反保护他人之法律,致生损害于他人者,负赔偿责任。但能证明其行为无过失者,不在此限。"被害人得否请求损害,应视其所受权益侵害是否为该保护他人法律的保护范围。例如"民法"第 794 条规定:"土地所有人开掘土地或为建筑时,不得因此使邻地之地基动摇或发生危险,或使邻地之建筑物或其他工作物受其损害。"设土地所有人兴建房屋墙壁倒塌,毁损邻地所有人或他人的汽车时,被害人均不得依"民法"第 184 条第 2 项规定请求损害赔偿,盖此等权益侵害非属"民法"第794条的保护范围。兹再举数例说明如下①：

(1)司机违规超载，客人钱包被盗。某公交车司机甲违规超载客人，车内拥挤，乙皮包被盗。乙得否向公交车公司或司机以"违规超载"为理由请求损害赔偿？对此，应采否定见解，因为禁止超载的规范目的在于保护行车安全，非在于防范小偷。

(2)儿童夜间工作，回家途中遭抢劫伤害。法律禁止儿童夜间工作("劳动基准法"第16条)，某童工夜间下班回家途中遭抢劫受伤时，其所生损害非属法律所欲防范危险的实现，被害人不得依"民法"第184条第2项规定向雇主请求损害赔偿。

(3)无照驾车，未戴安全帽。在"最高法院"2012年台上字第443号判决，甲借机车予无驾照之乙，乙载未戴安全帽之丙，丁驾车撞到乙，致丙受伤。"最高法院"认为，乙无照驾驶及丙未戴安全帽与丙身体受伤无相当因果关系，不生侵权责任。实则此涉及规范目的，即法律禁止无照驾车("道路交通管理处罚条例"第21条)，乃在保护他人安全，非在保护驾驶人或其载之人，不受他人侵害。又法律规定驾驶人或乘客须戴安全帽或系安全带("道路交通管理处罚条例"第31条)，乃在保护汽、机车驾驶人或乘客，其规范目的非在于令未促使他人使用安全帽或安全带，致受伤害者，负侵权责任。准此以言，出租车的乘客未使用安全带，遭车祸被人撞伤，不能向未使其使用安全带的司机请求损害赔偿。

(4)违规停车，肇致车祸：甲违规停车于某处，乙未注意撞及该车而受伤害时，得否向甲请求损害赔偿？此应区别禁止停车的规范目的加以判断。禁止在某处停车系为汽车出入通行的方便时，乙不得请求损害赔偿。禁止在某处停车系为防范该地交通事故时，乙所受权益侵害得归由甲负责。

(二)"民法"第184条第1项规定的规范目的②

"民法"第184条第2项规定的保护他人法律所建立的规范目的论，亦应用于"民法"第184条第1项前段："因故意或过失，不法侵害他人之权利者，负损害赔偿责任。"如何探求认定此项规范目的及保护范围，系目的性的法律解释问题，此多涉及边界性争议案件，应考量被害人的保护利益与合理界限，以及加害人责任风险的利益而为判断。兹举两个案例加

---

① 参见王泽鉴：《侵权行为法》，第385页以下。
② 详细说明，参见王泽鉴：《侵权行为法》，第293页。

以说明。

1. 惊骇案件(Shock Case)

惊骇案件,指某人目睹或耳闻他人遭受侵害,因受惊骇致其健康受到伤害,例如甲见路人乙被丙闯红灯撞倒,鲜血淋漓,因受惊骇致精神崩溃(心理的因果关系)时,甲得否依"民法"第184条第1项前段规定向丙请求损害赔偿? 依相当因果关系说,其判断基准,不易认定。依规范目的说衡量被害人及加害人的保护利益,得认为甲系乙的近亲属(如父母、子女、配偶),其所受侵害肇致健康受损时,得请求损害赔偿。①

2. 挑动惹起案件(Herausforderung)

挑动惹起案件,指某人的行为挑动惹起他人从事一定行为,致其人身健康遭受损害,此亦属于间接的心理因果关系,前述母捐肾救女属于此种被害人自害行为的案例类型。常被提出的是所谓的追捕案件(Verfolgerfälle),例如甲抢乙的钱包,乙在追捕中被机车撞伤;甲在乙的café用餐,不付款逃逸,乙的店员丙追捕撞上汽车身负重伤。在此类情形得采规范目的论,适用三项判断基准:

(1) 被害人或第三人之所以从事救助或追捕行为,系由加害人构成责任成立的情事所惹起挑动。

(2) 权益保护目的与介入(救助、追捕)风险的比例性。

(3) 此项危害的实现非属一般生活上的风险(请参照母捐肾救女案,本书第92页)。

第三项 规范目的论的适用

《德国民法》第823条第1项规定:"因故意或过失不法侵害他人生命、身体、健康、自由、所有权或其他权利者,对所生损害负赔偿责任。"(相当于"民法"第184条第1项前段。)德国通说一方面认为规范目的于此规定亦应适用,他方面并表示规范目的的探究非属容易,应就关键性的案例建立类型。兹分责任成立及责任范围两种情形简述如下:

一、责任成立与规范目的

有厨师某甲将鼠药放在食物罐内,置于架上,乙厨师非因过失而使

---

① BGHZ 63, 189; 101, 215.

用,致侵害客人丙的健康。于此情形,甲违反了侵权行为法上交易安全的防范危险的义务,丙所受损害乃此项危险的实现,应归由甲负责。在上举之例,设有丁童误认为该罐内所藏的是食物,于取用时自椅上掉下致摔伤其头部时,甲对丁所受损害则不必负责,盖此非属甲所应防范的危险。

关于德国侵权行为法上的因果关系的适用,争论最多的是前曾再三提起的"道路绿地案"(BGHZ 58, 162),即甲驾车疏未注意,肇致车祸,致交通阻塞,有人不耐久等,驾车跨越乙所有的道路两侧绿地(或草坪)而离去时,甲应否对该绿地所有人乙所受损害负赔偿责任?此属第三人行为所媒介的因果关系。德国联邦最高法院曾肯定其相当因果关系,备受批评。学说上认为,此类案件应依规范目的否认甲的赔偿责任。驾车疏误对车祸的被害人固应负责,惟道路两侧绿地或草坪不受侵害,则非属其所违反的行为义务所欲保护的范围。

二、规范目的与责任范围

在因车祸受伤发现脑疾提早退休案(BGH JZ 1969, 702),原告遭被告驾车撞伤,在住院治疗过程中,因医生发现脑疾,被其服务机关命令提早退休,乃以受有损害而向被告请求损害赔偿。原审以被告的侵权行为与原告提早退休受有损害之间具有相当因果关系,而判决原告胜诉。德国联邦最高法院废弃原审判决,认为被告的侵权行为固属原告提早退休的条件,衡诸一般经验,亦可认定其有相当因果关系,惟不得据此即肯定其有损害赔偿请求权,盖相当因果关系本身尚不足合理界定赔偿责任,应再检视其是否在规范目的范围之内。侵害他人健康致其提早退休,其所受损害系在《德国民法》第823条第1项规定的保护范围。至于因健康受损经检查发现原有的疾病而导致提早退休,则非属法律所欲防止危险的实现,因为疾病被发现系任何人皆难以抗拒的宿命,乃一般生活上的风险,不在《德国民法》第823条第1项保护范围之内,不应归由加害人负担。

第五款 思考方法、体系构成、案例研究

第一项 思考方法

损害归责系损害赔偿法的核心基本问题,长期以来裁判学说致力于寻找可合理界定赔偿范围的基准,用以维护平衡被害人与加害人的利益。

自"民法"施行以来(1929),"最高法院"即已采取相当因果关系,相当因果关系说系由条件关系(自然科学的事实)及条件相当性所构成,以相当性的评价排除异常的条件。就实务案例综合加以观察,基本上确能合理认定应归责于加害人负担的损害(权益侵害及结果损害)。须特别提出的是,某种行为之所以应负损害赔偿责任,系因其违反责任规范(法律、契约),从而最后仍应以责任规范的目的检视某种损害是否属于其保护范围,而应归于加害人负责,因此应以规范目的补充相当因果关系。在特殊情形,权益侵害虽具备相当因果关系,仍应以规范目的加以限制,本书介绍了若干德国实务案例,用供参考,作为一个研究课题。

法律的发展在于方法的进步,法学方法体现于概念形成及体系建构,并在法律适用上能够审思明辨。关于损害赔偿法的适用,应特别强调的有三点:

(1)责任成立因果关系与责任范围因果关系的区别。

(2)在责任成立因果关系及责任范围因果关系,均有条件关系、相当性或规范目的的适用。

(3)在检视某种损害项目应否归责于行为人(加害人)负担时,应明确分别三个层次加以检查认定:①条件关系。②条件关系的相当性。③在涉及评价的特殊问题时,应更进一步探究有无依规范目的加以限制的必要。

在责任成立因果关系及责任范围因果关系的区别,依序认定条件关系及条件关系的相当性,有助于更能清楚地认识问题的争点,更能提供可以检验的论证说理,更能合理界定损害的归责,更能促进损害赔偿法的发展。

第二项　体系构成、案例研究
——损害赔偿法上的请求权基础

一、体系构成

法学研究的重点在于体系构成(包含内部体系及外部体系),并用于处理案例,基此认识,特将损害归责的体系构造简示如下,并提出若干案例,以供复习及研习、讨论之用(请确实研读每个案例,写成书面):

第五章　损害归责　105

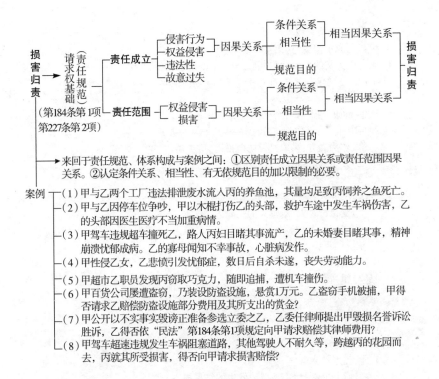

案例
(1) 甲与乙两个工厂违法排泄废水流入丙的养鱼池，其量均足致丙饲养之鱼死亡。
(2) 甲与乙因停车位争吵，甲以木棍打伤乙的头部，救护车途中发生车祸伤害，乙的头部因医生医疗不当加重病情。
(3) 甲驾车违规超车撞死乙，路人丙目睹其事流产，乙的未婚妻目睹其事，精神崩溃忧郁成病。乙的寡母闻知不幸事故，心脏病发作。
(4) 甲性侵乙女，乙悲愤引发忧郁症，数日后自杀未遂，丧失劳动能力。
(5) 甲超市乙职员发现丙窃取巧克力，随即追捕，遭机车撞伤。
(6) 甲百货公司屡遭盗窃，乃装设防盗设施，悬赏1万元。乙盗窃手机被捕，甲得否请求乙赔偿防盗设施部分费用及其所支出的赏金？
(7) 甲公开以不实事实毁谤正准备参选立委之乙，乙委任律师提出甲毁损名誉诉讼胜诉，乙得否依"民法"第184条第1项规定向甲请求赔偿其律师费用？
(8) 甲驾车超速违规发生车祸阻塞道路，其他驾驶人不耐久等，跨越丙的花园而去，丙就其所受损害，得否向甲请求损害赔偿？

二、案例研究

（一）案例

甲请乙修理其家中厨房，乙派遣丙前往施工。甲在厨房桌上放置两瓶啤酒，并将装有盐酸的啤酒瓶放置在该两瓶啤酒旁边，以小字注明"内放盐酸，请勿饮用"。甲告知丙可饮用啤酒，丙误饮该瓶盐酸中毒。丙住院期间遭受院内感染，且手机被盗。丙治疗过程中，发现罹患末期胰腺癌，提早退休。请问丙就何种损害得向甲请求损害赔偿？

（二）解说：请求权基础的构造

以下简要说明处理损害归责的基本思考模式，并请参照本书相关部分说明，先自行研究，再构思解题纲要，写成书面：

一、丙对甲的契约请求权
Ⅰ 甲与乙的承揽契约(第490条)
Ⅱ 丙与甲无契约关系,丙对甲无契约上的请求权(第227条)(-)
二、丙对甲的侵权行为请求权(第184条第Ⅰ项前段)
Ⅰ 责任成立
1. 丙健康受损
2. 甲的行为:不作为:违反交易往来安全义务①
  (1)作为义务:采取必要防范措施,避免误饮
  (2)发生:创造危险、支配危险
  (3)内容:防范危险
  (4)义务人:承揽契约的定作人
  (5)受保护之人:承揽人的受雇人
3. 丙健康受侵害与甲的不作为(违反义务,有所不为)间的因果关系(责任成立因果关系)
  (1)条件关系(+)
  (2)相当性(+)
  (3)规范目的(+)
4. 违法性(+)
5. 过失(+)

Ⅱ 责任范围
1. 医院遭受感染
  (1)因健康受侵害住院而发生的结果损害
  (2)结果损害与健康侵害间的因果关系
    ①条件关系(+)
    ②相当性(+):中毒住院提高其感染风险
    ③规范目的(+)
2. 手机被盗
  (1)因健康受侵害住院期间所发生的结果损害
  (2)结果损害与健康侵害间的因果关系
    ①条件关系(+)
    ②不具相当性(-):一般生活风险
    ③规范目的(-)
3. 发现胰腺癌,提早退休
  (1)因健康受侵害而发生的结果损害
  (2)结果损害与健康侵害间的因果关系
    ①条件关系(+)
    ②相当性(+)
    ③规范目的(-)

---

① 参见王泽鉴:《侵权行为法》,第354页。

Ⅲ 1. 丙得依"民法"第184条第1项规定向甲请求健康所受侵害及住院感染所生损害的赔偿(第213条以下)
   2. 丙不得向甲请求手机被盗、发现胰腺癌提早退休的损害

第四节　合法性替代行为

第一款　问题说明

损害赔偿义务的发生多因加害人行为的违法性(侵权行为或违约),加害人常会提出如下的抗辩:"若我的行为符合法律规定,亦将发生同样损害,故此项损害不应归责于我。"学说上称之为合法性替代行为抗辩(Einwand des rechtmässigen Alternativverhaltens),亦有认为,此系假设因果关系的特殊态样。① 加害人得否为此主张,应依被违反的规范保护目的加以判断,分两个类型加以说明。

第二款　劳工违法终止契约,雇主得否请求征才广告费用?

甲受雇于乙,甲未遵守终止雇佣契约期间,提前终止雇佣契约,不来上班。乙为经营的必要,刊登广告征才。乙得否向甲请求该项征才广告费用的损害赔偿?

对此问题,原则上应采否定见解。受雇人违法终止契约,其所违反的是提供劳务的义务,应予赔偿的是终止契约对雇用人未能提供约定劳务所生损害。征才广告不在该被违反规范的保护范围之内,盖甲若依法终止契约,乙亦须支付广告征才费用,此项损害不能归责于甲,而使甲对乙负损害赔偿责任。② 基此原则,承租人违约提前终止租赁契约,出租人所为"吉屋出租"的费用,亦不得向承租人请求损害赔偿。

第三款　医生未尽说明告知义务

医生为医疗行为(尤其是手术)时,对病患有说明告知以获得其同意

---

① Brox/Walker, Schuldrecht AT, S. 331 f.; MünchKomm/BGB/Oetker §249 Rn. 218.
② BGH 296, 157 (173).

（允诺）的义务，违反时应负医疗过失的损害赔偿责任。问题在于医生得否提出前揭"合法性替代行为抗辩"，认为其虽未尽说明告知义务，但若为此告知说明，病患亦会同意，自可不必负责？德国联邦最高法院原则上采肯定说，但严格规定医生的举证责任。学说上有认为说明义务的目的在于保护病患的自主权，兼具程序保障功能，基于规范的目的性，应排除医生主张合法性替代行为。①

第五节　假设因果关系（损害的保留原因）

第一款　问题说明

关于损害赔偿法的损害归责，有一个具有争论的著名问题：加害人得否主张："若无我的侵害行为，该损害亦必于其后因其他事由而发生，我应得不负损害赔偿责任。"例如，甲驾车毁损乙屋的玻璃，3日后因附近瓦斯管线爆炸，乙屋全毁。在此情形，甲的驾车行为肇致乙屋的玻璃毁损，系真实的因果关系。其后该屋遭瓦斯管线爆炸全毁，并未实际导致乙屋玻璃的灭失，乃属假设，称为假设因果关系（hypothetische Kausalität），或保留原因（Reserveursache）。此种于第一个损害发生后亦将肇致相同损害的原因，其情形甚多，特予列出，以认识保留原因的态样（请先思考甲应否对乙负赔偿责任，说明其理由）：

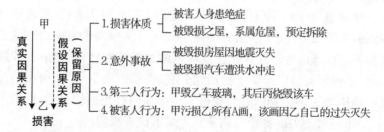

"民法"第231条第2项明定，债务人在迟延中，对因不可抗力所生损害，亦应负责，系斟酌假设保留原因，但未设一般原则性规定。早期见解

---

① Looschelders, Schuldrecht AT, 363 Rn. 916; Brox/Walker, Schuldrecht AT, S. 332.；关于告知后同意与医师说明义务深入精辟的论述，参见陈聪富：《医疗责任的形成与展开》第六章，第170页(245)以下(2014)。

认为其涉及的是因果关系,假设因果关系既未真实造成损害,不应斟酌。其后认为其所涉及的不是因果关系,而是损害归责的规范性问题,应以假设保留原因及其情事发展计算赔偿损害,依损害赔偿法填补损害的功能,区分类型,加以认定。①

第二款 损害体质

损害体质(Schandsanlage),指存在于被害人其人或被毁损之物本身足以导致损害的因素。分为人身伤害及物之毁损两种情形说明如下:

一、人身伤害

甲驾车不耐乙慢速驾驶,猛按喇叭,乙下车以钝器重击伤害甲的头部,其后致甲死亡。经医生鉴定,甲罹患末期癌症,生存期间仅剩半年。在此情形,乙对甲的死亡应负侵权责任,赔偿甲因伤害支出的医疗费用、慰抚金及丧葬费(第192条第1项、第195条)。问题在于"民法"第192条第2项规定,不法侵害他人致死者,"被害人对于第三人负有法定扶养义务者,加害人对于该第三人亦应负损害赔偿责任"。"最高法院"1940年附字第379号判例谓:"依'民法'第192条第2项,命加害人一次赔偿扶养费用,须先认定被害人于可推知之生存期内,应向第三人支付扶养费用之年数及其历年应付之数额,并就历年将来应付之数额,各以法定利率为标准,依霍夫曼式计算法,扣除各该年以前之利息,认定现在应付之数额,再以历年现在应付之总数为赔偿额,方为合法。"在前揭案例,甲将于半年后因癌症死亡,乃死亡的保留原因,应作为被害人可推知的生存期,计算对死者有扶养请求权人的赔偿费用。由此可知,假设保留原因所涉及的实为损害赔偿的计算问题。②

---

① Fuchs, Delikts-und Schadensersatzrecht(8. Aufl. 2012), S. 363;Staudinger/Schiemann § 249 Rn. 97.

② "最高法院"1940年附字第379号判例关于可推知生存期间认定扶养费用损害额的见解,实值赞同,《德国民法》第844条第2项设有明文:"侵害发生时,死者与第三人处于其据以对该第三人依照法律规定负有扶养义务,或可负有扶养义务的关系中,且因死者被杀害,该第三人被剥夺扶养请求权的,赔偿义务人必须在死者推测的生存期间负有扶养义务的限度内,透过支付定期金向该第三人给予损害赔偿;准用第843条第2款至第4款规定。即使在侵害发生时,该第三人已被孕育成胎儿但尚未出生,亦发生该项赔偿义务。"德国通说认为,此系关于假设保留原因应另斟酌的法律规定。

二、物之毁损

物之损害体质,指寓存于物之本身的损害事由,例如某屋年久失修,半年内必将倒塌;猪遭瘟疫,定期宰杀;小狗患致命疾病。在诸此情形,加害人因过失烧毁房屋、偷杀病猪、驾车轧死小狗时,危屋倒塌、定期宰杀猪只、小狗患病死亡,均属损害的假设保留原因,足以减少物的价值,应依差额说计算其提早发生的损害(Verfrührung-schaden)。[1]

加害人必须证明假设的保留原因自始即已存在,并于其后将确实发生。

第三款 直接损害(客体损害)与间接损害(财产结果损害)

损害可分为直接损害(客体损害)与间接损害(财产结果损害)。例如甲驾大卡车撞击乙的小货车,乙伤重死亡,小货车严重毁损。在此情形,乙身体健康、生命受到侵害,系直接损害(客体损害),收入减少为间接损害(财产结果损害);小货车毁损系直接客体损害,营业收入减少为间接财产结果损害。假设保留原因如何影响损害的归责及计算,应区别直接客体损害及间接财产结果损害两种情形加以认定。

一、直接客体损害

在直接客体损害,假设保留原因原则上不予斟酌,其理由系其损害发展既已结束,被害人的损害赔偿请求权业已发生,不应因其后假设保留原因而受影响。因此甲驾车撞死患有绝症之乙,其死亡仍应由甲负责。甲毁损乙车,不能以乙的车库两日后失火,该车必将毁损而不负赔偿责任。应进一步加以说明的有三种情形:

1. 意外事故

甲毁损乙车,乙车将因车库其后失火而灭失,车库失火的保留原因不予斟酌,已如上述。其属此种情形的,例如,甲烧毁乙的房屋,3日后该地房屋全毁于地震。甲在邮轮上偷饮乙的葡萄美酒,该邮轮遭遇海难,葡萄

---

[1] Looschelders, Schuldrecht AT, S. 361.

酒全部灭失。①

2. 第三人的行为

加害人得否主张损害系因第三人有责的行为而发生，不必负责？例如，甲在某房屋前盖有车库，邻居乙从事建筑，由于未采必要安全措施，致甲的车库倒塌毁损。其后因该屋承租人丙过失发生火灾，该屋全部毁损灭失。乙得否以假设保留原因的第三人丙的侵权行为而主张对甲不负赔偿责任？对此应采否定说，其理由系丙对车库的毁损不必负责，因为房屋发生火灾时，该车库已灭失。若乙得主张假设保留原因，甲将自己承担车库灭失的损害，显然违背事理，不符合损害赔偿法填补损害的功能。

3. 被害人自己的行为

甲毁损乙汽车的烤漆，乙停车于车库，准备次日送修，因乙的过失，车库夜间发生火灾，该车灭失。在此情形，应认为乙向甲请求烤漆的损害赔偿，有违诚信原则。

二、间接财产结果损害

关于因权益被侵害所发生的间接财产结果损害，其假设因果关系的保留原因，则应斟酌，其理由系此种损害乃处于一种发展过程中，其损害犹未结束。例如，甲毁损乙的夜市摊位，一周后，该摊位因市场发生火灾焚毁时，乙仅得请求该摊位在火灾发生前，被甲毁损致不能营业所受损失。

须注意的是，间接结果损害因履行而消灭，或有确定判决、和解时，被害人不得再为主张。

---

① 此例参照 BGH NJW 1958, 705; MünchKommBGB/Oetker § 249 Rn. 214; Fuchs, Delikts-Schadensersatzrecht, S. 364.

第六章 损害赔偿的方法及内容

第一节 恢复原状与金钱赔偿

第一款 绪 说

一、问题的提出

(1)甲驾车违规超速撞到机车骑士乙。乙受伤,机车毁损。试问如何设计一套制度,以解决甲与乙之间关于损害赔偿的争议:

①甲欲送乙到甲的友人所开医院医治,乙则坚持到某著名教学医院时,应如何处理?乙得否向甲请求先付治疗所需费用;就此项治疗费用,乙得否不用于治疗,而作其他使用?

②甲欲将该毁损机车交由其友人开设的修理厂修理时,乙得否拒绝,而请求必要修理费用,自行处理?就该恢复原状费用,乙得否自由使用?设修理费用远超过该机车价值时,甲得否拒绝修理或支付必要修理费用,而仅赔偿该车减少的价值?

(2)损害赔偿的方法,究应采恢复原状或金钱赔偿?现行"民法"采何制度?试分析讨论其规范内容、解释适用的基本问题。

二、损害赔偿方法机制

关于损害赔偿方法,"民法"于第213—214条设有一般原则,并就侵权行为设有特别规定(第192—196条)。在规范设计上,系采恢复原状原则(Naturalrestition),兼采金钱赔偿(Geldersatz、Kompensation),期能符合经济性要求。损害赔偿的方法,一方面系技术性的规定,另一方面又诚如

"最高法院"所云:"损害赔偿,以填补损害,使被害人获得完全赔偿为最高原则,而尊重当事人之自由意志,维持制度体系,注意社会生活实况,又为法律之基本要求"。① 1999 年"民法"债编修正对损害赔偿制度增设有三个重要规定:

(1)增设"民法"第 213 条第 3 项,使被害人得请求恢复原状所必要的费用,以代恢复原状。

(2)修正"民法"第 195 条,扩大非财产上损害金钱赔偿(慰抚金)的请求权基础。

(3)修正"民法"第 196 条,关于物的毁损,被害人除请求恢复原状外,亦得"选择"请求赔偿其物因毁损所减少的价额。

以下先阐述损害赔偿方法的法律架构及原则,并说明其解释适用的基本问题,再就各种损害的赔偿,包括人身损害、物之损害、财产上损害、非财产上损害的金钱赔偿等,作较深入的研究。②

三、完整利益与价值利益

须先说明的是,损害赔偿法所保护的利益可分为完整利益与价值利益。完整利益(Integritätsinteresse),指恢复损害发生前状态的利益,旨在除去权益受侵害所生的损害,此为损害赔偿法的基本目的,其赔偿方法有二:

(1)恢复损害发生前的状态(恢复原状原则),如医治受侵害的身体健康,修复受毁损的汽车。

(2)请求恢复原状所必要的金钱("民法"第 213 条第 3 项)。"民法"第 214 条规定:"应恢复原状者,如经债权人定相当期限催告后,逾期不为恢复时,债权人得请求以金钱赔偿其损害。"亦系指完整利益而言。

价值利益(Wertinteresse),指因加害事由致被害人财产受有损害,例如物因受侵害致减少其价值。"民法"第 215 条规定:"不能恢复原状或恢复显有重大困难者,应以金钱赔偿其损害。"系指价值利益,应以差额说加以认定。将于相关部分详加说明,先图示如下,以利参照:

---

① "最高法院"1988 年 5 月 17 日第 9 次民事庭会议决议(一)所附研究报告。
② 参见曾世雄:《损害赔偿法原理》,第 173 页;王千维:《论人格法益之赔偿方法》,载《月旦法学杂志》2003 年第 99 期,第 115 页;黄立:《剖析债编新条文的损害赔偿方法》,载《月旦法学杂志》2000 年第 61 期,第 88 页。

损害赔偿法上的利益 ┬ 完整利益 ┬ "民法"第213条第3项
　　　　　　　　　　│　　　　　└ "民法"第214条
　　　　　　　　　　└ 价值利益："民法"第215条

第二款　恢复原状

一、恢复原状优先原则

（一）"民法"第213条第1项的规范意旨

"民法"第213条第1项规定："负损害赔偿责任者，除法律另有规定或契约另有订定外，应恢复他方损害发生前之原状。"其规范内容有三：

1. 全部赔偿原则

即赔偿义务人应赔偿被害人因侵害事由所致损害，包括所受损害及所失利益（第216条）。

2. 差额损害概念

以损害发生前与损害发生后权益状态比较上的差额，认定被害人得请求赔偿的损害。

3. 恢复原状原则

立法理由谓："所谓负损害赔偿责任者，即负填补债权人所受损害及其所失利益之责任也，关于赔偿之方法，各国立法例有以赔偿金钱为原则，而以恢复原状为例外者，本法则以恢复原状为原则，但法律另有规定或契约另有订定者，则应从其所定。"

（二）分析说明

分三点说明恢复原状的基本理论：

(1)本项规定揭示，"民法"系以恢复原状为原则，具有优先性，此乃采德国民法立法例。① 比较法上有以金钱赔偿为原则的，例如日本民

---

① 参见《德国民法》第249条前段规定：Wer zum Schadensersatze verpflichtet ist, hat den Zustand herzustellen, der bestehen würde, wenn der zum Ersatz verpflichtende Umstand nicht eingetreten wäre. "民法"第213条第1项系此项规定迻译。《德国民法》所设此规定乃基于自然法的思想，即应恢复原状以恢复旧的状态(status quo ante)，尽可能地完全除去损害，参见 Udo Wolter, Das Prinzip der Naturalrestitution in §249 (1985); Picker, Die Naturrestitution durch den Geschädigten (2003).

法。① 金钱赔偿固为便捷,但恢复原状较合损害赔偿目的,"民法"采之,应值赞同。

(2)恢复原状原则对一切损害均得适用,除财产上损害外,并包括非财产上损害,例如对车祸受伤者,应送医救治;偷拍的光盘,应予销毁。

(3)恢复原状旨在维护被害人权益的完整性(完整利益)。例如甲毁损乙所有的汽车,修理费用为 20 万元,该车减少价值 18 万元。在此情形,甲应为修理,而不得仅赔偿 18 万元(价值利益)。恢复原状的损害赔偿方法具有"权利继续功能",使被害人就其权益所受侵害,得获较完整的保护。

二、恢复原状原则及例外

恢复原状原则不具强行性,当事人得以契约另订赔偿方法。此外,法律为顾及损害赔偿的经济性要求(Wirtschaftlichkeitsgebot)及衡酌当事人的利益,亦明定被害人或加害人得以金钱赔偿,例如:

(1)"民法"第 638 条规定:"运送物有丧失、毁损或迟到者,其损害赔偿额应依其应交付时目的地之价值计算之。运费及其他费用,因运送物之丧失、毁损,无须支付者,应由前项赔偿额中扣除之……"此为"民法"就运送物之灭失、毁损或迟到所特设之规定,托运人不得按关于损害赔偿之债的一般原则而为恢复原状的请求。②

(2)"国家赔偿法"第 5 条规定:"'国家'损害赔偿,除依本法规定外,适用'民法'规定。"第 7 条第 1 项规定:"'国家'负损害赔偿责任者,应以金钱为之。但以恢复原状为适当者,得依请求,恢复损害发生前原状。"之所以设此规定的理由有二:①以金钱估计损害额,便捷易行。②国家赔偿责任原在取代公务员个人的赔偿义务主体地位,而公务员负赔偿责任,系以其个人身份,而非居于国家机关的职务地位变更或撤销原来的公权力行为而恢复原状,仅能用金钱赔偿,从而国家代位赔偿时,亦仅能用金钱赔偿。③

---

① 参见《日本民法》第 417 条:"损害赔偿,如无其他意思表示时,以金钱定其数额。"第 722 条第 1 项规定,第 417 条债务不履行时损害赔偿的方法的规定,准用于因侵权行为发生的损害赔偿。其立法理由系认为金钱赔偿在商品社会最为便利。简要说明,参见〔日〕高木多喜男等:《不法行为法》,第 333 页(1977);〔日〕吉村良一:《不法行为法》,第 104 页(2005)。
② 参见"最高法院"1982 年台上字第 2275 号判例。
③ 参见廖义男:《国家赔偿法》,第 88 页(1987)。

三、因恢复原状而应给付金钱

因恢复原状,有应给付金钱的,例如偷取他人金钱的,应返还金钱,以恢复原状。为保护被害人的完整利益,"民法"第213条第2项规定:"因恢复原状而应给付金钱者,自损害发生时起,加给利息。"

须注意的是,被害人就身体被侵害请求医药费及慰藉金,乃法律明定得请求金钱赔偿以代恢复原状,非属因恢复原状而应给付金钱,固不得依"民法"第213条第2项请求就该金钱加给利息,但被害人非不得依"民法"第213条第1项规定请求法定利息。①

"民事诉讼法"第395条第2项规定,法院废弃或变更假执行之本案判决者,被告因免假执行所受损害,得请求原告赔偿。此为法律所定损害赔偿之债的发生原因。上诉人请求返还担保金固以"民事诉讼法"第104条第1项第1款规定为依据,因其提供之担保金为金钱,请求返还担保金,即与因恢复原状而应给付金钱之情形无异,自应类推适用"民法"第213条第2项规定,上诉人即非不得请求被上诉人依"民法"第203条的规定,按周年利率5%计付利息而为赔偿。②

四、恢复原状请求权

(一)加害人的给付义务

因损害赔偿而在当事人间发生债之关系,被害人(债权人)对加害人(债务人)有恢复原状请求权,加害人负有为恢复原状的给付义务,至于应如何恢复原状及由何人为之,原则上系由加害人决定③:

---

① 参见"最高法院"1981年台上字第689号判例。另参见"最高法院"1967年台上字第1863号判例:"民法"第213条第2项所谓因恢复而应给付金钱者,例如所侵害者为金钱,则应返还金钱,如所侵害者为取得利益之物,则于返还原物外,更应给付金钱抵偿其所得利益,始可恢复原状,是"民法"明定身体健康之伤害应为金钱赔偿("民法"第193条、第195条第1项前段),此即"民法"第213条第1项所谓法律另有规定,自无适用同条第2项规定之余地。原审竟凭该第2项规定,命上诉人就医药费及慰藉金加给利息,显有错误。

② 参见"最高法院"1993年台上字第357号判决。

③ "最高法院"1997年台上字第1734号判例:"民法"规定之损害赔偿方法,以恢复原状为原则,金钱赔偿为例外,负损害赔偿责任者,除法律另有规定或契约另有约定外,应恢复他方损害发生前之原状;如经债权人定相当期限催告后,逾期不为恢复时,或不能恢复原状或恢复原状显有困难时,债权人始得请求以金钱赔偿其损害,又恢复原状并不以债务人本人亲自为之为必要。此观"民法"第213条第1项、第214条、第215条之规定自明。

(1)加害人得自为恢复原状或交由他人为之。加害人应承担恢复原状失败的风险,及因此所生的费用,是否有过失,在所不问。

(2)加害人使第三人(如汽车修理厂)为恢复原状时,该第三人为债务人(加害人)的履行辅助人,债务人就其故意或过失,应与自己的故意或过失负同一责任(第224条)。例如甲撞毁乙所有的机车,甲将该机车交由丙修理,因丙疏于注意,修理具有瑕疵,其后发生车祸,致乙身体受伤时,乙得依债务不履行规定(第227条、第227条之1)向甲请求损害赔偿。

(3)被害人不得请求应由特定之人(例如由某医院医生、某汽车修理厂)为恢复原状。被害人不欲由加害人恢复原状,或加害人不同意由特定之人为恢复原状时,被害人得行使第213条第3项的权利(详见后文)。

(二) 应有状态的恢复

恢复原状旨在恢复他方损害发生前原状,其应恢复的并非原来的状态,而是应有的状态,须将损害事故发生后的变动状况考虑在内。例如毁损他人果树,须依虑于若无损害时,果树的成长状态而为赔偿,此种损害假设性的发展,于恢复原状及金钱赔偿均应斟酌为之。①

(三) 恢复原状的方法

1. 财产上损害与非财产上损害的恢复原状

须再强调的是,恢复原状原则亦适用于财产上损害与非财产上损害,尤其是于人格法益受侵害的情形。分述如下:

(1)人身损害。侵害他人身体健康者,应为治疗,使其康复,如修补掉落的牙齿,除去疤痕或施用药物以减轻苦痛。人身损害的恢复原状,亦得由加害人为之,例如甲在乙医院开刀,手术布遗留体内时,得由乙医院再行开刀除去之。

(2)名誉损害。"民法"第195条第1项后段规定:"其名誉被侵害者,并得请求恢复名誉之适当处分。"其最为常见的是登报道歉,此系名誉

---

① "最高法院"1975年11月11日,1975年第6次民庭庭推总会议决议:物因侵权行为而受损害,请求金钱赔偿,其有市价者,以请求时或起诉时之市价为准。盖损害赔偿之目的在于填补所生之损害,其应恢复者,并非"原来状态",而系"应有状态",应将损害事故发生后之变动状况考虑在内。故其价格应以加害人应为给付之时为准,被害人请求赔偿时,加害人即有给付之义务,算定被害物价格时,应以起诉时之市价为准,被害人于起诉前已曾为请求者,以请求时之市价为准。惟被害人如能证明在请求或起诉前有具体事实,可以获得较高之交换价格者,应以该较高之价格为准。因被害人如未被侵害,即可获得该项利益也。

受侵害的恢复原状的一种方法。①

①合宪性的问题:"司法院""大法官"释字第656号解释:"'民法'第195条第1项后段规定:'其名誉被侵害者,并得请求恢复名誉之适当处分。'所谓恢复名誉之适当处分,如属以判决命加害人公开道歉,而未涉及加害人自我羞辱等损及人性尊严之情事者,即未违背'宪法'第23条比例原则,而不抵触宪法对不表意自由之保障。"(请参阅解释理由书)②

②最高法院判决:"最高法院"2014年台上字第664号判决:"按名誉权被侵害者,依'民法'第195条第1项后段之规定,被害人除金钱赔偿外,虽亦得请求法院为恢复其名誉之处分,惟其方式及内容须适当而后可。倘法院权衡侵害名誉情节之轻重及当事人身份、地位与加害人之经济状况,认为须由加害人负担费用刊登道歉启事时,其所刊登之内容应限于恢复被害人名誉之必要范围内,始可谓为适当之处分。"

又"最高法院"2012年台上字第392号判决:"(原审法院)被上诉人于附表所示时、地张贴之系争字条,其内容对上诉人之名誉、人格尊严及社会地位有所贬抑,应属侵害上诉人名誉之侵权行为。上诉人自承其在被上诉人张贴系争字条当日即撕下丢弃垃圾桶属实,可见张贴字条之期间不长,且该等字条系张贴在系争住宅四楼公共铁门内之走道墙面、窗户、木板、铁门内侧,充其量仅该住宅住户、访客等得以见闻,一般社会大

---

① 关于侵害名誉的恢复原状及谢罪广告,实务上有具启示性的判决,其事实及判决均值参考,摘录如下:在"最高法院"2001年台上字第1814号判决,被上诉人于上诉人申请假扣押时系从事贸易,其业务之经营自与其债信息息相关。上诉人已同意被上诉人退保,竟因本身之过失行为,于1997年3月间申请假扣押被上诉人之不动产,而波及被上诉人之商业债信,被上诉人主张其债信名誉因上诉人之查封行为而遭受损害。各级法院均认为,查封不动产之强制执行行为,既具有公示性,客观上即足使被查封人被指为债信不良,其原所建立之声望必有减损,信誉势必因此低落。若systematically以故意或过失而造成该信用(誉)之损害,自属"民法"第195条所规定之名誉遭受损害。被上诉人请求上诉人赔偿非财产上损害及为恢复名誉适当处分。

关于道歉启事部分,"最高法院"认为:道歉启事部分,所欲恢复者为被上诉人之名誉,其内容自应以与此目的有关者为限。则该启事内容登载为"交通银行道歉启事:为本行假扣押被害人甲○○房屋,除依法赔偿被害人外,并致最沉痛之歉意",已足以恢复被上诉人之名誉,被上诉人此部分之请求于上开范围内,核无不合,应予准许。上诉人虽以刊登道歉启事属于"谢罪广告"方法之一,除非被害人所受损害现尚存在,以及被害人之名誉得经由谢罪广告予以恢复,始得请求刊登道歉启事,并非所有名誉侵害,均得请求谢罪广告等语为辩。惟依民情风俗,苟非不得已,无不将法院之查封行为视为奇耻之辱,故纵使上诉人已撤销前述假扣押查封,然被上诉人因受查封所造成之伤害,尚不得以撤销查封即视为其所受损害现已不存在。

② 参见王泽鉴:《人格权法》,第505页以下。

众并不知悉,即使知悉亦未必关心此事,对上诉人之侵害情节轻微,而被上诉人是项侵权行为,触犯妨害名誉罪,业经法院判处罪刑确定,且上诉人亦得请求被上诉人赔偿精神慰藉金新台币5万元,其名誉所受损害客观上已足以填补,其请求被上诉人登报道歉,显逾越相当性,且不符比例原则。('最高法院')上诉人确有因被上诉人在系争住宅四楼公共铁门内之走道墙面等处所张贴系争字条造成名誉受损,为原审认定之事实。而上诉人已表明要被上诉人写澄清事实道歉书贴大楼布告栏等语,衡之原审亦认造成上诉人名誉受侵害之系争字条,仅系争住宅住户、访客等得以见闻,则倘上诉人之真意系请求被上诉人将系争道歉启事张贴系争住宅布告栏,亦不失为恢复名誉之适当处分。乃原审未行使阐明权,令上诉人为必要之声明,徒以其请求登报道歉,逾越相当性,且不符比例原则,而为上诉人败诉之判决,不无可议。"

(3)其他人格权益受损害。例如擅自影印他人病历,窃取银行存款资料,偷拍裸体光盘者,应予返还或加以销毁。

2. 物之损害

(1)物之侵夺。侵夺或无权占有他人之物,成立侵权行为,应返还该物,以恢复原状。"最高法院"1981年台上字第3637号判例谓:身份证,系由政府机关所制发,乃证明人民身份之文书,且须人民随身携带,以备必要时作为身份证明或供查验使用,其所有权应属于身份证上记载名义人所有,因此,任何人不得擅自强取或扣留,虽上诉人与被上诉人系夫妻,亦不能私擅扣留被上诉人之身份证。被上诉人请求上诉人返还其身份证,自属正当。在此等情形,得成立侵权行为损害赔偿请求权(第184条)、所有物返还请求权(第767条)及占有恢复请求权(第962条)。

(2)物之毁损。毁损他人之物(例如机车),应为修缮,以恢复原状,究由加害人自行修缮或交由他人为之,均所不问。

(3)物之灭失。例如打破新的茶杯,其属于代替物时,应赔以相同之物。其灭失之物非属新物时,例如使用过的机车,为保护被害人的完整利益,应赔以同类等值之物。

(四) 法律行为上的损害赔偿

其应恢复原状的,除人格法益、物之损害外,尚包括契约法上积极利益(履行利益)与消极利益(信赖利益)的损害。就积极利益言,例如甲参加乙旅行社举办的巴厘岛自由行,因乙疏失致甲未能按预定行程出发时,旅行社应另为安排旅程,以恢复原状。就消极利益言,如甲出卖乙的名画,在订约前既已灭失时,其买卖契约因自始客观给付不能无效("第246条"),甲应赔偿乙因信赖买卖契约有效而支出的费用。

（五）其他损害的恢复原状

负赔偿责任者,对所有损害,原均负有恢复原状的义务。除前述情形外,其他损害的恢复原状,例如,被违法开除的社员,得请求恢复社员资格;依法负有缔约义务(如"电信法"第57条)而拒绝缔约时,被害人得请求订立契约;受诈欺而承担债务时,得请求废除该受诈欺而订立的契约。

第三款 金钱赔偿

恢复原状旨在维护被害人的完整利益,惟为顾及当事人的利益及便利,民法设有金钱赔偿制度,可分为三类:

（1）以恢复原状所必要之费用替代恢复原状:完整利益("民法"第213条第3项、第214条)。

（2）价值赔偿("民法"第215条)。

（3）非财产损害的金钱赔偿(须法律有特别规定,"民法"第194条、第195条)。

先就前两者分述如下:

第一项 请求恢复原状所必要费用的金钱赔偿

一、"民法"第213条第3项规定的金钱赔偿

（一）规范意旨

"民法"第213条第1项规定恢复原状原则。1999年"民法"债编修正时,增设第3项规定:"第1项情形,债权人得请求支付恢复原状所必要之费用,以代恢复原状。"立法理由谓:"民法"损害赔偿之方法,以恢复原状为原则,金钱赔偿为例外。然恢复原状,若必由债务人为之,对被害人有时可能缓不济急,或不能符合被害人之意愿。为期合乎实际需要,并使被害人获得更周密之保障,爰参考《德国民法》第249条后段之立法例,增设第3项,使被害人得请求支付恢复原状所必要之费用,以代恢复原状。此项增设规定在实务及理论上甚为重要,分三点加以说明:

（1）此项增设规定亦具恢复原状的功能，保护被害人的完整利益。

（2）本项规定系参照《德国民法》第249条后段规定而制定。在德国民法，其得请求恢复原状所必要金额的情形①，限于人身损害及物之毁损，"民法"则更进一步将之一般化，对一切损害均得适用。

（3）增设的"民法"第213条第3项规定，于"民法"债编修正施行前因负损害赔偿责任而应恢复原状的，亦适用之（"民法债编施行法"第12条），因此债权人就上揭修正施行前所发生之损害赔偿债务，仍得援用修正之"民法"第213条第3项规定，向债务人行使该简便易行的金钱赔偿方法，此乃"法律不溯及既往原则"的例外规定。

（二）债权人的替代权及拘束力

"民法"第213条第3项规定债权人得请求支付恢复原状所必要之费用，以代恢复原状，乃在使债权人有一种代替权（Ersetzungsbefugnis，或称"选择权"），系属所谓的法定任意之债。

债权人代替权的行使，不必说明理由，原则上亦无须顾及债务人的利益，纵债务人得自以较少的费用恢复原状，债权人仍得请求恢复原状的费用，惟其权利行使应受"民法"第148条关于权利滥用及诚实信用原则的限制。

有争论的是，债权人（被害人）行使代替权（选择权），请求恢复原状所必要之费用时，是否因此受其拘束。为保护债务人，并顾及法律关系的安定，应采肯定说，认其恢复原状的请求权归于消灭。但债务人（加害人）主张替代权消灭有违诚实信用原则的，不在此限。②

（三）债权人对恢复原状所必要费用得否自由使用

关于"民法"第213条第3项规定，最具争议性的问题，系债权人（被

---

① 《德国民法》第249条后段规定：Ist wegen Verletzung einer Person oder wegen Beschädigung einer Sache Schadensersatz zu leisten, so kann der Gläubiger statt der Herstellung den dazu erforderlichen Geldbetrag verlangen（因侵害人身或物之毁损而应给付损害赔偿者，债权人得请求必要的金额以代恢复原状）。简要说明，参见 Jauernig/Teichmann §249.

② 此为德国通说，参见 Lange/Schiemann, Schadensersatz, S. 228；MünchKommBGB/Oetker §249 Rn. 432；Palandt/Heinrich §249 Rn. 3；BGHZ, 121, 22, 66. 关于行使替代权拘束力问题，实务上有一个判决可供参照："最高法院"1998年台上字第803号判决谓："损害赔偿，以填补损害，使被害人获得完全赔偿为最高原则，是物被毁损时，被害人除得依'民法'第196条请求赔偿外，并不排除'民法'第213条至第215条之适用，为本院向来之见解，被害人此种选择权，于向赔偿义务人为选择之意思表示后，原则上固应受其拘束，但如赔偿义务人尚未为恢复原状之准备，或逾期不为恢复，或恢复显有重大之困难者，被害人改依'民法'第196条请求赔偿，对赔偿义务人无何影响，尚与诚信原则无违，应无不予准许之理由。"

害人)就该恢复原状所必要的费用,是否必须用于恢复原状,抑得自由处分,不以使用于恢复原状为必要(恢复原状必要费用的处分权)? 例如甲驾车撞到机车骑士乙,该项恢复原状费用得否不用于治疗受伤的身体、修理毁损的机车,而用于出国旅行或购买计算机等其他用途。德国学说上称之为"假设修复费用的赔偿"(Ersatz fiktiver Reparaturkosten)。①

其基本见解有三:

1. 应受恢复原状目的拘束

无论任何损害(包括人身损害及物之损害),其恢复原状所必要的费用,应受"恢复原状"目的的拘束,均须用于恢复原状,债权人不得自由使用。②

2. 被害人得自由使用

就任何损害(包括人身损害及物之损害),债权人得自由使用恢复原状必要之费用,不受限制。③

3. 区别物之损害及人身损害

此为德国联邦法院所采见解④,认为:

(1)物之损害。被害人虽不为恢复原状,亦得请求回复所必要的费用,就已请求的费用,除恢复原状外亦得使用于其他用途,例如不修理毁损的旧车而购买新车。又毁损的汽车在修复前已出卖于他人时,仍得请求恢复原状所必要的金额。盖物所受损害,其恢复原状的必要性,已沉淀于被害人的财产,无论被害人如何使用其恢复原状所必要金额,其财产状态不因此而受影响,如何形成其财产,乃被害人个人之事,与加害人无涉。

(2)人身损害。身体健康受侵害时,得请求恢复原状,但以法律有特别规定时,始得请求相当金额赔偿(慰抚金,《德国民法》第253条、第847条,"民法"第18条第2项、第195条),此为民法关于损害赔偿的基本原则。被害人得将请求恢复原状所需费用使用于其他用途,与前述原则有所违背。在人身

---

① MünchKommBGB/Oetker §249 Rn. 348; Looschelders, Schuldrecht AT, S. 378.
② Esser/Schmidt, Schuldrecht AT, S. 499 f.; Keuk, Vermögensschaden und Interesse (1972), S. 220 ff.; Gottfried Schiemann, Argumente und Prinzipien bei der Fortbildung des Schadensrechts (1981), S. 212 ff.; Köhler in Festschrift für Larenz (1983), S. 349, 363 ff.
③ Larenz, Schuldrecht I, 13. Aufl., S. 433(同书14. Aufl., 1987, S. 471, 改采下述的差别说);Zeuner, Gedächtnisschrift für Rolf Dietz (1973), S. 99.
④ BGH JZ 1986, 638.

损害,其费用应使用于恢复原状,有助于维护人身利益完整的价值。恢复原状所必要的费用须在手术后或有意为手术治疗时,始得请求。①

以上见解,均有所据。比较言之,应以自由使用说为可采,其理由为:

(1)法律本身未设限制。

(2)于加害人无损。

(3)被害人得自由使用,符合其利益,并具经济效益。

二、"民法"第214条规定的金钱赔偿

(一) 金钱赔偿的意义:恢复原状所必要的费用

"民法"第214条规定:"应恢复原状者,如经债权人定相当期限催告后,逾期不为恢复时,债权人得请求以金额赔偿其损害。"所谓"以金钱赔偿其损害",应指"恢复原状所必要的费用",而非"价值利益"②,其理由为:

(1)恢复原状所必要费用,亦属于金钱赔偿的一种。

(2)本条规定旨在以金钱赔偿替代恢复原状所必要的费用,以保护被害人的完整利益。

(二) 要件及效果③

"民法"第214条适用的要件有二:

1. 应经债权人定相当期限催告

债务人表示不愿恢复原状时,不必为催告。所定期限过短,其催告仍属有效,其期间延长为相当期间。

---

① 参见王千维:《论人格法益之赔偿方法》,载《月旦法学杂志》2003年第99期,第115—133页,对此问题有较详细的说明。

② "民法"第214条系采自《德国民法》第250条:Der Gläubiger kann dem Ersatzpflichtigen zur Herstellung eine angemessene Frist mit der Erklärung bestimmen, dass er die Herstellung nach dem Ablauf der Frist ablehne. Nach dem Ablauf der Frist kann der Gläubiger den Ersatz in Geld verlangen, wenn nicht die Herstellung rechtzeitig erfolgt; der Anspruch auf die Herstellung ist ausgeschlossen. 其不同者,系德国民法明定催告后,其恢复原状请求权消灭。关于"金钱赔偿"究为恢复原状所必要金额或价值利益的不同见解,参见 MünchKomm BGB/Oetker § 250 Rn. 12.

③ 关于"民法"第214条的适用,实务上有一则判决,可供参考,"最高法院"1999年台上字第2789号判决谓:按负损害赔偿责任而应恢复原状者,如经债权人定相当期限催告后,逾期不为恢复时,债权人固得依"民法"第214条规定请求以金钱赔偿损害。惟因契约解除而负恢复原状义务之一方当事人,如其应返还之物有毁损、灭失,或因其他事由,不能返还者,他方当事人仅得依"民法"第259条第6款规定,请求偿还其价额,要无依"民法"第214条规定请求以金钱赔偿损害之余地。原审以上诉人于契约解除后经催告未返还所受领之货物,认为被上诉人得依"民法"第214条规定请求以金钱赔偿损害,不无违误。

2. 须在相当期间经过后,债务人仍不为恢复原状

若在相当期间内,债务人愿为恢复原状,债权人为拒绝时,成立债权人受领迟延。符合上述要件时,债权人得请求以金钱赔偿其损害,其恢复原状的权利,不因此而受影响,应成立任意之债,是否请求金钱赔偿,由债权人决定。

(三)"民法"第214条与第213条第3项

增订"民法"第213条第3项以前,第214条规定债务人得经催告而请求"恢复原状所必要费用",具有一定的规范功能,此项功能因"民法"第213条第3项的增订而丧失。

第二项 金钱赔偿:价值赔偿

"民法"第215条规定:"不能恢复原状或恢复显有重大困难者,应以金钱赔偿其损害。"本条规定两种类型:

(1)不能恢复原状。
(2)恢复原状显有困难。

二者具有不同的保护目的。其共通的系"金钱赔偿其损害",乃指"价值赔偿"而言。分述如下:

一、恢复原状不能与金钱赔偿

(一)规范目的及适用范围

恢复原状不能者,应以金钱赔偿其损害,旨在保护被害人。赔偿虽不能恢复损害发生前的原状,加害人不能因此而免负赔偿责任。此项规定于所有的损害均适用之,包括人身损害(例如致人于死、伤害他人致残废丧失劳动能力)、物之损害。关于非财产上损害,"民法"第215条的适用受有限制,以法律有规定者,始能请求相当金额的赔偿(慰抚金)。

(二)恢复原状不能

恢复原状不能,除事实上不能外,还包括法律上不能。关于事实上不能,究为自始不能或嗣后不能,加害人或被害人有无过失,均所不问。在被害人有过失的情形,应有"民法"第217条规定的类推适用,不能请求超过恢复原状所必要费用。[①] 恢复原状不能,多发生于不可代替物(如名

---

① MünchKommBGB/Oetker § 251 Rn. 8.

画、古董车等)。

关于种类之债,有两则判决,可供参考:

1. 诈取他人之物

"最高法院"1995年台上字第1423号判决:查上诉人主张被上诉人向其诈取杨桃汁、可乐、香槟露等上诉人公司产品,而上述货品均系以种类指示给付物者,且该货品现在市面上并非不存在,亦无禁止流通。杨桃汁等货品虽经特定,亦无不能恢复原状或恢复显有重大困难之情形。上诉人以此等货品已逾规定之保存期限,不得贩卖,及被上诉人已将货品出售,而主张有"民法"第215条规定之情形,核无可取。①

2. 盗卖股票

"最高法院"2003年台上字第485号判决:本件叶○臻等10人因股票遭盗卖,诉请大○公司、叶○真以金钱赔偿,是否不能准许,即值深究。又叶○臻等10人迭次主张,叶○真于1994、1995年间盗卖其股票时,正值股市高点,被盗卖至今多年,亦有股利、红利可分配,现今以低价买回股票,显无法恢复其受损害之原状,无从填补其所受损害及所失利益云云,乃原审未详加斟酌实情,徒以依"民法"第213条第1项规定,及被盗卖之系争股票,均系具有流通性之上市股票,得自股票市场购买同种类、同数量股票交付叶○臻等10人以恢复原状,返还股票并无不能或困难之情形,即谓叶○臻等10人不得请求金钱赔偿,于法自欠允洽。②

---

① 参见"最高法院"2000年台上字第1862号判决:查卷附订货单记载:品名规格:真皮绒PU0.8×54,数量:30 000码,单价:112元;统一发票记载:制造单号,品名:PW55002-01、WS20854ASEAB,运交数量:27 000码,币别、单价:新台币112元。似见上诉人向被上诉人诈骗之制鞋皮料,系以种类指示给付之物。果尔,该制鞋皮料应属代替物,倘现在市面上仍有流通,虽经特定,亦无不能恢复原状或恢复显有重大困难之情形。原审未详加研求,遽认为该制鞋皮料为特定物,已送交嘉○公司收受,上诉人返还该皮料显有困难,而为不利于上诉人之判决,自有未合。

② 值得注意的是,"最高法院"2001年台上字第1002号判决采不同见解,认为:被上诉人叶○云等10人被盗卖之股票,均系具有流通性之上市股票,上诉人是否不能自股市场购买同种类、同数量股票支付叶○云等10人以恢复原状?而股票之市价,系随着自由市场经济之发展,时有高低,并非一成不变,更非叶○真或上诉人所能控制。彼等苟能自股票市场上购买各该股票返还叶○云等10人,是否不能填补其所受损害而有违诚信原则? 自非无疑。原审未详加研求,徒以叶○真于股价高时盗卖,若于诉请损害赔偿时,仅得请求上诉人以"低价"补回股票返还,以恢复原状,则显不能填补被害人所受损害及所失利益,且与诚信原则有违,更易鼓励犯罪等理由,遽为上诉人应以金钱赔偿之判决,已嫌速断。况上诉人倘系以"高价"补回股票而适得其反时,是否犹能为上述之认定?亦待澄清。

（三）价值利益的赔偿

"民法"第 215 条所谓以"金钱赔偿其损害",非指恢复原状所必要的费用,而系指"价值利益"而言,即被害人因不能恢复原状而在财产上所受损害,此应依交易价值加以认定,包括"所失利益"。在汽车毁损或灭失不能请求恢复原状的情形,因汽车所有人有继续使用汽车的必要,应得请求该车的价值利益。

二、恢复原状显有困难与金钱赔偿

（一）规范目的

恢复原状显有困难者,应以金钱赔偿其损害。所谓恢复原状显有困难,指恢复原状需时过长,难得预期的结果,尤其是需费过巨,恢复原状所必要的费用显逾其物的价值。例如须以 10 万元修复价值 5 万元的旧车,不合比例,超过牺牲界限。此项规定乃在保护加害人,可认为系"民法"第 148 条诚实信用原则在损害赔偿法上的具体化,使加害人"得"不为恢复原状,而以金钱赔偿损害(加害人的替代权),亦具有促进损害赔偿的经济效率的功能。

（二）人身损害

关于人身损害,原则上不适用"恢复原状显有重大困难,加害人得以金钱赔偿"的规定,盖人的身体、健康具有人格价值,与恢复原状的金额欠缺比较的基础,费用虽高,人身损害亦须医治,以保护被害人生命、身体、健康的完整利益。

（三）物或动物的损害

1. 关于物的恢复原状显有重大困难

实务上有两则案例,可供参照:

(1)毁损果树："最高法院"1978 年台再字第 176 号判例："再审原告砍伐毁弃再审被告种植之桃树及树薯,纵能以移植同年生、同品种、同数量之桃树及树薯方法赔偿损害,亦难期与原桃树、树薯完全相同,则其恢复原状即显有重大困难之情形,再审被告依前述法条规定,自得请求以金钱赔偿其损害。"("民法"第 215 条)

(2)拆除房屋。"最高法院"1937 年上字第 515 号判例："因损坏他人房屋负损害赔偿责任时,如该房屋已被全部拆除,其恢复原状即显有重大困难,被害人自得请求金钱赔偿其损害。"在此情形,被害人不得请求恢复原状或恢复原状所必要的费用,仅得请求价值赔偿。

2. 动物损害

关于动物损害的赔偿,值得注意的是,《德国民法》于 1990 年增订第 90 条 a 款规定:"动物非物。动物应受保护,除有特别规定外,准用关于物的规定。"又依《德国民法》第 251 条第 2 项规定:"恢复原状须以不合比例(unverhältnismässig)的费用,始为可能时,赔偿义务人得以金钱赔偿。关于医治受伤动物所生费用,不能因其重大超过该动物价值,即认其不合比例。"立法意旨系以动物具有生命,与人类同为受造者,亦应受较周全的保护。至于在何种情形,得认其治疗费用不合比例(unvehältnissmässig,需费过巨),应斟酌动物的价值、种类、用途及与所有人的关系(例如独身老妪与受伤爱犬相伴生活)。此项规定的意旨在现行法的解释适用,亦值参考。

第三项 关于侵权行为的特别规定

关于损害赔偿的方法,"民法"就侵权行为设有特定规定,分为三类:

一、侵害人身的财产上损害赔偿

不法侵害他人致死者,对支出医疗及增加生活需要或殡葬费之人,及对于有法定扶养请求权者,应负损害赔偿责任(第 192 条)。不法侵害他人身体健康者,对被害人因此丧失或减少劳动能力或增加生活上之需要时,应负损害赔偿责任(第 193 条)。

二、非财产上损害得请求慰抚金的特别规定

其情形有三:

(1)不法侵害他人致死者,被害人之父母、子女、配偶,虽非财产上之损害,亦得请求赔偿金额(第 194 条)。

(2)不法侵害他人之身体、健康、名誉、信用、隐私、贞操或不法侵害其他人格权益而情节重大者(第 195 条第 1 项)。

(3)不法侵害他人基于父、母、子、女或配偶关系之身份法益而情节重大者(第 195 条第 3 项)。

三、物之毁损损害赔偿

旧"民法"第 196 条规定:"不法毁损他人之物者,应向被害人赔偿其

物因毁损所减少的价值。"1999年修正为："不法毁损他人之物者,被害人得请求赔偿其物因毁损所减少之价额。"此项修正系为使被害人得请求恢复原状,而能有较周全的保护。

第四款 损害赔偿方法的基本架构

现行法上损害赔偿方法的基本架构,为便于观察,简要图示如下(阅读条文,构想适用的案例):

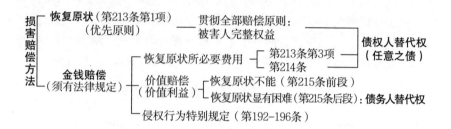

现行法采恢复原状及金钱赔偿两个方法,二者具有同等价值,前者在保护被害人的完整利益,后者又分为恢复原状所必要的费用及价值赔偿,并在一定情形使当事人有替代权(任意之债),形成了一个符合损害赔偿目的、顾及当事人期待,并具有促进经济效率作用的机制,体现损害赔偿应符合经济性的原则。以下分就财产上损害及非财产上损害详加论述。

第二节 财产上损害赔偿

第一款 人身损害

第一项 概 说

一、财产上损害与非财产上损害

现行损害赔偿法将损害区别为财产上损害及非财产上损害。财产上损害,指得以金钱计算的损害,例如物被毁损、著作权被侵害。非财产上损害,指不能以金钱计算的损害,例如身体、健康、名誉本身遭受侵害。现行法的基本原则为:

（1）关于财产上损害，被害人得请求恢复原状或恢复原状所必要费用（第213条）。须注意的是，对非财产权的侵害，亦得发生财产上损害，例如因身体健康受侵害而支出医疗费用（所受损害），及所减少收入（所失利益）。

（2）关于非财产上损害，被害人亦得请求恢复原状或恢复原状所必要费用，例如医治受侵害的身体健康。不能恢复原状时，例如身体健康受伤虽经治疗，身心痛苦犹存时，以法律有特别规定者为限，得请求相当金额的赔偿（慰抚金）。此种虽非财产上损害，得请求慰抚金的特别规定，系以人格法益及身份法益为对象（第194条、第195条）。财产权受侵害，例如爱犬被杀，传家之宝贝被毁时，被害人就其悲伤、沮丧、愤怒、痛苦，在现行法上不得请求相当金额的赔偿。

以下先说明财产上损害的赔偿，分就人身损害、物之损害、债务不履行等作较详细的论述。关于非财产上损害及慰抚金，特另列专节加以说明。

二、人身损害赔偿的法律架构

人格权益的保护居于优越地位，体现于损害赔偿方法，尤其是人身损害。① 人身损害（personal injury，Personenschaden），指生命、身体、健康遭受不法侵害而发生的损害赔偿，除适用一般规定（第213条以下）外，"民法"并就侵权行为设有特别规定（第192条以下），并准用于不完全给付债务不履行（第227条之1）。兹先提出如下法律架构，俾供参照（阅读条文，构思案例）：

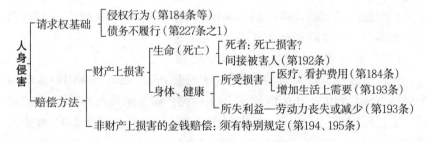

---

① 关于人身损害在比较法上的研究，参见 Bemhard Koch & Helmut Koziol eds., Compensation for Personal Injury in a Comparative Perspective (2003); Peter Cane, Atiya's Accidents, Compensation and The Law 109 – 148 (1993); Lange/Schiemann, Schadensersatz, S. 307 f.; Ulrich Magnus ed., Unification of Tort Law: Damages (2001);〔日〕山田卓生、淡路刚久编集：《新下行口 ナクククケル现代损害赔偿法讲座》（六），第101页以下。

三、人身损害赔偿的基本问题

人身侵害的损害赔偿在理论及实务上之所以受到特别重视,因其涉及以下三个基本问题:

(1)人身法益构成人的核心价值及存在基础,在损害赔偿方法应如何加以保护?

(2)人类平等,具有同等的价值,在损害赔偿法上固应同为保护,但本着全部损害赔偿原则,必须顾及被害人的主观利益(损害的被害主体关联性),而定其赔偿数额。例如在某件车祸中,被害人有的为所谓科技新贵,有的为无业游民,有的为来自日本的观光客,有的为逾期停留泰国劳工,此时,应如何决定其所受损害及所失利益?

(3)人身侵害,不同于物之损害,欠缺一个可认定其价值的市场,如何合理认定其可以请求的赔偿额?

第二项　因死亡而生的损害赔偿

一、死亡与损害赔偿

(一) 死亡与死产

生命系最贵重的人格法益。人因死亡而永久安息,但在法律世界仍遗留有待处理的问题(如遗产),遭不法侵害致死时,更发生损害赔偿的难题。权利能力因死亡而消灭,未出生者死产时未曾取得权利能力,不发生死亡问题。例如胎儿因孕妇车祸流产时,不发生胎儿"死亡"问题,乃该孕妇本身的身体健康遭受侵害。

(二) 实时死亡与因伤害而死亡

死亡有因侵害行为而实时发生(实时死亡)。死亡亦常因身体健康先受侵害而后发生。在此情形,被害人就死亡前身体健康的损害,得请求损害赔偿(详见后文)。此项损害赔偿请求权不因死亡而受影响,被害人生前得为处分,死后则成为遗产,得为继承。

(三) 问题的提出

人之死亡,无论是实时死亡或因伤害而后死亡,均发生以下情形:

(1)死者生存的利益(如未死亡时应得的收入),得否继承?

(2)因他人死亡而受有损害之人(间接被害人),例如受扶养之人、为死者支出埋葬费之人、死者的雇主等,得否向加害人请求损害赔偿?

二、比较法

关于前揭死亡上损害赔偿的两个基本问题,比较法上有各种规范模式,兹就英美法、日本法及德国法简述如下,借以说明不同的思考方法及价值观念,并凸显中国台湾地区法的特色。

（一）英美法①

1. 英美普通法

关于不法侵害他人致死的损害赔偿(damages upon wrongful death),英国普通法(common law)采个人之诉因死亡而消灭的原则(actio personalis morsonaliscum persona, personal actions die with the person):

被害人死亡时,其诉亦告消灭,不生继承问题。被害人的遗族就其受扶养的丧失或悲伤痛苦,并无独立的请求权。

加害人在为侵害行为后死亡时,被害人的请求权亦归消灭。

2. Survival Claim 及 Dependency Claim

19世纪因铁路等意外事故死亡人数的遽增,英国乃立法变更普通法原则,承认两类诉权:

(1) survival claim(请求权继续存在)。1934年的法律改革法(Law Reform Miscellaneous Provisions Act)规定死者于死亡前得为主张的收入损失,为其遗产的利益,仍继续存在;但因死亡本身而丧失的利益,则因被害人死亡而消灭,不得继承。

(2) dependency claim(扶养家属请求权)。1976年的Fatal Accidents Act(死亡事故法)规定,一定范围的家属就其现实及将来的损失、殡葬费的损害有赔偿请求权。1982年更规定所谓的damages for bereavement(遗族损害赔偿),即死者之妻或夫、18岁以下婚生子女的父母,或18岁以下非婚生子女之母得请求7 500英镑的损害赔偿,受领者在财务上是否依赖死者,在所不问。

美国原继受前揭英国普通法原则,其后亦以立法方式加以变更,规定 survival actions 及 wrongful death actions,关于其请求权、赔偿范围等,各州

---

① Donald Harris, David Campell & Roger Halson, Remedies in Contract and Tort 338 (2nd ed., 2002). 关于美国法,Dan B. Dobbs, The Law of Torts 803 (2000).

规定不同,与英国法亦有差异,在此暂置不论。①

(二) 德国民法②

关于因死亡而生的损害赔偿,《德国民法》第 844 条规定:因致人死亡而负损害赔偿义务者,对于负担埋葬费之人,应赔偿其费用(《德国民法》第 844 条第 1 项)。被害人于被杀害当时,对第三人负有法律上的扶养义务或有应负该项义务的关系,而第三人因杀害的结果,致丧失扶养请求权时,赔偿义务人应于推定被害人生存期间,所负担扶养费的限度内,对于第三人支付定期金,以为损害的赔偿。在此情形准用第 843 条第 2 项至第 4 项规定。若第三人于侵害当时,尚为胎儿时亦有此项赔偿义务(《德国民法》第 844 条第 2 项)。基于此特别规定,德国通说认为:

(1)人因死亡而丧失其权利能力,就死亡本身(生存利益),不生损害赔偿问题。

(2)因死亡而受有财产上损害的第三人(间接被害人),限于《德国民法》第 844 条所定情形,始得请求损害赔偿。

(3)死者的遗族就其精神上痛苦,不得请求相当金额的赔偿(Schmerzensgeld,痛苦金)。

(三) 日本法③

《日本民法》第 711 条规定:"侵害他人之生命之人,对于被害人之父母、配偶及子女,虽其财产权不被侵害,亦应为损害之赔偿。"日本通说认为,此项赔偿请求权系请求权人固有的权利。

关于被害人的家族得否请求死者生前得请求的损害(如死亡前支出医疗费),尤其是死者生存时的利益(收入等逸失利益),日本民法未设明文,实务上系采相续说(继承说)加以肯定。此种继承说的理论构成,系认为,应顾及立时死亡与伤害后死亡间的损害赔偿责任的平衡;请求权人范围明确,容易算定;请求权人可获得较高的赔偿金额。值得注意的是,

---

① 比较法上相关资料与案例:英国法,David Howarth and Janet O'sullivan, Hepple, Howarth and Matthew's Tort: Cases And Materials 547 (5th ed. 2000);美国法,John Goldberg, Anthony James Sebok & Benjamin Charles Zipursky, Tort Law, Responsibilities And Redress 449–530 (2004)。

② Annina Schramm, Haftung für Törung, 2010; Lange/Schiemann, Schadensersatz, S. 323; MünchKommBGB/Wagner §844.

③ 日本法上关于损害赔偿,尤其是人身损害的赔偿,有极为深刻的研究,简要说明,参见〔日〕吉村良一:《不法行为法》,第 103、119 页以下(2005 年)。

学说上有倡导继承否定说(固有损害说),尤其是扶养侵害说,主张应以扶养受侵害的赔偿额算定其损害赔偿。

三、中国台湾地区的"民法"

(一) 法律规定及实务见解

关于不法致人于死的损害赔偿,"民法"分就财产上及非财产上损害设有规定:

1. 财产上损害

"民法"第192条规定:(第1项)"不法侵害他人致死者,对于支出医疗及增加生活上需要之费用或殡葬费之人,亦应负损害赔偿责任。(第2项)被害人对于第三人负有法定扶养义务者,加害人对于该第三人亦应负损害赔偿责任。(第3项)第193条第2项之规定,于前项损害赔偿适用之。"

2. 非财产损害

"民法"第194条规定:"不法侵害他人致死者,被害人之父、母、子、女及配偶,虽非财产上损害,亦得请求赔偿相当金额。"

基于以上规定,"最高法院"1965年台上字第951号判例谓:"不法侵害他人致死者,其继承人得否就被害人如尚生存所应得之利益,请求加害人赔偿,学者间立说不一。要之,被害人之生命因受侵害而消灭时,其为权利主体之能力即已失去,损害赔偿请求权亦无由成立,即为一般通说所同认,参以'民法'就不法侵害他人致死者,特于第192条及第194条定其请求范围,尤应解为被害人如尚生存所应得之利益,并非被害人以外之人所得请求赔偿。"

(二) 四个基本原则

据上述"民法"规定、"最高法院"判例,并参照比较法上的立法例,关于因死亡而生的损害赔偿,现行法采取四项基本原则,先图示如下,再行说明:

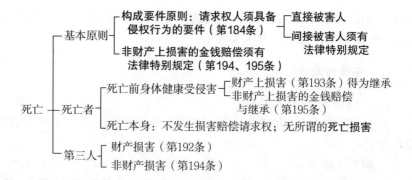

（1）死亡前因身体健康所生财产上损害赔偿请求权（如医疗费的支出），不因死亡而受影响，得为继承的标的。关于非财产上损害的请求权，则不得让与或继承，但以金钱赔偿之请求权已依契约承诺，或已起诉者，不在此限（第195条第2项）。

（2）关于被害人尚生存所应得利益（如薪资、营业收入等），不成立损害赔偿请求权，不发生继承问题。此亦为英美法及德国法上的原则。日本实务上采继承说而肯定家族得请求死者的逸失利益，乃比较法上的特例。又《中华人民共和国侵权责任法》第16条明定有死亡赔偿金。中国台湾地区不采此项见解，实值赞同，其理由为：①自理论言，被害人的权利能力因死亡而终了，损害赔偿请求权无由成立，应不生继承问题。②若采所谓的继承说，则于继承人的平均寿命较死者为短时，仍得请求死者的生存利益，显非合理。③继承人并非皆有受扶养的权利。

（3）甲不法侵害乙致死，第三人丙（间接被害人）就其因被害人死亡而受的损害，欲向加害人请求赔偿时，原则上须依"民法"第184条关于侵权行为的一般规定。惟此损害系属财产上损失，而非特定权利遭受侵害，不符合一般侵权行为的要件（第184条第1项前段），为此，"民法"特设第192条（支出扶养费用）及194条（侵害生命权的非财产损害赔偿）规定，创设新的请求权基础，明定一定之人就一定类型的损害，得径向加害人请求损害赔偿。此项间接被害人的请求权，非基于继承而来，乃法律创设的独立请求权。

（4）除法律明定者外，其他间接被害人，例如因劳工死亡而受有营业上损失的雇主，对加害人无侵权行为法上的损害的赔偿请求权。

四、支出费用者的请求权

(一) 支出医药费及增加生活上需要之费用

对死者支出医疗费用及增加生活上需要之费用人,得对加害人请求损害赔偿(第192条第1项)。此为1999年"民法"债编修正所增订,立法理由谓:"不法侵害他人致死者,被害人生前之支出医疗及增加生活上需要之费用,固可本于无因管理或其他法律关系,请求被害人之继承人或其遗产管理人偿还。但此项损害,原应由加害人负最后赔偿责任,为鼓励热心助人之风尚,为免除辗转求偿之繁琐,基于加害人对支出殡葬费之人直接负损害赔偿责任之同一立法理由,使此等支出医疗等费之人,得径向加害人请求损害赔偿。"据此立法理由观之,前揭增设规定在立法例上尚属罕见,具有创意。

(二) 殡葬费

不法侵害他人致死后,对于支出殡葬费之人,亦应负损害赔偿责任(第192条第1项),应说明者有四:

(1)人必死亡,殡葬费支出是否为因生命被侵害而生的损害,不无疑问。学说上有人认为,民法之所以设此规定,系为公共卫生着想,以免尸体暴露,终非社会之福。① 更进一步言之,此乃对生命价值的尊重。

(2)请求权人为任何实际支出殡葬费之人,是否为被害人之继承人,在所不问。

(3)限于实际支出。实务上区别得请求的项目及不可请求的项目,此应斟酌当地丧礼习俗及宗教上之仪式上的必要而定。在实务上,①得请求的项目包括:寿具费(棺木费)、运棺、运尸及灵柩车费、寿衣费(包括细布、毛布及麻鞋)、丧祭用品费、造墓及埋葬费、遗像及镜框费、诵经或祭典费等。② ②不得请求的项目:祭献牲礼费(如鸡鸭菜肉及烟酒)、丧宴费用、乐队费用、安置禄位及奉祀之费用等。

---

① 参见孙森焱:《民法债编总论》(上),第343页。
② 参见王泽鉴:《侵害生命权之损害赔偿》,载《民法学说与判例研究》(四),第275—283页。

(4) 可请求项目实际支出殡丧费的数额,应依死者的身份、地位等而定。① "最高法院"1962 年台上字第 3671 号判决认为,殡葬所支出的数额,未能确切证明,法院得斟酌台北市极乐殡仪馆经理(处理)埋葬乙级费用为准予赔偿的依据,具定额赔偿的功能。

五、扶养费的损害赔偿

(一) "民法"第 192 条第 2 项的规范意义

"民法"第 192 条第 2 项规定:"被害人对于第三人负有法定扶养义务者,加害人对于该第三人亦应负损害赔偿责任。"此项规定旨在表示因侵权行为致人于死时,对死者家属的损害赔偿,"民法"不采所谓继承权说(即由家属继承死者生存时应得收入等利益),而采扶养丧失的损害赔偿,此乃扶养权利人固有的权利。

(二) 扶养费用请求权人

法定扶养义务,指"民法"第 1114 条至第 1121 条所定亲属间的扶养义务。对被害人有受扶养权利者,得向加害人请求损害赔偿。受扶养权利者,以不能维持生活而无谋生能力为限,纵使直接血亲尊亲属,亦应以不能维持生活为要件。兹就实务上若干案例加以说明:

1. 配偶的请求权

关于配偶间扶养请求权,"民法"原未设明文,但实务上肯定之。② 为期明确,避免争议,1985 年 6 月 3 日"亲属法"修正特增设第 1116 条之 1 规定:"夫妻互负扶养之义务,其负扶养义务之顺序与直系血亲卑亲属同,

---

① 得请求赔偿的必要殡葬费的项目,在诉讼上常生争执,并涉及被告自认问题,"最高法院"1996 年台上字第 2601 号判决谓:查关于原审驳回上诉人吴○请求殡葬费中之一部分金额即 38 500 元部分:原审固可就被害人吕○○之身份、地位及当地习惯为调查,以认定上诉人吴○之该费用支出是否为必要。惟该"不必要"支出之理由,自应详予记载。非可概以"核非殡葬所必要之开支"等笼统之词予以剔除。乃原审未详为调查,遽认为吴○支出殡葬费中,"电子琴六千元""金银山及金童玉女二千元""灵厝西式洋楼一万二千元""库银一万四千元""答谢毛巾盒四千五百元"等共 38 500 元部分,为非必要之殡葬开支,而予剔除,已难谓无判决不备理由之违法。况被上诉人对上诉人吴○之前述殡葬费支出,除抗辩"电子琴六千元,应非必要"外,其余"金银山、灵厝、库银、答谢毛巾"等似均未作何争执,依"民事诉讼法"第 280 条第 1 项规定,是否不能"视同自认"? 亦滋疑义。吴○上诉意旨,指摘原判决驳回其该部分殡葬之诉部分为不当,求予废弃,非无理由。关于本件判决的评译,参见姜世明:《拟制自认之客体》,载《台湾本土法学杂志》2005 年第 77 期,第 306 页。

② 参见"最高法院"1954 年台上字第 787 号判例;"最高法院"1974 年 12 月 3 日第 6 次民事庭会议决议(二)。

其受扶养权利之顺序与直系血亲尊亲属同。"是夫妻之一方因侵权行为死亡时,他方配偶得依"民法"第 192 条第 2 项规定,向加害人请求扶养费的损害赔偿。

2. 被害人死亡前尚无养赡能力时,其法定扶养请求权人得否请求扶养费?

甲驾车不慎,撞死 8 岁之乙,乙之父及母均 40 余岁,颇能自足,得否向加害人请求扶养?"最高法院"1929 年上字第 2041 号判例采肯定见解,认为被害人虽尚无养赡其父母之能力,但侵害被害人将来应有之养赡能力,即与侵害其父母将来应受养赡之权利无异,其父母得因此诉请赔偿。至于养赡数额,应以被害人将来供给养赡的生活状况为准。

3. 扶养义务人如有数人时,权利人应如何请求?

甲驾车不慎,撞死乙,乙有父母年老不能维持生活,惟乙有兄弟丙、丁二人,经济能力相当。于此情形,乙、丙、丁均为扶养义务人(第 1115 条第 1 项),应各依其经济能力分担扶养义务(第 1115 条第 3 项),因此乙之父母仅能向甲请求 1/3 扶养费用的损害赔偿。

(三) 扶养费损害赔偿额的计算及给付方法

1. 扶养费损害赔偿的计算

(1) 计算期间。关于扶养能力,一般言之,以被害人达到劳动适格年龄为始期。如为学生,则以学业完成为有扶养能力[1],扶养请求权人受扶养期间,应以推定的"可能生存"期间为准,此得以台湾地区人寿保险业务制作的经验生命表,尤其是"内政部"统计台湾地区男女年龄平均余命表,按扶养请求权人请求损害赔偿时年龄,并斟酌其个人健康情形,推定其可能生存期间而为认定,即兼采客观及主观的计算方法。[2]

(2) 计算基准。"民法"第 1119 条规定,扶养之程度应按受扶养者的需要,与扶养人即被害人的经济能力及身份定之。"民法"第 192 条第 2 项规定的扶养费损害赔偿,亦应依此标准加以认定。学说上有人认为,以当年年度所得税税率所定扶养亲属减免额为依据,不失为客观标准。[3]

---

[1] 参见"最高法院"1966 年台上字第 3187 号判决。

[2] 参见"最高法院"1968 年台上字第 572 号判决;曾隆兴:《详解损害赔偿法》,第 258 页(2003)。关于近年来地方法院计算扶养费用之八种方式之整理、分析,参见张永健:《侵权行为的计算题——扶养费与薪资损失的计算》,载《月旦法学杂志》2014 年第 228 期,第 109—118 页。

[3] 参见孙森焱:《民法债编总论》(上),第 347 页。

此具有扶养费用定额化的功能，在请求权人难以证明扶养费时，可作为量定的参考。

2. 扶养费损害赔偿的给付方法

扶养权利人得请求债务人一次给付扶养费损害赔偿。"民法"第192条第3项规定，第193条第2项规定，于前项损害赔偿适用之。即法院得因当事人之申请，定为支付定期金，但须命加害人提出担保。相关问题，于论及"民法"第193条第2项规定时，再为说明。

（四）扶养请求权的身份法上专属性

扶养请求权人死亡时，其继承人得否继承其权利，向加害人请求赔偿？"最高法院"1960年台上字第625号判例采否定见解，认为因扶养请求权被侵害而生之损害赔偿请求权，以扶养请求权存在为前提，而扶养之请求乃请求权人身份法上专属之权利。该权利因请求权人死亡而消灭，其继承人不得继承其身份关系，对加害人请求赔偿死亡后之扶养费用。

六、损害赔偿范围

（一）损益相抵

因他人遭受不法侵害死亡，依法得请求损害赔偿之人，有因死亡而受有利益时，应否适用损益相抵原则（详见本书第291页），自其所得请求的赔偿额中扣除此项利益，分项说明如下：

1. 奠仪及慰问金

对死者家属致送奠仪，系传统习俗，在特殊意外事故（如遭遇矿场灾害或执行职务），各界人士亦常赠送慰问金。于此等情形，均不适用"损益相抵"（第216条之1），加害人不得主张自赔偿中扣减之，盖此类第三人给付之目的，旨在使受赠人获得终局利益，而非在于减免赔偿义务人的责任。

2. 社会安全给付

（1）劳工保险条例上的给付。劳工死亡时，在"劳工保险条例"上会发生两种给付：遗族津贴（"劳工保险条例"第63条）和丧葬费（"劳工保险条例"第64条）。"最高法院"1959年台上字第257号判决谓：劳工保险为一种社会安全制度，遗族纵已受领劳工保险利益，与上诉人不法侵害他人致死所生损害赔偿无关，不得因此而谓可免除上诉人损害赔偿责任。

（2）工厂法上的补助费用、抚恤费。"工厂法"第48条规定，凡依法未能参加劳工保险之工人,因执行职务而致伤病残废死亡者,工厂参照劳工保险条例有关规定,给予补助费或抚恤费。其办法由"行政院"定之。"最高法院"1960年台上字第406号判例谓:"工厂法"第45条对于工人之伤病或死亡所定抚恤之标准,惟于工人因执行职务而发生时有其适用,至工厂主人因故意或过失发生侵权行为所负之损害赔偿责任,并不因此抚恤标准而免除。此项判例,可资赞同,盖此项抚恤费亦系于社会安全制度对劳工遗族之给付,而非在于减免加害人的赔偿责任。

3. 公务员抚恤法上的抚恤金

依"公务员抚恤法"规定,公务人员遭遇意外死亡,给予遗族抚恤金("公务员抚恤法"第3条以下)。依"最高法院"1974年台上字第2520号判例的见解,此项抚恤金系依公法之规定而受领之给予,其性质与依"民法"规定对加害人请求赔偿之扶养费全异其趣,亦不得于依民法应赔偿扶养费金额中予以扣除。

4. 遗产上的利益

继承人因被继承人遭受不法侵害致死而取得之遗产,应否列入扶养费赔偿金额内予以扣除?例如甲驾车不慎,撞死某乙,乙无谋生能力之妻丙继承其价值500万元出租予他人的房屋,丙依"民法"第192条第2项规定请求扶养费时,甲得否主张应扣除此项遗产上的利益?此在德国法上甚有争论,通说认为应区别遗产本身(Stamm)及收益(Erträge),前者原则上不予扣减,后者倘系因损害事由而提前取得者,则应扣除。

中国台湾地区实务上对此问题未著有判决,在解释上应采否定说,即不问遗产本体(如房屋)或其收益(租金),均不适用损益相抵。盖被继承人对财产的累积付出心力,多在照顾其遗族,加害人不能因此获利,而减免其赔偿责任。

5. 扶养费

不法侵害他人致死,倘被害人的父母对被害人现负有抚养义务者,其依"民法"第192条第2项规定,请求加害人赔偿其将来所受扶养权利的损害时,应否扣除其对被害人至有谋生能力时止所需支出的抚养费?

"最高法院"2003年3月18日2003年度第5次民事庭会议决议采否定,其理由为:"父母对子女之扶养请求权与未成年子女对父母之抚养请求权各自独立,父母请求子女扶养,非以其曾抚养子女为前提。且损益相抵原则旨在避免债权人受不当之利益,未成年子女遭不法侵害致死,其父母因而得免支出抚养费,依社会通常之观念亦不能认系受有利益,故父母请求加害人赔偿损害时,自无须扣除其对于被害人至有谋生能力时止所需支出之抚养费。"①

（二）与有过失

第三人(间接被害人)依"民法"第192条第1项请求殡葬费、医疗费、扶养费时,应否承担死者(直接被害人)就其死亡的与有过失？关于此点,"民法"未设明文,"最高法院"1984年台再字第182号判例谓:"'民法'第192条第1项规定不法侵害他人致死者,对于支出殡葬费之人,亦应负损害赔偿责任,系间接被害人得请求赔偿之特例。此项请求权,自理论言,虽系固有之权利,然其权利系基于侵权行为之规定而发生,自不能不负担直接被害人之过失,倘直接被害人于损害之发生或扩大与有过失时,依公平之原则,亦应有'民法'第217条过失相抵规定之适用。此项判例意旨于"民法"第192条第1项、第2项规定医疗费、扶养费的损害赔偿,第194条规定慰抚金请求权均应适用之。②

第三项　侵害身体、健康的损害赔偿

一、一般规定与特别规定

侵害他人身体健康者,应负损害赔偿,包括财产上损害及非财产上损害。被害人得请求恢复原状或恢复原状所必要的费用(第213条)。关于非财产损害(尤其是慰抚金,第195条),将另列专节详为论述。关于财产上损害,首应适用"民法"一般规定,"民法"第193条设有特别规定:"不法侵害他人之身体或健康者,对于被害人因此丧失或减少劳动能力或增加生活上之需要时,应负损害赔偿责任。"其中关于劳动能力,系一般规定的补充,增加生活上需要,则为一般规定的具体化。此等财产上损害可分

---

① 值得比较参照的是肯定说见解:按被害人之父母对于被害人至有谋生能力时止所需之抚养费,为将来得取得受扶养权利之必要支出费用,被害人之父母因所抚养之子女死亡,虽受有丧失将来应受被害人扶养之权利之损害,惟同免除抚养被害人之义务,而受有无须支出抚养费之利益。是该被害人之父母请求加害人赔偿扶养权利被侵害所受之损害时,依"民法"第216条之1损益相抵之规定,自扣除其对被害人至有谋生能力时止所需支出抚养费者,始符公平原则。

② 参见王泽鉴:《第三人与有过失与损害赔偿之减免》,载《民法学说与判例研究》(一),第63页以下。此为比较法上的共同原则。

为所受损害(医疗看护费用、增加生活上需要),及所失利益(劳动能力丧失或减少)。

二、间接被害人的损害赔偿

甲不法侵害乙的身体健康,第三人丙(间接被害人)受有损害的情形,可分为两种:

(一) 第三人财产上损害

1. 亲人支出医疗费

(1) 请求权基础。父、母、子女等对被害人支出医疗或生活上必要费用(如购买轮椅),系属纯粹经济上损失,不成立侵权行为("民法"第184条第1项前项),前已提及。在此情形,加害人不能因此而免责,如何处理,有两种见解:①由支出费用者向加害人主张不当得利或无因管理,究得主张何者,视第三人对被害人有无扶养义务而定,即有扶养义务时,不成立无因管理,仅得主张不当得利。②请求被害人让与其对加害人的损害赔偿请求权(类推适用第218条之1)。两者比较言之,以后说较为可采。①

(2) "民法"第192条第1项规定的类推适用? 值得提出的是,1999年"民法"债编修正时于增订第192条第1项,规定不法侵害他人致死者,对于支出医疗及增加生活上需要之费用,亦应负损害赔偿责任。此项规定系针对死亡前身体健康受侵害的情形,基于"为鼓励热心助人之风尚,为免除辗转求偿之繁琐"的同一理由,对仅身体健康受侵害的情形,得否类推适用,是一个值得研究的重要课题。

2. 雇主损害

企业经营者因被害人(受雇人)身体健康受侵害而有营业上收入减少的损害,系属纯粹经济上损失,不得请求赔偿。其对受雇人继续支付工资时,加害人不得因此而免责,发生企业经营者代位求偿问题。

(二) 第三人非财产上损害的金钱赔偿

甲不法伤害乙,第三人丙(乙的父、母、子女、配偶等)因此受精神痛苦(非财产上损害)时,得否请求慰抚金,"民法"未设明文。得否类推适

---

① 参见王泽鉴:《法定扶养义务人为被害人支出医药费之求偿关系》,载《民法学说与判例研究》(四),第179页。

用"民法"第 194 或 195 条第 2 项规定,将于论及慰抚金时,再行详述。

三、医疗看护费用

(一) 得请求赔偿的医疗费用

身体健康受侵害者得请求的医疗费用,包括已支出及将来应支出,但须为恢复原状所必要。得请求的项目包括住院手术费、药品费、检验费、到医院交通费、住院治疗而支出的膳食费等。又诊断及诊断证书费用亦得为请求。① 其赔偿范围,须为医疗上所必要。鉴于身体健康人格法益的重要性,加害人自不能以难以治疗,或虽为治疗亦难康复而主张不必支付医疗费用。受伤害者得自由选择治疗的医院、病房种类,其赔偿额应斟酌受害人受伤程度、需要及身份地位等因素加以认定。

(二) 看护费用

医疗费用应包括因住院需人看护而雇人看护的费用。② 被害人不雇用他人看护,由被害人的亲属看护时,可否请求加害人赔偿?台湾地区实务上曾以亲属间无须支付看护费为理由,而不许之。③ 今则采肯定见解,"最高法院"1999 年台上字第 1827 号判决谓:按因亲属受伤,而由亲属代为照顾被上诉人之起居,固系基于亲情,但亲属看护所付出之劳力,并非不能评价为金钱,只因两者身份关系密切而免除支付义务,此种亲属基于身份关系之恩惠,自不能加惠于加害人即上诉人。故由亲属看护时,虽无现实看护费之支付,但应衡量及比照雇用职业护士看护情形,认定被害人即被上诉人受有相当于看护费之损害,得向上诉人请求赔偿,乃现今实务上所采之见解,亦较符合公平正义原则。分三点加以说明:

(1)本件判决实值赞同,在方法论言,乃损害概念的规范化。其请求权人为受伤者,其赔偿额应依职业看护者的费用加以计算。

(2)看护的亲属本身并无请求权,纵因停止营业或工作而为看护,其

---

① 关于医院开立诊断证书费用,"最高法院"早期认为,被害人因伤害向医院或医师请求出给诊断书所支出之费用,非系因侵权行为所生财产上之损害,不得请求赔偿["最高法院"1977 年第 5 次民庭庭推总会议决议(二),不再援用]。"最高法院"其后在 2000 年台上字第 2070 号民事判决谓:因侵害行为致身体受有伤害,诉请赔偿义务人赔偿损害,法院恒要求赔偿权利人提出证明文件,倘出具证明文件而需支付费用时,是项证明书费之支出即难谓与伤害间无相当因果关系,而非不得请求一并赔偿。

② 参见"最高法院"1955 年台上字第 1700 号、1969 年台上字第 1629 号判决。

③ 参见"最高法院"1970 年台上字第 767 号判决。

所受损害亦属纯粹经济上损失(纯粹财产上损害),而非权利受侵害,不成立侵权行为(第184条第1项前段),此项看护系为受伤者的利益,对加害人亦不成立无因管理(第176条)。

(3)被害人成为植物人,长期需要有人随身看护,无论是雇用职业看护工或亲属看护,为求诉讼经济,亦得按平均余命,扣除中间利息,请求加害人一次赔偿看护费。

(三) 近亲探视费用

身体健康受伤害者在医治期间,常有亲人前来访视,其就此所支出费用,可否亦将之规范化,认为系一种损害?台湾地区实务上尚无相关案例,在比较法上多认为,此种探视为恢复被害人健康医疗所必要时,其支出交通、住宿等相关费用系一种应由加害人赔偿的损害[1],可供参照。

(四) 身体健康法益保护的强化

关于身体健康医疗看护费用的损害赔偿,台湾地区法上有重要的发展,在"立法"上,"民法"第213条第3项明定被害人得请求恢复原状所必要的费用,包括已支付及将来应支付的费用。在实务上,例如肯定诊断书费用的请求权,被害人对亲友的看护亦得请求相当于职业看护的费用。此项赔偿方法及项目的扩大有助于保护身体健康的人格法益。

四、增加生活上需要的赔偿

因身体或健康受侵害而增加生活上的需要,系属积极损害(所受损害)。增加生活上的需要,系指被害人以前并无此需要,因为受侵害,始有支付此费用的必要而言。某种费用究属医疗费用或增加生活上之需要常难区别。其属增加生活上需要的,例如:①装设义眼、义齿,以及义肢的费用,包括将来必须换装义肢之费用。[2] ②长期看护费用。[3] ③残障者购置轮椅及住家为必要的改装配合。被强奸所生子女而支出的抚养费,系侵权行为所生的财产上损害,被害人固得依"民法"第184条第1项规定请求赔偿损害,但非同法第193条第1项所定的被害人因此增加生活上的需要。[4]

---

[1] BGHZ 106, 30; BGH NJW 1989, 766; Palandt/Heinrich § 249 Rn. 9; Soergel/Mertens § 249 Rn. 42. 德国判例学说的综合分析,Annina Schramm, Haftung für Tötung (2010), S. 378 f.

[2] 参见"最高法院"1976年10月12日,1976年第8次民庭庭推总会议决议(一)。

[3] 参见"最高法院"1999年台上字第1771号判决。

[4] 参见"最高法院"1973年台上字第2693号判决。

五、劳动能力丧失或减少

(一) 劳动能力本身的丧失或减少是否为一种损害？

1. 问题说明

劳动能力系人的生活基础，乃人身损害赔偿的重要问题。被害人因受伤害致收入减少的，例如计程车司机丧失营业利益、快餐店店员丧失工资、旅行社导游丧失带团出游的收入。此等于受伤治疗过程中所发生的具体损害，乃所谓"所失利益"，被害人得请求赔偿。问题在于劳动能力本身受侵害是否为一种得请求赔偿的损害，即司机、店员、导游于受伤治疗后，得否请求因伤害丧失或减少劳动能力致将来不能获得的收入，尤其是家庭主妇、幼童、无业游民等无职业者得否请求劳动力丧失或减少的损害赔偿？

2. 比较法

劳动能力本身受侵害得否请求损害赔偿，涉及一种基本问题，即劳动能力究为一种财产上损害或非财产上损害。

《德国民法》第843条第1项规定："因侵害身体或健康致被害人丧失、或减少谋生(从业)能力(Erwerbsfähigkeit)，或增加生活上之需要者，应向被害人支付定期金，以赔偿其损害。"德国通说系认所谓Erwerbsfähigkeit属于人格范围，须有具体损害，始得请求赔偿，至于劳动能力本身(Arbeitskraft als solche)系非财产损害，与被害人具有主观的关系，依交易观念不能客观地以金钱认定其劳动价值，劳动能力本身所受侵害，不能请求损害赔偿。此乃基于损害差额说(Differenztheorie)所建构的理论。其例外得请求赔偿的，系家庭主妇因人身受侵害不能管理家务的"家庭主妇损害"(Hausfrauenschaden)，此系将损害加以规范化，使家庭主妇亦得请求通常雇用他人管理家务的费用。①

立法例上肯定劳动能力本身为一种应受保护的利益的，如《瑞士债务法》第46条第1项规定："因身体侵害，被害人取得费用赔偿请求权或劳动能力之全部或一部分丧失之补偿权时，应斟酌未来生计之困难情形。"②日本民法对于丧失或减少劳动能力的损害，未设明文，从前判例及

---

① Ulrich Magnus, Schaden und Ersatz (1987), S. 240; Lange/Schiemann, Schadensersatz, S. 348; BGHZ 54, 45.

② 关于瑞士法上劳动能力损害赔偿，参见 Oftinger/Stark, Schweizerisches Haftpflichtrecht, Erster Band: Allgemeiner Teil (1995), S. 284.

学说系采所得丧失说,今者肯定劳动能力本身的侵害亦属一种损害。①英国原则上认为对劳动能力侵害未产生具体损害时,不得请求赔偿。②在美国,则肯定劳动能力的财产价值,强调:In determining past and future loss of earning capacity the question is not whether plaintiff would have worked by choice. A person is entitled to compensation for the lost capactity to earn, whether he would have chosen to exercise it or not.③

3."民法"第193条规定

"民法"第193条第1项规定:"不法侵害他人之身体或健康者,对于被害人因此丧失或减少劳动能力或增加生活上之需要时,应负损害赔偿责任。"明定劳动能力本身应受侵权行为法的保护。实务上认为所谓劳动能力指职业上工作能力或谋生能力而言。"最高法院"2003年台上字第439号民事判决更进一步认为:"劳动能力减损之损害赔偿,旨在补偿受侵害人于通常情形下有完整劳动能力时,凭此劳动能力陆续取得之收入。许○福身为公务人员,若未受此损害,于退休后本得领取退休金,不论一次退休金或月退休金方式领取,均无不可,此与本件许○福请求正常工作期间内劳动能力之损害,并不相同。再者,被害人身体或健康遭受损害,致丧失或减少劳动能力,其本身即为损害,并不限于实际所得之损失,至于个人实际所得额,则仅得作为评价劳动能力损害程度而已,不得因薪资未减少即谓无损害。是许○福虽现仍领有月退休金,亦不能执此扣抵其所得请求之劳动能力减损之损害赔偿。"④应说明的有三:

(1)本件判决明确区别具体的收入减少(loss of earnings)及劳动能力本身的侵害(loss of earning capacity),实值赞同。

(2)"民法"第193条及实务均认为劳动能力应受侵权行为法及损害赔

---

① 关于日本判例学说的综合整理及评论,参见曾隆兴:《详解损害赔偿法》,第259页以下(2003),论述甚详,足供参照。

② Simon Deakin, Angus Johnston and Basil Markesinis, Markesinis and Deakin's Tort Law 78 (2003).

③ Harper, James & Gary, Law of Torts, 549 (1986).

④ "最高法院"2004年台上字第1489号判决:按"民法"第193条第1项规定,不法侵害他人之身体或健康受侵害,致丧失或减少劳动能力,其本身即为损害。此因劳动能力减少所生之损害,不以实际已发生者为限,即将来之收益,因劳动能力之减少之结果而不能获致者,被害人亦得请求赔偿。其损害金额,应就被害人受侵害前之身体健康状态、教育程度、专门技能、社会经验等方面酌定之。

偿法的保护,肯定抽象劳动能力的财产价值,有助于保障人的生活基础。

(3)劳动能力侵害的损害赔偿,修正了传统差额说,使损害概念规范化,更符合损害赔偿法填补损害的功能。

(二)劳动能力损害赔偿的计算:抽象客观或具体主观的计算方法

1. 抽象客观标准

关于劳动能力损害的计算,本着人类平等的理念,或有认为应采客观的计算方法。但何种计算方法具有客观性,难有定论,尤其是损害赔偿的目的旨在填补各被害人所受的损害,故实务上不采客观化的认定基准,即:

(1)不采人民平均所得。①

(2)不采劳工保险条例所定残障给付标准。②

此项给付标准系经过专家综合各种残废情形而做成,具有相当客观性,虽不得作为唯一标准,仍具参考价值。

2. 具体主观认定基准

实务上所采取的是,依被害人个人情形具体认定其劳动力受侵害所生的损害,即被害人因身体健康被侵害而丧失劳动能力所受之损害,其金额应就被害人受侵害前之身体健康状态、教育程度、专门技能、社会经验等方面酌定之,不能以一时一地之工作收入为准。③ 又商人之经营能力固为劳动能力之一种,但营业收入乃出于财产之运用,资本及机会等皆其要素,不能全部视为劳动能力之所得。又其减少及残存劳动能力之价值,不能以现有收入为准,盖现有收入每因特殊因素之存在而与实际所余劳动能力不能相符,现有收入高者,一旦丧失其职位,未必能自他处获得同一待遇,故所谓减少及残存劳动能力之价值,应以其能力在通常情形下可

---

① "最高法院"1999 年台上字第 2930 号民事判决:人民平均所得为全体人民所有所得之平均数,并非仅以劳动能力之所得为限明,二者之统计基础既有不同,自不能以平均所得指为劳动能力之所得。原审以上诉人既未能证明"其能力在通常情形下可能取得之收入",而以基本工资为其减少劳动能力之计算标准,并无不合,上诉人指摘原审未以平均所得为减少劳动能力之计算标准,而以基本工资为准,有不适用法则及理由不备之违法,自非可取。

② "最高法院"1999 年台上字第 2208 号民事判决:按"劳工保险条例"第 53 条所定残废给付标准表所称残废给付标准日数,系属被保险人因伤或罹病致有伤残,而依上述规定请求保险人为残废补助及残废给付时据以为核算其金额基础之标准,此与被害人依侵权行为法则,请求加害人赔偿其减少劳动能力损失计算基础之余存工作年限无关。是被害人为上述损害赔偿之请求时,自不得以上述残废给付标准表所给付期间(日数)为准。

③ 参见"最高法院"1974 年台上字第 1394 号判例。

能取得之收入为标准。① 分三点再加说明：

（1）由所谓以通常可能取得之收入为标准，可知具体的认定亦应有一定程度客观的标准，例如关于无职业者（如游民），得以最低基本工资为参考基准。

（2）可供酌定赔偿金额有多件因素，轻重不同，应特别考虑的，包括：

①侵害的程度，即丧失劳动能力的程度，此可由医生鉴定之，通常以一定的百分比加以表示。

②职业。此点甚为重要，并应斟酌及于再就业或转业的可能性。有职业者，通常有可供认定基准（如公务人员或劳动者的薪资）。无职业或失业者依其年龄、教育程度、能力、健康状态及个人意愿等因而为酌定。关于职业上升迁晋级则应从严认定。②

③收入。"最高法院"特别强调不能仅以一时一地的工作为标准。未来的收入损害，具估计的性质，难有精确的计算，平均收入虽不能作为计算的标准，但可作为参考的出发点。自雇者的损害额，得以所得税申请额作为量定基准。

④年龄。劳动能力损害与劳动年龄具有密切关系。有法定退休年龄的，得以之作为判断基准；但不能认为退休后概无劳动能力损害。无法定退休年龄的，则以其职业酌定其劳动年龄。

（3）劳动能力损害额，应斟酌各种因素加以认定，为免流于恣意，法院于个案应尽量说明其考虑的各种因素，其臻客观，具可检验性，以供相关案例比较参考。

（三）未成年人

关于未成年人，"最高法院"认为，被害人于受伤时虽未成年，尚无谋生能力，但不能谓其成年后无谋生能力，因身体或健康现受侵害，致预期将来之谋生能力有减少之情形，被害人非不得于现在向加害人为损害赔偿之请求。但其损害赔偿额，因被害人将来之职业现在不可预知，当可斟

---

① 参见"最高法院"1972 年台上字第 1987 号判例。
② 参见"最高法院"2002 年台上字第 750 号民事判决："民法"第 193 条第 1 项所谓减少劳动能力，乃指职业上工作能力之一部分之减少而言。故认定被害人因减少劳动能力所受之损害，应斟酌被害人受侵害前之身体健康状态、教育程度、专门技能、社会经验等一切情况而定。原审以被上诉人系基层警察，将来可借考试进入"中央"警官等学校继续进修，日后得升迁晋身高阶警官等臆测之词，认被上诉人因减少劳动能力所受损害为 665 3227 万元，不无可议。

酌其年龄、资质、性格及家庭状况与其他情事以认定之。①

（四）无职业者及植物人

在"最高法院"2003年台上字第2707号判决，被害人因车祸事故成为植物人，请求劳动能力减少损害时，加害人抗辩被害人高职毕业，刚服兵役一个月就发生本件车祸，以前都在读书，没有工作过，也没有收入，因而并无劳动能力减少之损害。"最高法院"认为：被害人依"民法"第193条第1项规定，对于加害人请求丧失或减少劳动能力之损害者，其所谓劳动能力，即谋生能力，亦为工作能力。是被害人于受伤时，固无职业，然其身体健康正常，依通常情形必有谋职之机会，于此情形，如因身体或健康现在受有侵害，致预期将来之工作能力有减少之情形时，于现在仍非不得向加害人为损害赔偿请求。本件被害人于受伤时虽无职业，仍非不得请求其丧失劳动能力之损失。原审斟酌情形，按最低基本工资标准计算，命上诉人赔偿丧失劳动能力之损害，于法并无不合。

本件判决具有两点意义：

(1) 无职业者因伤而成为植物人，仍得请求劳动能力丧失的损害赔偿，可充分显现对劳动能力之保护。

(2) 以最低基本工资标准计算，具客观认定的功能。

（五）家庭主妇

家庭主妇得否请求劳动力损害（家庭主妇损害），在比较法上，无论是否认定侵害劳动能力本身是否损害，殆皆肯定家庭主妇的请求权。② 最近实务上亦采同样见解，其数额原则上应认为无论已否雇用女佣或家务管理人，至少均比照雇用女佣或管理人所应支付报酬而为量定。③ 家庭主妇若有兼业时，并须斟酌及于其丧失或减少兼业收入。关于职业妇女劳动能力损害额的计算方法，原则上应以其职业上收入作为计算基准，其尚兼主妇工作时，应将主妇工作损害计算在内。

（六）义工

目前医院、寺庙、教会、公益基金会等担任义工者甚多，就其劳动能力

---

① 参见"最高法院"2000年台上字第160号民事判决。
② Roberto, Schadensrecht (1997), S. 212.
③ 参见"最高法院"2003年台上字第162号民事判决：吴彩珠（被害人）生前并未就业，虽无现实收入之具体资料可资确认，惟斟酌现今家庭中，若无家庭主妇为煮饭、洗衣、清扫、看家、购物、育婴等家务工作时，须另雇佣人代劳，故吴彩珠于家中处理家务及照顾孙儿之劳动能力，不妨以另雇一佣人代劳而支出之报酬予以评价。

所受侵害,原则上亦应依从事该项工作可得报酬,计算其赔偿。至于医院等间接被害人,就其所受纯粹经济上损失,不成立侵权行为,不生损害赔偿问题。①

(七) 外国人

被害人为外国人时,其劳动能力损害亦应采具体主观的方式加以计算。例如被害人为泰国劳工时,应依其在中国台湾地区工作及回泰国后工作期间的收入等因素酌定。被害人系日本、美国或瑞典观光客时,亦应采此认定原则。此种"差别待遇"系基于损害赔偿的主体关联性,以贯彻填补差额损害的本旨,与人类平等原则无涉。

六、损害赔偿给付方法:一次赔偿与定期金赔偿

(一) 两种给付方法

关于因人身侵害(死亡、身体、健康)而发生损害赔偿的给付方法,"民法"第193条规定:"不法侵害他人之身体或健康者,对于被害人因此丧失或减少劳动能力或增加生活上之需要时,应负损害赔偿责任。前项损害赔偿,法院得因当事人之声请,定为支付定期金。但须命加害人提出担保。"又第192条第3项规定,"民法"第193条第2项规定于第三人法定扶养费损害赔偿适用之。由此可知:

(1)"民法"系采一次赔偿原则,定期金额为例外。

(2)当事人未为申请时,法院不得定为支付定期金。当事人声请定

---

① 关于义工劳动能力侵害,系参考 U. Magnus ed., Unification of Tort Law: Damages (2001), S. 4: Monk Case(僧侣案件):A, a monk aged 45, is injured in an accident for which B is liable so that A is unable to work for 6 weeks. A used to work gratuitously for his monastery. Can he or the monastery claim compensation for the loss of earning capacity (or wages) for 6 weeks? 在综合奥地利、比利时、英国、法国、德国、希腊、意大利、荷兰、美国等相关法律判例学说后,Magnus 提出如下的发现(S. 208):"The prevailing view is that neither the monk nor the monastery can claim damages, According to that view the monk cannot show any actual financial loss because he does not exploit his earning capacity in an economically relevant way. The monastery equally faces no financial loss unless money must be paid for a substitute. Another reasoning stresses that the monastery's loss of the monk's services would be a pure economic loss, in consequence of a third party's bodily injury. As such it would not be actionable. On the other side, Austrian and U.S. law grant the monk damages because his loss of earning capacity would be calculated in an objective-abstract manner. This solution avoids any underestimation of social, cultural or else gratuitous labour the loss of which would be otherwise left without remedy." 此种设计具体案例,以分析各国适用的法律,较能更精确地发现异同,作为法律统一的前期作业,在研究方法上具有创意。

为支付定期金者,法院不受其拘束,乃得定为一次赔偿。

(二) 一次赔偿方法

关于一次赔偿的方法,"最高法院"1933年上字第353号判例谓:法院如命加害人一次给付赔偿总额,应先认定被害人因丧失或减少劳动能力而不能陆续取得之金额,按其日后本可陆续取得之时期,各以霍夫曼式计算法扣除依法定利率计算之中间利息,再以各时期之总数,为加害人一次所应支付之赔偿总额,扣除历年中间利息,宜依"民法"第203条规定,以5%为扣除中间利息之准据〔"最高法院"1958年4月20日、1958年民刑庭总会决议(三)〕。

关于中间利息扣除,有多种方法,实务系采霍夫曼计算法(Hoffmannsche Methode)①,以5%为扣除中间利息,虽有法律上的依据,但在低利率时代,应如何斟酌始臻合理,亦值斟酌。②

(三) 定期金额赔偿方法

一次赔偿方法,系一次解决争讼,对被害人及加害人均属方便,"民法"乃采为原则,前已提及。为顾及经济情况不佳的加害人,免除扣中间利息计算上的困难,并有助于保障被害人,免予使用一次赔偿金额不当而陷于困境,"民法"特规定当事人得申请法院,定为支付定期金。所称当事人包括加害人及被害人(实际上多为加害人),法院是否允许,应斟酌加害人经济情况及信用,被害人使用一次赔偿金的必要及管理运用等因素而为决定。

定期金可按月、季、半年或按年给付,应参酌当事人申请及相关情事而定之,法院如准许定期金赔偿,须命加害人提出担保,例如设定抵押、贷款,或由他人作保等。

七、时间浪费与使用利益的丧失

身体健康受侵害时,常发生如下情事:①被害人住院治疗,不能自由支配时间。②中断旅游。③不能住进承租的海滨别墅。④不能出席音乐

---

① 霍夫曼式扣算法,即如以A为劳动年数总收入,年龄为n,年利率为i,赔偿应付金额为x,其计算公式为 $x = A/I + ni$。关于其他计算方法,参见曾隆兴:《详解损害赔偿法》,第303页;孙森焱:《民法债编总论》(上),第349页。

② 对实务持续使用5%折现率的霍夫曼式扣算法的批评,参见张永健:《侵权行为的计算题——扶养费与薪资损失的计算》,载《月旦法学杂志》2014年第228期,第113—116页。

会(例如在台中举行的世界著名声乐家帕瓦罗蒂的演唱会)等。诸此情形涉及时间浪费、使用利益丧失,属于财产上损害与非财产上损害边界问题,将于相关部分再为详论(本书第183页)。

第四项　人身损害赔偿与社会安全制度

人身侵害涉及人的生存基础及人格价值,与社会经济活动,意外事故与交易成本具有密切关系,乃损害赔偿法上的重要问题。在形式法律(formal law)方面,"民法"设有尚称周全的制度;尤其是在死亡情形,不采死者生存利益继承说,而规定法定扶养赔偿责任;在身体、健康受侵害的情形,除得请求恢复原状或恢复原状所必要费用外,更明定劳动能力本身的侵害应受保护,得请求赔偿损害,均属于进步的"立法",多年来实务创设了丰富判决,形成一个可合理操作的规范机制。值得进一步探讨的是实践上的人身侵害赔偿体系(the damages system in practice),即究有多少人身侵害获得救济(包括诉讼及和解等),其赔偿数额算定及赔偿水平,究采一次赔偿或定期金赔偿方法?人身侵害多涉及全民健康保险给付、劳工保险给付及强制汽车责任保险,其实际运作状况如何,得否有效率地补偿被害人的损害?此等问题须集合众力从事实证分析,始克有成,系损害赔偿法及社会安全制度上有待研究发展的重要课题。①

第二款　为新生命而负责:人之尊严与损害概念
—— Wrongful Birth 及 Wrongful Life

第一项　绪　　说

一、"最高法院"2003 年台上字第 1057 号民事判决

"最高法院"在历经多年诉讼之后,终于对"唐氏症儿案件"作成判决

---

① 关于人身损害赔偿法上的 formal law 与 the damages system in practice 在英国法上深入具启示性的研究,参见 Harris, Campbell & Halson, Law of Tort 338 – 461 (2nd ed. 1986)。

(2003年台上字第1057号)①,此系实务上第一次对一个极具争议的问题表示值得重视的法律见解,在损害赔偿法上深具意义,前曾多次论及,兹再作较完整的说明。②

本案上诉人朱○○、张○○系夫妻,朱○○于1993年5月3日至对造上诉人财团法人新光医院门诊,经证实怀孕,因朱○○系高龄产妇,恐生下身心障碍儿童,特至新光医院做产前检查,由该医院于1993年7月12日,做羊膜穿刺筛检术,而该医院妇产科主任(即被上诉人黄○○)仅命由能力不足之检验员(即被上诉人黄○○)单独做羊水分析及染色体判读工作,致因过失造成错误之检验结果,朱○○、张○○在误认胎儿系正常之情况下,未施行人工流产手术,朱○○因而产下患有唐氏症、无肛症、动脉导管闭锁不全,为多重重度障碍之男婴张○○,须负担庞大之医疗费用、特殊教育费用、人力照顾费用、生活费用、受有财产及非财产上之损害。其争议的法律问题为:

(1)朱○○夫妇(父母)得依何种请求权基础(契约或侵权行为),向新光医院及医疗人员主张何种损害赔偿(财产上损害、非财产上损害)?

(2)男婴得否向新光医院及医疗人员请求其"生而为残障"的损害赔偿?

二、Wrongful Birth,Wrongful Life 及 Wrongful Pregnancy

前揭"最高法院"判决所涉及的,系比较法上耳熟能详的问题,称为 wrongful birth、wrongful life 及 wrongful pregnancy,兹为与比较法上的研究接轨,特摘录著名法学者 Markesinis 所作简要说明:

1. Wrongful life claim

Action brought by the handicapped child; it includes among other things, a claim for pain and suffering and for extraordinary medical expenses

---

① 相关判决:参见台湾士林地方法院1995年重诉字第147号判决;台湾高等法院1996年重上字第464号判决;"最高法院"2001年台上字第468号判决;台湾高等法院2001年重上更(一)字第48号判决。

② 参见侯英泠:《"计划外生命"与"计划外生育"之民事上赔偿责任之争议》,载《成大法学》2002年第4期,第192—194页;侯英泠:《"计划外生育"与非财产损害赔偿》,载《台湾本土法学杂志》2003年第47期,第63页以下;陈忠五:《产前遗传诊断失误的赔偿责任》,载《台湾大学法学论丛》2005年第34卷第6期,第105页。

(残障孩子所提出的请求,包括心神痛苦及特殊医疗费用)。

2. Wrongful birth claim

Brought by the parents in the above-mentioned situation and includes claims for emotional harm and medical expenses. The cost of bringing up the chilid tends to be the major item of such claims(于前述情形父母所提出请求,包括精神损害及医疗费用,孩子的抚养费用为其主要请求项目)。

3. Wrongful conception (or pregnancy) claim

Brought by parents for the birth of a (usually) healthy but unplanned child(父母就一通常为健康但非计划所生子女而提出的损害赔偿)。①

值得注意的是,比较法上的学说及实务上,亦有就 wrongful birth claim 作广义解释,包括 wrongful conception claim 的情形。

据上说明,在前揭"唐氏症儿案件",其父母所主张的,系 wrongful birth claim。若残障男婴提出请求时,则为 wrongful life claim。wrongful conception claim 多发生于结扎避孕失败的情形,在实务上尚无此案例。由前述用语可知其系源自美国法(尤其是侵权行为),在世界各国广泛继受,已成为比较法通用的概念。wrongful 的用语,非尽妥适,此非谓出生、生命、或怀孕为不法,乃指因医生的过失致发生计划外生育,产下非所意欲的子女。

三、社会变迁与损害赔偿法的新课题

妇女因避孕失败、诊断错误等事由而怀孕生子,早已有之,并属常见,近年来所以在世界各地发生请求损害赔偿的诉讼,与科技发展、价值观念及法律变迁具有密切关系:

(1)医学科技进步,使个人得控制其生育行为,有为母体健康、有为经济考虑、有为工作方便、有为能有较多的性自由,具多样化的目的。

(2)在传统的价值观念,子女是一种赐予、喜乐或命运,纵为残障,父母亦无怨言加以接受照顾。今则有认为系一种负担。

(3)法律强调尊重个人自主,堕胎的合法化使个人更能支配其生育行为,而要求侵害其自主决定,妨害其生育计划者负损害赔偿责任。

科技进步及观念价值变迁为损害赔偿法带来了新的研究课题,有助于反省检讨传统的概念体系,而能有新的认识或突破。

---

① Basil Markesinis & Hannes Unberath, The German law of torts 186 (4th ed. 2002).

第二项　Wrongful Birth：父母就计划外生育的损害赔偿
——请求权基础的建构

在 wrongful birth，因医生产前诊断失误，致孕妇产下残障子女。关于父母得主张损害赔偿的请求权基础，分就契约及侵权行为加以说明：

一、契约责任：医疗契约上的不完全给付

（一）医疗契约

1. 医疗契约的性质及效力

妇女为计划生育而与医生订立契约，无论系怀孕前或产前诊断、结扎手术或施行人工流产，均属于所谓的医疗契约。"民法"对医疗契约未设明文，通说认为，属于委任契约或近于委任的非典型契约。医疗契约攸关人之生命及家庭生活，"优生保健法"就人工流产及结扎手术的条件、同意暨标准，设有规定（第9条、第10条）。违反之者，其契约无效，从而亦无契约上的请求权。

2. 契约当事人

在关于生育的医疗契约，通常系以一方配偶（尤其是妻）为当事人。值得提出的是，他方当事人（如夫）得否主张契约上的损害赔偿，此在妻因难产或生产后死亡，或夫结扎失败而妻受胎怀孕生子时，具有实益。在前揭"唐氏症儿事件"，"最高法院"采否定说。[1] 在德国法上，通说鉴于生育行为与双方配偶具有相同利益，乃依"附保护第三人作用契约"认为契约的效力应及于他方配偶。[2] 法国实务上亦缓和契约相对性，认为在此情形，得默示成立第三人利益契约，而肯定他方配偶的请求权。[3]

---

[1] "最高法院"2001年台上字第468号判决谓：查本件怀孕者系上诉人朱○○，而上诉人张○○系其配偶，为原审认定之事实，则上诉人张○○自无何权利或利益受侵害而得依侵权行为或债务不履行之法则请求上诉人新光医院及被上诉人黄○○、黄○○等三人为赔偿之可言。原审认为张○○依侵权行为及债务不履行之规定请求上诉人新光医院及被上诉人黄○○、黄○○赔偿，为非正当。爰维持第一审所为张○○败诉之判决，将其上诉驳回，经核于法并无违背。

[2] BGH76, 259; 89, 95.

[3] Strch, Roland & Boyer, Droit Civil-Les Obligations; 2. Contract 729 (1998), 引自 Winter, Bébé préjudice und Kind als Schaden, Eine rechtsvergleichende Untersuchung zur Haftung für neues Leben in Deutschland und Frankreich, 2002, p.42.

(二) 不完全给付债务不履行

医生未尽善良管理人义务,因可归责事由,提供有关生育不正确咨询(如结扎成功不会怀孕),或结扎手术或人工流产失败时,应负不完全给付债务不履行责任(第227条)。前揭"最高法院"判决亦同此见解,略谓:"该黄○○在新光医院担任'实习技术员',就新光医院与朱○○间之医疗契约而言,系居于新光医院之使用人地位,故新光医院就黄○○误将唐氏症儿之染色体判读成正常胎儿之染色体之过失,应与自己之过失负同一责任。亦即新光医院就其使用人黄○○履行给付方法之瑕疵,导致给付内容不符合债务本旨,而使朱○○受有损害,应负不完全给付之债务不履行责任。朱○○基于医疗契约关系,请求新光医院赔偿损害,即属正当。"

在此种因医疗契约上不完全给付使妇女未能依法施行人工流产而继续怀孕生子,应认系侵害该妇女的身体、健康及生育自主的人格权益(详见后文),而有"民法"第227条之1的适用,即"债务人因债务不履行,致债权人之人格权受侵害者,准用第192条至第195条及第197条之规定,负损害赔偿责任。"

二、侵权行为

在 wrongful birth,因医疗过失怀孕生子的妇女得否主张侵权行为损害赔偿?此涉及"消费者保护法"第7条规定的服务责任是否适用于医疗行为的争议问题。[①] 最近通说采不适用说。[②] 兹仅就民法侵权行为加以说明。"民法"第184条第1项前段规定:"因故意或过失不法侵害他人权利者,负损害赔偿责任。"应检讨的是,该怀孕生子的妇女究有何种权利受侵害,而得成立侵权行为:

(一) 身体健康

生育虽系自然过程,但医生未尽善良管理人的注意,致妇女生育,无论系使妇女怀孕(如结扎失败),或继续怀孕(如误为诊断,致未施行人工

---

① 参见陈忠五:《产前遗传诊断失误的赔偿责任》,载《台湾大学法学论丛》2005年第34卷第6期,第105页。

② 参见"最高法院"2005年台上字第1156号民事判决;参见邱锦添:《医疗行为不适用消费者保护法之规定》,载《"全国"律师》2006年第9卷第11期,第64页。

流产),均造成妇女生理上的变化,应认得成立对妇女身体健康的侵害。①在前揭"最高法院"判决,原告未作此主张,但解释上应为肯定。

(二) 生育决定权

1. "最高法院"见解

在前揭"唐氏症儿事件","最高法院"明确认为,医生侵害被害人的生育决定权,甚具意义。

2003年台上字第1057号判决谓:按刑法堕胎罪所保护之客体,固为在妇女体内成长之胎儿,该妇女依"优生保健法"第9条所得施行之人工流产,仅属于刑法堕胎罪之阻却违法事由。但民法上侵权行为之被害客体为权利或利益,只要系权利或利益,即得为侵权行为之被害客体,此与刑法堕胎罪之保护客体为何,及其违法阻却事由是否存在,实属二事。妇女已妊娠,于具备"优生保健法"第11条第2项所定:"怀孕妇女施行产前检查,医师如发现有胎儿不正常者,应将实情告知本人或其配偶;认为有施行人工流产之必要时,应劝其施行人工流产。""医师发现有胎儿不正常"要件时,法律即课医师以"应将实情告知怀孕妇女本人或其配偶;认为有行人工流产之必要时,应劝其施行人工流产"之义务。于此情形,就另一方面而言,应是给予妇女选择之权利(自由),即妇女对其体内未成独立生命,又患有法规所赋予妇女得中止妊娠之先天性疾病之不健康胎儿,有选择除去之权利,倘因医院及相关人员之疏忽,未发现已符合此一情况之事实,并及时告知怀孕妇女,使其依"优生保健法"第9条第1项,自愿施行人工流产,致妇女继续妊娠,最后生下不正常婴儿,自属侵害妇女对本身得决定施行人工流产之权利。

2. 分析讨论

(1)侵权行为法所保护权利的扩大:生育决定权。在本件判决,"最高法院"创设了一种称为"对具有先天性疾病之不健康胎儿有选择除去之权利"。"优生保健法"规定的施行人工流产阻却刑法堕胎罪的违法性,"除去胎儿之权利"(或堕胎自由权)可称为生育自主权。此项权利包括以服用药物避孕或施行结扎手术以从事计划生育,认系一种家庭计划的权利。②

(2)权利与利益区别。在理由构成上,"最高法院"特别指出:"但民

---

① 此为德国通说见解,BGH NJW1980, 1452; Larenz/Canaris, Schuldrecht II/2, S. 215.
② Larenz/Canaris, Schuldrecht II/2, S. 515.

法侵权行为之被害客体为权利或利益,只要权利或利益,即得为侵权行为之被害客体。"此项见解未臻精确。"民法"第184条第1项规定"前段"及"后段",乃建立在权利或利益的区别之上,即前段旨在保护权利,以故意或过失为要件;后段保护客体除权利外,尚包括利益,以加害人故意以悖于善良风俗致加损害为必要①,故在本件须肯定被害人有某种权利受侵权,始得成立"民法"第184条第1项前段之侵权行为,此为创设"生育决定权"的理由。

本件判例认为,侵权行为包括对权利及利益的侵害,自值赞同,惟其要件依"民法"第184条第1项前段、后段而有不同。其侵害者,究无论为权利或利益,均须有违法性,在侵权行为法上,并无"不当"的要件。"民法"第184条第1项所称"权利",系一个开放的概念,尤其是人格权保护范围的扩大,最值重视。

3. 生育决定权与人格权

生育决定权认系人格权的一种,乃为因应社会发展扩大人格权保护范围而为具体化的权利。在解释上,因得扩大"自由"权,以包括此种生育决定权,其优点在于自由权系法定的特别人格权,有实体法上的依据。然人格权保护范围已扩张及于一种称为自主决定的类型,除资讯自主外,亦包括自主生育决定在内,应可认系一种"新兴"的人格法益。

"最高法院"在前揭判决肯定生育决定权是一种私法上的权利,而非一种宪法上的权利,应值赞同。盖"民法"第184条第1项所称权利并不包括宪法基本权。惟应注意的是,自主决定乃人格自由发展的内容,系受宪法保障的基本权利②,准此而言,私法上生育决定权的创设,系一种符合基本权的解释。

---

① 参见王泽鉴:《侵权行为法》增订新版,第99页以下(2015年)。"最高法院"2000年台上字第2560号民事判决:故意或过失不法侵害他人之权利者,负损害赔偿责任,故意以悖于善良风俗之方法加损害于他人者,亦同,"民法"第184条第1项规定有明文。本项规定前后两段为相异之侵权行为类型。关于保护之法益,前段为权利,后段为权利以外之其他法益。关于主观责任,前者以故意过失为已足,后者则限制故意以悖于善良风俗之方法加害于他人,两者要件有别,请求权基础相异,诉讼标的自属不同。查上诉人嘉丰利公司允许未具营造资格之上诉人杨○馨、杨○智负连带赔偿责任,究竟系以何侵权行为之请求权为基础? 原审未详析其理由,乃谓上诉人嘉丰利公司过失或以悖于善良风俗之方法加损害于他人,应与上诉人杨○馨、杨○智二人负共同侵权行为之责,自有可议。

② 宪法上人格自由发展及人格权,系释宪实务上的重要问题(参照"司法院"释字第563、580、585、603号等解释)。

三、契约责任与侵权责任的竞合

据上所述,关于 wrongful birth 或 wrongful pregnancy 的医疗过失责任,得分别成立不完全给付债务不履行(第227、227条之1)及侵权行为责任(第184条第1项前段),并发生损害赔偿请求权的竞合。

四、财产上损害的赔偿

(一) 问题的提出

1. 得请求赔偿的损害

在 wrongful birth,医生或医院应负债务不履行或侵权责任时,被害人(债权人)得请求财产上损害,其主要项目为:

(1)怀孕及生产费用。
(2)第二次结扎手术或人工流产的费用(wrongful pregnancy)。
(3)返还无益支出的医疗费用等。
(4)对残障子女的特别照顾费用。

2. 孩子的抚养费用

父母对其生育计划外所生子女,依法负有抚养义务。此项抚养费属于法定义务,本着亲子关系,联结于家庭,系为子女的利益,并具伦理的意涵。此种一般生活抚养费,是否为得请求赔偿的损害,而由医生负赔偿责任,系 wrongful birth 案例上最具争议的问题。

(二) 比较法上的观察:不同的思考方法

对一个本国法上首次遇到的难题,比较法上的观察可供发现不同的思考方法及观点,探讨规范可能性,尤其是体认各种处理方法的相对性。以下仅就美国、英国、德国、法国法的发展,作简要说明:

1. 美国法[①]

wrongful birth 及 wrongful life 的法律上概念及问题,源自美国侵权行为法。美国侵权行为法系属 common law,为各州管辖,各州法院的判决不同,虽未形成统一的见解,但有助突出问题争点。wrongful birth 的损害赔

---

① Dan Dobbs, The Law of Torts 791 (2000); Marc Franklin & Robert Rabin, Tort Law and Alternatives 326 (7th ed. 2001).

偿原被否认①,但在美国联邦最高法院肯定堕胎的合宪性②以后,各州法院多认为应有某种损害赔偿请求权。多数法院将其限制于超过抚养子女通常费用以上的特别费用(extraordinary expenses over and above the ordinary expenses of child rearing)。亦有法院不设此种限制。若干法院完全否定抚养费请求权,其理由为:孩子生命不能认为系一种损害。父母就意欲为施行堕胎,难免伪证。学说上亦有认此种损害赔偿请求权系对残障子女的歧视,贬损残障者的价值。

2. 英国法

关于英国法上的发展,值得提出的是,贵族院(House of Lords)最近在 McFarlane v. Tayside Heath Bord 的判决。③ 在本案,某外科医生因过失误对某对夫妻告知,夫因结扎而不能使其妻怀孕生子。该对夫妻基此告知未采取避孕措施,妻怀孕生下一个健康子女,而向有过失的医生请求抚养等损害赔偿。Lord Steyn 综合整理美国、澳大利亚、德国、法国等国法院判决,认为从 corrective justice(矫治正义、平均正义)的观点,固得肯定此项抚养费请求权,但就 distributive justice(分配正义)言,则应为否定,强调:

此所涉及者,实乃一个社会中成员间的损失及负担的合理分配问题,应可对地下铁路通勤者提出如下问题:父母就其非所意欲所生出但健康子女,得否诉请医生或医院赔偿相当于抚养子女至其成年,满18岁的费用(Should the parents of an un-wanted but healthy child be able to sue the doctor or hospital for compensation equivalent to the cost of bringing up the child for the years of his or her minority, i. e., until about 18 years)。纵未询问于伦敦地下铁的通勤者,乃可确信大部分,包括男女,皆会回答说:"不",此种回答,乃基于何者在道德上可接受或不可接受的认知。父母不能自己拥有子女,而要他人承担照顾的悲伤与劳苦。父母必须在法庭上指称其必须接受及照顾的子女乃只是一种负担,而非一种价值。地下铁的通勤者会直觉认为一个健康子女的诞生,乃是一种具有价值的好事,侵权行为法不应对此提供法律救济。衡诸分配正义,此种抚养损害赔偿请求权不符合正当公平及合理的要求。

---

① Gleitman v. Cosgrave, 49 N. J. 22. 227 A.2D689, 22 A. L. R. 3d. 1441 (1967).
② Roe v. Wade, 410 U. S. 113, 93 S. ct. 705, 35 L. Ed. 2d 147 (1973).
③ House of Lords (Scotland) (2000) 2 AC 59.

Lord Steyn 此种理由论据不仅是法律上概念逻辑上的论证,更是英国人及英国普通法所自豪的常识(common sense)。

3. 德国法①

德国法上第一个关于 wrongful birth 有趣的案例,系药剂师误将医生处分的避孕药(Engynon)误认为胃药(Enzynorm),致购药妇女服用胃药后,未能避孕,而怀孕生子,Itzhoe 地方法院认为,药剂师应依债务不履行规定,对该妇所生子女抚养费负赔偿责任。② 此件被称为药剂师之子(Apothekerskind)的判决,引起广泛的争论。德国联邦最高法院(Bundesgerichtshof, BGH)自 1980 年代以后,在一连串的相关判决③,在 wrongful birth 或 wrongful pregnancy,不论出生的子女为残障或健康,其请求权基础为契约或侵权行为,均肯定父母得请求子女抚养费的损害赔偿。对此,学说上一直有不同意见,批评此项实务见解系"将孩子视为一种损害"(Kind as Schaden),贬损其生命价值及人之尊严,甚至是一种法律文化的危机。④

值得注意的是,此项私法上的议题,其后被提升到宪法层次。1993 年 3 月 8 日,德国联邦宪法法院(Bundesverfassungsgericht)第一庭在一个关于堕胎合宪性的判决,认为《德国基本法》第 1 条第 1 项明定人之尊严应予尊重及保护,此项规定禁止对孩子的抚养定位为一种损害,关于诊断错误或施行堕胎失败时医生应负抚养费损害赔偿民事责任的判例法,应重新予以检讨。

德国联邦最高法院在 1993 年 11 月 16 日一个涉及传染症诊断错误的判决中⑤,表示前揭宪法法院第一庭见解非属该案的判决理由,不受其拘束,并详述理由,维持向来见解。1997 年 11 月 12 日,联邦宪法法院第二庭在一件涉及医生过失未告知孕妇结扎失败所生扶养费损害赔偿的诉

---

① 德国实务学说亦多使用 wrongful birth 及 wrongful life 的概念,资料甚为丰富,参见 Lange/Schiemann, Schadensersatz, S. 328.

② Lg Ttzehoe Fam RZ1969.

③ BGHZ76, 249; 86, 240; 89, 95; BGHNJW 1985, 671; VersR 1985, 1068; BGH NJW 1992, 1556.

④ Picker, Schadensersatz für das unerwünschte Kind, AcP 195 (1995), 483; Picker, Schadensersatz für das unerwünchte eigene Leben (Wrongful life) (1995).

⑤ BverfGE 88, 203.

愿案件中①，明确表示不赞同第一庭见解而维持联邦最高法院的判决。综合言之，其基本观点系认为此项损害赔偿乃在填补被害人所受经济上损失，并非将子女视为一种损害，而贬低其人格尊严，无害于父母子女的亲情，实有助抚养照顾子女，促进家庭生活。

4. 法国法②

关于 wrongful birth 及 wrongful pregnancy，法国实务上亦有若干案例，法院判决理由甚为简要，综合三点言之：

(1) 法国法院采不竞合理论(non-cumul)，系以契约责任作为请求权基础。

(2) 在1991年的一个判决，法国破毁法院(Cour de cassation，最高法院)，认为"所怀孕子女的存在本身，对其母并不构成一种法律上可请求赔偿的损失，纵其出生系发生于意欲终止怀孕不成功的介入之后"。③

(3) 就残障的子女，得请求特别照顾费用。

5. 两种规范模式

据上所述可知，计划生育失败时，有过失的医生应否赔偿子女抚养费用，系各国面临的共同问题，有不同的解决途径及思考方法，可区别为两种规范模式：

(1) 不论是产前诊断错误(wrongful birth)或结扎失败(wrongful pregnancy)，有过失的医生对计划外所生子女，无论为健康或残障，对其父母均应负抚养费的损害赔偿责任，包括残障子女的特别照顾费用。此为德国实务见解，并为多数学者所赞同。

(2) 所生子女不论是健康或残障，医生均不负一般抚养费损害赔偿责任；惟子女为残障时，则应对其父母赔偿相关特别照顾费用。采此观点的有美国的若干州的法院，前揭英国贵族院的判决及法国实务见解。

一般抚养费的损害赔偿之所以发生尖锐的对立见解，因其涉及分配正

---

① BverfGE 96, 275.

② Thomas Winter, Bébé Préjudice und Kind als Schaden, S. 11.

③ C. Cass, D. 1991, 556 (567)："… l'existence de l'enfant […] ne peut, à elle seule, constituer pour sa mère un préjudice juridiquement réparable, même si la naissance est survenue après une intervention pratiquée sans succès."英译为：whereas the existence of the child she has conceived cannot in itself constitute for the mother a loss legally justifying compensation, even if the birth occurred after an unsuccessful intervention intended to terminate the pregnancy.

义、人之尊严、生命价值、子女幸福等问题,交错一起,各有不同的认知与信念。

五、中国台湾地区法上实务与学说的发展

(一) 实务

在前揭"唐氏症儿童事件",原告在士林地方法院起诉时认为:依"最高法院"1973年台上字第2693号判例要旨,因被强奸所生子女而支出之抚养费,为侵权行为所生之财产上损害,被害人得依法"民法"第184条第1项规定,请求赔偿损害。依前述判例意旨,"最高法院"显然认为,父母在非自由意愿下生出子女所应支付的抚养费,是一种损害,本件情形亦相类似,二者皆因不法行为而导致非计划小孩出生,故原告得请求赔偿生活费用部分之损害。

士林地方法院否定原告的请求,其主要理由为:基于亲子关系间生理及伦理上的联系,婴儿不论是否为父母所计划出生,其生出均无法视为"损害",基于出生而发生的亲属法上特别抚养照顾义务,亦不得单独抽取出来,而主张其对子女之付出系一种"损害"。原审(高等法院)同此见解,认为:

(1)"民法"第1084条第2项规定:"父母对于未成年之子女,有保护及教养之权利义务"。同法第1114条第1款亦规定:"直系血亲相互间,互负扶养之义务",足见父母对未成年之子女虽有保护及教养之权利,同时亦有此项义务,两者有不可分离之关系。本件朱○○所生之子张○○虽为唐氏症儿,有多重病痛缠身必须经常就医,惟其仍不失为朱○○之直系血亲卑亲属,张○○、朱○○对之仍有保护及教养之权利义务,并不因唐氏症儿而有所差异,亦不因张○○成年之后无谋生能力而免其抚养义务,倘因张○○系唐氏症儿,即认为张○○、朱○○无抚养之义务,而令新光医院负担张○○之生活费用,则张○○、朱○○与其子张○○间之伦理亲情将丧失,民法课以父母对子女保护、教养之权利义务将形同具文,是故朱○○请求新光医院赔偿其子张○○未来50年之生活费,即非正当。

(2)"最高法院"1973年台上字第2693号判例意旨所称:"因被强奸所生子女而支出之抚养费,为侵权行为生之财产上损害,被害人得依民法第184条规定请求赔偿损害。"系就强奸者侵害妇女身心健康之人格权导致生子支出费用而言,符合侵权行为要件所为之阐释,与本件情形有别,不得类推适用。

在士林地方法院及高等法院相继否定一般抚养费请求权之后,原告未提起上诉,"最高法院"亦未对此表示意见,仅认定新光医院对唐氏症儿的特殊照顾费用,应负损害赔偿责任。

(二) 差额说的损害概念与扶养费请求权

1. 差额说的损害

为澄清问题争点,首先应说明"抚养费"是否为损害赔偿法上的损害。何谓损害,"民法"未设明文,但就"民法"第213条第1项"负损害赔偿责任者,除法律另有规定或契约另有订定外,应恢复他方损害发生前之原状"之规定而言,系采所谓的差额说(Differenztheorie),即就侵害事故(如车祸)发生前与发生后财产状态而为比较,其所生的差额,即为财产上损害。准此以言,因医疗债务不履行或侵权行为,致父母产下计划外子女,而须支出抚养费,受有经济上损失,乃属于一种损害,其情形与妇女被强奸而须负担子女抚养费,殆无不同。

2. 损害归属:因果关系,法规或契约的保护目的

损害须与侵害行为具有因果关系,始得请求赔偿,此就抚养费言,应予肯定,盖于通常情形,若无过失的医疗行为,其成功的结扎手术、正确的产前诊断,均足防止子女出生,不使父母因此而须负担抚养义务。又损害之应归于加害人负责,尚应符合法规或契约目的,其不符契约目的者,例如因防范遗传病而为结扎、因手术失败而产下健康子女时,其父母不得以医生有过失而请求抚养费的损害赔偿,盖此非属该医疗契约的保护范围。[1]

3. 损益相抵

抚养费是一种财产上的损害,父母因产下子女,纵属计划外生育,亦常因此而有亲情的喜乐或安慰。然两者性质不同,不能认为系同一原因事实受有损害并受有利益,不生损益相抵问题(第216条之1)。

4. 与有过失

或有认为父母采必要措施防范排除负担抚养费的损害,例如:因结扎失败而怀孕时,得施行人工流产,或将产下之子女出养于他人。此等措施涉及妇女生育自主、亲子间的人格关系,应不能作为中断因果关系的理由,亦不能认为父母(被害人)与有过失而得减少或免除抚养费损害赔偿。

据上所述,依现行法上差额说的损害概念,父母就计划外所生子女,

---

[1] BGHZ NJW 2000, 1872 (1874).

应为负担的抚养费,系为因医生未依契约本旨而为给付或过失侵害行为所致损害。应更一进检讨的是,有无认为其抚养费不得请求赔偿的理由,此乃损害概念规范评价问题,即于下文说明之。

(三) 抚养费损害的规范评价

1. 抚养费与子女的人格尊严

损害赔偿请求权的成立,须以被害人受有损害为要件。损害通常应以差额说加以认定,然为顾及公平及正义,此种自然意义的损害,亦应作规范的评价(即相当于英美法上强调的 public policy consideration),使就某种不具差额意义的不利益,亦得请求赔偿。实务上其情形有二:

(1) 身体健康被不法侵害之人,就亲人的看护得请求相当于看护者报酬的损害。①

(2) 因身体健康受侵害的家庭主妇,就其丧失劳动能力不能管理家务,得请求相当于雇用他人所应支出的费用。②

关于 wrongful birth,其核心争点在于抚养费的请求是否不符合子女之人之尊严及生命价值,规范的评价上应否定其为得请求赔偿的损害。

人之尊严(人格尊严、人性尊严)乃法之最高原则,"宪法"针对妇女的保护设有明文("宪法"增修条文第 10 条第 6 项),"司法院"大法官解释亦再三强调人之尊严为宪法上的理念与价值,为人格自由及人格权的基础,应受尊重及保护。③ 人之尊严体现于个人的主体性,不能将人作为一种手段、工具或目的。法律的解释应符合宪法的价值体系。

计划生育失败时,父母将其依法应负担的子女抚养费,作为一种损害,而向有过失的医生请求赔偿,是否违反子女的人的尊严及生命价值,涉及三个主要争点④:

(1) 孩子(子女)是否为一种损害。

(2) 亲子关系与人格发展。

---

① 参见"最高法院"1999 年台上字第 1827 号民事判决。
② 参见"最高法院"2003 年台上字第 1626 号民事判决。陈聪富:《人身侵害之损害概念》,载《台湾大学法学论丛》2006 年第 35 卷第 1 期,第 78 页。
③ 参见"司法院"释字第 554、563、580、585、603 号解释。
④ 德国法上判例学说,参见 Giesen, Schadensbegriff und Menschenwürde, JZ 1994, 286; Ostheide, Die Schadensersatzrechtliche Problematik des unerwünschten Kindes im deutschen Zivilrecht (2000), S. 153 f.

(3)医生的防御行为与生命保障。

2. 否定抚养费请求侵害人之尊严的论点

(1)抚养费损害系因医生的过失而发生,与子女生命尊严,系属二事,应予分开。被害人所请求的,乃其本身所受经济上损失,非以认为子女为损害,并未对子女为否定的评价,而将其子女作为一种目的、工具或手段。

(2)抚养费的请求将使父母更受其子女,纳入家庭生活,有助于促进子女的人格发展。

(3)医生从事攸关人之生命健康的专门职业,应受法律规范,就其过失侵害他人权利的行为须为负责。关于可能的防御行为,应以伦理、自律及法律判裁加以节制,不能作为医生免于负责的理由。

3. 肯定抚养费请求权违反人之尊严的论点

(1)父母向医生请求其依法应为承担的抚养费,系以子女为损害,即以子女为"损害之源",乃对子女为无价值的评断。

(2)子女知其出生非系父母所意欲,更由第三人支付抚养费,势将影响亲子关系,妨害子女的人格发展。

(3)医生为避免负担抚养费,必会采取预防措施,劝使父母施行人工流产,以除去发展中的生命,侵害人之尊严及生命价值。

(四) 结语

抚养费系是一种经济上损失,向医生请求损害赔偿是否违反子女的人之尊严、生命价值,有肯定及否定两种对立的见解。比较法上有不同的规范模式。在一国之内,其判例学说亦常有不同意见。德国联邦宪法法院内部两个庭各持己见,造成所谓"二庭战争"(Senatskrieg),迄未解决。① 此又与法律文化及公平正义观念有密切关联。在日本法上亦有 wrongful birth 的案件,父母所请求的损害赔偿项目为医疗费、残障子女特别照顾费及慰抚金(慰谢料),并不包括一般抚养费用在内。② 在瑞士,亦有正反两种主张,学说上更有认为③,若父母经济情况不足负担子女抚养费用时,应肯定其请求权;反之,则无请求权,此乃出于衡平思想。

---

① Stürner, Das Bundesverfassungsgericht und das frühe menschliche Leben: Schadensdogmatik als Ausformung humaner Rechtskultur, JZ 1998, 317.
② 参见东京地裁 1985 年 7 月 22 日判决,载《判例时报》第 1100 号,第 89 页;东京地裁 1992 年 7 月 8 日判决,载《判例时报》第 1468 号,第 116 页。
③ Roberto, Schadensersatz, S. 44.

在 wrongful birth 的案例,关于一般抚养费用得否请求损害赔偿,各国实务见解不尽一致,其所涉及的实为法律逻辑或概念以外更深层的法律政策和社会价值的考虑。为适当限制医生的责任,鉴于养育子女费用及从子女获得利益(包括亲情及欢乐)之难于计算,并为维护家庭生活圆满,尊重子女的尊严,不将子女之出生视为损害,转嫁于第三人负担抚养费用,而否定抚养费赔偿请求权,难谓无相当理由。准此以言,在前揭唐氏症儿案件,台湾士林地院及台湾高等法院从损害规范评价的观点否定抚养费请求权,亦值赞同。

第三项　Wrongful Life：残障子女的损害赔偿请求权

一、问题的提出

在前揭唐氏症儿案件,父母系向医院请求自己的抚养费的损害赔偿,而未以"子女"名义诉请损害赔偿(生活费用、医疗费用或慰抚金),此种由残障子女提出的损害赔偿请求权,乃所谓的 wrongful life claim。子女生为残障,系生育计划失败的"直接"被害人,若父母早逝或因其他理由无法或无力抚养时,实有保护的必要。问题在于残障子女有无得请求损害赔偿的法律依据。

二、请求权基础

(一) 契约上的请求权

生而残障的子女不是相关医疗契约的当事人。子女(或胎儿)虽得为第三人利益契约的"第三人",但在 wrongful life 则不能作此认定,盖父母所订产前诊断契约(或施行人工流产契约)之目的,纯为自身的利益除去发展中的生命,胎儿并不在其保护的范围。

(二) 侵权行为损害赔偿请求权

侵害行为损害赔偿请求权的成立,须有某种权利受他人侵害,以造成损害为要件(第 184 条第 1 项前段)。在 wrongful life,子女本患有疾病,其生为残障,非因医生过失行为所致,不具因果关系。又"不为出生"或"生命不存在"的价值难以估计,"残障"与"生命不存在"之间欠缺得以计算其损害的比较基础。此种法律要件的检视蕴含一种价值观念,即生命为自然所赋予,生命无价,纵生而患有残障,仅能接受而不能请求损害赔偿。

三、法国法上的发展

关于 wrongful life 上残障子女的损害赔偿请求权,法国法上的发展具有启示性。如前所述,法国破毁法院(Cour de cassation)在产前诊断错误,致妇女未施行人工流产而产下患有疾病子女的案件,认为父母不得请求一般的抚养费;其得请求的,限于特殊照顾等费用。

关于子女本身的请求权,法国下级法院以子女患有疾病与医生过失间不具因果关系而为否认。惟破毁法院于 2001 年在有名的 Perruche(生为残障者)案件肯定生而患有疾病者的损害赔偿请求权,法庭总会(Assemblée plénière)更以《法国民法》第 1382 条的概括条款为依据,明确表示医生过失与孩子的疾病之间具有因果关系,医生应负损害赔偿责任。[①] 对 Perruche 案件作解说的法官特别指出:"对人及生命尊严的真正尊重究在何处:系抽象地驳斥任何赔偿,抑或相反地肯定对孩子在物质上应有所赔偿,使其能在符合人之尊严的条件下生活,而不必依赖家庭、私人或公共救助偶然性。"[②] 此项理由系出于人道关怀,而非法学上论证。30 名法国著名学者曾公开撰文对 Perruche 判决表示抗议[③],而被称为对该件判决的"十字军东征",可见争论的激烈。法国政府及国民议会迫于公众压力,决定以立法加以规范,其重点有二:①出生而患有残障者,其残障非在怀孕中因医生直接侵害行为所致,而系出于其本身体质或母亲疾病而发生者,无损害赔偿请求权。②子女生而残障,医生未于患儿母亲怀孕期间发现而有重大过失时,其父母有损害赔偿请求权。

---

① C. Cass. D. 2001, 332; C. Cass (13.7.2000), D. 2001, 2325. 相关实务上判决,参阅 V. Bar, Wrongful life in Frankerich, Zeu P. 2000, 199; Winter, Leben als Schaden? Vom Ende eines französischen Sonderwegs, JZ 2000, 330.

② 引自 Winter, Bébé Préjudice und Kind als Schaden, S. 336:"Sargos JCP 2000. II., no 10438 2293 (2302): Où est le veritable respect de la personne humaine et de la vie: dans le refus abstrait de toute indemnisation, ou au contraire dans son admission qui permettra à la dignité humaine sans être abandonné aux aléas d'aides familiales, privées ou publiques?"

引自 Winter, Bébé Préjudice und Kind als Schaden, S. 336:"l'enfant de vivre, au moins matériellement, daus des conditions plus conformes à la dignité humaine sans être abandonné aux aléas d'aides familialcs, privées ou publiques?"

③ Labrusse-Riou/Mathieu Le Monde v. 24. 11. 2000,引自 Winter, Bébé Préjudice und Kind als Schaden, S. 330.

四、由损害赔偿法到社会安全制度

医疗科技进步,使人类得控制其生育行为,法律为尊重个人自主,在一定要件下亦允许为结扎手术或施行人工流产,从事计划性的生育。因医生过失致产下非所意欲的子女时,对此新生命,谁应负责?如何负责?父母依法对自己子女应承担的一般生活抚养费,得否认系一种损害而转向医生请求赔偿?此涉及子女的尊严及生命价值,尚无共识,难有定论。生而有残障的子女,诚属不幸,然其残障非因医生过失所致,出生为一种生命价值的实现,非为损害,并无得向医生主张赔偿的请求权基础。温暖的人道关怀难以跨越损害赔偿法的"冷静理性"。[①] 谁应对新生命负责?究由父母承担抚养费,抑或转向医生请求赔偿,或冀望于社会福利制度,实为损害赔偿法所面临的重要课题。[②]

第三款 物之损害赔偿

第一项 绪　说

一、物之损害赔偿的重要性

物为个人生存及社会经济活动的物质基础。物受他人侵害时,对被害人应为如何的损害赔偿,涉及所有权的保护。例如,房屋因捷运施工不当而倒塌,住户露宿街头;汽车被毁,被害人居住山区,行动自由遭受限制;导盲犬遭车撞死,失明老妪顿失依靠;数十年的日记簿被人烧毁,被害人痛苦不堪。由上述诸例可知,对物所受侵害,如何为迅速、必要、合理的赔偿,对所有权及其他权益的保护实具重大意义。[③]

[①] 关于损害赔偿法的冷静理性(Kühle Rationalität des Haftungs-und Schadensrechts),Winter, Leben als Schaden, Vom Ende eines französisches Sonderwegs, JZ 2000, 171.

[②] 关于社会安全制度与损害赔偿,参见〔日〕加藤雅信编著:《损害赔偿から社会保障へ》,三省堂1989年版。

[③] 关于物之损害赔偿的论著,除民法教科书外,值得参考的有:黄茂荣:《技术性贬值及交易性贬值》,载《民事法判解评释》(增订版),第369页(1985);陈哲宏:《物之毁损之损害赔偿》,载《法学丛刊》1984年第29卷第3期,第151页。

二、请求权基础

物之损害赔偿的请求权基础,除侵权行为外,尚有债务不履行,尤其是契约责任,例如,承揽人修缮他人屋顶,因施工不慎严重漏水,致毁损定作人客厅悬挂的名画时,得成立侵权责任(第 184 条第 1 项前段)及不完全给付(第 227 条)。

损害赔偿的方法,不问其请求权基础,均应适用"民法"第 213 条至第 218 条等一般规定。其设有特别规定的,在侵权行为,"民法"第 196 条明定:"不法毁损他人之物者,被害人得请求赔偿其物因毁损所减少之价额。"关于债务不履行,例如"民法"第 638 条规定:"(第 1 项)运送物有丧失、毁损或迟到者,其损害赔偿额应依其应交付时目的地之价值计算之。(第 2 项)运费及其他费用,因运送物之丧失、毁损,无须支付者,应由前项赔偿额中扣除之。(第 3 项)运送物之丧失、毁损或迟到,系因运送人之故意或重大过失所致者,如有其他损害,托运人并得请求赔偿。"又第 639 条规定:"(第 1 项)金钱、有价证券、珠宝或其他贵重物品,除托运人于托运时报明其性质及价值者外,运送人对于其丧失或毁损,不负责任。(第 2 项)价值经报明者,运送人以所报价额为限,负其责任。"

三、物之损害与纯粹经济上损失①

(一)区别

所谓"物"之损害,指物的本身,即物的所有权受侵害的财产上不利益。与物受侵害应严格加以区别的是纯粹经济上损失。纯粹经济上损失(纯粹财产损失),指非因权利(所有权或人身权)受侵害而发生的经济上不利益。例如,甲驾车撞毁乙的出租车,系侵害他人之"物",就乙不能营

---

① 关于纯粹经济上损失,参见王泽鉴:《侵权行为法》(增订新版),第 403 页。纯粹经济上损失在侵权行为法的保护,系理论与实务上的重要问题。关于纯粹经济上损失的意义,"最高法院"2014 年台上字第 845 号判决谓:按因财产权被侵害所造成之营业利益之减少或丧失,乃权利(财产权或所有权)受侵害而附随(伴随)衍生之经济损失,属于"民法"第 216 条第 1 项规定"所失利益"(消极的损害)之范畴,被害人得依同法第 184 条第 1 项前段之规定,对加害人请求损害赔偿;与学说上所谓"纯粹经济上损失"或"纯粹财产上损害",系指其经济上之损失为"纯粹"的,而未与其他有体损害如人身损害或财产损害相结合,原则上并非上述规定所保护之客体,固有不同。然关于"所失利益"之范围,仍应以被害人"实际"所受之消极损害为准。此项见解,基本上可资赞同。

业所受损失(附随的经济上损失),亦应负赔偿责任。设前揭车祸阻塞道路,致丙的出租车被困巷内,不能外出营业所受损失,则为纯粹经济上损失,丙不得依"民法"第184条第1项前段规定请求损害赔偿。

(二) 非法超贷与侵害金钱所有权

设有A银行征信科员甲违背职务,故意勾结无资力之乙,高估其信用而非法超贷巨款,致A银行受损害(经对乙实行强制执行而无效果),A银行是否得本侵权行为法则诉请甲为损害赔偿?

"最高法院"认为,判例究采法条竞合说或请求权竞合说,尚未尽一致。惟就提案意旨言,甲对A银行除负债务不履行责任外,因不法侵害A银行之金钱,致放款债权未获清偿而受损害,与"民法"第184条第1项前段所定侵权行为之要件相符。A银行自亦得本于侵权行为之法则请求损害赔偿。①

关于此项见解,先应说明的是,甲盗取乙的金钱,或甲擅以乙寄托的金钱购物(无权处分),均系侵害乙的金钱(货币所有权)。至于非法超贷,其所侵害的系纯粹经济上损失,而非金钱所有权,其请求权基础非为民法第184条第1项前段(权利受侵害),乃同条项后段规定,即故意以悖于善良风俗的方法加损害于他人,应负损害赔偿责任。

(三) 承揽建筑房屋具有瑕疵

甲承揽建造乙的房屋,房屋具有结构危险时,乃承揽工作瑕疵问题,并未侵害乙的所有权,乃属纯粹经济上损失,乙或该屋受让人丙均不得以物受侵害向甲请求损害赔偿。

值得特别提出的是,"最高法院"2003年台上字第2406号判决谓:建筑改良物为土地改良物之一,为具高价值之不动产,其兴建、使用应依法管理("土地法"第5条、第161条,"建筑法"第1条、第28条),倘于兴建时有设计缺失、未按规定施工,或偷工减料情事,即足以影响建筑改良物本身之使用及其价值。关于建筑改良物之兴建,建筑法就起造人、承造人、设计人、监造人所为规范("建筑法"第13条、第39条、第60条、第70条),自均为保护他人为目的之法律,彼等应负诚实履行义务,不得违反,如有违反而造成建筑改良物之损害,对建筑改良物所有人,难谓毋庸负损害赔偿责任。且此之所谓损害,不以人身之损害为限,亦包括建筑改良物应有价值之财产损害在内。本件上诉人主张被上诉人东○公司、三○公

---

① 参见1988年11月1日"最高法院"1988年度第19次民事庭会议决议(二)。

司、侯〇山为系争大楼之起造人、承造人、设计及监造人,有违反"建筑法""建筑技术规则"等有关规定情事,致其区分所有之系争大楼损坏等情,倘属真实,则上诉人请求彼等赔偿损害,于法即非无据。

本件判决所谓"包括建筑改良物应有价值之财产损害在内",乃指纯粹经济上损失(纯粹财产损害),非谓建物所有权受到侵害。本件判决涉及侵权责任、契约责任及商品责任,具有重大意义,值得作深入的研究。

四、凶宅与纯粹经济上损失

近年来发生争议的是凶宅的损害赔偿问题,即房屋的承租人或其受雇人在他人所有的房屋内自杀,使该屋成为俗称的凶宅,日后难以出租或出售时,应否依侵权行为(第184条)或租赁契约(第433条)规定负损害赔偿责任。实务有两个案例可供参照:

(1)"最高法院"2014年台上字第584号判决:查被上诉人将系争房屋出租与上诉人莱〇〇公司经营便利商店,莱〇〇公司交由上诉人成〇〇商行代为经营,成〇〇商行之受雇人陈〇〇于系争房屋自杀身故,致系争房屋成为凶宅,经济价值减损,此为原审确定之事实。似此情形,系争房屋本身未遭受任何物理性变化,所有权未受侵害,上诉人究系侵害被上诉人何种权利,而须负"民法"第184条第1项前段之损害赔偿责任,仍不无推求之余地。原审遽谓陈〇〇因执行职务,过失不法侵害他人权利,成〇〇商行自应依"民法"第188条第1项本文规定负雇用人连带损害赔偿责任,已有可议。次按,因承租人之同居人或因承租人允许为租赁物之使用、收益之"第三人应负责之事由",致租赁物毁损、灭失者,承租人负损害赔偿责任,"民法"第433条定有明文。倘陈〇〇不应依"民法"第184条第1项前段负损害赔偿责任,莱〇〇公司即不应依"民法"第433条负赔偿责任,况系争房屋经济价值减损,是否即为租赁物毁损灭失,尚非无疑。原审徒以上述理由,遽谓莱〇〇公司应负损害赔偿责任,亦有可议。

(2)"最高法院"2014年台上字第583号判决:查本件上诉人林〇娜向被上诉人承租系争房屋,交林〇居住使用,林〇在系争房屋内烧炭自杀身亡,致系争房屋成为凶宅,价值减损,被上诉人受有经济上之损失,此为原审所认定之事实。林〇自杀属于极端终结生命之方式,虽为社会所不赞同,但是否即为有悖于善良风俗,不无疑义。且林〇烧炭自杀,虽主观上系出于残害自己生命之意思而为,但何以有侵害系争房屋财产上利益之故意,原判决未说明其理由,遽谓林〇有侵害被上诉人系争房屋财产利益之故意,进而推认林〇之法定代理人上诉人林〇振,应依"民法"第184条第1项后段、第187条之规定负赔偿责任,已有可议。次按,因承租人之同居人或因承租人允许为租赁物之使用、收益之"第三人应负责之事由",致租赁物毁损、灭失者,承租人负损害赔偿责任,"民法"第433条定有明文。倘林〇不应依"民法"第184条第1项后段负损害赔偿责任,上诉人林〇娜即无依"民法"第433条负损害赔偿责任之余地。再者,"民法"第432条第1项、第2项前段规定"承租人应以善良管理人之注意,保管租赁物,租赁物有生产力者,并应保持其生产力。承租人违反前项义务,致租赁物毁损、灭失者,负损害赔偿责任"。系争租约第11条约定"乙方(即林〇娜)应以善良管理人之注意使用房屋,除因天灾地变等不可抗拒之情形外,因乙方之过失致房屋毁损,应负损害赔偿之责"。所谓善良管理人之注意义务,系指交易上一般观念,有相当知识经验及诚意之人应尽之注意,原判决胥未调查审理认为林〇何以在系争房屋烧炭自杀,及上诉人林〇娜如何未尽注意义务,徒以上诉人林〇娜应依上述规定负损害赔偿责任,尚嫌疏略。

前揭两个"最高法院"判决均值赞同。盖在他人房屋自杀,致系争房屋成为凶宅,难以出售或出租,导致经济价值减少,系属所谓纯粹经济上损失,而非房屋所有权受侵害,无"民法"第184条第1项前段规定的适用。又诚如"最高法院"所强调,自杀虽为社会所不赞同,难谓其系故意以悖于善良风俗方法加损害于他人。此属侵权行为权益保护风险合理分配。例如贫病交迫的失业者租屋居住,若厌世自杀时,不应由其妻儿继承房屋因成为凶宅致价值减少的损害赔偿责任。

五、规范体系

综据前述,将物之损害赔偿的规范体系,图示如下,以便参照(阅读条文,构想案例)。

关于前揭规范体系,应先说明的有二:

(1)"民法"第638条第1项及第2项系关于运送物之灭失、毁损或迟到所特设的规定。托运人不得按关于损害赔偿之债之一般原则,为恢复原状之请求。[①]

[①] 参见"最高法院"1982年台上字第275号判例。

(2)关于人身损害赔偿,"民法"第 227 条之 1 规定:"债务人因债务不履行,致债权人之人格权受侵害者,准用第 192 条至第 195 条及第 197 条之规定,负损害赔偿责任。"关于债务人因债务不履行侵害债权人之物(所有权),"民法"未设准用第 196 条规定的明文,得否类推适用,应值研究。

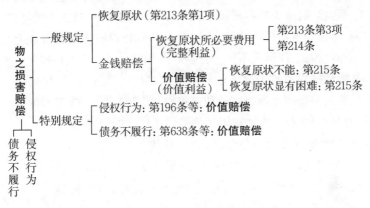

六、研究课题

物的损害赔偿具有两个特色:
(1)物受侵害有为毁损,有为灭失;
(2)物有动产或不动产、代替物(如某类型手机)或不代替物(如某画)。

在现代社会,汽车损害甚为常见,实务上相关判决则属不多。以下除说明物之损害的恢复原状及金钱赔偿外,特提出三个问题加以论述:

1. 以新换旧
2. 技术性贬值与交易性贬值
3. 非财产损害的财产化:物之使用利益、费用支出

第二项 物之损害的恢复原状与金钱赔偿

一、恢复原状

(一)被害人完整利益的维护

"民法"第 213 条第 1 项规定,"负损害赔偿责任者,除法律另有规定或契约另有订定外,应回复他方损害发生前原状"。此项恢复原状的基本原则,乃在维护被害人的完整利益,亦适用于对物之侵害,包括使用利益及交换利益,财产上损害及非财产损害。例如,修复他人传家古董、医治

宠物,除恢复"物"的财产价值外,并具填补被害人精神痛苦的功能。

(二) 被侵占之物的返还

不法侵占他人之物构成侵权行为时,应返还其物,以恢复原状。关于擅自强取或扣留他人身份证,"最高法院"1985年台上字第3637号判例谓:身份证,系由政府机关所制发,乃证明人民身份之文书,具须人民随身携带,以备必要时作为身份证明或供查验使用,其所有权应属于身份证上记载名义人之所有,因此,任何人不得擅自强取或扣留。虽上诉人与被上诉人系夫妻,亦不能私擅扣留被上诉人之身份证。在此类情形(例如扣留他人健保卡、驾照等),亦得成立所有物返还请求权(第767条)。被害人依侵权行为规定行使其权利时,尚得请求因其物被侵害所生的损害赔偿。

(三) 对毁损之物为修缮,以恢复原状

关于物之毁损,应加以修缮,以恢复原状。例如,擦撞他人汽车时,应为钣金;污损他人地毯,应为干洗;毁损他人镜片,应为更换。

(四) 物之灭失的恢复原状

物之灭失,有为事实行为(如打破茶杯、焚毁房屋),有为法律行为(例如无权处分他人寄托名画,受让人善意取得其所有权)。关于其恢复原状,分述如下:

1. 灭失之物系具代替性的新物

灭失之物,具代替性的新物(新书、新笔或新的咖啡杯)时,应赔以同类之新物。①

问题在于"新物",如何判断?此在汽车最有争论,应就行车里程数及核准行车期间(原发照日期)、损害情状等加以认定。德国实务原则上认为不超过一个月时为新车②,可供参考。

2. 灭失之物系具代替性的旧物(使用过的物品)

灭失之物系具代替性使用过的物品,例如旧车、旧表、旧书时,应赔以

---

① 参见"最高法院"2000年台上字第1862号民事判决:查卷附订货单记载:品名规格:真皮绒PU0.8×54,数量:30 000码,制造单号、品名PW55002-01、WS20854ASEAB,运交数量:27 000码,币别、单价:新台币112元。似见上诉人向被上诉人诈骗之制鞋皮料,系以种类指示给付之物。果尔,该制鞋皮料应属代替物,倘现在市面上仍有流通,虽经特定,亦无不能恢复原状或恢复显有重大困难之情形。原审未详加研求,遽认为该制鞋皮料为特定物,已送交嘉泓公司收受,上诉人返还该皮料显有困难,而为不利于上诉人之判决,自有未合。

② BGH NJW82, 4331, BGH NJW83, 2694.

同类等值之物。例如,因过失毁烧他人旧车时,应赔以同类型、同年份、行车里数相当,具同等价值的车辆。

3. 灭失之物系不代替物

灭失之物系不代替物时,例如杀害他人的宠物,无权处分他人的名画而为他人善意取得时,不能以同种类之物为损害赔偿,应以金钱赔偿。

二、金钱赔偿

(一) 请求恢复原状所必要的费用:完整利益的保护

1. "民法"第213条第3项:一项重要制度的创设

"民法"第213条第3项规定,"第一项情形,债权人得请求支付恢复原状所必要之费用,以代恢复原状"。此系1999年民法债编修正时所增设,乃损害赔偿"金钱化"的一项重大制度性变革,深具意义。修正理由谓:"民法损害赔偿之方法,以恢复原状为原则,金钱赔偿为例外。然恢复原状,若必由债务人为之,对被害人有时可能缓不济急,或不能符合被害人之意。为期合乎实际需要,并使被害人获得更周密之保障,爰参考《德国民法》第249条后段之立法例,增设第三项,使被害人得请求支付恢复原状所必要之费用,以代恢复原状。"关于本项的解释适用,应说明者有六:

(1)完整利益:此项规定虽采金钱赔偿,但不同于"民法"第215条所定金钱赔偿(价值赔偿),具维护被害人完整利益的功能。

(2)物之毁损:本项规定适用于物被毁损的情形,物因灭失而不能恢复原状时,不得请求恢复原状所必要的费用,应赔偿其价值。

(3)费用的自由处分:被害人对该项恢复原状所必要的费用,得自由支配。此项费用得于恢复原状前先为请求,亦得于恢复原状后再行主张。尤其是被害人得请求恢复原状所必要的费用,但不使用于恢复原状。例如,甲车遭乙撞毁,甲得不为修理,而请求修理的费用,对该项费用得任意加以使用,不受限制。

(4)毁损物让与第三人:被害人将毁损之物让与第三人后,不论其物为动产或不动产,均仍得请求恢复原状所必要的费用。

(5)盗卖股票:盗卖股票时,被害人得请求恢复原状所必要的费用,"最高法院"2003年台上字第485号民事判决,可资参照:按负损害赔偿责任者,除法律另有规定或契约另有订定外,应恢复他方损害发生前之原状,固为"民法"第213条第1项所明定。惟该项情形,债权人得请求支付恢复原状所必要之费用，以代恢复原状，同条第三项定有明文。"民法债编施行法"第12条并明定上述第3项规定，于"民法"债编修正施行前因负损害赔偿责任而应恢复原状者，亦适用之。依此，本件叶○臻等10人因股票遭盗卖，诉请大昌公司、叶○真以金钱赔偿，是否不能准许，即值深究。又叶○臻等10人迭次主张，叶○真于1994、1995年间盗卖其股票时，正值股市高点，被盗卖至今已多年，亦有股利、红利可分配，现今以低价买回股票，显无法恢复其受损害之原状，无从填补其所受损害及所失利益云云，乃原审未详加斟酌实情，徒以依"民法"第213条第一项规定，及被盗卖之系争股票，均系具有流通性之上市股票，得自股票市场购买同种类、同数量股票交付叶○臻等10人以恢复原状，返还股票并无不能或困难之情形，即谓叶○臻等10人不得请求金钱赔偿，于法自欠允洽。

（6）恢复原状失败风险的承担：值得提出的是以下案例：甲有一件Burberry风衣，被乙污损，甲即送交干洗店处理，但无法除去污渍。甲向乙请求赔以同类等值的风衣时，得否请求乙赔偿其干洗费用。对此问题，应采肯定说，盖乙对污损的风衣恢复原状时，亦应承担此项无益费用支出的风险。①

2. "民法"第214条规定

"民法"第214条规定："应恢复原状者，如经债权人定相当期限催告后，逾期不为恢复时，债权人得请求以金钱赔偿其损害。"本条所称以"金钱赔偿其损害"，系指"恢复原状所必要之费用"，因"民法"第213条第3项的增订，"民法"第214条规定殆已失其规范功能。

（二）价值赔偿

"民法"第215条规定："不能恢复原状或恢复原状显有重大困难者，应以金钱赔偿其损害。"分三点加以说明：

（1）不能恢复原状，应以金钱赔偿其损害，旨在保护被害人，加害人不得因不能恢复原状而免责。所谓不能恢复原状，包括法律不能（如某物法律禁止流通）及事实不能（如瓷瓶破碎），自始不能（如烧毁他人邮票）及嗣后不能（如被损坏的汽车遭洪水冲走）。

（2）恢复显有重大困难者，除事实上困难外，主要指恢复原状的费用与其物的价值不成比例，例如，须雇人潜水搜寻掉落日月潭的廉价手表，以巨额费用修复即将报废的旧车，立法目的在于保护加害人。

---

① Deutsch, Naturalrestitution und Geldersatz, JuS 1969, 450.

(3)所称以"金钱赔偿其损害",指价值赔偿而言,此非依出卖价额,乃是依购买价额加以计算。例如,甲致乙的手机灭失时,甲应赔偿乙购买该类手机的费用。

(三) 减少的价额

旧"民法"第196条规定:"不法毁损他人之物者,应向被害人赔偿其物因毁损所减少的价值。"此为关于物的侵权行为的特别规定,是否排除"民法"第213条以下损害赔偿的一般规定,迭有争议。1999年"民法"债编修正将旧"民法"第196条修正为:"不法毁损他人之物者,被害人得请求赔偿其物因毁损所减少之价额。"修正理由谓:物因毁损所减少之价额,有时难以估计,且被毁损者有恢复原状之可能时,被害人有时较愿请求恢复原状。为使被害人获得周密之保护,不宜剥夺被害人请求恢复原状之权利,爰参考《德国民法》第249条之立法例,加以修正,赋予被害人选择之自由,使被害人得向不法毁损其物者请求赔偿其因毁损所减少之价额,亦不排除其选择请求恢复原状。"民法"第196条的修正具有三点规范功能:

(1)肯定被害人得请求恢复原状的权利。
(2)肯定减少价额请求权系一种独立存在的损害赔偿方法。
(3)作为主张技术性贬值及交易性贬值的请求权基础(详见后文)。

三、赔偿方法的选择

现行法上物之损害赔偿的特色系被害人有多种选择,即得选择:
(1)恢复原状。
(2)请求恢复原状所必要的费用。
(3)请求物被毁损所减少的价额。

被害人于向赔偿义务人为选择恢复原状之意思表示后,原则上固应受其拘束,但如赔偿义务人尚未为恢复原状之准备,或逾期不恢复,或恢复显有重大困难者,被害人改变依"民法"第196条请求赔偿其后因物之毁损所减少的价额时,对赔偿义务人无何影响,尚与诚信原则无违,应无不予准许之理由。① 被害人的选择自由使物之损害赔偿具有经济上的效率,使有限资源获得最适合的配置,例如,汽车被撞毁,被害人得选择请求恢复原状所需费用或减少的价额,而继续使用该被撞毁之车,并得自由使

---

① 参见"最高法院"1996年台上字第803号判决。

用所得请求的金钱。

第三项　以新换旧

一、问题说明

物受不法侵害时,应恢复原状,或以金钱赔偿,以维护被害人的完整利益。对灭失或毁损之物,以"新物"为损害赔偿,时常有之。例如,污损他人的旧书,赔以新书;撞毁他人围墙时,拆除重建;擦撞他人旧车时,重新钣金。此种损害赔偿的方式,学说上称为"以新换旧"(Alt für neu),系物的损害赔偿法上的一个特殊问题。

二、以新换旧与禁止得利原则

"以新换旧"涉及损害赔偿法上全部损害赔偿原则及禁止得利原则,即对被害人的损害应为全部赔偿,但亦不能因此使被害人更受有利益。"最高法院"1988年5月17日,1988年第9次民事庭会议决议(一)谓:依"民法"第196条请求赔偿物所减少之价额,得以修复费用为估定标准,但以必要者为限(例如,修理材料以新品换旧品,应予折旧)。应说明者有二:

(1)修理材料以新品换旧品时应予折旧,乃肯定"以新换旧"时,应扣除其增加的利益。惟非谓以"新品换旧品"时,皆应折旧,此须就个案视被害人是否因此受有利益加以认定。

(2)"以新换旧",除"民法"第196条外,亦适用"民法"第213条第3项规定的恢复原状(例如新建撞毁的围墙),或第213条第1项规定的请求恢复原状所必要的金钱(例如请求新建被撞毁围墙的费用)的情形。

三、以新换旧与损益相抵

以新换旧涉及禁止得利原则,其与禁止得利有关的,系损益相抵。"民法"第216条之1规定:"基于同一原因事实受有损害并受有利益者,其请求之赔偿总额,应扣除所受之利益。"立法理由谓:"按损益相抵,自罗马法、德国普通法以来,即为损害赔偿之一大法则,盖损害赔偿之目的,虽在排除损害,恢复损害发生前之同一状态,然未使被害人因此而受不当之利益,故如被害人基于同一原因事实受有损害并受有利益时,即应由损害额中扣除利益额,以其余额为请求之赔偿额。"损益相抵须系基于同一损害事实,例如受领某种权利被侵害的补偿金而受免予支出税款的利益。① 至于"以新换旧"时应扣除所受利益,系因损害赔偿方法而发生,虽亦本着禁止得利原则,但与损益相抵乃属不同的问题。

四、以新换旧上所受利益的扣除

(一) 所受利益的扣除

以新换旧所增加的价值,依禁止得利原则,应予扣除。例如,甲驾车撞毁乙的围墙或篱笆,甲重为修建时,乙应返还其差额,乙请求恢复原状所必要的费用时,甲得为扣减。其扣除数额,应依新物的购置费用(或修建费用)及毁损之物可能使用期间的使用价值,加以算定。

在对被毁损之物为修复时,其得请求扣除的,系该物因"以新换旧"而增加的价值,例如,以新的轮胎赔偿被毁损的老旧轮胎,被害人因而节省更换轮胎的费用。其未因此增加物之整体的价值时,例如就毁损的汽车更换新的零件或钣金,若未因此延长该车的使用年限时,不发生因以新换旧扣除增加价值的问题。

(二) 扣除所增加利益的限制

以新换旧的核心问题,在于其因此所增加的利益,非出于被害人的意思,对被害人言,实乃"强迫得利",必须负担额外支出。因此为顾及被害人,对以新代旧的适用应作合理限制:

(1)被害人是否因"以新换旧"而受有利益,应斟酌个人情事而认定。例如,甲撞坏乙的围墙,立即加以修建,若乙原已有拆除围墙,扩建房屋的计划时,应认为乙不因甲的重新修建而受有应予扣除利益。

(2)被害人所增加利益得延后到其增加价值实现之时,再行计算。此应就个案加以认定。例如,甲有旧钢琴,预定以时价10万元出售,乙毁损该琴后,使用新的材料加以修理。在此情形,乙得要求甲于其后出售该

---

① "最高法院"2000年台上字第2727号民事判决:有损害并受有利益者,如得就其所受损害之全部请求债务人赔偿,将反致不当之利益,故其请求之赔偿金额,应扣除所受之利益,此观"民法"第216条之1及"民法债编施行法"第13条之规定自明。上诉人在事实审辩称:其依承租权受领补偿金,亦同时负有纳税义务,总计其已缴纳税款30 863 349元,被上诉人纵得各请求伊给付1/6补偿金,亦应扣除税款后,始能计算其得请求之金额云云。查本件既以上诉人名义订立租约,并领取系争补偿金,倘系亦应以上诉人名义缴纳税款,则被上诉人所受不能分得补偿金之损害,与其免予支出税款之利益,是否非出于同一原因事实而发生,即非无疑。原审未遑注意及此,遽谓上诉人不得主张扣抵,已有可议。

琴时(例如价金 12 万元),再算定"以新换旧"所增价值(2 万元)。

第四项　技术性贬值、交易性贬值

一、问题说明

物被毁损时,加害人应予修理,以恢复原状,但技术上并未皆能使物完全恢复原状,仍留有在客观上可认定的瑕疵的,亦常有之,例如汽车钣金颜色不相协调、干洗的皮衣仍有污损痕迹、土地污染并未完全清除等。此等情形所导致所谓物之"技术性贬值"(technischer Mindewert),被害人得依"民法"第 196 条规定请求减少的价值。

值得注意的是,被毁损之物虽经完全修复,但亦有因心理因素致减少其交易价值。此种所谓"交易性贬值"(merkantiler Minderwert),乃损害赔偿法上的重要问题。①

二、实务见解

关于交易性贬值,实务上提出了重要的法律见解,兹先整理如下,再综合加以分析讨论。

(一) 心理上之损失(心理因素减价)

1. "最高法院"2001 年台上字第 26 号民事判决

物被毁损时,被害人除得依"民法"第 196 条请求赔偿外,固不排除"民法"第 213 至 215 条之适用。惟依"民法"第 196 条请求赔偿物被毁损所减少之价额,超过必要之修复费用时,就其差额始亦得请求赔偿。故被害人主张物被毁损所减少之价额超过必要修复费用,就其超过部分仍应负举证责任。查本件上诉人抗辩:系争房屋之倾斜为一八五分之一,其倾斜度低于房屋安全鉴定允许之倾斜安全限度一〇五分之一,既无结构安全之虞,外观上亦未能见其倾斜,非如第一审所谓将造成心理层面之影响。

泛亚公司之鉴定报告虽载:"心理上(无形)价值,因建物修复后之折损与住户心理上之损失则无法恢复原来正常状态,惟对其功能上之折损与住户心理上之损失则无法恢复原来正常状态,心理上价值已损失,惟其

---

① 参见黄茂荣:《技术性贬值及交易性贬值》,载《民事法判解评释》,第 369 页(1985); Lange/Schiemann, Schadensersatz, S. 259 f. 附有完整的参考资料; Roberto, Schadensersatz, S. 42 f., 165 f.

功能上之一效用"等语。但其所指心理上价值系以住户心理予以计算，并非以客观第三者为准，如第三者欲承购系争房屋并无差异，即无所谓心理上价值之减损。又，其计算心理折损之公程序，其根据何在，未见说明。且受精神之损害得请求赔偿者，法律皆有特别规定，而仅限于部分人格权、身份权遭受侵害时始得请求，尚未及于物遭毁损之情况。

泛亚公司鉴定报告所论计之心理损失，即为前述之精神损害，并无法律特别规定应予赔偿，该鉴定报告却将心理损失列为赔偿范围，显无法律上根据等语。核系上诉人重要之防御方法，原审疏未审认澄清，说明取舍意见，就依泛亚公司前述鉴定报告为上诉人败诉之判决，难谓无判决不备理由之违法。

2. "最高法院"2002 年台上字第 1114 号民事判决

按法院依调查证据之结果，虽得依自由心证认定事实，但仍不得违反经验法则与论理法则。物损坏后纵经修复，价值仍必减少，甚难恢复未受损前之价值，此心理因素减价，为社会生活之必然结果。本件原判认上诉李○祥等 14 人之房屋受损后，经修复恢复原状，心理因素减价即应排除云云，与经验法则与论理法则，不无违背。

（二）技术性贬值（经济价值损失）与交易性贬值（外表景观损失）

"最高法院"2003 年台上字第 276 号判决谓：损害赔偿之目的在于填补所生之损害，其应恢复者，系应有之状态，自应将损害事故发生后之变动状况考虑在内。故于物被毁损时，被害人除得请求赔偿修复费用外，就其物因毁损所减少之价值，于超过修复费用之差额范围内，仍得请求赔偿。本件系争建物确因系争工程之施工不当，造成龟裂、积水无法排除、倾斜下陷等损害，为原审合法认定之事实，则上诉人于请求赔偿系争建物实体之修复费用外，如另受有该建物因毁损而减少价值之损害，揆诸首揭说明，即非不得请求被上诉人赔偿。原审依台北市结构技师公会之鉴定报告，认定上诉人分别受有如第一审判决附表所示之"各该楼层""公共设施楼梯间""户外"等修补费用之损害，并命被上诉人连带赔偿，固非无见；惟该会似仅就系争建物之"实体损害修复费用"部分为鉴定，未及于"减少价值"损害部分，此观该会函称："……至于外表景观损害究应赔偿多少金额，如同精神损失、噪音空气污染影响等，其损害影响程度及应赔偿金额，皆非属客观之专业分析范围"自明。果尔，上诉人另就技术性贬值之"经济价值损失"及交易性贬值之"外表景观损失"部分，委请不动产鉴定中心鉴定，是否全无必要？非无再加斟酌之余地。次按当事人已证明受有损害而不能证明其数额或证明显有重大困难者,法院应审酌一切情况,依所得心证数额,"民事诉讼法"第 222 条第 2 项定有明文。原审既谓:"物之毁损在技术上经修复后,往往因交易相对人对其是否尚存在瑕疵或使用期限减少而存有疑虑,致交易价格降低",即认为系争建筑物之价值确有降低,竟以上诉人所举之不动产鉴定中心鉴定报告不足以具体证明其损害之范围为由,驳回上诉人关于"经济价值损失"及"外表景观损失"部分之请求,而未审酌一切情况,依所得心证定其数额,亦有可议。

三、技术性贬值及交易性贬值的区别

"最高法院"2003 年台上字第 276 号判决提出技术性贬值及交易性贬值,并认为:"物之毁损在技术上经修复后,往往因交易相对人对于其是否尚存在瑕疵或使用期限减少而存有疑虑,致交易价额降低。"此项见解,可资赞同。在本件判决,外表景观不能恢复原状,乃技术性贬值,而非交易性贬值。

四、心理上价值减损与交易性贬值

被毁损之物在技术上虽完全修复,其所以仍发生所谓交易性贬值,主要系基于心理因素。所谓心理因素,非指被害人担心其物价值减少的个人主观的心理状态,而是指交易上的心理因素,即在交易上购买人就毁损之物,常顾虑其后会出现损害事故相关联的瑕疵,致影响其物在市场上的价值。"最高法院"2002 年台上字第 1114 号判决亦采此见解,可资赞同。

五、交易性贬值的客体

发生交易性贬值的客体,除不动产外,尚包括动产,尤其是事故车。然并非任何之物皆会有交易性贬值,此应在个案就物的种类及侵害程度上加以认定。例如,污损他人旧领带,干洗后应不发生交易性贬值。又在事故汽车,随着修理技术的进步,可能隐藏的危险显著降低,减少交易性贬值。

六、被害人须否出售其物,始能请求交易性贬值?

交易性贬值系着眼于毁损之物,虽经修复仍会影响其市场交易价值。因此发生一个问题,即被害人须否出售其物,以确定其贬值,而请求损害赔偿?

对此问题,前揭"最高法院"2002 年台上字第 1114 号判决及 2003 年台上字第 276 号判决,并未明白提及,在解释上应采否定说,即应认为交

易性贬值不以被害人出售其物为必要,即被害人一方面得继续保有使用该物,另一方面得请求交易性贬值的损害赔偿,其理由为①:

(1)交易性贬值是一种客观的财产价值。

(2)交易性贬值的认定,不以被害人主观上有具体出售的意图为必要,其价值系依物于损害发生前及其后的市场价额差额而计算。

(3)物因时间的经过而减少其价值,若以被害人须出售其物而计算交易性贬值,则被害人将被迫在出售或保有其物放弃赔偿之间,有所选择,对于被害人的保护未臻周全。

七、交易性贬值的计算

关于交易性贬值,应就个别之物依市场基准加以计算。不动产具个别性,其价值较高,必要时应由专业机构鉴定(参见前揭"最高法院"2003年台上字第276号判决)。关于"事故车"的交易性贬值,因其具有大量性及同类性,如何斟酌汽车的时价、修理费用及汽车使用期间等相关因素,设计一个合理可行的计算方法作为参照基准,实值研究。

八、交易性贬值的计算时点

被毁损之物,因时间经过及继续使用不断减少其交易上的价值,尤其是机车、汽车等相对寿命较短的物品。为合理迅速确定交易上减少的价值,原则上应以对物修复完成之际为计算的时点。②

第五项 物之使用利益费用支出:非财产上损害的财产化

在《德国民法》及中国台湾地区民法,非财产上损害以法律有规定者为限,始得请求金钱赔偿。为保护被害人,乃发生在立法及法院实务上对非财产损害加以财产化的问题,成为损害赔偿法发展上的重要课题。兹举争议问题,简述如下:

一、劳动力

首先要再提出的是,德国判例学说有认为劳动力本身(Arbeits-kraft)

---

① BGHZ27, 181; 35, 396; MünchKommBGB/Oetker §249 Rn. 332.
② 此为德国通说,BGH NJW 1967, 52; Lange/Schiemann, Schadensersatz, S. 272.

是一种具人格性质的非财产上损害,须被害人受有具体损害,例如因身体健康不能工作,减少收入时,始得请求损害赔偿。① "民法"肯定劳动力本身的财产价值,于"民法"第193条第1项明定不法侵害他人之身体或健康,对于被害人因此丧失或减少劳动能力时应负损害赔偿责任,依被害人受侵害前的身体健康状态、教育程度、专门技能、社会经验等认定其赔偿数额。

二、休闲、度假

休闲时间的浪费本身系属非财产上损害。在某地度假遭车祸受伤必须休养时,虽然得请求身体或健康受侵害的慰抚金,但不能就虚耗休闲时光本身请求财产上损害赔偿。

旅游系现代社会生活的主要内容,为享受度假必须支付金钱,德国判例学说曾基于商业化的思想(Kommerzialisierungsgedanke)将度假享受定性为一种得请求赔偿的财产损害。② 为解决争议,德国民法于旅游契约(Reisevertrag)增设第651条第2项规定:"在不妨碍减少旅费或通知终止契约的情况下,旅客得请求不履行的损害赔偿。但旅行的瑕疵系基于不可归责于旅行举办人的情况者除外。旅行遭到破坏或显著受到侵害时,旅行亦得因徒然浪费休假时间而请求适当的金钱赔偿。"③

"民法"第514条之8规定:"因可归责于旅游营业人之事由,致旅游未依约定之旅程进行者,旅客就其时间之浪费,得按日请求赔偿相当之金额。但其每日赔偿金额,不得超过旅游营业人所收旅游费用总额每日平均之数额。"立法理由谓:"本条规定旅游时间浪费之损害赔偿。现代社会重视旅游休闲活动,旅游时间之浪费,当认其为非财产上之损害,爰参考《德国民法》第651条第2项,于本条明定得请求赔偿相当之金额。"由此可知:

(1)旅游时间之浪费,系非财产上损害,法律明定其得请求金钱赔偿。

(2)此系契约债务不履行得请求非财产上损害赔偿的特例,于其他

---

① Medicus/Lorenz, Schuldrecht AT, Rn. 860.

② 参见王泽鉴:《时间浪费与非财产上损害之金钱赔偿》,载《民法学说与判例研究》(七),第143页(1992);BGHZ 38, 55 (588), 50, 304 (306).

③ Münchkomm BGB/ Tonner §651.

不能享受契约(如租赁房屋、汽车)上度假利益的情形,不能类推适用。①

三、物之使用利益的丧失

关于非财产损害财产化的问题,最具争论的是物之使用利益丧失及无益支出费用的赔偿。

甲的汽车遭乙的卡车违规超车撞毁,在修复期间,甲另租车或使用其他交通工具时,甲得向乙请求其所支出的租金或车资。甲的房屋因乙土地施工而部分倒塌,甲租赁房屋居住时,得向乙请求所支出之租金。值得提出的是,在前述情形,甲未租车或使用其他交通工具,或甲借住亲友房屋时,得否主张乙应就其物之使用利益可能性的丧失,请求损害赔偿?问题在于物的使用利益可能性究系财产上损害,抑或非财产上损害?

物之使用可能性本身是一种非财产上损害,汽车遭毁损而不能使用,房屋被破坏不能居住而造成的不方便、不愉快,系属非得以金钱计算的不利益,须物之不能使用具体实现于财产上损害时(如车遭毁损而租车,房屋倒塌而租屋居住),始得请求损害赔偿。

值得提出的是,德国学说上有认为被害人不租用替代客体时,仍得向加害人请求使用利益丧失的损害赔偿,加害人不应因被害人不租用替代客体而受惠,为奖励被害人的节省,应肯定被害人的请求权。② 德国联邦最高法院(BGHZ 98,212)为解决争论,采取一种折中的见解,强调私人使用客体所丧失的使用利益具有损害赔偿性,因为在现代消费社会,大部分的生活财货皆须支付一定对价而获得,俾能随时使用,具有金钱价值,不能认为尽属非财产上损害。若差额说不能包括此种财产上损害,亦应依法之续造予以补充。此种法之续造须具备两个要件:

(1)在客体方面:限于在个人经济生活上所依赖,具经常处分性的物品,即对生活维持具有一般中心意义的经济性财货(Die Wirtschaftsgut von allgemeiner und zentraler Bedeutung für die Lebenshaltung),例如汽车、住屋以及不能舍弃的设施(厨房设备、电视等),但不包括奢侈物品(例如私人泳池、皮草大衣)。

---

① BGHZ 6 212 (216); Staudinger/Shiemann § 251 Rn. 110; Looschelders, Schuldrecht AT, S. 384.

② Medicus/Lorenz, Schuldrecht AT Rn. 673; Looschelders, Schuldrecht AT, S. 379.

（2）对被害人而言，使用利益的侵害须具有可感性（Fühlbarkeit der Nutzungsbeeinträchtigung），即被害人须有使用的意思及假设的使用可能性。汽车被毁损，被害人住院不能使用汽车时，不得请求汽车使用利益丧失的损害赔偿。被害人若有第二部汽车可期待其使用时，亦应否认其有使用利益受侵害的可感性。在肯定使用利益丧失损害赔偿请求权时，得以平均租用该当物品的租金作为赔偿金额的基准。

詹森林在其台大法律研究所硕士论文[①]，对前述德国法上最具争论性的问题作有深入的论述。实务上未见相关案例。本书认为物受侵害时，被害人得请求因使用利益丧失的具体损害，例如，汽车被毁损时，得请求租车或使用替代交通工具的费用；房屋被烧毁时，得请求租屋居住的租金。被害人不租车或使用交通工具，或未租屋居住时，原则上应不得请求所谓抽象使用利益丧失的损害赔偿，因其所涉及的实为非财产上损害，不能将之财产化，作为一种得请求赔偿的财产损害。在现代消费社会，任何商品服务皆得商业化，不限于物的使用利益。又将得请求金钱赔偿的物的使用利益区别为具维持中心生活意义的物品与不具维持中心生活意义的物品，欠缺实质的区别标准。被害人于物受侵害时，不支出费用维持物的使用利益，乃自愿承担因此产生生活的不便，不应将抽象使用利益的丧失，作为一种得请求金钱赔偿的财产上损害。[②]

四、费用支出

（一）因人身受伤害致不能对物为使用

因车祸或其他事故致身体健康受损，不能使用其租用的海滨别墅从事写作时，得否向加害人请求赔偿其支出的租金？

人身受侵害发生的物之使用可能性的丧失，系非属财产上损害，不应采无益费用支出理论（Frustrationstheorie），予以财产化而请求损害赔偿，无论其物的种类（房屋或汽车）系自有或租用，对生活维持是否重要，以

[①] 参见詹森林：《物之抽象使用利益的损害赔偿》，载台湾大学法律学研究所硕士论文（1984）。

[②] Benecke/Pils, Der Ersatz des Nutzungsinteresses-Nutzungsersatz für eigenwirtschaftlich genutzte Gegenstände als Schwäche der Differenzmethode, JA 2007, 241; Flessner, Geldersatz für Gebrauchsentgang, JZ 1987, 271; Medicus, Nutzungsentgang als Vermögensschaden, Jura 1987, 240; Zwirlein, Die Rechtsprechung zur Ersatzfähigkeit des abstrakten Nutzungsausfallschadens, JuS 2013, 487.

避免造成损害赔偿的义务的泛滥。例如,因车祸受伤致不能观赏歌剧时,不能以丧失戏票使用可能性、无法享受欣赏歌剧的乐趣,而请求其无益支出的费用。① 此种因身体健康受侵害而丧失物之使用可能性,亦非属其所违反规范的保护范围。②

(二) 防范损害所支出的费用

为防范人身或财物遭受侵害,在侵害事由发生前支出费用的,时常有之,例如,装设防盗设施,雇用保全等。被害人得否向侵入其住宅行窃的加害人请求赔偿防盗安全措施费用？对此应采否定说,盖此等安全措施费用系发生于侵害事故之前,非因侵害行为所引起,非属可请求赔偿的损害。③

(三) 备用车辆的费用

值得提出的是备用车辆的损害赔偿。公交车或游览公司等交通事业常有备用车辆而支出费用(税捐、维护费用、折旧等),俾能于毁损车辆修复期间使用,以维持营运。此等费用的支出虽在损害事故发生前,但备用车辆的使用可以减轻加害人的赔偿数额,备用车辆亦为被害人自身的利益,两相权衡,加害人应视个案情形分担被害人就备用车辆具体所支出的费用。④

第四款　债务不履行的损害赔偿
——违约责任与损害赔偿

第一项　法律构造及请求权基础

损害赔偿系民事责任的核心制度,是实务上最常见的问题。民法损害赔偿的规定适用于所有的债之关系,包括侵权责任与债务不履行,尤其是违约责任,此外尚包括缔约过失、无因管理等法定债务。侵权责任系以民法第184条的一般侵权行为为中心而构成,主要涉及人身及财产权受侵害的损

---

① Martens, Schadensersatz für entgangene Theaterfreuden?, AcP 209 (2009), 445.
② Looschelders, Schuldrecht AT, S. 381.
③ Palandt/Grüneberg §249 Rn 62.
④ 在中国台湾地区,实务上尚无相关案例。参见《德国判例学说》,BGHZ 75, 230(237); MünchKommBGB/Oetker §249 Rn 200; Staudinger/Schiemann §249 Rn. 117. Brand, Schadensersatzrecht, S. 30.

害赔偿。违约责任的损害赔偿系以财产利益(纯粹经济损失)为重点,其多样性的请求权基础形成了一个复杂的规范机制,数十年来累积性的发展,体现债务不履行法的变迁,特整理分析判例学说,探讨未来演变的基本问题。① 兹将违约责任的基本构造体系图示如下(请阅读条文):

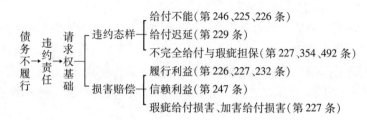

违约责任的核心问题在于建构各种违约态样的请求权基础,将于相关部分再为论述,先提出如下思维模式,以供参照。

一、案例

(1)二重买卖:甲出售 A 屋予乙,价金 1 000 万元,乙以 1 100 万元转售予丙。其后甲以 1 200 万元将 A 屋出售予丙,并移转其所有权。乙得否向甲请求赔偿其丧失转售 A 屋的利益,或请求甲返还其出售该屋予丙所获价金?

(2)征收补偿费:甲出售某地予乙,久未交付,该地被政府征收。乙得否向甲请求返还其所受领的征收补偿费?

(3)不完全给付与物之瑕疵担保:甲出售 B 车予乙,因甲疏于检查未发现 B 车于买卖契约成立前(或成立后)发生缺陷。乙驾车郊游,因该缺陷肇致车祸,车毁人伤。乙得向甲主张何种权利。

二、思考模式

处理违约责任(债务不履行)的损害赔偿,不论何种违约类型,均有一个建构于请求权基础之上的思考模式:

---

① 参见王泽鉴:《侵权行为法》,第 95 页以下;关于债务不履行的最近著作,参见陈自强:《契约责任归责事由之再构成:契约法之现代化》(一)(2012)。

请求权基础:"民法"第 226 条、第 227 条、第 227 条之 1、第 232 条、第 360 条、第 495 条第 1 项等

Ⅰ 要件

（一）债之关系（契约）── 买卖／承揽等

（二）义务违反:态样 ── 给付不能（第226条）／给付延迟（第229条）／不完全给付 ── 瑕疵给付（第227条第1项）／加害给付（第227条第2项）

（三）违法性：由义务违反推定

（四）归责事由（第220-224条）

1. 债务人的归责事由:故意过失原则（第 220 条）
   债务人就其故意或过失之行为，应负责任。过失之责任，依事件之特性而有轻重，如其事件非于债务人以利益者，应从轻酌定。
2. 债务履行辅助人的故意或过失（第 224 条）
   债务人之代理人或使用人，关于债之履行有故意或过失时，债务人应与自己之故意或过失，负同一责任。但当事人另有订定者，不在此限。

Ⅱ 效果

（一）债务不履行损害赔偿

（二）一般原则（第 213–218 条）

（三）特别规定

1. 因债务不履行致侵害人格权之损害赔偿责任,准用侵权行为相关规定（第 227 条之 1、第 194–195 条、第 197 条）
2. 信赖损害（第 246 条、第 247 条）
3. 瑕疵损害及瑕疵结果损害（第 227 条、第 360 条、第 495 条）

关于违约责任的法律构造与请求权基础,应先强调的是"民法"并未采取统一的义务违反概念,而是分别规定给付不能、给付迟延、不完全给付三种债务不履行的类型,明定其要件及法律效果,分述如下：

第二项　给付不能①

甲于 4 月 1 日以 100 万元出售 A 车予乙,乙以 120 万元出售 A 车予丙,甲、乙双方支出缔约费用 5 万元,约定 4 月 10 日交车。在下列情形,分别以甲有无可归责事由,就立法政策及现行法的解释适用,说明当事人

---

① 参见王泽鉴:《给付不能》,载《民法学说与判例研究》（一）,第 413 页。

间的法律关系：

(1) A 车于 3 月 30 日毁于火灾。
(2) A 车属于丁所有,甲擅自出售,不能移转所有权予乙。
(3) A 车于 4 月 5 日被丁撞毁,丁赔以 110 万元的新车。
(4) 甲于 4 月 6 日将该车与戊的 B 车互易(时值 110 万元)。

第一目　基本理论

一、契约上的给付义务及债权人的履行请求权

任何契约均以给付为内容,给付决定契约的性质,债权人对债务人有请求给付的权利(给付履行请求权)。鉴于其重要性,为便于通盘了解,将买卖、赠与、租赁、雇佣、委任、承揽、旅游、寄托等契约的给付义务,列表如下(请确实记住每一种契约的给付义务,研究各个契约的附随义务)：

契约	条文	契约性质	给付义务
买卖	第 348 条 第 367 条	双务 有偿	物之出卖人负交付其物于买受人并使其取得该物所有权的义务。 买受人对出卖人有交付约定价金及受领标的物的义务。
赠与	第 406 条	单务 无偿	赠与人负交付其物予受赠人,并使其取得该物所有权的义务。
租赁	第 421 条	双务 有偿	出租人应以合于所约定使用、收益之租赁物交付承租人,并应于租赁关系存续期间保持其合于约定使用、收益之状态。 承租人负支付租金的义务。
雇佣	第 482 条	双务 有偿	受雇人于一定或不定期限内为雇用人服劳务。 雇用人支付报酬。
委任	第 528 条	有偿:双务 无偿:单务	受任人允为他方处理事务。 报酬依约定、习惯、委任事物性质。

续表

契约	条文	契约性质	给付义务
承揽	第490条	双务有偿	承揽人为他方完成一定的工作。 定作人支付报酬。
旅游	第514条之1	双务有偿	旅游营业人提供旅游服务。 旅客支付旅游费用。
寄托	第589条	有偿:双务 无偿:单务	受寄人负保管寄托物的义务。 受寄人除契约另有订定或依情形非受报酬即不为保管者外,不得请求报酬。

二、给付不能的意义及类型

（一）给付不能的意义

给付不能指依社会观念债务人不能依债之本旨提出给付而为履行。例如,出卖人将买卖标的物再出卖予他人并移转其所有权、赠与物被盗、出租的房屋遭火灾灭失、受雇人因车祸重伤不能提供劳务、受任人处理的事务为法所禁止、承揽人眼睛失明不能为定作人绘画图像、旅游业者因旅游地发生战争不能出团、寄托物因地震灭失不能返还。

（二）金钱债务的给付不能

须特别注意的是,金钱债务不发生给付不能。买受人无支付价金之资力,按照社会观念,不得谓为给付不能("最高法院"1933年上字第3180号判例）。金钱债务不容有不能之观念,即有不可抗力等危险,亦应由其负担,绝不能借口损失及人欠未收以冀减免责任("最高法院"1931年上字第233号判例）。有无资力偿还,乃系执行问题,不得据为不负履行义务之抗辩("最高法院"1930年上字第1733号判例）。

（三）给付不能的类型

现行"民法"就给付不能未设统一性的规定,而系区别自始不能与嗣后不能、主观不能及客观不能,规定债务人应负的责任要件及法律效果。

（四）法律效果:给付义务与对待给付

关于给付不能的法律效果,应分两个层次加以检查认定:

(1)债务人的给付义务是否消灭？在双务契约,债权人的对待给付应如何处理?

(2)债权人得主张何种权利,损害赔偿或其他请求权(尤其是解除契约的恢复状态),其相互间的关系?

三、主给付请求权与次给付请求权

契约上有两种请求权:

(1)主给付请求权(primäre Ansprüche),此指债权人基于契约而生给付义务的履行请求权。

(2)次给付请求权(sekundäre Ansprüche)①,此指因债务人未依债之本旨而为给付所发生的损害赔偿请求权,及解除契约后的恢复原状请求权(第259条)。此种请求权基础的认识,对建构债务不履行责任体系及处理案例具有重大功能,图示如下:

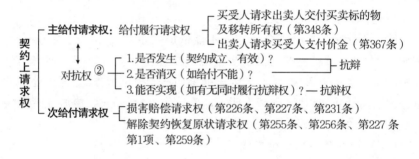

第二目 自始不能

一、给付自始客观不能③

(一)要件

1. "民法"第246条规定了无效原则及例外情形

"民法"第246条规定:"(第1项)以不能之给付为契约标的者,其契约为无效。但其不能情形可以除去,而当事人订约时并预期于不能之情

---

① Hannes Unberath, Die Vertragsverletzung (2007), S. 182 f., 210 f., 283 f.
② 关于债权人的请求权与债务人的对抗权及其重要性,参见王泽鉴:《法律思维与民法实例——请求权基础理论体系》,第25页。
③ 参见詹森林:《自始客观不能》(二),载《月旦法学教室》2002年第2期,第53页。

形除去后为给付者,其契约仍为有效。(第 2 项)附停止条件或始期之契约,于条件成就或期限届至前,不能之情形已除去者,其契约为有效。"

本条所称不能之给付,指自始不能、客观不能,即契约订立时给付即已不能,且对任何人均属不能。例如,买卖标的物(或租赁物)于订约时业已灭失。第 1 项但书的情形,例如订约时货物禁止输入,但买卖当事人预期禁令解除后为给付时,其买卖契约为有效。惟在不能之情形除去前,债权人尚不得对债务人为给付之请求。第 2 项的情形,例如在货物禁止输入的案例,其买卖附条件或始期,于条件成就或期限届至前其禁止已经解除时,其买卖契约亦属有效。

2. 债权让与准物权契约的类推适用

关于给付自始客观不能,实务上最常见的是私有农地买卖。① 应予提出的是"最高法院"2003 年台上字第 1825 号判决:"按债权让与系准物权行为,于债权让与契约发生效力时,债权即行移转予受让人,让与人因而丧失其收取权与处分权,对该债权已不具处分之权限,故债权人为双重让与时,第二受让人系受让不存在之债权,原属标的不能,依民法第 246 条第 1 项规定之类推适用,第二次债权让与契约应为无效,换言之,第二次债权让与契约之受让人并未因让与而取得该债权。"本件判决有商榷余地。

在债权双重让与之场合,先订立让与契约之第一受让人依"债权让与优先性"原则虽取得让与之债权,但第二受让人之让与契约,并非受让不存在之债权,而系经债权人处分现仍存在之他人(第一受让人)债权,性质上乃无权处分,依"民法"第 118 条规定,应属效力未定("最高法院"2016 年度第 15 次民事庭会议决议)。

3. 共有物的分管契约、买卖、处分

共有物的分管契约、买卖及处分,系实务上常见的争议问题:

---

① "最高法院"1995 年台上字第 1592 号判决:私有农地所有权之移转,其承受人以承受后能自耕者为限,为订约当时有效之"土地法"第 30 条所明定。若承买人系无自耕能力之人,又未约定由承买人指定登记予任何自耕能力之第三人或具体约定登记予有自耕能力之特定第三人,即属"民法"第 246 条第 1 项以不能之给付为契约之标的,难认其契约为有效。是以,若仅约定登记名义人由买受人指定其契约即为无效。"最高法院"1994 年台上字第 575 号判决:按关于耕地之买卖,承买人虽系无自耕能力之人,惟如约定由承买人指定登记予任何有自耕能力之第三人,或具体约定登记予有自耕能力之特定第三人,即非"民法"第 246 条第 1 项以不能之给付为契约之标的,固难认其契约为无效。

(1)分管契约:共有人协议分管共有物,如共有人分管之特定部分,因不可归责于双方当事人之事由,致不能为使用收益,且已不能恢复者,依"民法"第225条第1项、第266条第1项规定,各共有人即免其提供共有物特定部分予其他共有人使用收益之义务,分管契约当然从此归于消灭。嗣后共有人对共有物之特定部分使用收益,仍须征得其他共有人全体同意,如共有人不顾其他共有人之利益,而就共有物之全部或一部分任意使用收益,自属侵害其他共有人之权利("最高法院"2000年台上字第1147号判决)。

(2)出卖共有物:共同共有人中之一人,以共同共有物所有权之移转为买卖契约之标的,并非所谓以不能之给付为契约标的,其移转所有权之处分行为,虽因未经其他共同共有人之承认不能发生效力,而其关于买卖债权契约则非无效("最高法院"1944年上字第2489号判例)。

(3)共同共有让与继承的权利:共同继承之遗产在分割之前,为各继承人共同共有,而"民法"第827条第1项基于共同关系而共有一物者,依同条第2项之规定,各共同共有人之权利,及于共同共有物之全部,故各该共有人并无应有部分存在,通说亦认为,共同共有人之应有部分系属潜在者,与分别共有人之应有部分为显在者不同,如继承人就继承财产之应继份,此项潜在之应有部分,在共同关系存续期间内,不得自由处分。共同共有人将其继承之权利让与第三人,乃以此为契约之标的,系以不能之给付为标的,自有"民法"第246条第1项前段规定适用("最高法院"2000年台再字第81号判决)。

(二) 法律效果

1. 给付义务与对待给付

(1)买卖契约。"民法"第246条规定:"以不能之给付为契约标的者,其契约为无效。"出卖人给付不能,买受人亦免对待给付义务,其已为的给付(价金),得依不当得利规定请求返还(第179条)。

(2)租赁契约。基地有坡度陡峭、顺向坡滑动崩塌情形,而得认系争土地有"建筑技术规则"第262条所列情形,致无法兴建预拌混凝土厂,系争土地因属法定山坡地而自始不能获准兴建预拌混凝土厂,而成立给付不能时,当事人亦得以契约无效拒付租金,并依不当得利规定请求返还押租金。①

2. 信赖利益损害赔偿

"民法"第247条规定:"(第1项)契约因以不能之给付为标的而无效者,当事人于订约时知其不能或可得而知者,对于非因过失而信契约为有效致受损害之他方当事人,负赔偿责任。(第2项)给付一部不能,而契约就其他部分仍为有效者,或依选择而定之数宗给付中有一宗给付不能者,准用前项之规定。(第3项)前二项损害赔偿请求权,因二年间不行使而消灭。"

本条系规定信赖利益损害赔偿。"最高法院"1962年台上字第2101号判例谓:契约因出卖人以不能之给付为标的而归无效者,买受人所得请求赔偿之范围,依"民法"第247条第1项自以因信赖契约有效所受之损害为限,此即所谓消极的契约利益,亦称为信赖利益。例如,订约费用、准备履行所需费用或丧失订约机会之损害等是。至于积极的契约利益,即因契约履行所得之利益,尚不在得为请求赔偿之列。

二、给付自始主观不能②

（一）法学方法论的问题

给付自始主观不能,指给付于契约订立时客观上得为给付,仅债务人因其个人事由不能依债之本旨提出给付。其最常见的情形系出卖他人之物、买卖标的物(如古董、珠宝、汽车)被盗,不知去处。在此情形发生两个问题:

(1)买卖契约是否有效?

(2)出卖人不能为给付时,应如何负责?

此两个问题涉及法学方法,甚具启示性,分别说明如下:

（二）契约有效

"民法"第246条规定所称不能给付,应作狭义解释,指自始客观不能

---

① "最高法院"2003年台上字第2786号判决。本件判决涉及有争议的"民法"第113条之规定:"无效法律行为之当事人,于行为当时知其无效,或可得而知者,应负恢复原状或损害赔偿之责任。"关于本条的解释适用,参见王泽鉴:《民法第一一三条规范功能之再检讨》,载《民法学说与判例研究》(四),第55页。

② 参见王泽鉴:《自始主观给付不能》,载《民法学说与判例研究》(三),第41页;詹森林:《自始主观不能》,载《月旦法学教室》2003年第6期,第56页。

而言。① 反面推论之,应认为以主观不能给付为契约之标的者,其契约有效。"最高法院"2000 年台上字第 45 号判决明确认为:"民法"第 246 条之给付不能,系指自始客观不能而言。未经土地所有人之同意,而与他人订立移转土地所有权之债权契约,并非以自始客观不能之给付为契约标的,难谓其契约无效。此项见解维护契约的效力,贯彻私法自治原则,维护当事人利益,实值赞同。

(三) 履行请求权

在自始主观不能,因契约有效,债权人得请求债务人履行其义务。例如在前述买卖他人土地案例,买受人得请求出卖人交付其物并移转其所有权(第 348 条)。债务人是否给付不能,以事实审法院最后言词辩论终结时为准,如事实审法院最后言词辩论终结时,债务人处于给付不能之状态,不问其为永久不能抑或一时不能,皆当然发生给付不能之效果;纵其不能之情形,将来或可除去,仍难谓非给付不能,亦无从变更此已发生之法定效果。出卖人既于原审言词辩论终结时不能为系争土地应有部分十二分之二之移转登记,即应负债务不履行之损害赔偿责任("最高法院"2000 年台上字第 45 号判决)。

(四) 债务不履行责任的请求权基础

1. "最高法院"见解:第 226 条包括自始主观不能

问题在于自始主观不能应负债务不履行损害赔偿责任的请求权基础。"最高法院"2009 年台上字第 921 号判决谓:按"民法"第 226 条第 1 项之给付不能,债权人得请求损害赔偿者,与同法第 232 条因给付迟延,而生之损害赔偿,两者不同。前者指因可归责于债务人之事由,致给付不能者;其给付不能,包括自始主观不能、嗣后客观或嗣后主观不能;后者系指因债务人之给付拒绝或给付迟延,迟延后之给付,于债权人已无利益者,债权人得拒绝其给付,并得请求赔偿因不履行而生之损害赔偿。

2. 法律漏洞:第 226 条的类推适用

"最高法院"2009 年台上字第 921 号判决区别给付不能与给付迟延,应值赞同,但"民法"第 226 条第 1 项的给付不能,依其文义、体系应不包

---

① 从经济分析观点,作同样解释之分析,参见张永健:《自始客观不能之经济分析》,载《月旦法学杂志》2002 年第 86 期,第 155—166 页。

括自始主观不能。现行民法对自始主观不能,未设明文,系属法律漏洞,如何填补此项漏洞,学说上甚有争议(德国通说认为,债务人应负担保责任)。在中国台湾地区法上,依"最高法院"前揭判决意旨,应类推适用"民法"第226条(嗣后不能)的要件及法律效果。

第三目 嗣后不能

嗣后不能指契约成立后而发生的给付不能,包括主观不能及客观不能。其法律效果因给付不能是否可归责于债务人而有不同,分述如下:

一、不可归责于债务人的给付不能

"民法"第225条规定:"(第1项)因不可归责于债务人之事由,致给付不能者,债务人免给付义务。(第2项)债务人因前项给付不能之事由,对第三人有损害赔偿请求权者,债权人得向债务人请求让与其损害赔偿请求权,或交付其所受领之赔偿物。"兹分要件及效果加以说明。

(一)要件

给付不能因不可归责于债务人的事由,指给付不能非因债务人的故意或过失所致(第220条、第224条)。不能包括事实不能及法律不能。种类之债(如种类买卖)须于标的物特定后(第200条第2项)始发生给付不能。兹举六例,以供参照:

(1)买卖标的物于订约后因输入国或地区法令变动禁止输入(客观不能、法律不能)。

(2)出售的土地被征收(客观不能、事实不能)。

(3)出卖的机车被盗(主观不能、事实不能)。

(4)租赁房屋因天灾或其他事变全部灭失(客观不能、事实不能)。

(5)寄托物(如古瓶)因地震灭失不能返还(客观不能、事实不能)。惟寄托物为金钱时,如依"民法"第603条第2项规定,其危险已移转予受寄人,即不生给付不能之问题,自无适用第225条第1项规定之余地("最高法院"1940年上字第205号判例)。

(6)甲向乙购买某种类型电视机,乙选定A电视机交丙运送至甲处,途中发生车祸,A电视机灭失(种类之债特定、客观不能、事实不能)。

（二）法律效果

1. 给付义务、对待给付

（1）债务人免给付义务。因不可归责于债务人之事由致给付不能者，债务人免给付义务，即给付义务因契约成立而发生，其后因给付不能而消灭，债权人不得请求债务人为原定之给付。租赁之房屋因天灾或其他事变致全部灭失者，依"民法"第225条第1项、第266条第1项，出租人免其以该房屋租予承租人使用之义务，承租人亦免其支付租金之义务，租赁关系当然从此消灭，原承租人对于原出租人嗣后重建之房屋，无租赁权（"最高法院"1950年台上字第1020号判例）。

（2）对待给付。"民法"第266条规定："因不可归责于双方当事人之事由，致一方之给付全部不能者，他方免为对待给付之义务；如仅一部不能者，应按其比例减少对待给付。（第2项）前项情形，已为全部或一部之对待给付者，得依关于不当得利之规定，请求返还。"依此规定，因可归责于债权人之事由致给付不能者（如汽车买受人于试车时发生事故，汽车全毁），债权人仍有对待给付的义务。所谓依不当得利之规定，指依不当得利的法律效果（第179条，法律效果准用说）。①

2. 代偿请求权

（1）"民法"第225条的适用及类推适用

①"民法"第225条的适用。② 债务人因给付不能之事由对第三人有损害赔偿请求权者，债权人得向债务人请求让与其损害赔偿请求权，或交付其所受领的赔偿物，学说上称为代偿请求权（das stellvertretende commodum）。例如甲出卖A画给乙，因丙过失致该画灭失，甲无归责之事由，而丙赔偿该画价格或赔偿B画给甲时，乙得向甲请求让与其对丙的损害赔偿请求权，或交付其所受领的价额或B画。债务人所受领之替代物（例如B画），因非可归责事由致不能交付债权人乙时，亦有"民法"第225条的适用，债务人对第三人有损害赔偿请求权时，债权人得向债务人请求让与其对第三人的损害赔偿请求权，或交付其所受领之赔偿物。

---

① 较详细讨论，参见王泽鉴：《不当得利》，第32页。
② 参见王泽鉴：《代偿请求权》，载《民法学说与判例研究》（三），第308页；王泽鉴：《土地征收补偿金交付请求权与民法第二二五条第二项规定之适用或类推适用》，载《民法学说与判例研究》（七），第129页。

②"民法"第225条第2项的类推适用。须注意的是,政府征收土地与上诉人(即出卖人)之补偿地价,虽非侵权行为之赔偿金,惟系上诉人于其所负债务陷于给付不能发生之一种代替利益,此项补偿地价给付请求权,被上诉人(即买受人)非不得类推适用"民法"第225条第2项之规定,请求让与("最高法院"1991年台上字第2504号判例)。

③债权人的对待给付。债权人请求替代利益请求权时,因为此项利益系在替代债务人的给付,债权人仍应为对待给付。

(2)替代利益的返还范围

替代利益是否相当于原定给付的价额在所不问。例如,甲出卖A车给乙(时值100万元),该车被丙撞毁,丙赔偿110万元给甲,乙得向甲请求让与110万元。又如,出卖之土地时值1 000万元,征收补偿费为1 200万元时,出卖人应交付的不是1 000万元,而是1 200万元。①

(3)罹于时效后的给付不能

罹于时效后的给付不能,债权人得否主张"民法"第225条第2项的代偿请求权,此为实务及理论上的重要问题。

"最高法院"2008年台上字第819号判决谓:按"民法"第225条第2项规定之代偿请求权,其立法本旨乃在于债务人给付不能时,使债权人得向债务人请求让与其损害赔偿请求权,或交付其所受领之赔偿物,以替代原债务之标的,保障债权人之利益。准此,即应以债务人有"给付义务"为前提,始可能因其给付不能而发生代偿请求权。倘原来之债权已罹于消灭时效期间,债务人本得拒绝给付而无给付义务,自不可能再有给付不能,而发生代偿请求权及其时效期间重新起算之情事。否则即与时效制度原期确保交易安全,维护社会秩序之目的有违。故债权人之请求权如已罹于消灭时效期间,经债务人为拒绝给付之抗辩时,债务人即无给付义务,显不可能再发生因其给付不能,而由债权人行使代偿请求权之余地。

---

① "最高法院"2001年台上字第1570号判决:赠与土地在未办妥所有权移转登记前,经政府依法征收,系因不可归责于赠与人之事由,致给付不能,赠与人固可免给付义务;惟受赠人对于赠与人因赠与土地被征收而获配之其他土地,仍可类推适用"民法"第225条第2项规定行使代偿请求权,请求赠与人给付。此际,赠与人如将该获配土地出卖给他人,致给付不能,受赠人自得依修正前"民法"第409条规定,请求交付其价金。原审未斟酌及此,徒以被上诉人因赠与土地被征收获配之九八四地号土地非属赠与契约之标的,即认为被上诉人将该九八四地号土地出卖他人致给付不能,上诉人亦不得以请求赔偿损害为由,而为上诉人不利之判决,自有可议。

此项见解可资赞同。

(4) 代偿请求权的消灭时效

代偿请求权的消灭时效涉及两个问题：①时效时间。②起算时点。"最高法院"2008年台上字第623号判决谓："民法"第225条第2项所定之代偿请求权，乃请求债务人让与其对第三人之损害赔偿请求权，或交付其所受领之赔偿物，通说认为系新发生之债权，其消灭时效应重新起算。是被上诉人因上述土地被征收所生之代偿请求权，其消灭时效自征收补偿款核发时起算，至被上诉人提起本件诉讼止，亦未逾15年。准此，原审认定被上诉人之请求权，未逾15年之消灭时效，应无不当。

代偿请求权的时效期间自其发生时起算，可资赞同。但其时效期间非全为15年的一般期间（第125条），应同于其所替代的原给付履行请求权。①

二、可归责于债务人的给付不能

(一) 要件

"民法"第226条规定："（第1项）因可归责于债务人之事由，致给付不能者，债权人得请求赔偿损害。（第2项）前项情形，给付一部不能者，若其他部分之履行，于债权人无利益时，债权人得拒绝该部之给付，请求全部不履行之损害赔偿。"关于其请求权基础的构造，请参照前揭说明。其因可归责②于债务人之事由致给付不能的情事，包括主给付义务与从给付义务的给付不能。

1. 主给付义务的给付不能

(1) 物之出卖人为二重买卖，将该物所有权移转于后之买受人。

(2) 物之出租人为二重租赁，将租赁物出租予他人并为交付。

(3) 出卖土地后，再设定抵押权于第三人，抵押权人声请拍卖该地，致出卖人不能移转该地所有权予买受人。

(4) 出卖之房屋经预定登记假扣押或禁止处分登记，致不能为所有权的移转登记。

---

① Emmerich, Das Recht der Leistungsstörungen (6. Aufl. 2005), S. 162.

② 从经济分析观点，解释"可归责"之意涵，参见张永健：《给付不能的分类与归责问题》，载《法令月刊》2003年第54卷第6期，第89—108页。

(5)买卖契约约定:"本件买卖之不动产,如有抵押权,典权押租金及其他权利设定或有受拍卖声请,假扣押假处分之登记或其他有来历不明者,应于本件手续登记期日前由乙方(上诉人)负责全部撤销或解决清楚。"双方所约定系争房地移转登记期日已届至,出卖人尚未涂销系争房地之假扣押查封登记时,应成立给付不能(参照"最高法院"2006年台上字第2010号判决)。

(6)因受寄人的过失,致寄托物灭失。

2. 从给付义务的给付不能

(1)出卖名马,不能依约定交付血统证明书。

(2)源自"诚实信用原则"之非独立性"附随义务",一经当事人约定,为准备、确定、支持及完全履行"主给付义务",即具本身目的之独立性附随义务而成为"从给付义务"(独立性之"附随义务"),倘债权人因债务人不履行或有违反情事,致影响其契约利益及目的完成者,债权人自得对之独立诉请履行或债务不履行之损害赔偿。查公共工程契约之招标,旨在以最低合理成本达到应有的公共工程质量,参与该投标者不得为围标行为,固系诚实信用原则之要求,并具协助达成契约圆满履行与保护招标机关之目的,然上诉人不得为系争工程之围标行为,经于投标须知明订,并由上诉人签署保证书载明,且上诉人委有参与该工程之围标行为致被上诉人受有实际损害,既为原审所确定之事实,则该不得围标行为,依上说明,即构成契约之"从给付义务",被上诉人据以抗辩上诉人因违反该义务,应负债务不履行之损害赔偿责任("最高法院"2004年台上字第1185号判决)。

(二) 法律效果

1. 给付义务、对待给付

因可归责于债务人之事由致给付不能时,债权人仅得请求损害赔偿,不得请求履行,例如在二重买卖,前买受人不得请求出卖人为移转该物所有权之行为("最高法院"1999年台上字第1404号判决)。

在双务契约,债权人的对待给付如何处理,涉及债权人损害赔偿请求权内容(详见下文)。

又须注意的是,在因可归责于债务人致给付不能时,民法未设相当于"民法"第225条第2项的代偿请求权,应否类推适用,是一个值得研究的问题。

2. 损害赔偿

（1）履行利益。因可归责于债务人之事由致给付不能者，债权人得请求损害赔偿，此为属于债务不履行替代给付的履行利益。例如，甲以100万元的汽车出售予乙，于该车因甲的过失灭失时，乙得向甲请求赔偿100万元（最低损害）。设乙以120万元将该车转售时，乙得向甲请求120万元的损害赔偿（所失利益）。

值得提出的是，在前揭售车之例，设该车于灭失时时值110万元，乙得否向甲请求110万元？"最高法院"2013年台上字第195号判决谓："民法"第226条第1项规定债务人因嗣后不能所负之损害赔偿责任，系采取完全赔偿之原则，且属"履行利益"之损害赔偿责任，该损害赔偿之目的在于填补债权人因而所生之损害，其应恢复者并非"原有状态"，而系"应有状态"，应将损害事故发生后之变动状况考虑在内。故给付标的物之价格当以债务人应为给付之时为准，债权人请求赔偿时，债务人即有给付之义务，算定标的物价格时，应以起诉时之市价为准。依此见解，在上举之例，乙得向甲请求该车的市价110万元。

（2）差额说或交换说。在双务契约，债权人得主张替代给付的损害赔偿，如何处理债权人的对待给付，有差额说（Differenztheorie）与交换说（Austausch-theorie）两种见解。①

依差额说的见解，债权人的对待给付义务归于消灭，其交换关系不复存在，债权人的损害赔偿请求权自始存在于原给付（包括结果损害）与对待给付之间的差额。依交换说的见解，债权人的对待给付仍属存在，在债务人方面，则以支付损害赔偿的义务替代其原给付义务，此项赔偿义务通常体现于其给付的金钱价额。债权人请求损害赔偿时，应同时提出对待给付，其交换关系原则上仍属存在而有所修正。兹举两例加以说明：

①买卖。甲将价值1万元的A画，以8 000元出卖予乙。契约成立后因甲的过失致画灭失时，依差额说，乙的损害赔偿请求权自始限于其差额2 000元。依交换说，买受人乙仍应支付价金（8 000元），其替代出卖人甲应为交付其标的物及移转其所有权的损害赔偿的价额为1万元，甲或乙为抵销时，乙得向甲请求2 000元的损害赔偿。

---

① 参见史尚宽：《债法总论》，第579页。

②互易。甲以价值 8 000 元的 A 画与乙时值 1 万元的 B 画互易,在双方履行前,乙的 B 画灭失。依差额说,甲得向乙请求 2 000 元的损害赔偿。依交换说,甲仍有给付 A 画的义务,其替代乙给付 B 画(因灭失而给付不能)的价额赔偿为 1 万元,甲请求乙赔偿 1 万元时应同时交付 A 画并移转其所有权。

就前揭两例加以分析,在对待给付为金钱时(如买卖,此为通常情形),差额说或交换说适用的结果基本上相同。但于互易契约则有不同。为顾及债权人利益,应肯定其得选择差额说或交换说而行使其损害赔偿请求权。①

3. 解除契约

"民法"第 256 条规定,债权人于第 226 条之情形,得解除契约。解除契约的主要目的在于可以免除自己的对待给付。解除权之行使,不妨碍损害赔偿的请求(第 260 条)。惟该不能之给付,依社会通常观念,给付之障碍已经排除,成为得依债务本旨实现而恢复可能时,买受人即不得再执前"给付不能"之事由解除契约("最高法院"2010 年台上字第 1515 号判决)。例如业已撤销查封及涂销查封登记。解除契约时,双方当事人负恢复原状义务(第 259 条),此为契约上的次给付请求权,前已说明。债权人得不解除契约而径请求不履行的损害赔偿。

第四目　给付不能的体系构成及现代化

一、给付不能的体系构成

给付不能在民法债务不履行体系居于关键地位,其特色在于区别自始客观不能、自始主观不能、嗣后不能(包括客观不能、主观不能)而规定其请求权基础的要件及效果,为便于理解,图示如下:

---

① MünchKommBGB/Emmerich vor § 281 Rn. 26; Lorenz/Riehm, Lehrbuch zum neuen Schuldrecht, Rn. 211.

类型	条文	契约效力	给付不能与债务不履行		次请求权
			主请求权		
			给付义务	对待给付	
自始客观不能	第246条	无效	消灭	无对待给付义务。已给付者依不当得利规定请求返还（第266条第2项）	信赖利益损害赔偿（第247条）
自始主观不能	未设规定	有效 第246条反面推论	"最高法院"：适用嗣后不能（第226条） 本书见解：类推适用嗣后不能		
嗣后不能（客观、主观） 不可归责于债务人 第225条		有效	消灭	1. 无对待给付义务。已给付者依不当得利规定请求返还 2. 代偿请求权：有对待给付义务	
嗣后不能（客观、主观） 可归责于债务人 第226条		有效	消灭	1. 无对待给付义务 2. 未规定代偿请求权	1. 损害赔偿（替代给付）：差额说与交换说 2. 解除契约，恢复原状（第256条）

二、给付不能制度的现代化

现行"民法"给付不能制度系继受《德国民法》，而德国民法系以 19 世纪承继罗马法而发展的 Pandekten（学说汇编）法学为基础，并受概念法学的影响，建构了精细复杂的体系，在价值判断及法律适用产生了若干难以调和的矛盾和争议难题。2002 年的德国债法现代化法，重新组构了给付不能法（给付障碍法，Leistungsstörung），可供现行"民法"解释适用或立法修正的参考。① 分三点作简要说明：

（一）自始客观不能与自始主观不能区别的废除

现行"民法"（及旧《德国民法》）区别自始客观不能与自始主观不能，前者无效，他方当事人仅得请求信赖利益损害赔偿。在后者，契约有效，债

---

① 详细的说明，参见黄立：《德国新债法之研究》，第 107 页以下（2009）；Lorenz/Riehm, Lehrbuch zum neuen Schuldrecht（2002）.

权人得请求履行利益赔偿。例如,甲于3月2日出卖某车予乙,因该车于3月1日灭失(客观不能)或被盗(主观不能)而区别契约效力及其救济方法,不合事理。① 德国民法已废除此项区别,肯定于自始客观不能时契约仍为有效,于有可归责于债务人的事由时,应负履行利益的损害赔偿(《德国民法》第311a条)。② 此项新的规定,可供"民法"未来修正时参考。

(二)代偿请求权:适用于可归责于债务人给付不能的情形

"民法"第225条第2项规定,债务人因不可归责之事由致给付不能,对第三人有损害赔偿请求权者,债权人得向债务人请求让与其损害赔偿请求权,或交付其所受领的赔偿物。在因可归责于债务人之事由致给付不能的情形,民法未明定债权人有代偿请求权。《德国民法》明文规定不问其不能给付是否可归责于债务人,债权人均有代偿请求权(《德国民法》第285条第1项)。此项规定较符合事理及保护债权人利益,不因其不能是否可归责于债务人而有区别。

为保护债权人及贯彻代偿请求权的规范意旨,应认为"民法"第225条第2项规定的代偿请求权,亦得类推适用于"民法"第226条的情形,例如因可归责于债务人(出卖人)的事由,致买卖标的物灭失时,债权人(买受人)对于保险给付亦有代偿请求权。此见解有助于处理一个买卖上的重要问题,例如甲先出卖某屋给乙,其后再以高价将该屋出卖予丙并移转其所有权。在此情形,乙得否向甲请求其因交易而取得的代偿物(commodum ex negotiatione),虽有争论,通说采肯定见解,因为从评价观点及代偿请求权的规范意旨言,此项因违约而取得的利益不应归由债务人保有。③

(三) 无益费用请求权的创设

甲租赁乙所有的房屋,准备经营意大利餐厅。甲于约定交付期日前

---

① Canaris, Die Reform des Rechts der Leistungsstörung, JZ 2001, 499; Canaris, Schadensersatz wegen Pflichtverletzung, anfängliche Unmöglichkeit und Aufwendungsersatz im Entwurf des Schuldrechtsmodernisierungsgesetzes, DB 2001, 1815 ff.

② "德国民法"第311a条(契约订立时的给付不能):"债务人根据第275条第1款至第3款无须履行,且在契约订立时给付不能已经存在时,不影响契约的有效性。债权人可以选择以损害赔偿来代替给付或要求债务人在第284条规定的范围内补偿其支出的费用。债务人在契约订立时不知有给付不能,并且对其不知情没有过错时,无需承担上述责任。准用第284条第1款第2句和第3句以及第5款的规定。"参见 MünchKommBGB/Ernst §311a; Brox/Walker, Schuldrecht AT, S. 208 ff; Emmerich, Das Recht der Leistungsstörungen, S. 56 ff.

③ BGHZ 46, 260 (264); Brox/Walker, Schuldrecht AT, S.217; MünchKommBGB/Emmerich §281 Rn. 20; Palandt/Heinrichs § 285 Rn. 7.

先购买餐具,支出费用做广告宣传。其后因可归责于乙的事由,致该屋灭失等事由,给付不能时,甲得否向乙请求该预购餐具及开店广告宣传无益支出的费用?

首先应说明的,此类因信赖将取得保有给付,由于债务不履行而无益支出的费用(vergebliche Aufwendung),非属于债务不履行的损害赔偿,盖于债务依其本旨而为履行时,债权人仍须为此等支出。为保护债权人的信赖,德国判例创设了所谓的"收益获利推定理论"(Rentabilitätsvermutung),认为债权人通常可信赖期待契约履行,以所获利涵盖其费用支出,应受保护。须注意的是,此项"收益获利推定"系针对营利性契约,不适用于非营利性契约,例如租赁场所从事公开演讲活动,不能因屋主给付不能而请求其无益支出的费用(广告费用等)。《德国民法》新增订第284条一般性规定:"请求损害赔偿代替原给付时,债权人亦得请求信赖其可受领给付所为的支出,而依公平方式原得支出者作为替代。但其目的纵无债务人的义务违反亦无法达成时,不在此限。"[①]本条的适用要件为:

(1)因可归责于债务人的给付不能致发生替代给付的损害赔偿请求权,其适用对象包括非营利性契约。

(2)须因信赖可受领给付而为费用支出。

(3)因债务人义务违反,致支出费用目的不达。其支出费用之目的,纵无债务人义务的违反亦无法达成者时,例如租赁某屋经营餐厅,因该屋系属危屋依法不能营业时,承租人无支出费用请求权。

(4)所为支出与给付本身须具合理的比例性。例如购买1 000元的画而定制1万元的画框(所谓的奢侈费用),不具比例性,不得请求。

承租人其得请求无益费用支出的情形:

(1)在租屋之例,甲得请求乙赔偿广告宣传等费用。

(2)在画框之例,买受人得请求支付订制画框的合理费用。

(3)某社团租借场所举办选举餐会,出租人因不同意其政治立场而拒绝时,虽不具营利性,承租人仍得请求出租人赔偿其无益支出的筹备费用。

债权人得选择请求债务不履行损害赔偿或无益费用支出请求权。

最后须提出的是,在民法应否或如何建构无益费用支出的请求权基础,实具研究价值。若采肯定见解,得采法院造法的途径,或于民法债编

---

① Looschelders, Schuldrecht AT, S. 269; MünchKommBGB/Ernst §284.

修正时增订相关条文,促进法律的发展。

第三项 给付迟延

第一目 给付迟延的要件

给付不能系债务不履行的第一种类型。第二种类型为给付迟延,系日常生活最常见的债务不履行类型。给付迟延的要件为:

一、给付系属可能

二、于给付期限届满仍未为给付

"民法"第 229 条规定:"(第 1 项)给付有确定期限者,债务人自期限届满时起,负迟延责任。(第 2 项)给付无确定期限者,债务人于债权人得请求给付时,经其催告而未为给付,自受催告时起,负迟延责任。其经债权人起诉而送达诉状,或依督促程序送达支付命令,或为其他相类之行为者,与催告有同一之效力。(第 3 项)前项催告定有期限者,债务人自期限届满时起负迟延责任。"

给付有确定期限,多依日历而定(如某年某月某日),亦有依节日(如中秋节)。所谓给付无确定期限,包括未定期限及定有期限而其届至之时期不确定两种情形,前者称不定期债务,后者称不确定期限之债务(例如货物进口后 10 日)("最高法院"2008 年台上字第 1049 号判决)。无确定期限的给付,经债权人催告而未给付,自催告时起,负迟延责任(详阅"民法"第 229 条第 2 项、第 3 项)。"催告",乃债权人请求给付之意思通知,为催告时无须具备使其发生迟延效力之效果意思,是为准法律行为,其应仅表示特定债权,请求债务人给付之意思为已足,无须表明其确定之金额或数量。倘催告之内容与债之标的有关,纵催告之金额或数量,较债务本旨应为之给付为多者,其催告在债务本旨范围内,亦仍然发生其效力("最高法院"2007 年台上字第 171 号判决)。

三、可归责于债务人

"民法"第 230 条规定:"因不可归责于债务人之事由,致未为给付者,债务人不负迟延责任。"此为举证责任规定。给付有确定期限者,债务人自期限届满时起当然负迟延责任,其因不可归责于债务人之事由致未为给付者,债务人虽不负迟延责任,但不可归责于债务人之事由,应由债务人负举证之责("最高法院"1932年上字第1956号判例)。

四、给付的可实现性

迟延责任之发生,除给付期届满未为给付外,尚须具有可实现性,此涉及同时履行抗辩。"最高法院"2007年台上字第322号判决谓:"按双务契约当事人之请求权系互相独立,仅其实现因他方当事人行使抗辩权而互相发生牵连而已。双方当事人均享有同时履行抗辩权,纵一方当事人未依债务本旨提出自己之给付,系就自己所负债务,应否负给付迟延责任问题,仍非不得催告他方履行所负之债务,他方在未行使同时履行抗辩权以前,仍可发生迟延责任之问题,必须行使以后,始能免责。"此项见解,实值赞同。在他方行使同时履行抗辩后,不发生迟延责任。

第二目 给付迟延的效果

一、损害赔偿

(一) 迟延损害赔偿

"民法"第231条第1项规定:"债务人迟延者,债权人得请求其赔偿因迟延而生之损害。"迟延损害包括积极损害及消极损害,例如出租人迟延交付房屋致承租人无法适时营业,但不包括使债务人负迟延责任的催告费用。实务上重要的案例,系买卖双方当事人约定由买受人负担土地增值税者,其数额以双方依约应办理移转登记之时为计算之基准点。因出卖人迟延办理移转登记,致增加该税额负担时,则此项增值税额之增加,与出卖人迟延办理移转登记间,即非无因果关系,超出原应缴纳之税额部分,依约买受人本无须负担,为达契约目的,而以出卖人之名义向税捐机关缴交该项税额,买受人自受有损害,依"民法"第231条第1项应由出卖人负赔偿之责("最高法院"2002年台上字第2632号判决)。

因迟延所生损害赔偿应适用"民法"第125条规定,因15年不行使而消灭。

(二) 金钱债务迟延的损害赔偿:迟延利息

"民法"第233条规定:"(第1项)迟延之债务,以支付金钱为标的者,债权人得请求依法定利率计算之迟延利息。但约定利率较高者,仍从其约定利率。(第 2 项)对于利息,无须支付迟延利息。(第 3 项)前二项情形,债权人证明有其他损害者,并得请求赔偿。"此为实务上的重要问题,分四点加以说明:

(1)"民法"第 233 条第 1 项关于法定迟延利息,当事人得以特约排除。定期金钱债务当事人间纵有无利还本的特约,然其所免除者当为定期内之利益,苟逾期仍未清偿,债权人自可请求定期以后的迟延利息。

(2)所谓迟延以支付金钱为标的者,例如买受货物所负的价金支付义务、慰抚金债权、身体健康受侵害所请求恢复原状的金钱赔偿(第 213 条第 2 项)。

(3)"民法"第 233 条第 2 项所谓利息,包含迟延利息在内,故对于迟延利息,亦无须支付迟延利息("最高法院"1933 年上字第 1484 号判例)。所谓利息并不包括租金在内,故"民法"第 233 条第 2 项规定不能适用于租金,承租人租金的支付负迟延责任时,仍得请求依法定利率计算迟延利息。

(4)本条第 3 项所称其他损害,例如通货膨胀、货币大幅贬值。因金钱债务迟延给付而生迟延利息请求权,应适用"民法"第 126 条所定利息请求权短期消灭时效,因 5 年间不行使而消灭。

(三) 债务不履行损害赔偿

"民法"第 232 条规定:"迟延后之给付,于债权人无利益者,债权人得拒绝其给付,并得请求赔偿因不履行而生损害。"所谓赔偿因债务不履行而生之损害,学说上称为替补损害。例如,租车旅行,出租人迟延给付时,承租人必须准时出发,得拒绝给付,并请求须高价另租他车所受损失,此为替代给付的损害赔偿。迟延后之给付于债权人无利益之事实,应由债权人负举证之责("最高法院"1933 年上字第 2450 号判例、2006 年台上字第 228 号判决)。

(四) 债权人的履行请求权

在给付迟延,债权人除得请求迟延损害赔偿外,仍得请求债务人履行。债权人请求赔偿因不履行而生之损害,系以此赔偿替代原来给付,自不得再行请求履行。

二、给付迟延中的不可抗力责任

给付迟延中,债务人应负不可抗力所生的损害责任(第 231 条第 2

项)。例如,出卖之屋非因出卖人之过失,在给付迟延中遭火灾毁损,出卖人仍应就给付不能所生的损害负责。但出卖人得证明该地区发生地震引起火灾,纵不迟延交付,该屋仍不免于灭失时,不应负责。

三、解除契约

(一) 非定期行为

"民法"第254条规定:"契约当事人之一方迟延给付者,他方当事人得定相当期限催告其履行,如于期限内不履行时,得解除其契约。"债务人迟延给付时,须经债权人定相当期限催告其履行,债务人于期限内仍不履行时,债权人始得解除契约。债权人为履行给付之催告,如未定期限,难谓与前述民法规定解除契约之要件相符,自不得依上述法条规定解除契约。至若自债权人催告后经过相当期间而债务人仍不履行时,基于诚实信用原则,可发生该条所定之契约解除权者,应以债权人催告时定有期限而不相当(过短)者,始有其适用("最高法院"2013年台上字第2166号判决)。

债权人于履行期届至之前,非不得为有效之催告,惟"民法"第254条之相当期限,不自催告之时起算,而应自履行期届至时起算,此种催告效力之发生,以履行期之届至为停止条件,故履行期届至前,债权人若以债务人于履行期不履行,而再经过所订之相当期限仍未履行,则为解除契约之意思表示者,此项意思表示即为附有法定条件(以解除权之发生为条件)之解约意思表示,同时含附法定条件(以履行期之届至为催告效力发生条件)之催告性质,催告及解约系在履行期届至前,其催告及解约不生效力("最高法院"2001年台上字第1964号判决)。

(二) 定期行为

"民法"第255条规定:"依契约之性质或当事人之意思表示,非于一定时期为给付不能达其契约之目的,而契约当事人之一方不按照时期给付者,他方当事人得不为前条之催告,解除其契约。"所谓依契约之性质,非于一定时期为给付不能达其契约之目的者,系指就契约本身,自客观上观察,即可认识非于一定时期为给付不能达其契约目的之情形而言,例如定制庆祝节日牌坊。所谓依当事人之意思表示,非于一定时期为给付不能达其契约之目的者,必须契约当事人间有严守履行期间之合意,并对此期间之重要性(契约之目的所在)有所认识,例如定制结婚礼服,并告以系为本年6月6日结婚之用,必须于该日交付。

第三目　债务人于履行期前拒绝履行：期前违约责任的创设

一、问题的提出

债务人于履行期间届满前拒绝履行债务（给付拒绝）的，时常有之，例如，出卖人对买受人表示因仍须使用出售之房屋，拒绝交付该屋并移转其所有权；承揽人表示因原物料价格高涨，不愿完成承包工作。在此等情形，债务人有何救济方法，可以维护其权益？

二、实务与学说的对立见解

"最高法院"2004年台上字第42号判决谓："债务不履行包括给付不能、给付迟延及不完全给付三种，其形态及法律效果均有不同。所谓给付不能，系指依社会观念，其给付已属于不能者而言；若债务人仅无资力，按诸社会观念，不能谓为给付不能。给付迟延，则指债务人于应给付之期限，能给付而不为给付；倘给付可能，则债务人纵在期限前，预先表示拒绝给付，亦须至期限届满，始负迟延责任。至于不完全给付，则指债务人提出之给付，不合债之本旨而言。"本件判决具有两个意义：①肯定债务不履行包括给付不能、给付迟延及不完全给付三种。②认为倘给付可能，债务人纵在期限前预先表示拒绝给付，亦须至期限届满始负迟延责任。

值得注意的是，学说多认为债务人拒绝履行为一种独立的债务不履行形态：

（1）债权人可以不经催告而解除契约。

（2）债权人因为债务人的拒绝履行而另行购入契约标的物或者另雇他人，给付对于债权人已无利益时，即使债务人再行表示愿意给付，债权人亦有权拒绝受领而不构成受领迟延，并有权请求全部不履行的损害赔偿。

（3）债权人如果有先为给付的义务，则可依"民法"第265条关于不安抗辩权的规定，拒绝先为给付。

（4）债权人可申请强制执行。[①]

[①] 参见史尚宽：《债法总论》，第408页以下；刘春堂：《民法债编通则》（一）：载《契约法总论》，第327页。

三、比较法的观察

（一）《德国民法》

中国台湾地区民法上的债务不履行系继受德国法,德国法实务及多数学者长期以来肯定债务人于履行期前拒绝履行(Erfüllungsverweigerung)系积极侵害债权(positive Vertragsverletzung)的一种。在双务契约,不论其拒绝履行是在履行期之前或其后,债权人均得不经催告解除契约,请求债务不履行的损害赔偿。[①] 2002 年的债法现代化将此见解予以明文化,规定在履行期前,债务人严肃认真、终局明确地(ernst und endgültig)拒绝履行时,债权人得请求替代给付损害赔偿(《德国民法》第 281 条第 2 项),或解除契约,不以定期催告履行为要件。显然具备解除契约要件时,债权人亦得解除契约或请求损害赔偿(《德国民法》第 323 条第 4 项)。所谓显然具备解除契约的要件,指《德国民法》第 323 条第 1 项、第 2 项的规定,亦包括债务人严肃认真、终局明确地拒绝履行。[②]

（二）联合国国际货物买卖公约

值得特别提出的是,德国债法现代化的修正,深受 1980 年《联合国国际货物买卖合同公约》(The UN Convention on Contracts for the International Sale of Goods,简称 CISG)的影响,其关于履行期前拒绝给付的规定,系参考该《公约》第 72 条的规定：(1)若在契约履行期前,明确显示一方当事人将会严重违反契约时,他方当事人得解除契约。(2)若时间允许时,意图解除契约的当事人须对他方当事人给予合理的通知,使其得提供履行的必要担保。(3)若他方当事人业已表示其不履行债务时,不适用前项要求[(1)If prior to the date for performance of the contract it is clear that one of the parties will commit a fundamental breach of contract, the other party may declare the

---

[①] BGHZ 2, 310: 49, 56; Emmerich, Das Recht der Leistungsstörungen, S. 332 f.; Looschelders, Schuldrecht AT, S. 588, 619, 704, 707.

[②] 参照《德国民法》第 323 条:"1. 在双务契约中,债务人未履行或者未按契约履行到期的给付,如债权人为债务人设定了一个履行给付或继续履行的合理期限,而债务人在该期间届满后仍未履行的,则债权人有权解除契约。2. 在下列情形,无须设定期限:(1)债务人以严肃认真和终局确定的方式表示拒绝履行给付。(2)债务人在契约中确定的期日或在契约中确定的期间内没有履行给付,而债权人在契约中将债务人实时履行给付作为其给付利益存续的条件。(3)出于特殊事由,虑及双方利益,应立即解除契约。3. 根据违反义务的性质无法设定期限的,以催告代替设定期限。4. 如解除权要件的成就属显而易见,则在债务清偿期到来之前,债权人即可解除契约。"

contract avoided. (2)If time allows, the party intending to declare the contract avoided must give reasonable notice to the other party in order to permit him to provide adequate assurance of his performance. (3) The requirements of the preceding paragraph do not apply if the other party has declared that he will not perform his obligations]。① CISG 第 72 条规定了所谓的 anticipatory breach of contract(德文 antizipierter Vertragsbruch),此种期前违约规则系英美契约法的制度,经由德国著名学者 Rabel 的研究引入国际货物公约。② CISG 第 72 条关于期前违约的规则,旨在对债权人提供预防性的保护,分别规定两种救济方法:一方当事人的通知义务,使他方得提供履行债务的必要担保(第 72 条第 2 项)。一方当事人表示不履行其契约债务时,他方当事人得解除契约,不适用前项要求(第 72 条第 3 项),并得请求损害赔偿(第 74 条)。

(三) 中国台湾地区法的发展

"最高法院"肯定债务不履行包括给付不能、给付迟延及不完全给付三种类型,并认为倘给付可能,债务人于履行前预先表示拒绝给付时,债权人须至给付期限届满,始能主张迟延责任。此项见解固有所据,但为保护债权人的正当利益,维护其债权的价值,使债权人得提前解除契约,享有处分财货的自由,有助于促进社会经济活动,因此在中国台湾地区法上,应参照《德国民法》及 CISG 等,采取期前违约规则。在法律解释方法上不必认为债务人履行期前拒绝给付系一种独立的债务不履行,宜肯定拒绝履行乃属"民法"第 227 条不完全给付(相当于《德国民法》积极侵害债权)的一种特殊态样。基于债之关系,债务人负有顾及债权人利益或忠实协力的义务,不得从事不符契约之行为,尤其是在履行期前认真严肃、明确地拒绝履行,盖于此种情形,不可期待债权人坐等履行期限届满始得诉请履行,而应认定预先拒绝履行本身无正当理由,并有可归责的事由时,构成义务违反,债权人得依"民法"第 227 条规定解除契约,并请求损害赔偿。③ 若不采此种解释,

---

① 关于联合国国际商品买卖公约(CISG)的注释及第 72 条解释适用的问题,详见 Schlechtriem/Schwenzer, Kommentar zum Einheitlichen UN-Kaufrecht (4. Aufl. 2004)。

② Rabel, Gesammelte Aufsätze (Hrsg. Leser), Bd. 3, Arbeiten zum Privatrecht 1907 – 1930 (1965), S. 425, 426;德国法与英美法的比较法研究,Stoll, Zur Haftung bei Erfüllungsverweigerung im Einheitlichen Kaufrecht, RabelsZ 52, 1988, S. 617 – 643;比较法与中国大陆合同法的立法及解释适用,参见葛云松:《期前违约规则研究》,(中国政法大学出版社 2005 年版)。

③ 参见 Larenz, Schuldrecht I, S. 346, 365, 369.

为促进台湾地区民法的发展,亦应修正债法,增设期前违约的规定。

第四项　不完全给付与瑕疵担保责任

第一目　问题说明与体系构成

一、问题说明

债务不履行的第三种类型系不完全给付,即债务人虽提出给付,但所提出的给付不符合债之本旨。例如,出卖劣质食品、买受人食后中毒;出租的汽车机械故障发生车祸,致承租人身受重伤;会计师报表错误,公司误为投资惨赔;承揽人粉刷墙壁使用有毒油漆,使定作人感染疾病;雇主泄露受雇人的个人资料等;不胜枚举。

问题在于民法对不完全给付是否设有规定。《德国民法》(1900年)施行后的第二年既被发现对此类案例未设定明文,为法律漏洞,判例学说乃创设积极侵害债权(positive Forderungsverletzung)加以补充,并发展为不良给付(Schlechtleistung)或称为不良履行(Schlechterfüllung)制度,经由2002年《债法现代化法》而纳入债务不履行(在德国称为给付障碍,Leistungsstörung)的规范体系。①

旧"民法"第227条规定:"债务人不为给付或不为完全给付者,债权人得申请法院强制执行,并得请求损害赔偿。"本条是否为不完全给付的规定,虽无定论,但通说肯定不完全给付应属债务不履行的一种类型。中国台湾地区法上不完全给付制度的发展系建构在两个基础之上:①"最高法院"1988年4月19日1988年第7次民事庭会议决议(以下简称"最高法院"1988年决议);②1999年增设"民法"第227条规定。

二、体系构成

1. "最高法院"1988年决议

"最高法院"1988年民事庭会议提出议题:甲向乙购买货物一批,价金新台币5万元,经签发同额远期支票一纸,交付予乙,以资清偿。嗣后

---

① 参见黄立:《德国新债法之研究》,第107页(152)(2009);姚志明:《二○○二年德国债法现代化——一般给付障碍与买卖契约》,载《民事法理论与判决研究(一)——不完全给付与瑕疵担保责任》,第177页(2009)。Lorenz/Riehm, Lehrbuch zum neuen Schuldrecht, S. 175 ff.

甲发现该批货物有应由乙负担保责任之瑕疵,乃即通知乙,迨支票票载发票日,又故意使支票不获支付。乙于是起诉请求甲支付票款。问:甲可否以乙交付之货物有瑕疵,应负物之瑕疵担保责任或债务不履行责任为由,提出同时履行之抗辩?

其决议为:出卖人就其交付之买卖标的物有应负担保责任之瑕疵,而其瑕疵系于契约成立后始发生,且因可归责于出卖人之事由所致者,则出卖人除负物之瑕疵担保责任外,同时构成不完全给付之债务不履行责任。买受人如主张:①出卖人应负物之瑕疵担保责任,依"民法"第360条规定请求不履行之损害赔偿,或依同法第364条规定请求另行交付无瑕疵之物,则在出卖人为各该给付以前,买受人非不得行使同时履行抗辩权。②出卖人应负不完全给付之债务不履行责任者,买受人得类推适用"民法"第226条第2项规定请求损害赔偿,或类推适用给付迟延之法则,请求补正或赔偿损害,并有"民法"第264条规定之适用。又种类之债在特定时,即存有瑕疵者,出卖人除应负物之瑕疵担保责任外,并应负不完全给付之债务不履行责任(务请阅读本件决议的不同见解及研究报告)。

2. "民法"第227条规定

1999年修正民法债编时增订"民法"第227条规定:"(第1项)因可归责于债务人之事由,致为不完全给付者,债权人得依关于给付迟延或给付不能之规定行使其权利。(第2项)因不完全给付而生前项以外之损害者,债权人并得请求赔偿。"本条明定不完全给付的请求权基础。又依"民法"第227条之1规定:"债务人因债务不履行,致债权人之人格权受侵害者,准用第192条至第195条及第197条之规定,负损害赔偿责任。"值得特别提出的是,本条规定债务不履行侵害人格权的非财产之损害金钱赔偿(准用第195条)。

3. "最高法院"1988年决议及"民法"第227条(及第227条之1)的增订系"民法"自1929年施行以来最重要的变革,具有历史性的意义

关于不完全给付的规范构造(尤其是不完全给付与物的瑕疵担保的适用关系)的形成及完善,"最高法院"著有若干重要判决,引起学说的热烈讨论,将于下文加以整理分析。

第二目 不完全给付

一、请求权基础的创设

"民法"第227条系明定不完全给付的请求权基础。立法理由书谓:不

完全给付,有瑕疵给付及加害给付两种,瑕疵给付,仅发生原来债务不履行之损害,可分别情形,如其不完全给付之情形可能补正者,债权人可依迟延之法则行使其权利;如其给付不完全之情形不能补正者,则依给付不能之法则行使权利。为期明确,爰修正本条为不完全给付之规定。不完全给付如为加害给付,除发生原来债务不履行之损害外,更发生超过履行利益之损害,例如,出卖人交付病鸡致买受人之鸡群感染而死亡,或出卖人未告知机器之特殊使用方法,致买受人因使用方法不当引起机器爆炸,伤害买受人之人身或其他财产等是。遇此情形,固可依侵权行为之规定请求损害赔偿,但被害人应就加害人之过失行为负举证责任,保护尚嫌不周。学者间亦有持不同见解者,为使被害人之权益受更周全之保障,并杜绝疑义,爰于本条增订第2项,明定被害人就履行利益以外之损害,得依不完全给付之理论请求损害赔偿。兹参照第227条立法理由,分五点作更进一步说明:

(1)"民法"第227条所称不完全给付,在德国称为不良给付(Schlechtleistung)或不良履行(Schlechterfüllung),二者系属同义。在中国台湾地区民法,不完全给付亦可称不完全履行。

(2)所谓不完全"给付",应作广义解释①:给付义务包括主给付义务(名马的出卖人负交付该名马及移转所有权的义务)及从给付义务(名画出卖人负交付鉴定书的义务)。附随义务包括与给付具有关联的附随义务(如对出售机器的说明义务)及与给付不具关联的附随义务(如受雇人须保守雇主的营业秘密)。

(3)不完全给付分为瑕疵给付及加害给付两种。前者仅发生原来债务不履行的损害,依其可否补正,类推适用给付不能或给付迟延规定。后者除发生原来债务不履行损害赔偿(如机器故障所生损害)外,更超过履行利益损害(如机器故障爆炸,更伤害买受人的人身及工厂设备)。

(4)不完全给付适用于所有的契约,包括设有瑕疵担保的买卖、承揽等契约,及未设瑕疵担保的有名契约(委任、雇佣)或无名契约。

(5)中国台湾地区法上的不完全给付制度受德国法积极侵害债权(或不良履行)的影响,旨在补充债务不履行仅设给付不能及给付迟延的法律漏洞。须特别指出的是,德国判例学说认为,积极侵害债权(不良给

---

① 关于契约上的义务群,较详细说明,参见王泽鉴:《债法原理》,第37页。实务上多采同于本书的见解(例如"最高法院"2012年台上字第2098号判决)。

付)仅在规范加害给付(瑕疵结果损害),买受人不因出卖人的不良给付而有修补物之瑕疵请求权。

兹参照前揭说明,建构如下不完全给付损害赔偿的请求权基础:

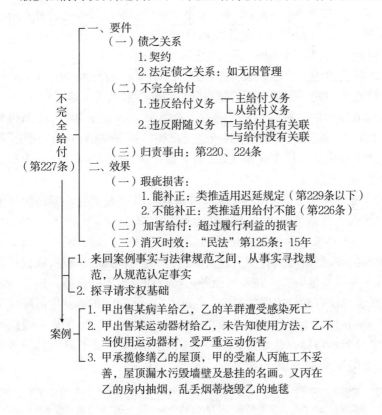

请区别前揭三个案例,明辨事实,说明当事人间的法律关系(尤其系违反何种契约上义务,发生何种法律效果),若能写成书面,必有助于了解不完全给付制度,其适用范围,尤其是不完全给付与瑕疵担保的适用关系。

二、适用范围

(一) 给付义务不完全履行

契约有设瑕疵担保规定的(如买卖、承揽),有未设瑕疵担保规定的(如雇佣、委任、医疗契约)。前者发生不完全给付与瑕疵担保的适用关系(详见后述)。在后者仅适用"民法"第227条规定。

给付义务的不完全履行,包括主给付义务及从给付义务。主给付义务,指基于债之关系所固有、必备,并能决定债之关系类型的基本义务。从给付义务系指为准备、确定、支持及完全履行主给付义务之具有本身目的之义务。关于主给付义务的不良履行,例如:

(1)租赁契约。租赁物一部分为违章建筑。①

(2)雇佣契约。受雇人服劳务、修理电线,引起火灾,烧毁厂房。

(3)委任契约。律师在无管辖权的法院起诉致当事人遭受损失。②

(4)医疗契约。医师为病患手术,遗留手术纱布于体内,病患得依"民法"第227条规定请求身体健康遭受伤害的损害赔偿,并依"民法"第227条之1规定准用第195条规定,就非财产损害(精神痛苦)请求相当数额的赔偿(慰抚金)。

关于从给付义务的不完全履行,例如名马出卖人交付不实血统证明书。出卖人出售商品未为适当包装,致商品毁损。

(二) 附属义务的不完全履行

附属义务,指债务人有使债权人的给付利益获得最大满足,或保护债权人的人身或其他财产法益不因债务之履行而受损害的义务。须先说明的是,在法律设有瑕疵担保的契约(例如买卖、承揽),亦得发生附随义务的不完全给付(履行)。附随义务的发生有为法律规定,有基于诚信原则,有来自契约解释。兹分具有给付关联的附随义务及不具给付关联的附随义务的违反,举例说明如下:

---

① "最高法院"2014年台简上字第7号判决(租赁物一部分为违章建筑):按出租人除应以合于所约定使用、收益之租赁物交付承租人外,应于租赁关系存续中保持其合于约定使用、收益之状态,此观"民法"第423条之规定自明。此项出租人之租赁物保持义务,固应于租赁期间内继续存在,使承租人得就租赁物为约定之使用收益状态,倘承租人于订约时,已知租赁物之一部分为违章建筑,出租人又未保证该违章建筑部分无拆除危险,则就该违章建筑遭拆除而无法保持租赁物合于约定使用、收益之状态,自为承租人于订约时所得预期,即难谓系可归责于出租人之不完全给付,而令其负"民法"第227条第2项规定之加害给付赔偿责任。

② 关于不完全给付与给付不能的区别,参见"最高法院"2011年台上字第2091号判决(新药临床计划报告):"本件两造签订系争合约,由被上诉人委托上诉人从事系争新药之临床试验,上诉人已交付系争新药计划报告,惟因该项计划报告有缺失,遭卫生署不准备查,既为原审认定之事实,则上诉人已依系争合约提出给付,虽其给付不符合债务本旨,究与应有所为而不能为,而以消极的不给付侵害被上诉人债权之情形不同,自非依社会观念已属不能之给付不能可比。原审见未及此,迳以系争新药计划报告因卫生署驳回确定,致系争合约之契约目的无法达成,即谓构成给付不能云云,已有适用法规不当之违误。"

1. 具有给付关联附属义务的违反
(1)出卖人未告知运动器材的使用方法(说明义务)。①
(2)房屋定作人未协助承揽人取得建筑执照(协力义务)。
2. 不具给付关联附属义务的违反
(1)雇佣:雇主提供的工具具有缺陷,致劳工受伤(照顾义务,参见"民法"第483条之1)。
(2)承揽:承揽人油漆房屋,污损定作人的地毯(保护义务)。
(3)医疗:医师泄露病人的隐私(守密义务)。

三、法律效果

(一) 瑕疵给付、加害给付

分就瑕疵给付与加害给付说明如下:

1. 瑕疵给付

瑕疵给付,依其是否可以补正,类推适用给付不能、给付迟延的规定(请参阅相关部分说明)。瑕疵可以补正时,例如出售的货车故障、翻译的文件错误百出、修缮的屋顶漏水,债权人得请求修补、请求迟延给付的损害赔偿或解除契约。瑕疵不能补正时,如出售的病犬死亡、出售泡水车、出售的电视机因故障而爆炸,债权人得请求债务不履行的损害赔偿或解除契约。

2. 加害给付

加害给付所造成被害人的人身或财产损害(瑕疵结果损害),有因给付义务的不完全履行(如交付的运动器材有缺陷),有为附随义务的违反(如未告知运动器材的使用方法)。加害给付得与侵权行为损害赔偿发生竞合。

3. 瑕疵给付与加害给付并存

瑕疵给付得与加害给付并存。例如,出卖的运动器材故障(瑕疵给付),致买受人使用该具有瑕疵的运动器材后受伤(加害给付)时,债权人得主张二者的法律效果。

(二) 契约终止及解除权的创设

值得特别提出的是,关于"民法"第227条不完全给付规定的适用,

---

① 实务案例的分析检讨,参见詹森林:《出卖人附随义务之实务发展——"最高法院"裁判之研究》,载《法令月刊》,2010年第61卷第3期,第33页。

"最高法院"作有两个重要判决：①为关于继续性契约的终止；②违反附随义务的解除契约，分述如下：

1. 继续性供给契约的终止

继续性供给契约，若于中途当事人之一方发生债务不履行情事，民法虽无债权人得终止契约之明文规定，但债权人对于不履行或不为完全履行债务人之将来给付，必感不安，为解决此情形，应得类推适用"民法"第227条及第254条至第256条之规定，许其终止将来之契约关系（"最高法院"2011年台上字第675号判决）。

2. 附随义务不完全履行的解除契约

附随义务性质上属于非构成契约原素或要素之义务，如有违反，债权人原则上固仅得请求损害赔偿，然倘为与给付目的相关之附随义务之违反，而足以影响契约目的之达成，使债权人无法实现其订立契约之利益，则与违反主给付义务对债权人所造成之结果，在本质上并无差异（皆使当事人缔结契约之目的无法达成），自亦应赋予债权人契约解除权，以确保债权人利益得以获得完全之满足，俾维护契约应有之规范功能与秩序（"最高法院"2011年台上字第2号判决）。

第三目 不完全给付与买卖之物瑕疵担保责任[①]

一、问题说明

民法就若干契约设有瑕疵担保规定，债务人的给付瑕疵（如出卖事故车、病鸡、逾期食品等）亦属不完全给付，瑕疵担保责任在其规定范围内系不完全给付的特别规定，应优先适用。瑕疵担保所未包括的部分，仍有不完全给付一般规定的适用。

---

① 不完全给付与物的瑕疵担保责任系民法上讨论最多的问题，深化了民法的研究，参见陈自强：《不完全给付与物之瑕疵——契约法之现代化（二）》（2013），本书系一本具有学术价值的重要著作，附有详细的参考文献（第349—364页）；姚志明：《民法理论与判决研究》（2009），本书收录关于债务不履行、不完全给付与瑕疵担保的论文，具参考价值。关于实务问题深入精辟的研究，参见詹森林：《物之瑕疵担保、不完全给付与买卖价金之同时履行抗辩》，载《万国法律》1988年第42卷，第30—44页；不完全给付，载《民事法理与判决研究》（二），第127—182页（2003）；不完全给付与物之瑕疵担保之实务发展；载《台湾大学法学论丛》，2010年度第39卷第3期，第69—108页；王泽鉴：《不完全给付之基本理论》，载《民法学说与判例研究》（三），第59页；王泽鉴《物之瑕疵担保、不完全给付与同时履行抗辩》，载《民法学说与判例研究》（六），第115页。

"民法"关于旅游契约设有第514条之7第1、2项规定:"旅游服务不具备前条之价值或质量者,旅客得请求旅游营业人改善之。旅游营业人不为改善或不能改善时,旅客得请求减少费用。其有难于达预期目的之情形者,并得终止契约。因可归责于旅游营业人之事由致旅游服务不具备前条之价值或质量者,旅客除请求减少费用或并终止契约外,并得请求损害赔偿。"由此可知,旅游契约的瑕疵担保不包括不完全给付的加害给付,在此部分,应适用"民法"第227条第2项规定。例如,旅游营业人提供有瑕疵的游览车,并因司机驾驶不当发生车祸时,应依"民法"第227条及第227条之1的规定,就旅客人身健康所受伤害负赔偿责任。

民法对买卖与承揽瑕疵担保责任的要件及法律效果详设规定,其与不完全给付的适用关系,系民法上的重要争议问题,兹先就买卖之物的瑕疵责任与不完全给付加以说明。

二、买卖物之瑕疵担保责任与不完全给付的比较

出卖之物具有瑕疵,例如,出卖事故车、病猪、有毒便当、海砂屋等,系属一种不完全给付。民法设有物的瑕疵担保责任,在论述其与不完全给付的适用关系前,先说明两者的异同。

(一) 买卖物之瑕疵担保的结构

1. 法定担保的无过失责任

物的瑕疵担保责任系法定担保责任,不以出卖人具有过失为要件,出卖人对物的瑕疵的发生或发现纵无过失,亦应负担保责任。

2. 要件:物之瑕疵担保责任的成立

(1)须有物之瑕疵。"民法"第354条第1、2项规定:物之出卖人对于买受人,应担保其物依第373条之规定危险移转于买受人时无灭失或减少其价值之瑕疵,亦无灭失或减少其通常效用或契约预定效用之瑕疵。但减少之程度,无关重要者,不得视为瑕疵。出卖人并应担保其物于危险移转时,具有其所保证之品质。须强调的是,物之瑕疵担保以危险移转(物交付时)为准据时点,瑕疵究于订约时业已存在,或订约后发生,在所不问。

(2)须无担保责任排除事由。关于物之担保责任排除,"民法"设有详细规定:

①瑕疵之知悉与告知。"民法"第355条规定:"(第1项)买受人于

契约成立时,知其物有前条第1项所称之瑕疵者,出卖人不负担保之责。(第2项)买受人因重大过失,而不知有前条第1项所称之瑕疵者,出卖人如未保证其无瑕疵时,不负担保之责。但故意不告知其瑕疵者,不在此限。"

②买受人的检查通知责任。"民法"第356条规定:(第1项)买受人应按物之性质,依通常程序从速检查其所受领之物。如发现有应由出卖人负担保责任之瑕疵时,应即通知出卖人。(第2项)买受人怠于为前项之通知者,除依通常之检查不能发现之瑕疵外,视为承认其所受领之物。(第3项)不能即知之瑕疵,至日后发现者,应即通知出卖人,怠于为通知者,视为承认其所受领之物。"民法"第356条之规定,于出卖人故意不告知瑕疵予买受人者,不适用之(第357条)。

3. 效果

(1)解约或减少价金。"民法"第359条规定:"买卖因物有瑕疵,而出卖人依前五条之规定,应负担保之责者,买受人得解除其契约或请求减少其价金。但依情形,解除契约显失公平者,买受人仅得请求减少价金。"又依"民法"第365条规定:"(第1项)买受人因物有瑕疵,而得解除契约或请求减少价金者,其解除权或请求权,于买受人依第三百五十六条规定为通知后六个月间不行使或自物之交付时起经过五年而消灭。(第2项)前项关于六个月期间之规定,于出卖人故意不告知瑕疵者,不适用之。"

(2)另行交付无瑕疵之物。"民法"第364条规定:(第1项)"买卖之物,仅指定种类者,如其物有瑕疵,买受人得不解除契约或请求减少价金,而实时请求另行交付无瑕疵之物。(第2项)出卖人就前项另行交付之物,仍负担保责任。"

(3)请求不履行的损害赔偿。"民法"第360条规定:"买卖之物,缺少出卖人所保证之质量者,买受人得不解除契约或请求减少价金,而请求不履行之损害赔偿;出卖人故意不告知物之瑕疵者亦同。"依本条规定,买受人得请求不履行损害赔偿,限于两种情形:一为买卖之物缺少出卖人保证的质量;二为出卖人故意不告知物之瑕疵。

本条与不完全给付的适用关系涉及两个问题:

①不履行损害赔偿范围。在欠缺保证质量的情形,其赔偿范围依契约解释加以认定。在故意不告知瑕疵的情形,其赔偿范围包括瑕疵损害

及瑕疵结果损害。①

②消灭时效或除斥期间。"最高法院"2010年台再字第37号判决谓：买受人依"民法"第360条规定请求不履行之损害赔偿，民法未定其消灭时效或除斥期间，学说上固有主张应适用同法第365条之规定；惟亦有认为，此项损害赔偿请求权，性质上既为债务不履行之损害赔偿请求权，自应与一般债务不履行作同一解释，而适用同法第125条规定之15年消灭时效期间。则上述法律见解在学说上系诸说并存且尚无法规判解可据，原确定判决认为再审被告依"民法"第360条规定，请求再审原告赔偿债务不履行之损害，无1999年4月21日修正前"民法"第365条第1项规定之适用，自不得指为用法错误。此涉及重要的法律问题，"最高法院"为何不表示自己的法律见解，作成可供适用的判决？

（4）买受人无修补请求权。值得特别提出的是，在物的瑕疵担保，通说肯定买受人无修补请求权。此项见解可资赞同，其理由有三：

①民法之所以未规定出卖人修补义务，系认为通常出卖人无修补能力。

②买卖未规定买受人的修补请求权，而承揽明定定作人有请求修补的权利（第413条），依"明示其一，排除其他"的法律解释原则，足见立法者明显有意排除买受人的瑕疵修补请求权。

③修补请求权（补正请求权）乃不完全给付制度内容，须以债务不履行为前提，如于买卖之瑕疵担保责任肯定修补请求权，势必混淆债务不履行与瑕疵担保责任。②

（二）买卖物之瑕疵担保责任与不完全给付的比较

在论述买卖物之瑕疵担保责任与不完全给付的适用关系之前，为便

---

① "最高法院"2004年台上字第973号判决：上诉人所交付钢管，不符其检验证明书所具备之质量，而被上诉人转售予汉唐公司，因不具备"三〇四L"型钢管质量，汉唐公司迫于其与瀚宇公司工程合约之"质量"要求重新施作，并以重新施作之部分费用即3 975 731元求偿于被上诉人，被上诉人与汉唐公司协商此重新施作费用分担比例时，上诉人虽未同意，然此费用系因上诉人交付质量不符之钢管，致买受人即被上诉人须为原订价金外增加之支出，自属"民法"第216条第1项所受损害。被上诉人依"民法"第360条瑕疵担保规定，请求上诉人赔偿此部分费用，洵属有据。本件判决涉及欠缺出卖人所保证的质量及瑕疵损害。

② 参见史尚宽：《债法各论》，第45页以下。此为德国判例学说一致的见解，参见 Larenz, Schuldrecht, Bd. II, 1. Halbband, Besonderer Teil (13. Aufl. 1986), S. 51; Dagegen gibt das Gesetz dem Käufer nicht das Recht, die Beseitigung des Mangels zu verlangen, und ebensowenig das Recht, die verkaufte mangelhafte Sache in eine andere, gleichartige, aber mangelfreie umzutauschen. (法律不给予买受人排除瑕疵的权利，亦不使买受人得以所出卖瑕疵之物替换其他种类相同，但无瑕疵之物。)

于对比,将二者的主要区别(请参阅前揭相关部分的说明)列表如下(阿拉伯数字表示"民法"条文):

比较 \ 事项	物之瑕疵担保责任与不完全给付	
	物之瑕疵担保责任 (第354条以下)	不完全给付(第227条)
性质	法定担保责任(通说)	债务不履行
成立要件	1. 无过失责任 2. 物有瑕疵 3. 责任排除:第356条	1. 债务人须可归责 2. 不完全给付:物有瑕疵
法律效果	1. 减价或解除契约(第359条) 2. 不履行损害赔偿(第360条) 3. 无补正(修补)请求权	1. 瑕疵给付:有补正请求权,债权人不欲补正、债务人拒不补正或不能补正者,债权人得请求损害赔偿(瑕疵损害),并解除契约 2. 加害给付:瑕疵结果损害赔偿
权利行使期间	1. 解除权或减少价金请求权(第365条) 2. 第360条损害赔偿请求权:实务:第125条;学说:第365条	第125条:15年

须特别指出的是,物之瑕疵亦属不完全给付,民法之所以特设物之瑕疵担保责任制度,系为顾及买卖契约当事人的利益:

(1)对出卖人言,尽速了解物之瑕疵的争议。

(2)对买受人言,在于维护价金与物之价值的对等价值。

相较于物的瑕疵担保责任,不完全给付债务不履行规定具有两个有利于买受人的规定:

(1)瑕疵补正请求权。

(2)瑕疵给付及加害给付的损害赔偿请求权。

不完全给付与物之瑕疵担保责任的问题在于得否或如何调整两个制度,认定买受人得否主张前述不完全给付的两个有利的请求权。

三、物的瑕疵担保与不完全给付的适用关系

(一)"最高法院"见解:以瑕疵发生时为判断基准

关于如何解释适用"最高法院"1988年决议、"民法"第227条规定与物

之瑕疵担保责任,"最高法院"作有若干重要判决,其基本见解体现于"最高法院"2011年台上字第1468号判决:"按不完全给付,系指债务人所为之给付,因可归责于其之事由,致给付内容不符债务本旨,而应负债务不履行损害赔偿之责任;至物的瑕疵担保责任,系指存在于物之缺点,乃物欠缺依通常交易观念或当事人之决定,应具备之价值、效用或质量,所应负之法定无过失责任。二者之法律性质、规范功能及构成要件均非一致,在实体法上为不同之请求权基础,在诉讼法上亦为相异之诉讼标的,法院于审理中自应视当事人所主张之诉讼标的之法律关系定其成立要件。又出卖人就其交付之买卖标的物有应负担保责任之瑕疵,而其瑕疵系于契约成立后始发生,且因可归责于出卖人之事由所致者,出卖人除负物的瑕疵担保责任外,同时构成不完全给付之债务不履行责任,亦即此际物的瑕疵担保责任与不完全给付之债务不履行责任,形成请求权竞合之关系,当事人得择一行使之。"

兹分三点说明本件判决的内容:

(1)不完全给付与物的瑕疵担保责任系不同的请求权基础。

(2)不完全给付得适用于契约成立后发生的瑕疵(简称嗣后瑕疵),买受人有瑕疵修补请求权、瑕疵给付及加害给付的损害赔偿。瑕疵于契约成立前既已存在的(简称自始瑕疵),买受人不得主张不完全给付,仅得主张物之瑕疵担保请求权,仅得依"民法"第360规定请求不履行损害赔偿。

(3)在适用不完全给付时,不适用买卖物之瑕疵担保的规定,尤其是买受人检查通知义务(第356条以下)①,请求权的行使期间(第365条)。②

---

① "最高法院"1998年台上字第2668号判决:按因可归责于出卖人之事由,致买卖标的之不动产有面积短少足使其价值、效用减少之瑕疵时,出卖人除负瑕疵担保责任外,同时应负不完全给付之债务不履行责任。而物之瑕疵担保责任与不完全给付之债务不履行责任,其法律性质、构成要件及规范功能各不相同。故买受人如主张出卖人应负不完全给付之债务不履行责任,而请求其赔偿损害时,应无"民法"第356条规定之适用。原审认被上诉人就系争房地面积短少之瑕疵,虽未履行从速检查通知上诉人之义务,仍可依不完全给付之法律关系,请求上诉人赔偿损害,并无不合。

② "最高法院"1998年台上字第1707号判决:不完全给付、给付不能、给付迟延等债务不履行责任,与物之瑕疵担保责任,两者法律关系不同,其请求权各别存在。另依"民法"第365条之规定,买受人因物有瑕疵,于受交付后6个月间不行使而消灭之请求权,仅以契约解除及价金减少请求权为限,至因不履行契约所生债务不履行之损害赔偿请求权则不在适用之列。易言之,买受人如依不完全给付请求损害赔偿,应适用"民法"第125条规定的15年时效期间。参见詹森林:《不完全给付——最高法院决议与判决之发展》,载《台湾本土法学杂志》,2005年第34期,第23页以下。萧忠仁:《论不完全给付与物之瑕疵担保竞合——以检查义务、除斥期间之遵守为中心》,载《法学丛刊》,(1996年第41卷第3期,第40—59页)。

为便于讨论,将前揭"最高法院"见解,图示如下:

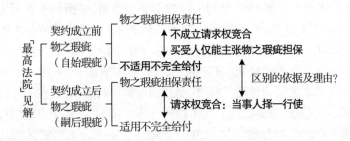

兹举例加以说明:甲于3月1日出卖某鸡给乙,鸡有病,于3月3日交付(危险移转),乙的鸡群遭受感染生病或死亡。

(1)该特定之某鸡于3月1日患病时(自始瑕疵),仅适用物之瑕疵担保责任,不适用不完全给付,乙不得向甲主张瑕疵补正请求权(医治病鸡,或支付医治病鸡的费用)。甲虽疏未发现鸡有病,乙不得依"民法"第227条规定向甲请求鸡群伤亡(加害给付)的损害赔偿,仅能行使物之瑕疵担保权利。

(2)该特定之鸡于3月2日遭受感染生病(嗣后瑕疵),乙得依"民法"第227条规定向甲请求医治病鸡并请求鸡群死亡的损害赔偿,或行使物之瑕疵担保权利。

针对前揭案例的法律适用,买受人应会提出一个简单的问题:出售之鸡于交付时(危险移转)有病,不论是自始瑕疵或嗣后瑕疵,均得成立物之瑕疵担保。又"最高法院"强调不完全给付与物之瑕疵担保责任系不同的请求权基础,为何在自始瑕疵,买受人仅能主张物的瑕疵担保,而无"民法"第227条的适用;在嗣后瑕疵,买受人得选择行使其一? 对此关键重要问题,"最高法院"在1988年决议及其后的相关判决,似未曾有所说明可供理解或检核的判决理由(叙明理由的目的,在于管控结论、供人检证。对基本重要法律见解,更有说理的必要)。

(二) 学者见解

学说上对"最高法院"的见解多不赞同:陈自强认为"最高法院"见解

或系继受日本学说①,并提出三点分析:

(1)日本传统通说以嗣后瑕疵为债务不履行问题,与日本民法物权及危险移转所采之原则息息相关。盖日本民法特定物所有权于契约成立时即移转,且《日本民法》第534条第1项就特定物物权之移转,系以契约成立时为危险移转时点,故嗣后瑕疵,除出卖人有归责事由,须依债务不履行负责外,否则,均由买受人承担不利益。"民法"所有权依法律行为之变动并不采意思主义,而为登记或交付生效主义(第758条第1项、第761条),第373条及继受《德国民法》第446条之立法例,以交付为买卖标的物危险移转之时点,不能与日本通说作同样解释。在德国法上未见有同于"最高法院"所采见解。

(2)债务不履行之判断,应该以清偿期届至时债务人是否依债务本旨提出给付为标准,而非瑕疵存在之时点。

(3)纵认为特定物出卖人有给付无瑕疵之物之义务,亦难因此而认定契约成立后瑕疵方构成债务不履行。

詹森林强调标的物于契约成立前已发生瑕疵,而出卖人于缔约时,因故意或过失,未告知买受人者,仍应构成不完全给付之责任:

(1)不完全给付,系以可归责于债务人为负责之基础。出卖人就标的物发生物之瑕疵可归责,并以该标的物为交易客体者,则毋庸区分该瑕疵系于契约成立前或成立后发生,均应对买受人负不完全给付之责。

(2)"民法"第360条规定出卖人故意不告知瑕疵者,始负损害赔偿责任,系为平衡出卖人就买受人之解除契约或减少价金应负无过失责任所致。令出卖人就缔约前已存在之瑕疵负不完全给付责任,系因其对该瑕疵之发生有故意或过失,或因过失而未告知该瑕疵于买受人,与"民法"第360条之基本价值判断,不致矛盾。

(3)不许买受人主张不完全给付不足保护买受人利益。②须注意的

---

① 参见孙森焱:《民法债编总论》(上册),第387页:"就物之瑕疵言,如买卖标的物系特定物,则瑕疵虽于契约成立时即已存在,就出卖人言,将该特定之标的物交付,即属依债务本旨为给付,对于物之瑕疵负其责任。倘若瑕疵于契约成立后发生者,因其给付系不完全,固可发生债务不履行责任,惟是否同时发生瑕疵担保责任? 不无疑义。日本通说认为,瑕疵系于契约成立后发生者,乃属债务不履行或危险负担之问题,惟有契约成立时即已存在之瑕疵始属瑕疵担保。"另参见陈自强:《不完全给付与物之瑕疵——契约法之现代化》(二),第171—175页(2013)。

② 参见詹森林:《不完全给付——"最高法院"决议与判决之发展》,载《台湾本土法学杂志》2005年第34期,第23、43页。

是,詹森林似认为,在自始瑕疵,亦应有不完全给付规定的适用,而成立竞合关系,特别强调买受人的补正请求权。

(三) 分析讨论

1. 解决途径的探寻

不完全给付与物之瑕疵担保的适用关系,有三种可能的处理思考途径:

(1)严格法条竞合说,认为物之瑕疵担保完全排除不完全给付的适用。此项见解不足以保护买受人,实务与学说均不采此处理方法。

(2)自由竞合说,认为不论瑕疵发生的时点(自始瑕疵或嗣后瑕疵),或买受人所受损害(瑕疵损害或瑕疵结果损害),买受人均得选择适用物的瑕疵担保或不完全给付。此说有利于保护买受人,但违反物之瑕疵担保责任的规范计划。

(3)适用范围区别说,即以一定的基准或观点区别物的瑕疵担保责任与不完全给付的适用关系。此为中国台湾地区"最高法院"及德国通说所采的方法。

2. 瑕疵发生时点区别理论:中国台湾地区"最高法院"的见解

关于物之瑕疵担保与不完全给付的适用关系,"最高法院"系以瑕疵发生时点作为判断基准,学说采反对见解,基本上应值赞同。以瑕疵发生时点认定有无不完全给付的适用,在现行法上无论如何认定瑕疵担保的法律性质(法定责任说或履行说),均不足以作为嗣后瑕疵始成立不完全给付的理论基础。以瑕疵发生时点决定买受人得主张的权利,失诸武断,难以认识其区别逻辑及判断原则。瑕疵于契约成立时即已存在,不适用不完全给付,但于契约成立后一小时发生的瑕疵,买受人得主张不完全给付,不合事理。台湾地区民法物之瑕疵担保责任及不完全给付,基本上同于旧德国民法,在德国判例学说未曾提及应以瑕疵发生的时点决定有无不完全给付(在德国法上称为积极侵害、不良给付、不良履行)的适用,之所以未予提出,应系认为此非系处理不完全给付与物之瑕疵担保责任适用关系的合理方法。

3. 瑕疵损害与瑕疵结果损害区别说:德国通说

中国台湾地区法上的物之瑕疵担保责任的规定基本上同于德国法,不完全给付亦受德国法积极侵害债权理论的影响,因此值得比较研究的是德国法上如何处理物之瑕疵担保与不完全给付的适用关系?

德国通说认为,物之瑕疵担保责任是一种特别规定,具有优先性,只有在物之瑕疵担保责任存在有法律漏洞时,始有积极侵害债权适用的余地。德国判例学说将因物的瑕疵所肇致的损害分为瑕疵损害(Mangelschaden)及瑕疵结果损害(Mangelfolgeschaden)。前者指与物的瑕疵有直接关联的损害,例如物的价值减损、所失利益。后者指因物的瑕疵致人身、财产权所受损害,例如因出卖之鸡有病,致买受人鸡群遭受感染死亡;出卖之机车故障,致买受人发生车祸,身体健康受侵害。买受人得依积极侵害债权请求瑕疵结果损害,但须以出卖人有可归责事由为要件,不受物之瑕疵担保责任的影响。[①] 此项见解产生两个重大难题:

(1)为何、如何区别瑕疵损害与瑕疵结果损害?

(2)不完全给付的损害赔偿请求权的消灭时效究应适用买卖法上的短期时效(旧《德国民法》第477条),抑或一般消灭时效?

4. 比较研究

比较法的研究,应由法条比较扩大深化于判例(案例)研究,更深刻了解法律解释的方法。兹将德国及中国台湾地区的不同处理模式(以下简称德国模式、中国台湾地区模式),图解如下:

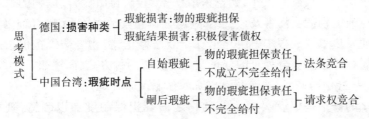

依中国台湾地区模式,在自始瑕疵不适用不完全给付,买受人仅得主张物的瑕疵担保责任,纵使出卖人有可归责事由(疏于检查发现物的瑕疵),买受人亦无修补请求权,或请求瑕疵结果损害赔偿。依德国模式,不论瑕疵发生的时点,买受人均得依积极侵害债权请求瑕疵结果损害。例如出卖病鸡,或未告知机器使用方法的情形,在德国买受人得请求鸡群受感染死亡,或身体健康受侵害的损害赔偿。在中国台湾地区,于自始瑕疵的情形,买受人无不完全给付债务不履行的损害赔偿请求权,仅得适用侵

---

① Larenz, Schuldrecht II/1, S. 70 f.

权行为的规定(尤其是"民法"第 184 条第 1 项前段)。因此就瑕疵结果损害言,德国模式对买受人的保护较为有利。

在德国法,积极侵害债权制度的创设仅在处理不良给付的瑕疵结果损害,不涉及物的瑕疵修补。因此物的瑕疵的发生纵因可归责于出卖人,买受人亦无修补请求权。在中国台湾地区的不完全给付,于出卖人有可归责的事由,买受人有瑕疵补正请求权,对买受人较为有利,问题在于以归责事由区别买受人有无瑕疵修补请求权,比较法上鲜少其例。

德国模式与中国台湾地区模式体现不同的法学方法。中国台湾地区继受德国法,致力于创设新的制度,自我发展,而有所突破。不完全给付与物之瑕疵担保责任的展开,在一定程度彰显中国台湾地区法学创新的努力。

四、买卖物之瑕疵担保与不完全给付债务不履行一体化的发展方向

买卖物之瑕疵担保责任源自罗马法,系民法最古老传统的制度。德国判例学说所创设的积极侵害债权(不良给付),及中国台湾"民法"增设第 227 条规定不完全给付,其主要目的在于保护被害人的人身健康及财产权(维持利益),如何一方面维护物的瑕疵担保制度,一方面有所补充,是一个法学上艰巨的工作,无论采取法条竞合、自由竞合、以物的瑕疵发生时点或区别瑕疵损害及瑕疵结果损害,调整其适用关系,均有难以契合之处而发生争议。根本解决之道在于立法修正,将物之瑕疵担保纳入债务不履行体系。兹分为小的修正及大的修正两种方法,简述如下:

(一) 小的修正:买卖物之瑕疵担保制度的再造

小的修正是仅就买卖法上的物之瑕疵担保制度加以改造,其重点有三:

(1)修正"民法"第 349 条规定:出卖人应使买受人取得无瑕疵之物,并应担保第三人就买卖之标的物,对于买受人不得主张任何权利。易言之,出卖人负有使买受人取得之物无物之瑕疵及权利瑕疵的给付义务,即以物之无瑕疵为出卖人的主给付义务。

(2)修正"民法"第 359 条规定:买卖物有瑕疵时,买受人得请求出卖人修补瑕疵或另行交付无瑕疵之物。修补瑕疵或另行交付无瑕疵之物,合称后补给付(Nacherfüllung),不以出卖人有归责事由为要件。

(3)删除"民法"第 360 条规定,另增订:于有归责于债务人之事由时,买受人得依"民法"第 227 条规定请求不履行的损害赔偿。

以上三点修正之目的,在于将物之瑕疵担保融入债务不履行,彻底解决不完全给付与物之瑕疵担保责任适用关系的难题。

(二) 大的修正

大的修正系参照德国债法现代化、国际公约及比较法的发展,全盘检讨债务不履行的体系构造,包括债之义务违反的统一化、给付不能的整合、解除契约制度的完善、缔约过失责任的检讨。此项大的修正将有助于中国台湾地区民法的体质与国际发展的接轨,促进中国台湾地区法学的进步与发展。①

第四目 不完全给付与承揽瑕疵担保责任

一、承揽瑕疵担保责任的构造

承揽系当事人约定一方为他方完成一定之工作,他方俟工作完成,给付报酬之契约(第490条),适用对象涉及衣食住行等社会生活,例如定制衣服、承办酒席、修建房舍、修理汽车、戏剧演唱、提供法律意见书等有形、无形的工作。民法关于承揽契约设有瑕疵担保责任,亦发生与不完全给付的适用关系。② 兹分四点说明承揽担保责任的法律构造。

(一) 承揽人应负工作无瑕疵的给付义务

"民法"第492条规定:"承揽人完成工作,应使其具备约定之品质及无减少或灭失价值或不适于通常或约定使用之瑕疵。"由此可知,承揽人负有交付无瑕疵工作的义务,应负无过失担保责任。

(二) 承揽瑕疵担保的效力

承揽人违反瑕疵担保义务,将发生三种效力:

1. 修补义务

"民法"第493条规定:"(第1项)工作有瑕疵者,定作人得定相当期

---

① 参见黄立:《德国新债法之研究》,第107页以下(2009);陈自强:《不完全给付与物之瑕疵——契约法之现代化》(2013);v. Bar/Zimmermann (Hrsg.), Grundregeln des Europäischen Vertragsrecht, Teil I und II (2002); Canaris (Hrsg.), Schuldrechtsmodernisierung (2002); Riesenhuber, System und Prinzipien des Europäischen Vertragsrecht (2003).

② 参见姚志明:《承揽瑕疵损害赔偿与不完全给付于"最高法院"发展之轨迹》,载《月旦法学杂志》2011年第198期,第23—39页;詹森林:《承揽瑕疵担保责任重要实务问题》,载《月旦法学杂志》2006年第129期,第5页以下;陈自强:《不完全给付与物之瑕疵——契约法之现代化》(二),第211页以下(2013)。

限,请求承揽人修补之。(第2项)承揽人不于前项期限内修补者,定作人得自行修补,并得向承揽人请求偿还修补必要之费用。(第3项)如修补所需费用过巨者,承揽人得拒绝修补,前项规定,不适用之。"修补请求权乃属一种修正的履行请求权,在瑕疵除去前,定作人对承揽人的价金请求权得为同时履行抗辩。

2. 解约或减少报酬

"民法"第494条规定:"承揽人不于前条第一项所定期限内修补瑕疵,或依前条第三项之规定拒绝修补或其瑕疵不能修补者,定作人得解除契约或请求减少报酬。但瑕疵非重要,或所承揽之工作为建筑物或其他土地上之工作物者,定作人不得解除契约。"

3. 损害赔偿

"民法"第495条第1项规定:"因可归责于承揽人之事由,致工作发生瑕疵者,定作人除依前二条之规定,请求修补或解除契约,或请求减少报酬外,并得请求损害赔偿。"

(三) 权利行使期间

"民法"第514条第1项规定了权利行使期间:定作人之瑕疵修补请求权、修补费用偿还请求权、减少报酬请求权、损害赔偿请求权或契约解除权,均因瑕疵发现后一年间不行使而消灭。

据上所述,买卖物的瑕疵担保与承揽人的瑕疵担保的法律构造有两个重要不同:

(1)在买卖物之瑕疵担保,出卖人不负无瑕疵之物的给付义务,买受人无瑕疵修补请求权。在承揽人契约,承揽人负有交付无瑕疵工作的给付义务,定作人有修补请求权。

(2)在买卖,买受人仅于出卖之物欠缺出卖人所保证的质量,或出卖人故意不告知物的瑕疵时,买受人始得请求不履行的损害赔偿(第360条)。在承揽,承揽人有可归责事由(通常为过失)致工作发生瑕疵时,定作人得请求损害赔偿(第495条)。

二、承揽瑕疵担保责任与不完全给付的适用关系

(一) 请求权竞合

不完全给付与承揽瑕疵担保责任适用关系的关键问题,在于"民法"第495条第1项所称"请求损害赔偿"的性质、赔偿的范围及权利行使期间。"最高法院"1998年台上字第1289号判决认为,此之损害赔偿请求权,系指本于承揽瑕疵担保责任所生之请求权,与因债务之不完全给付而生之损害赔偿请求权,系不同的诉讼标的。依承揽瑕疵担保责任及不完全给付,请求损害赔偿,系请求权之竞合,各有其时效之规定。不完全给付损害赔偿请求权应适用"民法"第125条一般请求权15年时效之规定,承揽人之瑕疵担保责任,依"民法"第495条至第501条、第514条规定,有瑕疵发现期间及权利行使期间。

(二) 不完全给付规范

学者通说系采不完全给付规范说,认为"民法"第495条第1项的损害赔偿,性质上为不完全给付责任,且为不完全给付损害赔偿特别规定,包括瑕疵给付与加害给付,兼含瑕疵损害与瑕疵结果损害。[①]

经过多年的发展,"最高法院"2012年台上字第661号判决明确认为:按因可归责于承揽人之事由,致工作发生瑕疵者,定作人固得依"民法"第495条第1项规定,对承揽人同时或独立行使修补费用偿还请求权与损害赔偿请求权,然该项损害赔偿请求权,属于债务不履行责任(不完全给付)之性质,要与同法第493条第2项所定之修补费用偿还请求权,法律性质、构成要件、规范功能及所生法效均未尽相同。申言之,定作人直接行使此项不完全给付责任之损害赔偿请求权时,既非行使"民法"第493条所定瑕疵担保责任之修补费用偿还请求权,自应回归民法债编通则有关"不完全给付"之规范,并适用同法第227条第1项之规定。若其瑕疵给付可能补正者,依给付迟延之规定行使其权利;其不能补正时,则依给付不能之规定发生法律效果。

关于本件判决应说明三点:

(1) 本件判决应系"最高法院"经过深思熟虑后所采取的最近见解。

(2) 本件判决明确表示"民法"第495条第1项规定的损害赔偿请求权不是不完全给付的特别规定,其本身就是"民法"第227条规定,从而不发生竞合问题。学说有认为,本件判决旨在阐明"民法"第495条第1项损害赔偿请求权就是"民法"第227条的不完全给付的规定(阐明说)[②]或

---

① 参见邱聪智著、姚志明校订:《新订债法各论》(中),第87页(2002);刘春堂:《民法债编各论》(中),第67页(2004);黄茂荣:《债法各论》(第一册),第438页(2003)。

② 参见陈自强:《不完全给付与物之瑕疵——契约法之现代化》(二),第289页(2013)。

注意规定。① 须进一步阐明的是，其消灭时效不应适用不完全给付的一般时效（第125条，15年），抑或为顾及承揽之性质及法律安定性，应优先适用"民法"第514条第1项的短期权利行使期间（"最高法院"2007年11月27日第8次民事庭会议决议）。

（3）本件判决强调应使"民法"第495条第1项的损害赔偿请求权回归民法债编通则有关不完全给付之规定，并适用第227条第1项规定，系属跨越时空的法律见解，因为"民法"第495条第1项制定于1929年，而"民法"第227条系增订于1999年，其目的在使承揽瑕疵担保责任融入不完全给付债务不履行的规范体系，使其一体化，此实符合债法现代化及比较法的发展趋势。

第五项　结　　论

第一目　违约债务不履行责任体系的形成及发展

一、现行体系的形成

契约旨在实践私法自治。违约责任以损害赔偿为核心机制，在于维护契约制度，保护债权人。"民法"上违约责任的损害赔偿在1971年代（20世纪70年代）后因社会变迁，经由立法、判例及学说的共同努力而有重大累积性的发展：

（1）关于给付不能，在自始不能明确区别客观与主观，前者契约无效，发生信赖赔偿。后者契约有效，债务人应负履行利益的损害赔偿。在嗣后不能，通说肯定了"民法"第225条规定的代偿请求权的类推适用性（尤其是关于土地征收补偿）。

（2）关于给付迟延，实务亦多有创设性的见解，兹举两个"最高法院"判决，以供参考：

"最高法院"2009年台上字第466号判决：按工作有瑕疵，承揽人应负不完全给付之债务不履行责任者，如瑕疵可能补正时，定作人固得请求补正，并类推适用"民法"第231条第1项规定请求赔偿补正前所受之迟延损害，惟债权人依上述规定请求债务人赔偿迟延损害者，以债务人迟延为限。

---

① 参见刘春堂：《民法债编各论》（中），第68页（2004）。

"最高法院"2009年台上字第1761号判决:依"民法"第507条规定,工作需定作人之行为始能完成者,定作人不为协力时,承揽人虽得定相当期限,催告定作人为协力行为,但除契约特别约定定作人对于承揽人负有必要协力之义务外,仅生承揽人得依该条规定解除契约,并请求赔偿因契约解除而生损害之问题,不能强制其履行,自不构成定作人给付迟延之责任。

(3)违约责任最革命性的发展,系"最高法院"于1988年关于不完全给付与物之瑕疵担保适用关系的决议,及1999年"民法"债编修正增设第227条,创设不完全给付制度,明定瑕疵给付及加害给付的要件及效果。所谓不完全"给付"应作广义解释,包括给付义务(主给付义务、从给付义务)的不完全履行及附随义务(与给付义务具有关联的附随义务、与给付义务不具关联的附随义务)。不完全给付的创设,完善了债务不履行体系,并使其能更进一步的开展,例如继续性契约不完全给付的终止契约,违反附随义务的解除契约。

(4)违约责任上最具争议的问题系不完全给付与瑕疵担保责任的适用关系。在买卖物的瑕疵,"最高法院"2011年台上字第1468号判决采取瑕疵发生时点的判断基准,认为在瑕疵发生于契约订立后时(嗣后瑕疵),不完全给付与物之瑕疵担保责任成立请求权竞合,买受人得择一行使;反之,物之瑕疵于契约订立前既已存在时,买受人不得主张不完全给付,仅能行使物之瑕疵担保,此项区别涉及物之瑕疵补正及加害给付损害赔偿,攸关当事人权益甚巨。从买卖契约担保责任的规范计划、不完全给付一般性规定的功能、当事人的利益衡量及法律逻辑言,"最高法院"所创设的"瑕疵时点说",诚如学者所言,确有未尽周全之处。但应指出的是,"最高法院"判决系在突破现行规定的困境,扩大不完全给付的适用范围,将物之瑕疵担保纳入债务不履行。

将瑕疵担保融入债务不履行体系,系现代债法的趋势,在承揽瑕疵担保,"最高法院"2012年台上字第661号判决强调,"民法"第495条第1项规定的定作人的损害赔偿请求权,属于债务不履行责任(不完全给付的性质),但非不完全给付的特别规定,应回归民法债编通则有关不完全给付之规范,并适用"民法"第227条第1项规定,乃在实践承揽瑕疵担保与债务不履行的一体化。

综上论述,将形成中的契约责任法的体系构造图示如下(请查阅相关条文及本书相关部分的说明):

236 损害赔偿

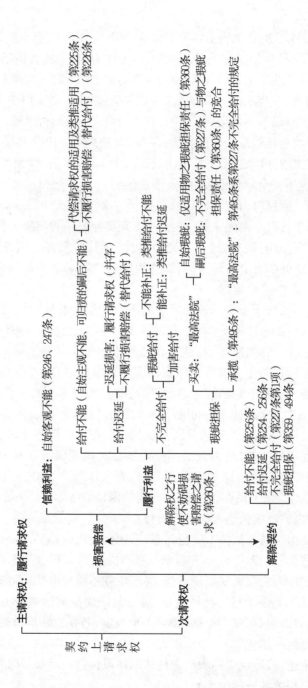

二、再造及发展

经过数十年实务与学说累积性的努力,已使违约债务不履行体系益臻完善,许多争议难以处理乃法律本身的结构性问题,只要在立法上作若干修正,即可根本改变民法的体质,顺应社会变迁,符合国际化的发展。其修正重点及方向为:

（一）给付不能

将"民法"第246条修正为:以不能之给付为契约标的者,其契约有效。其不能系因可归责于债务人之事由者,应依"民法"第226条规定负损害赔偿责任。此项修正的目的在于废除自始主观不能与自始客观不能的区别。

于"民法"第226条增设:因可归责于债务人事由致给付不能者,债权人亦有代偿请求权。

参照《德国民法》第28条,于"民法"第226条之1增设债权人的无益费用支出请求权。

（二）给付迟延

增订期前违约规定,即债务人于履行期限届满前认真、明确地拒绝履行时,债权人得解除契约或请求损害赔偿。

（三）不完全给付与瑕疵担保责任

修正内容在于将瑕疵担保纳入不完全给付债务不履行:

在买卖契约,明定出卖人负有交付无瑕疵之物的给付义务,买受人有瑕疵修补请求权,废除"民法"第360条的规定,明定关于物之瑕疵所生损害（瑕疵损害或瑕疵结果损害）适用"民法"第227条规定。

在承揽契约,明定关于工作物瑕疵所生损害（瑕疵损害或瑕疵结果损害）适用"民法"第227条规定。

此项修正系建立在现行法债务不履行区别给付不能、给付迟延及不完全给付的基本架构之上。有无必要参考德国债法现代化,创设一个统一性义务违反为中心的债务不履行体系,因工程浩大,是另一个值得深入研究的课题。债务不履行法的形成与发展体现并考验中国台湾地区民法教义学（释义学）的水平及法律发展的能力。

第二目　契约责任保护范围的扩大

侵权行为法区别权利(人格权及财产)和财产利益(纯粹财产上损失)作不同的保护(第184条)。契约旨在保护当事人的信赖,以财产利益(纯粹经济损失)为主要内容,例如,物之买受人因出卖人给付不能而丧失的转售利益;承租人因出租人给付迟延,不能及时开设餐厅而遭受的营业损失。近年来,"民法"增设规定,扩大了违约责任的保护范围,促进契约责任的重要发展,亦在此略作说明。

一、债务不履行与人格权的保护

"民法"第227条之1规定:"债务人因债务不履行,致债权人之人格权受侵害者,准用第一百九十二条至第一百九十五条及第一百九十七条之规定,负损害赔偿责任。"本条规定具有四点重要内容:

(1)债权人(间接被害人)得请求纯粹经济损失的损害赔偿(准用第192条)。

(2)债权人得请求身体健康受损害的损害赔偿(准用第193条)。

(3)被害人得依"民法"第195条规定请求非财产损害(精神痛苦)相当金额的赔偿(慰抚金)(准用第195条)。

(4)不法侵害致人死亡,被害人之父、母、子女或配偶,虽非财产上之损害,亦得请求赔偿相当之金额(准用第194条)。

二、雇用人对受雇人人身安全的保护

"民法"第483条之1规定:"受雇人服劳务,其生命、身体、健康有受危害之虞者,雇用人应按其情形为必要之预防。"本条系1999年增设的规定,仿自《德国民法》第618条第1项,但未如《德国民法》第618条第3项明定:雇用人未履行其关于生命、健康的义务时,应适用《德国民法》第842条至第846条规定。"民法"第487条之1规定:"(第1项)受雇人服劳务,因非可归责于自己之事由,致受损害者,得向雇用人请求赔偿。(第2项)前项损害之发生,如另有应负责任之人时,雇用人对于该应负责者,有求偿权。"此系无过失责任之归责原则,乃危害责任之一种类型,应适用于受雇人的人身遭受伤害的情形。①

三、旅游契约上旅客时间浪费的损害赔偿：非财产上损害②

"民法"第514条之8规定："因可归责于旅游营业人之事由，致旅游未依约定之旅程进行者，旅客就其时间之浪费，得按日请求赔偿相当之金额。但其每日赔偿金额，不得超过旅游营业人所收旅游费用总额每日平均之数额。"本条规定强调旅游时间浪费之损害赔偿。现代社会重视旅游休闲活动，旅游时间之浪费为非财产上之损害，而应受保护，创设违约责任非财产上损害应予赔偿的特例，具有重大意义。所谓"按日请求"，系以"日"为计算赔偿金额之单位，但不以浪费之时间达一日以上者为限。至其赔偿金额，如当事人对于赔偿金额有争议，应由法院在最高数额范围，按实际上所浪费时间之长短及其他具体事情，斟酌决定。

第三节　非财产上损害的金钱赔偿
——慰抚金

第一款　非财产上损害的意义与赔偿方法

一、非财产上损害的意义

损害可分为财产上损害及非财产上损害。财产上损害指得以金钱计算的损害，非财产上损害指非得以金钱计算的损害，乃精神或肉体痛苦。任何权益（财产权益或非财产权益）被侵害时，均得发生财产上损害及非财产上损害。例如古董、稀有邮票、宠物、日记被毁损时，其价值减少为财产上损害，精神痛苦则为非财产上损害。身体健康遭受侵害时，其医疗费用及减少收入为财产上损害，精神或肉体痛苦为非财产上损害。又违约除财产上损害外，亦得发生非财产上损害，例如：婚纱承揽人迟未完成工

---

① 参见林诚二：《雇用人违反雇佣契约保护义务之法律效果》，载《台湾法学杂志》2016年第292期，第129页。
② 参见王泽鉴：《时间浪费与非财产上损害之金钱赔偿》，载《民法学说与判例研究》（七），第143页（2009）。

作,致定作人未能如期举行婚礼;旅游营业人安排行程不当,致旅游未能依约定之旅程进行,浪费时间(第514条之8)。

二、非财产上损害的恢复原状

关于非财产上损害的赔偿,现行民法采取一个基本原则:凡应赔偿的损害,无论其为财产上损害或非财产上损害,除法律另有规定或契约另有订定外,均应恢复损害发生前之原状(第213条第1项)。例如:

(1)伤人身体,应予医治,排除或减少精神或肉体痛苦。

(2)侵害他人名誉时,应为恢复名誉的适当处分(第195条第1项)。法院权衡侵害名誉情节之轻重及当事人身份、地位与加害人之经济状况,认为须由加害人负担费用刊登道歉启事时,其所刊登之内容应限于恢复被害人名誉之必要范围内,始可谓为适当之处分("最高法院"2014年台上字第664号判决)。被害人因名誉被侵害而得请求加害人赔偿非财产上损害及恢复名誉适当处分之权利,依"民法"第195条第1项、第2项规定,因不得让与或继承,固专属于被害人一身之权利,其行使与否,须尊重被害人之意思。但对于侵害名誉加害人因此所生之义务,则非专属于加害人一身之义务,该项义务在加害人死亡后应由其继承人继承,俾被害人所受侵害之名誉仍可获得救济("最高法院"2011年台抗字第283号裁定)。

(3)应返还或销毁侵害他人隐私所拍摄的照片。

(4)伤害他人宠物,应予治疗;损害他人古董,应予修复。

三、非财产上损害的金钱赔偿

(一) 须有法律特别规定

财产上损害不能恢复原状时,应予金钱赔偿。例如赔偿物的修缮费用或医治身体健康支出的医疗费用。关于非财产上损害不能恢复原状时,须有法律规定,始得请求相当金钱的赔偿(慰抚金)。中国台湾地区的"民法"虽未如《德国民法》第253条设有明文①,但体现于"民法"第18条第2项、第194条、第195条等特别规定,即由民法关于非财产上损害得请求金钱赔偿的特别规定,可以推知在现行法上须有法律特别规定,始得就非财产上损害请求相当金额的赔偿(慰抚金),原则上不得类推适用。之所以设此限制性规定的主要理由有二:

(1)非财产上损害难以认定及计算。

(2)人格权受侵害时得请求金钱赔偿,将使人格商业化,贬低人格价值。

由于社会变迁及价值观念的改变,非财产上损害赔偿请求权基础的扩大,成为现代民法发展的重要课题。②

(二) 当事人约定

非财产上损害的金钱赔偿须有法律特别规定,非属强行规定,当事人得约定在何种要件,就非财产上损害应为金钱赔偿。例如,甲有纪念物品(肖像、古董等)交予乙修缮,得约定若有毁损,除财产上损害外,就其精神痛苦应为一定金额的赔偿。

第二款　慰抚金的请求权基础

第一项　请求权基础的体系构成

一、侵权行为

(一) 侵害人格法益

关于慰抚金的请求权基础,涉及"民法"三个规定(第18条、第194

---

① 《德国民法》第253条第1项规定:"非属财产损害的损害,仅于法律规定的情形,始得请求金钱赔偿。"(Wegen eines Schadens, der nicht Vermögensschaden ist, kann Entschädigung in Geld nur in den durch das Gesetz bestimmten Fällen gefordert werden.)非财产上损害的金钱赔偿,系德国民法上的重要问题,参阅 Köndgen, Haftpflichtfunktionen und Immaterialschaden, 1976; Deutsch/Ahrens, Deliktsrecht, 5. Aufl., 2009, S. 211; Lorenz, Immaterieller Schaden und billige Entschädigung in Geld, 1981; Dieter Nörr, Zum Ersatz des immateriellen Schadens nach geltendem Recht, AcP 158, 1, 1959/60; Hans Peter Pecher, Der Anspruch auf Genugtuung als Vermögenswert, AcP 171, 44, 1971; Stoll, Empfiehlt sich eine Neuregelung der Verpflichtung zum Geldersatz für immaterielle Schäden?, Verh. 45. DJT I 1, 1964; Günther Wiese, Der Ersatz des immateriellen Schadens, 1964; Gerhard Wagner, Ersatz immaterieller Schäden: Bestandsaufnahme und europäische Perspektiven, JZ 2004, S. 319.

② 参见曾世雄:《非财产上之损害赔偿》(2005)。该书与同作者所著为的《损害赔偿法原理》(2013),系中国台湾地区民法的重要著作,对损害赔偿法的奠基与发展具有贡献。

条及第 195 条)。

"民法"第 18 条第 2 项规定人格权受侵害时,"以法律有特别规定者为限,得请求损害赔偿或慰抚金"。法律有特别规定,包括:

1. "民法"第 184 条:请求财产损害与非财产损害的一般规定

"民法"第 184 条第 1 项前段规定:"因故意或过失,不法侵害他人之权利者,负损害赔偿责任。"所称权利,包括人格权,损害包括财产上损害及非财产上损害。"民法"第 194 条或第 195 条第 1 项关于非财产上损害金钱赔偿的规定,不是独立的请求权基础。慰抚金请求权的发生,均须具备侵权行为要件,即须结合"民法"第 184 条第 1 项、第 194 条或第 195 条而主张慰抚金请求权。须注意的是,得据以主张"民法"第 194 条或第 195 条慰抚金的侵权行为,除"民法"第 184 条外,尚包括其他特别侵权行为,例如"消费者保护法"第 7 条所规定的服务责任或产品责任(无过失责任、危险责任)。① 为便于理解,兹将慰抚金的请求权基础构造图示如下:

```
慰抚金请求权 ┬ 责任成立:第184条、《消费者保护法》第7条等
             │            ┌ 第213条
             └ 责任范围 ─┤ 第194条
                          └ 第195条
```

2. "民法"第 194 条:不法致人死亡、亲属的慰抚金请求权

"民法"第 194 条规定:"不法侵害他人致死者,被害人之父、母、子、女及配偶,虽非财产上之损害,亦得请求赔偿相当之金额。"所称"子、女",包括非婚生子女。"虽非财产上之损害,亦得请求赔偿相当之金额",乃德国民法的用语(参阅《德国民法》第 253 条),解释上应认为与

---

① "最高法院"2008 年台上字第 2443 号判决:按《消费者保护法》对于非财产上之损害赔偿并未有特别之规定,依《消费者保护法》第 1 条第 2 项规定,应回归民法之相关规定。再依统合○○公司与统一○○公司所签订合约书之记载,统一○○公司实系统合○○公司就系争契约之履行辅助人,而统一○○公司为履行系争契约时,已违反注意义务,足堪认定其有过失,依"民法"第 224 条规定,统合○○公司应就统一○○公司之过失负同一责任,而上诉人确因前揭所述统一○○公司过失致受有隐私、身体、健康等人格法益之侵害,系属可归责于债务人之事由,致为不完全给付,上诉人得依"民法"第 227 条之 1 规定,准用"民法"第 195 条规定,请求统合○○公司负非财产上之损害赔偿责任。又因《消费者保护法》第 1 条第 2 项适用"民法"第 197 条第 1 项前段规定,上诉人因统一○○公司之侵权行为所生之非财产上之损害赔偿请求权其时效为 2 年。

"民法"第 18 条第 2 项"慰抚金"同义。

须特别指出的是,之所以设"民法"第 194 条规定,系不法侵害他人致死亡时,因权利主体不存在,死亡本身非属得请求赔偿的财产上损害或非财产上损害,不发生继承问题。① 在先有身体健康遭受侵害而于其后死亡的情形,被害人得依"民法"第 195 条第 1 项规定请求慰抚金。慰抚金请求权已依契约承诺或已起诉者,得为让与或继承(第 195 条第 2 项)。身体健康受侵害与死亡之间极为短暂时,应认不得就身体健康请求慰抚金。若被害人的亲属借人工方法维持被害人的生命以请求慰抚金,于量定相当金额时,应予斟酌。

3. "民法"第 195 条第 1 项:生命以外的人格法益:受保护人格法益的一般化

"民法"第 195 条第 1 项规定:"不法侵害他人之身体、健康、名誉、自由、信用、隐私、贞操,或不法侵害其他人格法益而情节重大者,被害人虽非财产上之损害,亦得请求赔偿相当之金额。其名誉被侵害者,并得请求恢复名誉之适当处分。"第 2 项规定:"前项请求权,不得让与或继承。但以金额赔偿之请求权已依契约承诺,或已起诉者,不在此限。""民法"第 195 条原仅规定身体、健康、名誉或自由受侵害的情形始得请求慰抚金,1999 年"民法"债编修正时,将被保护的法益加以一般化,使人格法益受侵害的,均得请求慰抚金,诚为人格权保护一项重大进步的发展。关于本条规定的人格法益的保护范围及侵害态样,拙著《侵权行为法》及《人格权法》有较详细的说明,敬请参照。值得特别提出的四点:

(1)须被害人受有非财产上损害:失踪人、法人。依"民法"第 195 条第 1 项规定请求非财产上损害相当金额的赔偿,限于被害人(自然人)本人,须以该被害人现仍确属生存者为限。苟被害人已失踪,自属生死不明,在未依法确定其生存前,尚难谓失踪人的财产管理人得以被害人之身份行使该条项规定之请求权("最高法院"2009 年台上字第 2021 号判决)。

"最高法院"1973 年台上字第 2806 号判例谓:公司系依法组织之法人,其名誉遭受损害,无精神上痛苦可言,登报道歉已足恢复其名誉,自无

---

① 关于不法致人于死时,非财产上损害赔偿的比较法研究及法政策,参见 Stahmer, Entschädigung von Nichtvermögensschäden bei Tötung, Eine rechtsvergleichende und rechtspolitische Untersuchung des deutschen, französischen und englischen Rechts (2004); Schubert, Die Wiedergutmachung immaterieller Schäden im Privatrecht (2013), S. 61 ff., 329 ff., 637 ff.

依"民法"第 195 条第 1 项规定请求精神慰藉金之余地。

(2)其他人格法益:居住安宁的人格利益。"民法"第 195 条第 1 项所称其他人格法益,包括"居住安宁"在内。"最高法院"2003 年台上字第 164 号判例谓:于他人居住区域发出超越一般人社会生活所能容忍之噪音,应属不法侵害他人居住安宁之人格利益,如其情节重大,被害人非不得依"民法"第 195 条第 1 项规定请求赔偿相当之金额。

(3)构成要件原则。"最高法院"1967 年台上字第 1016 号判例谓:凡不法侵害他人之身体、健康、名誉或自由者,被害人虽非财产上之损害,亦得请求赔偿相当之金额,"民法"第 195 条第 1 项固有明定,但此指被害人本人而言,至被害人之父母就此自在不得请求赔偿之列。本件判例的重要性在于宣示请求慰抚金的构成要件原则(Tatbestandsprinzip),即除被害人外,其他第三人纵受有非财产上损害,亦不得请求金钱赔偿。例如,妻子不得因其夫身体健康受不法侵害丧失性能力,致精神痛苦,而向加害人请求相当金额的赔偿;父母就其子女身体健康遭受不法侵害所受非财产上损害(精神痛苦),亦不得向加害人请求赔偿相当的金额。惟须注意的是,被害人的父母得依"民法"第 195 条第 3 项规定,以身份法益受侵害请求非财产上损害的金钱赔偿(详见下文)。

(4)重大情节的侵害。"其他人格法益的侵害"须以情节重大为要件,乃采自德国联邦法院关于因侵害一般人格权得请求金钱赔偿所设限制。① 在身体、健康、名誉、自由等人格法益受侵害的情形,虽未设类此限制,但侵害情节轻微的,例如人群中相撞跌倒、短暂妨害自由等,若动辄请求慰抚金,难免增加讼累及加害人的负担,并影响人的行为自由,应视情形减少其赔偿金额,或仅作象征性的赔偿,甚至得认为其不构成对人格法益的侵害。

(二) 侵害身份法益

"民法"1999 年债编修正时,于"民法"第 195 条增列第 3 项规定:"前二项规定,于不法侵害他人基于父、母、子、女或配偶关系之身份法益而情节重大者,准用之。"立法理由谓:身份法益与人格法益同属非财产法益。本条第一项仅规定被害人得请求人格法益被侵害时非财产上之损害赔偿。至于身份法益被侵害,可否请求非财产上之损害赔偿? 则付阙如,有

---

① Deutsch, ZRP 2001, 660; BGHZ 35, 363.

欠周延,宜予增订。惟对身份法益之保障亦不宜太过宽泛。鉴于父母或配偶与本人之关系最为亲密,基于此种亲密关系所生之身份法益被侵害时,其所受精神上之痛苦最深,故明定"不法侵害他人基于父母或配偶关系之身份法益而情节重大者",始受保障。例如,未成年子女被人掳掠时,父母监护权被侵害所受精神上之痛苦。又如,配偶之一方被强奸,他方身份法益被侵害所致精神上之痛苦等是,爰增订第三项准用规定,以期周延。应说明者有二:

（1）《瑞士民法》第28条规定:"人格关系"或"人格"受侵害,其保护范围包括人格法益与身份法益。"民法"第18条规定"人格权",其范围较狭,是否包括身份法益引起争议,特增订第195条第3项,以期周延。

（2）立法理由强调之所以设此规定,并为准用,系身份法益与人格法益同属非财产法益。实则,其得为准用,系身份法益与人格权上的法益,同具人格性。①

二、债务不履行

1999年"民法"债编修正,增设债务不履行亦得请求非财产上损害的金钱赔偿,系民事责任的一项重大发展,殊值肯定,分述如下:

（一）债务不履行侵害人格权

"民法"第227条之1规定:债务人因债务不履行,致债权人之人格权受侵害者,准用第192条至第195条及第197条之规定,负损害赔偿责任。其中,第194条及第195条系关于侵害人格法益的非财产上损害的金钱赔偿,前已说明,敬请参照。"民法"第227条之1系"民法"侵权责任与契约责任,由法条竞合说演变为请求权竞合说后,更进一步发展的创设性规定,扩大了契约责任(尤其是医疗事故)的适用范围。②

（二）旅客时间浪费的损害赔偿

"民法"第514条之8规定:因可归责于旅游营业人之事由,致旅游未依约定之旅程进行者,旅客就其时间之浪费,得按日请求赔偿相当之金额。但其每日赔偿金额,不得超过旅游营业人所收旅游费用总额每日平

---

① 参见陈秋君:《论侵害身份法益之民事责任》,台湾大学法律学研究所硕士论文(2008)。
② 相关问题参见林大洋:《侵权责任与契约责任之分与合》,载《法令月刊》2016年第67卷10期,第60页以下。

均之数额。立法理由系以现代社会重视旅游休闲活动,旅游时间之浪费,当认其为非财产上损害,乃违约本身得请求非财产上损害的金钱赔偿的特例。①

度假旅游虚耗时间系属非财产上损害,学说上有认为应基于商业化肯定其具财产价值。"民法"第514条之8采《德国民法》第651条第2项规定,认定就此非财产上损害仍得请求相当金额的赔偿,系属一项突破性的例外规定,不得类推适用。例如,承揽人制作结婚礼服迟延,定作人不能就其精神痛苦请求赔偿相当金额。

三、身份关系

关于身份关系上的慰抚金,"民法"原设三条规定:①解除婚约(第977条)。②违反婚约(第978条)。③离婚(第1052条)。其后增设两种情形:④婚姻视为消灭(第988条之1)。⑤婚姻无效或被撤销(第999条)。在此五种情形,法律均规定"虽非财产上之损害,亦得请求赔偿相当之金额,此项请求权,不得让与或继承。但已依契约承诺或已起诉者,不在此限。"此类婚姻关系上的慰抚金,其功能及性质不尽同于人格权,应自有其量定的因素。

四、特别法

非财产上损害的金钱赔偿,特别法设有如下规定:

1. 著作人格权

《著作权法》第85条规定:侵害著作人格权者,负损害赔偿责任。虽非财产上之损害,被害人亦得请求赔偿相当之金额。前项侵害,被害人并得请求表示著作人之姓名或名称、更正内容或为其他恢复名誉之适当处分。

2. 性自主

"性骚扰防治法"第9条规定:对他人为性骚扰者,负损害赔偿责任。前项情形,虽非财产上之损害,亦得请求赔偿相当之金额,其名誉被侵害者,并得请求恢复名誉之适当处分。

---

① 参见王泽鉴:《时间浪费与非财产上损害赔偿》,载《民法学说与判例研究》(七),第143页。

3. 通讯资料

"通讯保障及监察法"第 19 条规定:违反本法或其他法律之规定监察他人通讯或泄露、提供、使用监察通讯所得之资料者,负损害赔偿责任。被害人虽非财产上之损害,亦得请求赔偿相当之金额;其名誉被侵害者,并得请求为恢复名誉之适当处分。前项请求权,不得让与或继承。但以金额赔偿之请求权已依契约承诺或已起诉者,不在此限。

4. 性别工作平等

"性别工作平等法"第 29 条规定:前三条情形,受雇者或求职者虽非财产上之损害,亦得请求赔偿相当之金额。其名誉被侵害者,并得请求恢复名誉之适当处分。

5. 个人资料

"个人资料保护法"第 28 条规定:公务机关违反本法规定,致个人资料遭不法搜集、处理、利用或其他侵害当事人权利者,负损害赔偿责任。但损害因天灾、事变或其他不可抗力所致者,不在此限。被害人虽非财产上之损害,亦得请求赔偿相当之金额;其名誉被侵害者,并得请求为恢复名誉之适当处分……

6. 食品安全

"食品安全卫生管理法"第 56 条规定:食品业者违反第 15 条第 1 项第 3 款、第 7 款、第 10 款或第 16 条第 1 款规定,致生损害于消费者时,应负赔偿责任。但食品业者证明损害非由于其制造、加工、调配、包装、运送、贮存、贩卖、输入、输出所致,或于防止损害之发生已尽相当之注意者,不在此限。消费者虽非财产上之损害,亦得请求赔偿相当之金额,并得准用"消费者保护法"第 47 条至第 55 条之规定提出消费诉讼。……(请阅读相关条文。)

五、综合整理

(一) 体系构成

综据前述,将现行法关于慰抚金(非财产上损害的金钱赔偿)请求权的体系,列表如下:

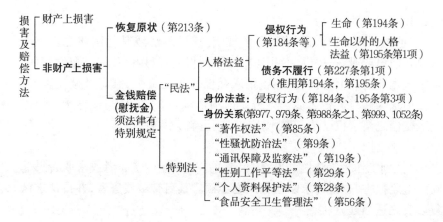

由前揭体系可知,非财产上损害的金钱赔偿系由民法扩大及于特别法;在民法方面则由侵权行为扩大及于债务不履行,体现了损害赔偿法的重大发展。

(二) 人格法益与身份法益的竞合

须注意的是,人格法益与身份法益具有密切关系,因此侵害他人的人格法益时,亦得构成对第三人身份法益的侵害,而发生非财产上损害的金钱赔偿,兹举两个"最高法院"判决如下①:

1. "最高法院"2005年台上字第2128号判决:植物人的配偶

原审就丙请求乙、妇幼医院连带赔偿慰抚金160万元部分,综合全辩论意旨,认定乙为甲麻醉时,疏未能维持甲足够之通气量,致甲缺氧时间过久,成为植物人,应负侵权行为损害赔偿责任,妇幼医院为其雇用人,应连带负责。而丙为甲之配偶,其因甲成为植物人,身份法益受侵害,且情节重大等情,依"民法"第184条第1项、第188条第1项、第195条第3项规定,为丙胜诉之判决,经核于法并无违误(最近相同见解,"最高法院"2011年台上字第992号判决)。

2. "最高法院"2007年台上字第802号判决:眼力受伤未成年子女的父母

"民法"第195条第3项所谓基于父母关系之身份法益,系指亲权,其

---

① 最近案例,可参照"最高法院"2011年台上字第2219号判决"子女因交通事故成为植物人或导致心智缺陷,并经宣告为禁治产人(受监护宣告人)";"最高法院"2011年台上字第992号判决"子女因交通事故成为植物人"。

主要内容为对未成年子女之保护及教养权利及义务而言。本件甲因上诉人所属公务员之疏失,致其右眼遭铁丝刺伤,右眼视力降至 0.01 以下,与失明无异;乙、丙为甲父母,自甲受伤开始,终日担忧其视力恶化,经过一年多的治疗,仍无法治愈,已心力交瘁;更担心甲左眼视力亦因此受影响,并为甲之学业、事业、婚姻、家庭烦心,其等心理上所受冲击、压力之大,非常人所能想象,应无可置疑。按乙、丙对未成年子女甲有保护及教养之权利,而甲右眼伤后,其父母不仅较平时付出更多之心力,更支出较高之保护教养费用,不论从精神或物质而言,均已对保护及教养之实施造成额外之负担或支出,自属侵害其身份法益无误;又眼睛系重要器官,号称为灵魂之窗,毁损一目之机能,造成身体重大残缺,身为父母者所受之痛苦诚难以言喻,堪认乙及丙与子女甲间之身份法益受侵害情节重大,则依上述规定,其等请求相当之精神慰抚金,即属有据。

第二项　慰抚金制度的发展

一、请求权基础的扩大

现行法上的慰抚金制度的最重要发展是请求权基础的扩大。请求慰抚金须有法律特别规定。在人格权受侵害时,旧"民法"第 195 条仅限于特定人格利益始得请求慰抚金,采保守的见解,之所以限定于若干人格法益,其主要理由系认为非财产上损害的精神痛苦,涉及被害人主观感情,痛苦与否、程度为何,客观上难以断定,须加限制以避免不必要的诉讼。并认为非财产上损害不若财产上损害攸关被害人利益,纵不予金钱赔偿,亦无大碍。又恐因广泛承认慰抚金请求权,会贬低人格价值,使其趋于商业化。随着人格自觉的提升,侵害可能性的增加及损害范围的扩大,乃认知慰抚金对保护人格的重要,使慰抚金请求权成为损害赔偿的重要制度。[①]

二、德国与中国台湾地区发展途径的比较

中国台湾地区慰抚金制度的形成及发展受德国立法及学说判例的影

---

① 关于中国大陆民法非财产上损害赔偿(精神损害)制度颇具特色,可供参照,参见王泽鉴:《人格权法》,第 501 页以下。非财产上损害的金钱赔偿在比较法的发展,Richard Wagner, Ersatz immaterieller Schäden: Bestandsaufnahme und europäische Perspektiven, JZ 2004, 319 ff. ; Schubert, Die Wiedergutmachung immaterieller Schäden im Privatrecht (2013), S. 287 ff.

响。由于《德国民法》第253条明定请求慰抚金（非财产上损害金钱赔偿）须有法律规定，限于身体、健康、自由被侵害情形（旧《德国民法》第847条），被认为是德国人格权及损害赔偿上最大的弱点，如何克服乃成为德国人格权及损害赔偿法上最重大的课题，其过程长达100年，关键性的突破是于战后德国联邦最高法院及宪法法院以《德国基本法》第1条第1项（人之尊严）及第2条第1项（人格自由）为依据，创设一般人格权，并以此等基本法的规定作为一般人格权受侵害时，得请求精神损害金钱赔偿（Geldentschädigung）的规范基础。2002年，《德国损害赔偿法》删除旧《德国民法》第847条，移置于第253条第2项作为损害赔偿的一般规定，得适用于因侵权行为（过失责任、无过失责任），契约债务不履行，无因管理等侵害身体、自由、健康，侵害性自主的情形。关于一般人格权的侵害（如名誉、隐私）仍以前揭基本法规定为请求权基础，造成双轨体系。

在中国台湾地区民法，其解决途径系将"民法"第195条第1项由列举主义改为例示概括条款，适用因侵权行为侵害他人的人格法益，并增订"民法"第227条之1（债务不履行），其规范模式不同于《德国民法》，保护机制尚属周延，应值肯定。

三、实务学说的任务

慰抚金请求权是实务上的重要问题，凡人格权受侵害（尤其是生命、身体、健康、名誉、贞操）皆会发生非财产上损害的金钱赔偿。为使慰抚金数额具可预见性，应明确其量定因素，透明化其量定基准，并应对法院判决作系统性的整理，提供给当事人或法院必要的资讯，增强诉讼前和解的谈判基础，减少或避免被害人起诉请求慰抚金尽量提高数额，类似赌博。不同审级法院缺少共识，造成案件来回的更审，耗费时日、社会成本、司法资源。因此如何强化对慰抚金量定的理论与实证研究，实为损害赔偿法的重要课题。

第三款　慰抚金的概念与性质

第一项　"慰抚金"与"非财产上损害相当金额的赔偿"

中国台湾地区民法关于人格权的保护，兼采《瑞士民法》及《德国民法》。"民法"第18条第2项所称人格权受侵害时，以法律有特别规定者为限,得请求损害赔偿或慰抚金。在瑞士民法,损害赔偿指财产上损害,慰抚金指非财产上损害的金钱赔偿。关于侵权行为及损害赔偿制度,中国台湾地区民法系采《德国民法》的立法例,所称损害包括财产上损害及非财产上损害,"非财产上损害"于法律所定情形,始得请求金钱赔偿。如何在概念体系上整合此来自不同立法例的条文用语,得有不同的见解,例如将"民法"第18条第2项损害赔偿解释为包括财产上损害及非财产上损害,或认为"民法"第18条第2项系关于非财产上损害的规定。其有共识的,系在解释上认为"民法"第18条第2项所称"慰抚金",与第194条及第195条所称"请求赔偿相当金额",其义相同,均指同一事项,"民法"第195条第1项所称非财产上损害的金钱赔偿,乃指慰抚金而言。应进一步说明的有三:

(1)德国民法上的非财产上损害,称为 Nichtvermögensschäden 或 immaterielle Schaden,其金钱赔偿称为 Schmerzensgeld(痛苦金),乃在体现非财产上损害系属身心痛苦(körperliches und seelisches Leiden)。德国联邦最高法院(BGHZ 18,149;128,117)引进瑞士民法上慰抚(Genugtuung)的概念,强调痛苦金亦具有慰抚功能。

(2)"慰抚金"与"非财产上损害相当金额的赔偿"两个概念,具有相互阐述及诠释的作用。"慰抚"表示非财产上损害赔偿的功能,"相当金额"表示慰抚金的特色,具有衡平或评价的作用,不同于财产上损害的全部赔偿原则。

(3)"民法"使用慰抚金的概念,除"民法"第18条第2项外,尚有第1030条之1第1项第2款。① 学说及法院判决多使用慰抚金,因其意简明,较能凸显其规范意义。

第二项 慰抚金的专属性

一、慰抚金的专属性

关于慰抚金请求权,除"民法"第194条外,皆明定"此项请求权,不

---

① "民法"第1030条之1第1项规定:"法定财产制关系消灭时,夫或妻现存之婚后财产,扣除婚姻关系存续所负债务后,如有剩余,其双方剩余财产之差额,应平均分配。但下列财产不在此限:(一)因继承或其他无偿取得之财产。(二)慰抚金。"特别法使用慰抚金的有"警械使用条例"第11条、"海岸巡防机关器械使用条例"第15条(请阅读条文)。

得让与或继承。但已依契约承诺或已起诉者,不在此限。"此项规定于"民法"第 194 条亦应为类推适用。此种不得让与或继承的请求权,学说上称为专属权,尤其是权利行使上的专属权,即权利的行使与否,专由权利人予以决定,在未决定前,虽不得让与或继承,但一经决定行使,则与普通财产权无异,具有移转性。

慰抚金请求权不得让与或继承,但已依契约承诺或已起诉者,不在此限。换言之,契约承诺或起诉解除了慰抚金请求权的专属性(Entpersönlichung,解除属人性),慰抚金请求权已依契约承诺时,表示被害人已有行使权利的意思。承诺具有宣示的性质,无须具备一定方式,得依默示为之。起诉,应以诉状表明下列各款事项,提出于法院为之:①当事人及法定代理人;②诉讼标的及其原因事实;③应受判决事项之声明("民事诉讼法"第 244 条)。实务上最感困难的,系被害人身受重伤,已失知觉,死亡与起诉之间,形成特殊微妙竞赛关系。为克服此项困难,维护被害人及继承人利益,应在"时"与"人"两方面适当解释起诉的概念。就时间而言,所谓起诉系指对法院提出起诉而言,是否送达于被告,在所不问。就人而言,应认为被害人失其知觉者,其由他人代为起诉,而经继承人承认;继承人代为起诉者,亦可发生起诉之效力。

二、专属性的立法理由

现行"民法"上慰抚金请求权不具移转性原则,系采自德国立法例(旧《德国民法》第 847 条)。《德国民法》所以采此原则,其立法理由书作有详细的说明,特摘译如下,以供参考:

关于痛苦金请求权(Schmerzensgeldanspruch)继承性,在普通法(Gemeinrecht),甚有争论,此与痛苦金请求权的本质究为刑罚或赔偿,具有密切关系。采取赔偿说(Entschädigungstheorie,补偿说)的学者,认为此项请求权不能继承,因为纵使痛苦金不能视为对被害人所受羞辱的慰藉,至少也是对某种损害的赔偿,而此种损害之不能继承,与羞辱并无不同。被害人所忍受的痛苦随其死亡而俱逝,财产上损害尚继续存在于继承人,二者殊有差异。此项问题在普鲁士法上甚有争论,依《撒克逊民法》第 1450 条规定,此项请求权于被害人起诉或依契约确认时,始得继承。德列士典草案第 1010 条亦采此原则,所不同的是,依规定请求权非于起诉时,而是于判决确定时,始移转予继承人。倘未设一项特别规定,则痛苦金请求权将无限制地移转予继承人。然而，被害人常由于其本身未感觉受有损害，或由于个人事由，而不行使此项请求权。在此情形，若仍允其继承人得为主张，违背事理，殊非妥适。因此，被害人自身不行使其权利时，继承人自无主张余地。其次为避免争议，此项请求权须以依契约承认或系属于法院时，始移转予继承人。据上所述，痛苦金请求权的继承应受限制。同理，其让与性亦应受限制，在债权让与非基于债权人意思的情形，尤应如此。①

关于非财产上损害金钱赔偿的不移转性（尤其是继承），最近德国学者作有批评性的检讨。Shäfer 氏认为不移转性原则系过去时代的产物，于德国民法立法当时，导致痛苦金请求权的事故，尚属不多，而且多发生在邻居、友谊社交来往范围之内；其情形与在狩猎或儿童嬉戏之间发生损害事故，并无不同，当事人彼此多系熟识，因而被害人多不请求精神上损害金钱赔偿。目前，意外事故遽增，情况丕变，难以相提并论。再者，立法者当时亦未能预见今日责任保险之普遍推行。Deutsch 教授认为："立法者在采取非财产损害金钱赔偿制度之后，或许已无余力，除去此项请求权在专属人格上之限制。"②

基于上述的检讨，德国学者 Lieberwirth 认为，应尽量对"依契约承诺"及"系属法院"采取广义解释，扩大增加痛苦金请求权让与或继承的机会。③ Deutsch 更进一步认为，关于痛苦金请求权的可移转性，应视痛苦金的功能而定，即慰抚金的给予，纯为慰藉（Genugtuung）之目的时，原则上不得让与或继承，请求权行使与否，应由被害人自主决定。至若慰抚金的给予，系为填补损害（Ausgleich）之目的，或兼具慰抚与填补损害双重功能的，则原则上应使其具有移转性。旧《德国民法》第 847 条第 1 项第 2 段的广泛文义，使此项原则尚难贯彻，应将其适用范围依其目的性，加以限制，乃事务当然之理。

---

① Mugdan, Die gesammten Materialien zum Bürgerlichen Gesetzbuch für das Deutsche Reich, Bd. II (1899), S. 448.（台大法律学研究所珍藏资料。）

② Deutsch, Haftungsrecht (1976), S. 477: "Wahrscheinlich hat der Gesetzgeber nach der allgemeinen Einführung der immateriellen Geldentschädigung nicht mehr die Energie gehabt, den Anspruch seiner höchstpersönlichen Beschränkung zu entkleiden."

③ Lieberwirth, Das Schmerzensgeld (3. Aufl. 1965), S. 102.

三、非财产上损害金钱赔偿专属性的废除

中国台湾地区民法关于慰抚金专属性的规定系参考旧《德国民法》第847条立法例。值得提出的是,德国于1990年废除该条规定,使非财产损害相当金钱赔偿的请求权得为让与、继承。废除的理由主要系为避免解释适用的争议,尤其是保护被害人,解除了此项请求与被害人不可分的关系。例如甲致乙重伤,甲对乙拒不依契约承认乙的请求权,或乙在起诉前死亡时(在此种情形,谁会适时到法院起诉?),甲得不负赔偿责任,诚非合理。

最后须再强调的,非财产损害的金钱赔偿,德国民法原采保守态度,为强化对人格权的保护,一方面创设一般人格权,并以《德国基本法》第1条第1项及第2条第1项作为请求金钱赔偿的请求权,一方面又删除第847条规定,将其移置于第253条第2项,作为损害赔偿的一般规定,扩大其请求权基础,此外并解除此项请求权的专属性,肯定其得为让与及继承,完善了对人格权受侵害的非财产损害金钱赔偿制度,体现了法律生命的发展及法学的创造力。

第四款　慰抚金的功能

慰抚金的功能与"相当赔偿金额"的量定,是慰抚金制度的核心问题,二者相互关联,先就慰抚金的功能加以说明。

慰抚金具何种功能,实务上(包括最高法院)甚少提及,从法院判决所斟酌的量定因素亦难推知。兹分三点加以分析:

一、填补损害

慰抚金系对非财产上损害的一种赔偿方法,亦具填补损害的基本功能。在现行民法,损害赔偿义务的发生原则上系以过失为责任要件,虽含有对过失行为加以非难的目的,惟不得径据此而认为损害赔偿系对不法行为本身的惩罚制裁:一则因为民事损害赔偿责任原则上不以过失为要件;二则因为在现行法上,损害赔偿范围并不斟酌加害人过失的轻重。对于不法行为的惩罚制裁系刑法的基本任务,民事损害赔偿的功能则在于填补损害。

慰抚金的基本功能即在于填补损害,因此民法上损害赔偿的基本原

则"无损害,无赔偿"自有适用余地。"最高法院"1960年台上字第489号判决谓:"民法亲属编施行后,夫权制度已不存在,明知有夫之妇而与之通奸,对其夫应负赔偿责任,系以家室和谐因此破坏,使其夫在精神上不免感受痛苦之故,若夫已纳妾,与其之感情本不融洽,则家室和谐并非因其妻与人通奸而被破坏,其夫既无所谓受非财产上之损害,自无请求赔偿可言。"

在实务上,常有被害人因遭受侵害而失其知觉的,在此情形,是否亦得请求精神或肉体痛苦的慰抚金?在瑞士Luzern高等法院一个判决,原告系一具有通常智能的孩童,在某意外事故中,脑部伤害严重,机能丧失,法院认为就《瑞士债务法》第47条所规定的慰抚金而言,被害人对其被侵害具有知觉(Bewusstsein der Beeinträchtigung)并非必要。[①] 德国实务上原亦认为被害人须有认知及感受精神痛苦能力,今已废弃,不以被害人有感受心神痛苦为必要。[②] 实务上亦应采此见解。[③]

二、被害人的慰抚

非财产上损害的金钱赔偿,除具有填补损害基本功能外,是否尚有其他功能?又此项功能与填补损害的功能又具有何种关系?此项问题在瑞德二国讨论热烈。中国台湾地区现行民法关于非财产上损害制度,系兼采瑞德二国立法例,彼邦判例学说自有征引参考的价值,特先为介绍,再说明在台湾地区法上所应采取的立场。

(一)瑞士法

1907年《瑞士民法》制定时,虽希望广泛承认非财产上损害金钱赔偿请求权,以加强人格权的保护,但却顾虑到两方面的不同意见:一是报纸深恐报导自由受到限制,增加讼累;二是德国学者警告以金钱赔偿精神上损害,将使人格价值商业化。因此,立法者特于《瑞士民法》第28条规定仅于法律特定的情形始得请求慰抚金。

1907年《瑞士民法》及1911年修正的《瑞士债务法》首次采用Genug-

[①] Schw JZ 69, 297.
[②] BGH, NJW 1976, 1174; BGHZ 120, 1; BGH, NJW, 1993, 1531; Kötz/Wagner, Deliktsrecht, S. 702.
[③] 参见陈聪富:《侵权违法性与损害赔偿》,第214页(2008)。

tuung(慰抚)此项概念,系基于瑞士法学家 Burckhard 的建议①,并受 Jhering 及 Degenkolb 两位德国学者的影响。Jhering 及 Degenkolb 均认为,Genugtuung 是一种独立责任原则,介于损害赔偿与刑罚之间。② Degenkolb 特别强调非财产上损害不能以金钱计算,认为之所以赋予被害人以金钱利益,旨在恢复被干扰精神的平衡。Burckhard 接受此种思想,并进一步阐明瑞士民法上 Genugtuung 的特色及其与刑罚(Strafe)的不同:在刑罚,被害人的满足(Satisfaktion),系次要的反射作用,但在非财产损害,Genugtuung 则系法律所欲直接实现之目的,"相当金额"仅是达成此项目的之手段而已。刑罚之目的在使加害人遭受创伤,Genugtuung 则在医疗被害人的创伤。依此见解,赔偿与慰藉被害人受侵害的法律感情的两种功能,得为并存。在此种思想背景下,关于 Genugtuung 的法律性质,瑞士学者意见不同,有强调填补赔偿功能的,有重视其慰抚功能作用的,尚无定论,其较有共识的,系 Genugtuung 并不具有刑罚的性质。瑞士 Zürich 大学侵权行为法权威学者 Oftinger 教授特别表示,Genugtuung 确实含有惩罚的因素,不容低估,此与民法的基本思想容有不符,并有不合时宜之感,但势所难免,难以排除。③

(二) 德国法

《德国民法》第 253 条规定:"非财产上损害,以有法律特别规定者为限,始得请求赔偿相当金额。"法律的特别规定,以《德国民法》第 847 条最为重要:"(一)侵害身体或健康,或侵夺自由之情形,被害人对非财产上之损害,亦得请求赔偿相当之金额。此项请求权不得让与或继承,但已依契约承认或起诉者,不在此限。(二)对妇女犯违背伦理之重罪或轻罪,或因诈术、胁迫或滥用从属关系,使其应允为婚姻外之同居者,该妇女亦有同一之请求权。"为加强保护人格法益(尤其是名誉权),第二次世界大战以后,德国最高法院特创设一般人格权(Allgemeines Persönlichkeitsrecht),并认为侵

---

① ZRS 22, 1903, 469 ff.

② JherJb 18, 1880, S. 52 f., 77 f.; Degenkolb, AcP 76, 1, 23 f. 耶林年报(Jherings Jahrbücher für die Dogmatik des bürgerlichen Rechts,简称 JherJb)及民法实务文献库(Archiv für die zivilistische Praxis,简称 AcP)系德国著名的法律杂志,台大法律学研究所藏存全集,弥足珍贵,可供参考。

③ Oftinger, Schweizerisches Haftpflichtrecht (4. Aufl. 1975); Obligationsrecht (9. Aufl. 2000), § 10, § 8, 286.

害一般人格权,其情形严重者,被害人就非财产上损害亦得请求赔偿相当金钱。①

关于非财产上损害的金钱赔偿的法律性质,在德国法上亦甚有争论。1955年6月1日,德国联邦最高法院大民庭会议(Grosser Senat für Zivilsachen)曾为此作成决议(Beschluss)(BGHZ 18, 149),其要旨为:"《民法》第847条规定的Schmerzensgeld(痛苦金)请求权,不是通常的损害赔偿,而是特殊的请求权,具有双重功能,对被害人所受非财产上损害提供适当的补偿,但同时由加害人就其所生的损害对被害人予以慰藉。"

对于上述德国联邦最高法院见解,德国学者多表赞成。Deutsch教授在其1976年新著Haftungsrecht(责任法)一书,曾特别强调Genugtuung的独立性,认为之所以给予被害人金钱,非在于填补损害,而是在于行为后的预防;论其本质,实远于损害(Schadensfern),近于制裁(Sanktionsnah)。② 惟应注意的是,德国权威民法学者Larenz教授对德国联邦法院的见解甚有评论,认为相当金额的赔偿,严格言之,不是真正的损害赔偿,因为在应赔偿的金钱与无形损害间欠缺一个金钱价值。惟受害人可以借着获得金钱创造某种愉快或安慰,论其实质,乃属一种补偿。惟此种损害赔偿另具有Genugtuung(慰藉、满足)的作用,即被害人可由金钱的支付而得知加害人应对其所肇致的损害负责,因而获得满足,但此与制裁不法的刑罚思想有异。德国民法的损害赔偿制度的出发点,不是对加害人的非难,而是损害填补,因此所谓Genugtuungsfunktion(慰抚满足功能)仅可视为系对被害人受侵害的情感或法律感情(Rechtsgefühl)的一种补偿,应包括在填补目的之内。基此认识,Larenz教授认为,德国联邦最高法院将填补功能(Genugtuungsfunktion)并列,似乎误认二者是互相对立,从而使慰抚金的性质,近于刑罚,尚有商榷余地。③

(三) 中国台湾地区法上的解释

基于以上关于瑞士法上Genugtuung及德国法上Schmerzensgeld的说明,得以下认识作为中国台湾地区法上慰抚金法律性质的理论基础:非财产上损害,不能完全客观的金钱赔偿。金钱赔偿,除尽可能填补损害

---

① 参见王泽鉴:《人格权法》,第22页。
② Deutsch, Haftungsrecht (1976), S. 473.
③ Larenz, Schuldrecht I, S. 380.

外,尚具有慰抚的机能,换言之,即以金钱的支付抚慰被害人因非财产价值被侵害所生的苦痛、失望、怨愤与不满。德国法学家 von Tuhr 曾谓,"金钱给付可使被害人满足,被害人知悉从加害人取去金钱,其内心的怨懑将获平衡,其报复的感情将可因此而得到慰藉。对现代人言,纵其已受基督教及文明的洗礼,报复的感情尚未完全消逝"①,确实含有真义。然而,诚如 Larenz 教授所指出,慰藉的对象系被害人,制裁加害人乃其反射作用,非属慰抚的功能,制裁不法,非慰抚的本质。至于填补功能与慰藉功能的关系,有认为慰抚功能仍属于填补的作用,不能独立存在。有认为慰抚金兼具填补与慰抚双重功能,此说较为可采。在决定慰抚金的数额时,填补损害与慰抚被侵害的法律感情应一并斟酌。

三、预防功能

法律上的制裁(如刑法的刑罚、行政法的罚金、侵权行为法的损害赔偿)因对行为人课以不利益,均具有一定程度的预防功能,促使受制裁者调整其行为而为规避。准此以言,慰抚金自具有预防的作用,即得经由慰抚金的量定,尤其是斟酌加害人的故意或过失、侵害人格法益所获利益,调整相当赔偿的数额,而发挥其吓阻不法行为,确立行为模式的功用。慰抚金的预防功能原则上固值肯定,但不应使之成为一种惩罚,盖此非属民事责任的本质。

第五款 慰抚金的量定

第一项 问题的提出与"最高法院"见解

一、问题的提出

人格法益(身体、健康、名誉、隐私、性自主等)遭受侵害,因身心痛苦而请求慰抚金时,如何计算其得向法院请求的相当数额?法院应斟酌何种因素以决定慰抚金数额的相当性?应否考虑加害人的故意或过失轻重、侵害人格(如以他人姓名、肖像推销商品)所获利益、被害人的与有过失如何斟酌?如何建立客观可预见的合理赔偿数额?

---

① Andreas von Tuhr, Allgemeiner Teil des Schweizerischen Obligationenrechts I (1924), S.106.

二、"最高法院"见解

如何衡量酌定相当数额的慰抚金？首须依慰抚金的功能提出量定因素。兹参照"最高法院"具代表性的判例的见解，依年代先后摘录如下：

1. 1930年台上字第1613号判例

"名誉被侵害者虽许被害人请求以金钱赔偿，但其损失原非如财产损失之有价额可以计算，究竟如何始认为相当，自得由法院斟酌情形定其数额。"

2. 1958年台上字第1221号判例

"名誉被侵害者，关于非财产上之损害，加害人虽亦负赔偿责任，但以相当之金额为限，民法第195条第1项定有明文。所谓相当，自应以实际加害情形与其名誉影响是否重大，及被害者之身份地位与加害人经济状况等关系定之。"

3. 1962年台上字第223号判例

"慰藉金之赔偿须以人格权遭遇侵害，使精神受有痛苦为必要，其核给之标准固与财产上损害之计算不同，然非不可斟酌双方身份资力与加害程度，及其他各种情形核定相当之数额。"

4. 1977年台上字第2759号判例

"不法侵害他人致死者，被害人之子女得请求赔偿相当数额之慰抚金，又胎儿以将来非死产者为限，关于其个人利益之保护，视为既已出生，民法第194条、第7条定有明文，慰抚金之数额如何始为相当，应酌量一切情形定之，但不得以子女为胎儿或年幼为不予赔偿或减低赔偿之依据。"

第二项　量定模式的建构

一、模式构造

"最高法院"判例或判决均未明确论及慰抚金的功能，亦难由其判决理由推知"最高法院"关于慰抚金功能的见解。"最高法院"判决所采用的主要量定因素为：

(1) 加害程度。
(2) 被害人的身份地位（名誉受侵害）。
(3) 双方的经济能力。

(4)其他情形。至于何谓其他情形,未臻明确。

又"最高法院"判决所采用的量定因素尚斟酌受到侵害的人格法益,如生命(第194条、1977年台上字第2759号判例)、名誉(1958年台上字第1221号判例)。"最高法院"在废弃原审判决时,常指责其量定欠缺具体理由。

慰抚金的量定是实务上最为重要的困难问题,兹参照实务及学说见解提出如下思考模式,再做说明:

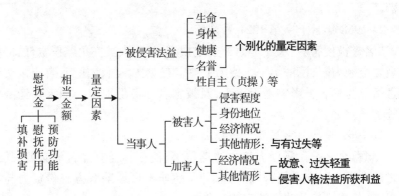

关于前揭规范模式,应说明的有三:

(一)慰抚金的功能

(1)慰抚金具有填补、慰抚、预防的功能,应作为量定慰抚金的准则,法院应有明确的认识及说明。

(2)赔偿金额的相当性由法院自由裁量,应就个案斟酌相关因素而为量定,须针对被侵害人格法益的种类,并顾及其个别化的量定因素。

(3)应分别就被害人及加害人认定慰抚金酌定的因素,除"最高法院"所提出者外,应特别注意:被害人的与有过失。加害人故意或过失的轻重、侵害人格法益所获利益等因素。

(4)法院行使慰抚金裁量时,一方面要重视个案的特殊性(个案正义),另一方面亦须顾及同类侵害的赔偿金额、累积案例,建构一个可供参照的判断基准。

(二)被害人方面应斟酌的因素

1. 相关因素

在被害人方面应予斟酌的,首为侵害程度,即受侵害的人格法益(例如身体、健康、名誉、性自主等)、侵害轻重(残废、轻伤、忧郁症)、时间(如医疗康复期间)、年龄(尤其在妨害性自主情形)。"最高法院"特别强调被害人的身份地位、双方资力(经济情况),应列入的因素包括对职业活动的影响(例如画家眼睛失明、小提琴家失去手指、模特儿毁容)。

2. 被害人对身心痛苦的感受

基于慰抚金所具填补功能,被害人受侵害而为昏迷或成为植物人而无痛苦感觉,亦不得据此排除或减少其慰抚金,前已说明。在不法致人于死的情形,"最高法院"特别强调不得以子女为胎儿或年少不知而不为赔偿或减低赔偿。

3. 被害人与有过失

在财产上损害,被害人"与有过失"时,应依责任的轻重比例认定其赔偿范围。在慰抚金,被害人的与有过失应作为量定相当赔偿数额的一项内部因素,而非先认定赔偿数额,再依与有过失程度而为减免。①

值得注意的是,在"最高法院"2011年台上字第992号判决谓:按不法侵害他人基于父、母、子、女或配偶关系之身份法益情节重大者,被害人虽非财产上之损害,亦得准用"民法"第195条第1项前段规定,请求赔偿相当之金额,同条第3项定有明文,此乃保护基于父母或配偶与本人之亲密关系所生之身份法益所为之规定。查上诉人不法侵害邱○栗之身体、健康法益,致邱○栗成为类植物人状态,已遭法院依修正前民法之规定宣告禁治产(现已改称为监护宣告),被上诉人分别为邱○栗之父母,亦为监护人,不仅须执行有关邱○栗生活、护养疗治及财产管理之职务(第1112条参照),且因邱○栗须终身仰赖他人照护,于其二人不能维持生活时之受扶养权利亦将无法享受(第1117条规定参照),遑论孝亲之情。被上诉人与邱○栗间父母子女关系之亲情、伦理及生活相互扶持与帮助之身份法益已受到侵害,且因必须持续终身照顾,其情节自属重大。原审审酌双方教育、职业收入、财产等一切情状,并扣除邱○栗应分担之与有过失责任后,认定被上诉人依"民法"第195条第3项规定,请求上诉人赔偿非财产上损害各100万元本息,堪称相当,因将第一审判决关此部分废弃,改判命上诉人如数给付,经核并无违误。应说明者有二:

---

① 此为德国通说,Lange/Schiemann, Schadensersatz, S. 439;MünchKommBGB/Oetker §253 Rn. 46.

(1) 本件判决原审及"最高法院"提出,"民法"第 195 条第 3 项侵害身份法益请求非财产上损害金钱赔偿的量定因素,强调双方教育、职业收入、财产等一切情状,未充分顾及侵害身份法益的特色。

(2) 原审及"最高法院"认为非财产上损害的计算应扣除被害人应分担之与有过失责任,似系采同于财产上损害分担与有过失责任的计算方法,非以被害人与有过失作为量定慰抚金相当性一项内部因素,其见解仍有研究讨论余地。

(三) 加害人方面应斟酌的因素

1. 相关因素

在加害人方面应予斟酌情事,"最高法院"特别强调双方当事人身份地位及经济情况,此为慰抚金的特色。在财产上损害并不考虑双方身份地位(如学生、医生、律师)或资力。加害人资力较佳,被害人资力较劣时,应提高其赔偿数额。加害人经济情况不佳不得径作为减少财产数额的理由。加害人有责任保险时,其资力得不为斟酌。受雇人因执行职务,不法侵害他人之人格权时,被害人受有非财产上损害,请求该受雇人及其雇用人连带赔偿相当金额之慰抚金时,法院对慰抚金之量定,应斟酌双方(包括负连带责任之雇用人在内)之身份地位、经济状况等关系定之,不宜单以被害人与实施侵权行为之受雇人之资力为衡量标准。①

须说明的是,加害人个人情事原则上不影响赔偿金额,例如加害人肇致车祸伤害他人,自己死亡;或加害人因其不法行为遭受刑事惩罚。盖刑事惩罚与被害人非财产上损害的金钱赔偿具有不同的目的。其影响赔偿金额量定的应包括加害人处理损害的态度,例如,借故拖延损害处理程序、在诉讼中故意以不当言词伤害被害人。盖此等行为将增加被害人精神的痛苦。

2. 加害人故意或过失的轻重

"最高法院"的判决并未明确将加害人故意、过失的轻重作为量定慰抚金的因素,此应系强调慰抚金的填补功能。在财产损害,其赔偿金额不因加害人故意、过失的轻重而受影响。在慰抚金的量定,加害人故意或过失的程度应予斟酌,故意伤人与过失肇致车祸对被害人精神的慰抚应有

---

① 参见 1985 年 8 月 27 日"最高法院"1985 年度第 9 次民事庭会议决议;"最高法院"1968 年台上字第 1663 号判例。

不同。酒醉驾车撞伤人、强制性交少女、故意公开他人隐私,须斟酌加害人的故意程度,始足慰抚被害人的精神痛苦。将加害人的故意或过失作为量定因素,实有肯定的必要。

3. 加害人的获利

(1)比较法

加害人无权使用他人肖像、姓名做商业广告而获的利益,应否作为量定慰抚金的因素? 此为近年来各国实务上的重要问题。德国联邦最高法院于1994年在著名的Caroline von Monaco案(周刊杂志无权刊载摩洛哥公主的肖像,及伪造访问记录等)强调:"故意侵害他人格权,意图增加销售版数,获取利益,基于预防的思想,于量定金钱赔偿数额应将其获利作为量定因素。"[1]在另一件涉及摩洛哥公主及其子女肖像被杂志社无权刊登侵权案件(BGHZ 160,298),德国联邦最高法院补充BGHZ 128,1案判决,作成两项判决要旨:

①因严重侵害人格权而为金钱赔偿乃基于宪法及私法,非属刑法上的制裁。

②在量定金钱赔偿时,对被害人慰抚的观点、预防思想及人格权侵害强度,应于个案情形发生不同的作用。

(2)中国台湾地区实务的发展

在无权使用他人姓名、肖像做商业销售广告的情形,实务上有两个判决亦以"原告推荐商品之帮助"作为慰抚金的量定因素:

①在"陈美凤料理米酒代言案",台湾高等法院判决[2]谓:查被上诉人为知名演艺明星,复为美食节目主持人,具有一定之公众形象,依社会通念,被上诉人推荐之商品,必有助于商品之销路,衡量被上诉人之身份、地位,良液公司认为经由诉外人林○○同意,与完全擅自仿冒者之侵害情节程度尚有不同,是认为上诉人良液公司、甲○○应连带赔偿60万元为适当。

---

[1] BGHZ 128,1—Caroline von Monaco: Erfolgt der Einbruch in das Persönlichkeitsrecht des Betroffenen vorsätzlich mit dem Ziel der Auflagensteigerung und Gewinnzielung, dann gebietet der Gedanke der Prävention, die Gewinnzielung als Bemessungsfaktor in die Entscheidung über die Höhe der Geldentschödigung einzubeziehen. 本件判决在德国法学界引起热烈讨论,参见 Canaris, Gewinnabschöpfung bei Verletzung des allgemeinen Persönlichkeitsrechts, in FS für Deutsch (1999), S. 85; Erlanger, Die Gewinnabschöpfung bei Verletzung des allgemeinen Persönlichkeitsrechts (2001).

[2] 台湾高等法院2005年上易字第616号判决。

②在"胜昌制药案",台湾高等法院判决①谓:本院斟酌被上诉人为知名演艺人员,经历多年艰苦奋斗,始立足演艺圈,并建立今日正面之公众形象,依社会通念,其推荐之产品必有助于产品之销路……认为被上诉人请求上诉人胜昌公司应分别与扬易公司、甲〇〇连带赔偿非财产上之损害150万元,尚属适当。

此两个台湾高等法院判决,对于人格权保护的发展,具有两点重要意义:

①慰抚金除填补、慰抚的功能外,亦应具有预防功能,其赔偿金额须使加害人有所感受,具有引导其行为的作用。

②间接认定姓名、肖像具有一定财产价值。加害人无权商业化利用他人的姓名、肖像时,不应保有其利益,须借慰抚金的方式返还予权利人。

二、慰抚金数额的量定与第三审上诉

关于量定慰抚金所应斟酌因素的正确适用,系属法律问题,因此当事人认为第二审适用法律不当时,得上诉第三审法院。"最高法院"所审查的,不是原审法院所算定慰抚金的多寡,而是事实,法院对一切应斟酌的情事是否已完全适当考虑,而在其权衡之间是否违反推理逻辑及被承认的经验法则。兹举一个判决作为参考:

"最高法院"2008年台上字第1037号民事判决略谓:"按非财产上损害之慰抚金数额,究竟若干为适当,应斟酌双方身份、地位、教育程度及经济状况,俾为审判之依据……查被上诉人之社会地位及经济状况如何?又死者江林〇蟾之身份、地位如何?未见原审于判决理由予以论述,并说明所凭审酌之依据,而仅抽象谓审酌双方及死者之社会地位及经济状况,遽认为被上诉人各得请求上诉人赔偿之精神慰抚金以80万元为宜……非无判决不备理由之违法。"本件判决提出两个关于第三审上诉的重要见解:

(1)慰抚金的数额,应明确其量定因素,并于判决理由予以论述。

(2)应具体审酌相关量定因素,不能仅作抽象的认定。

三、慰抚金的给付方式

关于身体、健康受侵害所生的财产上损害的金钱赔偿,"民法"设有

---

① 台湾高等法院2007年上易字第873号判决。

支付定期金的规定(第 193 条第 2 项、第 192 条第 3 项)。关于慰抚金的支付方式,现行法未设规定,目前实务上似均采一次给付方式。若当事人为定期金的申请时,法院得否准用"民法"第 193 条第 2 项之规定?德、瑞民法均未设明文,但实务采肯定说,认为必要时,法院亦得判决定期金的支付。在中国台湾地区法上似可作同样解释,以保护被害人利益。

第三项 慰抚金的量定与法院实务

一、重要课题与实证研究

慰抚金是损害赔偿的核心问题,法院实务如何操作运用,如何解释适用相关法律,如何量定相当数额的慰抚金,决定赔偿金额?

本书作者在 30 年前曾撰写"慰抚金"论文[1],当时限于时间、取得资料的困难,及缺少必要的研究助理,仅能作简要说明。最近则有较深入的研究,例如:陈聪富所著《侵权行为法之法社会学研究》(一)(1999),资料统整范围为"最高法院"1951 年至 1999 年止公布的民事判决。陈莹著《民事损害赔偿法上慰抚金数额算定标准之研究》(2009),针对事实审(第一审)慰抚金量定数额,作出统计与分析。蓝家伟著《慰抚金量定之理论与实务》(2009),有系统整理高等法院的判决。

值得特别说明的是,"司法院"认识到慰抚金的量定系实务上的重要问题,举办了各种人格法益受侵害量定慰抚金的研讨会。[2]

在研究方法方面,张永健、李宗宪在《身体健康侵害慰抚金之实证研究:2008 年至 2012 年地方法院医疗纠纷与车祸案件》一文中[3],从事严

---

[1] 参见王泽鉴:《慰抚金》,载《民法学说与判例研究》(二),第 253 页。
[2] 2011 年 10 月 27 日举办"性侵害慰抚金酌定研讨会"(叶启洲主讲);11 月 25 日举办"生命侵害慰抚金酌定研讨会"(詹森林主讲);12 月 9 日举办"名誉侵害慰抚金酌定研讨会"(王千维主讲)、"身体健康侵害慰抚金酌定研讨会"(陈忠五主讲)。相关资料参见《司法周刊》第 1566 期、第 1570 期、第 1572 期;"司法院"民事厅编:《慰抚金酌定研讨会论文集》(2014)。
[3] 参见张永健、李宗宪:《身体健康侵害慰抚金之实证研究:2008 年至 2012 年地方法院医疗纠纷与车祸案件》,载《台湾大学法学论丛》,2015 年第 44 卷 4 期,第 1785—1843 页。此外,张永健、何汉葳以生命侵害慰抚金之实证研究为例,说明法实证研究可以运用之统计方法,参见何汉葳、张永健:《法实证研究方法进阶导论:固定效果、随机效果、群聚标准误》,载《月旦法学杂志》2016 年第 259 期,第 167—181 页。此三位学者分析近年地方法院生命侵害慰抚金判决之酌定慰抚金态样,亦值得参考。参见张永健、何汉葳、李宗宪:《地方法院生命侵害慰抚金判决之实证研究》,载《民事实体法实证研究工作坊》(2013 年 11 月 8 日)。

谨、深入、大规模的量化实证研究,响应文献学说所提出的理论猜想或主张,提出了若干具有参考价值的发现:

（1）法院系以被害人的伤势作为量定慰抚金的主要考虑,不因案件为医疗纠纷或车祸而有统计上的显著差异。

（2）法院可能有运用慰抚金的裁量空间,填补原告在财产方面之不足。惟此是否符合慰抚金的目的,应值研究。

（3）慰抚金的预防、慰抚功能,仍须作进一步的实证研究。

（4）台湾地区各地方法院法官基本上系一致且稳定地给予适当的慰抚金,其理由系会询问同院资深法官,或参考上级法院裁判,量定比较类似前案的判决金额。法院在决定慰抚金时,整体而言有清楚脉络可循,并未因为广大的裁量而轻率量定。

（5）判决书若能提供更多的相关资讯,将有助于从事量化研究,观察法院断案趋势,增强判决的可预见性,可以帮助或要求法官在未来克服有意或无意的偏见。

二、实务案例

兹就三个案例类型说明实务上如何量定慰抚金。

（一）故意致人于死:台湾高等法院2007年重上字第30号判决

1. 侵害行为

被告等人为诈领系争保险金共谋驾车撞倒及辗压被害人致死。

2. 量定因素

被告与被害人素不相识,并无冤仇,竟仅因贪图钱财,被告等人共同以残忍手段杀害被害人,恶性重大,而原告甲、乙均年事已高,面对爱女惨死,自必受有极大精神上痛苦。而原告丙则于本件侵权行为发生时乘坐于被害人所驾驶前揭小客车后座,亲眼目睹并耳闻其亲生母亲即被害人遭被告等人驾车撞击再予以碾压之惨状,身心遭受极度惊吓,心灵受创至深,及被告等人于本件事故发生时经营传播公司,每月收入至少七八万元,及双方其他身份地位、经济状况及原告等人所受上述痛苦等一切情状。

3. 慰抚金数额

原告甲（父）请求1 000万元,乙（母）请求400万元,丙（子）请求1 000万元。法院判决甲400万元,乙400万元,丙1 000万元。对此项高额慰抚金,法院特别斟酌被告动机、故意、恶性行为等,凸显慰抚功能。

(二) 妨害性自主①

1. 台湾高等法院 2003 年诉字第 20 号判决

(1)侵害行为。原告就读台科大一年级,尚未年满 20 岁,即被学校雇用为宿舍管理工读生,早上 6 点就要轮早班看管宿舍外,夜间 11 点半同样要看管宿舍,于原告一人看管宿舍时,原告在台科大校园内遭被告性侵害。

(2)量定因素。原告刚上大学,正值人生起步,前途一切光明之际,受此次性侵害,精神受害甚深,甚至嗣因无心上课,学业成绩未达标准致遭台科大退学,未来前途及婚姻均将因而大受影响,精神确受极大痛苦,而被告为高中毕业,无业,假释中一再犯罪,且犯后毫无悔意,本院斟酌实际情况,双方之身份、地位、经济能力及被告之经济资力虽属有限,惟对原告已造成终身无法弥补之严重伤害等情状。

(3)慰抚金数额。原告请求 1 000 万元,法院判决 500 万元,关于量定因素,法院强调被告假释中一再犯罪,犯后毫无悔意,重视预防或惩罚作用。

2. 台湾高等法院 2004 年上易字第 407 号判决

(1)侵害行为。被告在 MTV 之○○号房间内,明知原告系未满 16 岁之女子,竟未经原告同意并违反原告意愿,强行对原告为性交之行为。

(2)量定因素。斟酌被告明知原告未满 16 岁,仍与之性交,原告当时为 14 岁之少女,原告并自陈事情发生后,对男孩产生恐惧,心理也变得有点像同性恋,觉得男孩子都不可以依靠,足见此事件对其人生观之影响非微;又被告系高中毕业,目前无业,无动产和不动产,并已知道过错,表示悔意;而原告现仍就学中,无不动产、生活费及学费,均由家人供应等一切情状。

(3)慰抚金数额。原告请求 100 万元,法院判决 30 万元。

---

① "司法院"于 2011 年 9 月间举行"性侵害事件慰抚金酌定标准研讨会",叶启洲专题报告"性侵害事件慰抚金酌定标准之分析与检讨"(最近实务案件),杨淑文与谈,甚具参考价值。又"司法院"于同年 11 月另举办"侵害生命慰抚金酌定标准研讨会"(詹森林报告),"名誉及身体健康侵害慰抚金酌定研讨会"(分别由王千维、陈忠五报告),足见慰抚金的量定已受到应有的重视。

（三）侵害名誉：台湾高等法院 2006 年上字第 413 号判决

1. 侵害行为

被告甲男为被告乙报纸公司雇用之采访记者，竟未尽查证之义务，被告乙报纸公司于所发行之《〇〇日报》头版刊登被告甲男所撰文，以"台联立委（即原告）强暴女职员"为标题，并于标题下方登载"立委原告施暴事件簿"之两幅描绘强暴情节之图案及编号①批注："7 月 29 日晚上 11 时原告与 A 女约在'立法院'办公室讨论事情，原告突然对 A 女毛手毛脚，A 女拒绝，原告威胁把她解雇，A 女不敢反抗被原告强暴。"等语不实之报导，足使不知情之读者误认原告强暴女职员。

2. 量定因素

系争报道时被上诉人为"立法委员"，拥有博士学位，在社会上具有相当知名度及一定之评价；而《〇〇日报》为一大报、资本雄厚，上诉人甲男从事新闻工作多年等之双方身份、社会地位、经济能力等一切情事，并斟酌系争报道对被上诉人在社会上之评价造成莫大伤害，致被上诉人名誉受贬损，导致被上诉人所受痛苦等情。

3. 慰抚金数额

原告请求 300 万元，法院判决 200 万元。

三、实践理性、案例比较，建立可操作的量定标准

1. 公开心证

法院应公开其作成判断的理由，由前揭判决可知实务已认知其重要性。

2. 量定因素

在侵害生命的情形，法院判决有以被告手段残忍、恶性重大、有无悔意作为量定因素，由此可知慰抚金除具有填补功能外，亦具慰抚作用，而以行为人的故意、过失轻重，有无悔意作为量定因素。在故意致人死亡的情形，赔偿数额得高达 1 000 万元。

3. 慰抚金数额

慰抚金的数额有提高趋势。值得注意的是，同为妨害性自主，赔偿数额有高达 500 万元，有仅 30 万元，相差 18 倍，此涉及案例比较，有待于作更进一步的研究。

第六款　结论：非财产上损害赔偿（慰抚金）的发展与人格权的保护

一、非财产上损害赔偿（慰抚金）的发展

非财产上损害指不能依金钱计算的损害，体现于精神痛苦或肉体痛苦。加害人对非财产上损害负有恢复原状的义务，不能或不能完全恢复原状时（此为通常情形），以法律有特别规定为限，被害人始得请求相当金额的赔偿（慰抚金），其主要理由系非财产上损害难以计算，尤其是认为金钱赔偿将使人格法益商业化，贬低人格法益的价值。然而，由于社会观念的变迁，以及人格权保护的必要，逐渐扩大非财产上损害赔偿（慰抚金）的请求权基础，此系台湾地区损害赔偿法及民事责任的重大发展：

1. 侵权行为

"民法"第194条规定死者的父母、子女、配偶的慰抚金请求权。"民法"第195条第1项更将侵害人格法益的慰抚金请求权一般化，凡人格法益受侵害时，被害人均得请求慰抚金。此外，"民法"第195条第3项并增设身份法益受侵害时的非财产上损害的金钱赔偿。

2. 债务不履行

债务人因债务不履行，致债权人的人格权受侵害者，得准用"民法"第194条、第195条第1项请求相当金额的赔偿。此项规定扩大了契约责任（尤其是医疗契约、劳动契约等），重新调整了契约责任与侵权责任的适用关系。"民法"第514条之8规定旅客时间浪费的金钱赔偿，创设违约得请求慰抚金的特例，具突破性的意义。

3. 特别法

近年来陆续制定特别法，规定著作人格权、性骚扰、个人通讯资料、个人资料、受雇者或求职者的工作权益受侵害时，均得就非财产上损害请求赔偿相当的金额。尤其是相关法律均明定，其名誉受侵害，并得请求恢复

原状的适当处分。如前所述,请求恢复名誉适当处分(如登报道歉)①,系对侵害名誉此种非财产上损害恢复原状的一种方式。

二、慰抚金专属性的废除

"民法"第195条第2项规定非财产上损害的金钱赔偿,不得让与或继承。但以金额赔偿之请求权已依契约承诺或已起诉者,不在此限。本条项即系立法理由所称的慰抚金的专属性,适用或类推适用(如第194条)于所有非财产上的金钱赔偿,前已说明。鉴于非财产上损害赔偿(慰抚金)功能的变迁,为保护被害人,使其免于生命、身体、健康受侵害时,仍须来回奔波于法院与医院之间。德国民法已于1990年废除慰抚金的专属性。最近立法(如中国大陆《侵权责任法》第22条)均未设专属性规定。"民法"第195条第2项规定的存废,应有检讨的必要。

三、非财产上损害赔偿(慰抚金)的量定

慰抚金的量定系实务上最为困难的问题,前已详为说明。应再为强调的是,应以实践理性,从事有系统的侵害人格法益类型的案例比较,建立具功能性及类型化的量定标准,兼顾个案正义及平等保护原则,作为司法革新的重点。量定基准及相当金额决定的衡酌应予透明化并有具体论证,以增强法律适用的安定性及预见性,促进诉讼前的和解,避免反复审理,以节省司法资源,提升法院的公信力。

四、人格权财产上损害及非财产上损害的保护

人格权受侵害得发生财产上损害及非财产上损害。二者皆应恢复原状,被害人得请求恢复原状所须费用(例如医疗被害人身体健康)。财产上损害不能恢复原状时,得请求金钱赔偿。非财产上损害不能恢复原状时,须法律有特别规定,始得请求相当金额的赔偿(慰抚金)。须强调的是,关于人格法益受侵害之非财产上损害的金钱赔偿,法律已创设一般化规定,即凡人格权受侵害时,均得依侵权行为(第194条、第195条)或债

---

① 台湾地区高等法院近年来在妨碍名誉案件中酌定慰抚金与令当事人登报道歉之实证研究,参见张永健、许家馨、何汉葳之实证研究:Yun-chien Chang, Han-wei Ho & Jimmy Chia-Shin Hsu, Non-pecuniary Damages for Defamation, Personal Injury and Wrongful Death: An Empirical Analysis of Court Cases in Taiwan, 4 Chinese Journal of Comparative Law 69 (2016).

务不履行(第227条之1)规定请求慰抚金,使人格权财产上损害或非财产上损害同获保护,实为台湾地区民法发展的重大成就。非财产上损害的金钱赔偿旨在保护人格权的精神利益。如何肯定人格权除精神利益外,尚有财产利益,加以保护,系台湾地区民法进一步发展的重要课题。[①]

[①] 关于人格权精神利益与财产利益的保护,详见王泽鉴:《人格权法》,第320页以下。

第七章 损害赔偿的请求权人
——损害赔偿人的范围

第一节 问题说明:债权人利益理论

损害赔偿法的任务在于决定,谁得向谁请求何种损害赔偿,此乃损害赔偿之人的范围。损害赔偿的方法及内容则为损害赔偿之物的范围。关于损害赔偿之人的范围,学说有"债权人利益理论"(Dogma vom Gläubigerintresse),认为得请求损害赔偿之人须具备责任成立要件(构成要件原则,Tatbestandsprinzip)[①],并仅得请求自己的损害。申言之,在契约责任,得请求损害赔偿的,须为契约当事人,在侵权责任则须具备请求权基础(如"民法"第184条第1项前段),其目的在于明确损害赔偿之债的当事人,并合理界限加害人的责任。

第二节 契约责任的请求权人

第一款 契约关系当事人

在契约责任原则上,仅一方当事人得向他方当事人请求债务不履行的损害赔偿,此乃基于债之关系相对性的基本结构。例如,甲出卖某屋给乙,乙以高价转售予丙,丙将该屋出租予丁,丁准备开店。因可归责于甲的事由致给付不能时(如该屋因火灾灭失,或被债权人查封拍卖),其法律关系如下:

---

① MünchKommBGB/Oetker §249 Rn. 268; Staudinger/Schiemann Vor 249 Rn. 49; Palandt/Heinrichs Vor 249 Rn. 123; Annina Schramm, Haftung für Tötung (2010), S. 381 f.

(1) 乙得依"民法"第 226 条规定向甲请求损害赔偿(转售利益)。
(2) 丙不得依"民法"第 226 条向乙请求损害赔偿,因乙无可归责的事由。
(3) 丙、丁与甲无契约关系,对甲无契约上的损害赔偿请求权。

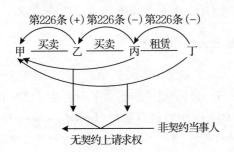

在前揭连锁买卖及租赁关系,之所以将违约责任限定于契约相对人,系基于契约当事人的信赖保护,合理分配法律交易的风险。

第二款　契约责任的扩大

一、第三人利益契约

"民法"第 269 条规定:"以契约向第三人为给付者,要约人得请求债务人向第三人为给付,其第三人对于债务人亦有直接请求给付的权利。"例如甲向乙购买某车,以契约(第三人利益契约、利他契约)约定乙向丙(第三人)为给付时,丙对于乙亦有请求直接交付该车的权利。"最高法院"1994 年台上字第 836 号判例谓:第三人利益契约系约定债务人向第三人为给付之契约,第三人有向债务人直接请求给付之权利,于债务人不履行债务时,对于债务人有债务不履行之损害赔偿请求权。而债权人亦有请求债务人向第三人为给付之权利,于债务人不履行向第三人为给付之义务时,对于债务人自亦有债务不履行之损害赔偿请求权。惟此二者,具有不同之内容,即第三人系请求赔偿未向自己给付所生之损害;而债权人则只得请求赔偿未向第三人为给付致其所受之损害。"最高法院"1977 年台上字第 1204 号判例认为:利他契约之给付,系约定向第三人为之,第三人有向债务人直接请求给付之权利、固有不履行给付之损害赔偿请求权,惟债权人亦有请求债务人向第三人为给付之权利,苟债权人因债务人不履行向第三人为给付之义务,致其受有损害时(如债权人与第三人约定,债务人不履行给付时,应对第三人支付违约金),自亦得请求债务人赔偿。

第三人利益契约(利他契约)扩大了对第三人的保护,在前揭购屋之例,于乙给付不能、给付迟延或不完全给付(汽车有瑕疵)时,丙对乙有债务不履行的损害赔偿请求权(第226条、第231条、第227条、第227条之1)。

二、具保护第三人作用契约

德国判例与学说创设了"具保护第三人作用的契约"(Verträge mit Schutzwirkung für Dritten),更进一步扩大了契约对第三人的保护,认为在租赁、雇佣等契约的债务人应对接近给付(Leistungsnähe, Einwirkungsnähe)、债权人对其保护具有利益,于缔约时可得而知的第三人负有保护义务,违反时,应依契约原则负损害赔偿责任。例如甲出租房屋予乙,该屋具有瑕疵,致乙同居的家人丙的人身遭受侵害时,丙得依债务不履行规定向甲请求损害赔偿。在德国学说上有认为此项制度系法之续造,有认为系契约的补充,具有习惯法的效力。在中国台湾地区的"民法"上须否采此制度,是一个值得研究的课题。①

第三节 侵权责任:直接被害人与间接被害人的损害赔偿请求权

第一款 构成要件原则:直接被害人

在侵权行为,其得请求损害赔偿的,须具备"民法"第184条规定的要件(或其他请求权基础、构成要件原则),即须:

(1)故意或过失不法侵害他人权利(第184条第1项前段)。

(2)故意以悖于善良风俗方法加损害于他人(第184条第1项后段)。

(3)违反保护他人法律(第184条第2项)。兹举一例加以说明。

甲违规超速撞倒乙,致乙因伤死亡,乙的妻子丙在巷口等候乙归来,目睹其事,精神崩溃,丙住院治疗。乙的邻居丁女亦目睹其事,因受惊骇而流产。乙任职于戊计算机公司担任高级设计工程师,戊因乙死亡致其

---

① 参见王泽鉴:《契约关系对第三人之保护效力》,载《民法学说与判例学说》(二),第33页。Medicus/Petersen, Bürgerliches Recht, S. 423 f.

营运遭受损失。本例涉及侵权责任的基本问题：

（1）甲因过失不法侵害致乙死亡时，就乙死亡前身体健康所受侵害，应负损害赔偿责任，但就死亡本身并不发生损害赔偿请求权（本书第130页）。丙因乙死亡丧失法定扶养费请求权，系属纯粹财产上损害（纯粹经济上损失），不得依"民法"第184条第1项前段规定请求损害赔偿。

（2）丙目睹乙遭车祸，精神崩溃、健康受损，其受侵害与甲侵害乙的行为具有相当因果关系，得依"民法"第184条第1项规定向甲请求损害赔偿（Schockschaden，惊骇损害）。乙的邻居丁女亦目睹其事，深受惊骇而流产，健康受损，但因丁与乙无亲属关系，系属旁观者，应认为与甲的侵害行为不具相当因果关系，不成立"民法"第184条第1项前段规定的侵权行为。①

（3）戊计算机公司因其高级工程师乙的死亡，营运遭受损失，其受侵害的不是权利，而是纯粹经济利益，不得依"民法"第184条第1项前段规定请求损害赔偿，亦不具备"民法"第184条第1项后段及第2项规定的要件。

据上所述，依"构成要件原则"，乙、丙系直接被害人，得依"民法"第184条第1项前段规定向甲请求损害赔偿，丙因其夫乙死亡而丧失扶养费请求权，戊计算机公司因其受雇人乙死亡而减少营运收入，系属间接被害人，均不得依"民法"第184条规定向甲请求赔偿。

第二款　间接被害人

一、间接被害人就纯粹经济损失不得请求损害赔偿原则

间接被害人指因他人被侵害（直接被害人）致其财产遭受损失之人，其情形甚多，如前举妻因夫死亡而丧失法定扶养请求权，雇用人因受雇人受伤或死亡导致营业收入减少。又例如，某歌手被杀伤致演唱会流产，主办单位必须退票遭受财产损失。在此等情形，间接被害人就其所受纯粹经济损失，不得依"民法"第184第1项前段规定请求损害赔偿。

二、间接被害人得请求损害赔偿的例外："民法"第192条的适用，不法侵害他人致死

关于间接被害人不得请求损害赔偿的原则，"民法"第192条就侵害

---

① 参见王泽鉴：《侵权行为法》，第95页以下。

生命权设有特别规定:"(第1项)不法侵害他人致死者,对于支出医疗及增加生活上需要之费用或殡葬费之人,亦应负损害赔偿责任。(第2项)被害人对于第三人负有法定扶养义务,加害人对于该第三人亦应负损害赔偿责任。(第3项)第193条第2项之规定,于前项损害赔偿适用之。"此项规定的适用,须具备侵权行为的一般要件(第184条)。兹分四点加以说明:

(1)"最高法院"1984年台再字第182号判例谓:"民法"第192条第1项规定不法侵害他人致死者,对于支出殡葬费之人,亦应负损害赔偿责任,系间接被害人得请求赔偿之特例。此项请求权,自理论言,虽系固有之权利,然其权利系基于侵权行为之规定而发生,自不能不负担直接被害人之过失,倘直接被害人于损害之发生或扩大与有过失时,依公平之原则,亦应有"民法"第217条过失相抵规定之适用。本件判例提出两个重要法律见解:

①区别直接被害人及间接被害人,并强调第192条第1项规定系间接被害人得请求赔偿的特例。

②间接被害人应承担直接被害人的与有过失。

(2)"民法"第192条第1项关于支出医疗及增加生活上需要费用的规定,系1999年民法债编修正所增设,立法理由认为:"不法侵害他人致死者,其于使被害人生前为之支出医疗及增加生活上需要之费用,固可本于无因管理或其他法律关系,请求被害人之继承人或其遗产管理人偿还。但此项损害,原应由加害人负最后赔偿责任,为鼓励热心助人之风尚,为免除辗转求偿之繁琐,基于加害人对于支出殡葬费之人直接负损害赔偿责任之同一立法理由,使此等支出医疗等费之人,得径向加害人请求损害赔偿,爰修正第一项之规定。"

(3)因他人死亡而丧失法定扶养请求权,系属纯粹财产上损害(纯粹经济上损失),不得依"民法"第184条第1项前段规定请求损害赔偿。"民法"第192条第2项亦属间接被害人得请求损害赔偿的特例,并应承担直接被害人的与有过失。

(4)"民法"第192条第3项系1999年债编修正所增设,使法院得因当事人之申请定为支付定期金,但须命加害人提出担保。

三、第 192 条的类推适用：不法侵害他人身体健康

"民法"第 192 条系在不法致人死亡时，间接被害人得请求赔偿的特例，在不法致人身体健康受侵害的情形，例如甲驾车撞伤乙，乙成为植物人。在此情形，丙对乙支出医疗或增加生活上需要之费用，不能对乙请求法定扶养费时，因系纯粹财产上损失，对甲均无侵权行为损害赔偿请求权，并不得类推"民法"第 192 条规定向甲请求损害赔偿。

兹将直接被害人与间接被害人的损害赔偿请求图示如下：

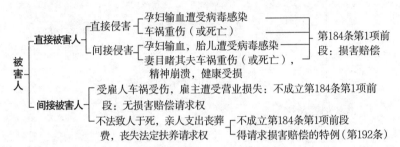

第四节　第三人损害求偿[①]

第一款　问题说明：第三人损害求偿制度的法律构造

依损害赔偿法上"债权人利益理论"，被害人仅得请求自己的损害，而不能请求第三人的损害。例如甲向乙购买某屋，转售予丙，甲就可归责于乙的给付不能仅能向乙请求自己的损害，而不能请求丙的损害。值得特别提出的是，德国判例学说创设了一种称为"第三人损害求偿"（Drittschadensliquidation）的制度，使请求权人得向加害人请求赔偿第三人的损害。之所以产生此种制度，系因在某种法律关系上偶然发生"损害移动"，导致有请求权之人未受有损害，而受有损害者无请求权的现象。为使加害人不能因此免负责任，第三人得获赔偿，乃使有请求权之人得将

---

① 参见曾世雄：《损害赔偿法原理》，第 253 页；Brox/Walker, Schuldrecht AT, S. 318 f.; Looschelders, Schuldrecht AT, S. 373 f.; Joussen AT S. 417 f.; von Schroeter, Die Haftung für Drittschaden, Jura 1997, 343; Steding, Drittschadensliquidation, JuS 1983, 29; Weiss, Die Drittschadensliquidation – alte und neue Herausforderungen, JuS 2015, 8.

第三人损害纳入其请求权之内,而向加害人请求赔偿。所称"某种法律关系",指间接代理、债法上的危险免责及看顾他人之物。"第三人损害求偿"系损害赔偿法上著名的问题,兹先解析其构造,再参照台湾地区法上相关规定加以说明:

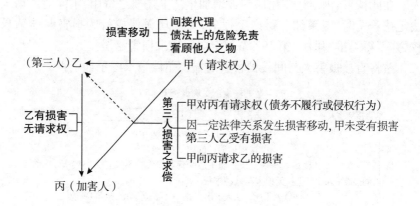

第二款 间接代理

甲受乙委任,向丙购买某古董车,乙准备转售获利。甲以自己的名义为乙向丙购买该车时,成立间接代理。① 在此情形,买卖契约存在于甲与丙之间,乙与丙之间并无契约关系,乙不得向丙请求交付该车并移转其所有权,但得要求甲移转以自己名义为乙取得之权利(第541条)。设丙因可归责的事由致给付不能(如古董车灭失)时,发生如下的法律关系:

1. 甲对丙有请求权、无损害

甲对丙就古董车的给付不能有买卖契约上的损害赔偿请求权(第226条、第231条)。该古董车的给付不能无可归责于甲的事由,甲对乙不负委任契约上的债务不履行责任,甲未受有损害。

2. 乙有损害,但对丙无请求权

因古董车灭失,乙无从依委任契约要求甲移转其以自己名义为乙取得的古董车所有权,丧失转售利益,受有损害。但乙与丙间无契约关系,无主张此项损害的请求权基础。

---

① 关于间接代理,参见王泽鉴:《民法总则》,第493页。

3. 意外的损害移转

甲得向丙请求乙的损害：之所以造成请求权与损害的分离及损害的意外移动，系因间接代理的制度。在直接代理，甲以乙的名义与丙订立古董车买卖契约时，该买卖契约直接对乙发生效力，乙得对丙主张给付不能的损害赔偿。间接代理系法律所承认的制度，为保护乙的利益，不使丙因此制度而免负责任，应使甲(有请求权人)得向丙请求乙(第三人)的损害。

此种间接代理制度上第三人损害求偿的类型，为德国判例学说所共认，具有习惯法的效力。① 第三人损害包括古董车买卖通常可期待的利益。又例如，乙委任甲，甲以自己名义为乙计算向丙购买乙制造其产品的原料，丙交付予甲的原料具有瑕疵，致乙不能加工生产，遭受营业损失。在此情形，甲(有请求权人)亦得向丙请求乙(第三人)因生产中断所受损害(请参照前揭说明，分析其法律关系)。

第三款 债法上的危险免责

债法上危险免责(obligatorische Gefahrentlastung)，指因一定事由使债务人免除债法上的给付义务，不负损害赔偿责任，其典型案例系送付买卖。例如，台北之乙向甲购买新型电视机，请求甲将该电视机送交花莲乙父的处所(清偿地以外的交付买卖，"民法"第374条)。甲将该电视机交付于运送人丙运送，于途中因司机的过失发生车祸，该电视机灭失。送付买卖的价金危险与第三人损害求偿系民法上的"古典问题"，特说明如下：

1. 甲对丙有请求权，但无损害

出卖人甲与运送人丙有运送契约(第622条)。因运送人丙的使用人的过失，致电视机灭失，甲得向丙请求损害赔偿(第634条、第224条)。甲对乙因买卖契约而取得价金请求权(第367条)。电视机发送至清偿地以外处所(第374条)成立送付买卖。电视机因交付给运送人而特定。依"民法"第374条规定，自标的物交付给运送人或运送承揽人时，标的物危险由买受人承担。买受人乙虽未取得标的物所有权，仍有支付价金义务。在该电视机交付给买受人前，甲仍为其所有人，就电视机的灭失对丙亦有

---

① Brox/Walker, Schuldrecht AT, S. 321; Larenz, Schuldrecht I, S. 465.

侵权行为请求权（第184条、第188条）。甲对丙虽有契约或侵权行为请求权，但因对乙仍有价金请求权，依差额说（现实状态与无侵害事由的假设财产状态的比较），甲未受有损害。

2. 乙有损害，但对丙无请求权

买受人乙未取得该灭失电视机的所有权，受有损害。乙对丙无契约或侵权行为损害赔偿请求权（第184条第1项前段）。

3. 意外的损害移转

在本件送付买卖，出卖人甲对运送人丙有契约及侵权行为请求权，但因债法上危险负担的规定，未受有损害；买受人乙受有损害，但无请求权。为保护买受人乙，不使运送人丙得因偶然损害移转而免责，甲得依"第三人损害求偿理论"，向丙请求乙所受损害。

关于债法上危险免责规定而生的"第三人损害求偿"，为德国的通说所肯定，惟学说上亦有认为此种"第三人损害求偿"的类型，其发生系基于差额说的损害概念，认为财产损害系现实状态及假设状态就被害人情事及整个财产比较的差额，从而认定送付买卖的出卖人对买受人有价金请求权而未受有损害。但若采取一种存在于个别之物所发生的"客体损害概念"，则应肯定出卖人受有标的物灭失的损害，得向加害人请求损害赔偿，并依《德国民法》第281条（相当于"民法"第218条之1）将其对第三人的损害赔偿请求权让与买受人。此项见解旨在维护"债权人利益理论"，强调请求权人只能请求自己的损害，具有相当的说服力。惟差额说的损害概念及此种"第三人损害求偿类型"，经过长期发展，根深蒂固，在德国法上具有习惯法的效力。

第四款 看顾他人之物[①]

甲借用乙的小提琴到外地参赛，甲对该琴有保管看顾义务（Obhut für fremde Sachen, Obhutsverhältnis）。甲住丙经营的旅馆时，因丙受雇人的过失致该琴灭失。甲非该琴所有人，得否向丙请求该琴灭失的损害赔偿？

"民法"第606条规定："旅店或其他供客人住宿为目的之场所主人，对于客人所携带物品之毁损、丧失，应负责任。但因不可抗力或因物之性质或因客人自己或其伴侣、随从或来宾之故意或过失所致者，不在此限。"

---

① Brox/Walker, Schuldrecht AT S. 321 f. ; Looschelders, Schuldrecht AT S. 376.

《德国民法》第701条亦设有类似规定。依此等规定,甲虽非小提琴所有人,仍得依前揭规定向旅店主人丙请求乙所有权灭失的损害赔偿。学说上认为此种就保管、看顾他人之物而发生之"第三人损害求偿"规定,得予一般化。① 兹举一例加以说明:甲借用乙的珠宝展览,甲出国交由丙保管,因丙的受雇人丁的过失,致珠宝被盗。丙对丁的选任监督已尽必要注意。兹说明其法律关系如下:

1. 甲对丙有请求权,但无损害

甲与丙有保管契约,因丙使用人的过失致该珠宝被盗,甲对丙有损害赔偿请求权(第226条、第590条、第224条)。但甲对该珠宝被盗,并无可归责之事由,对乙不负赔偿责任,未受有损害。

2. 乙有损害,但对丙无请求权

乙受有珠宝灭失的损害,丙与乙间无契约关系,无契约上的损害赔偿责任。就侵权行为言,丙举证其对受雇人的选任监督已尽必要注意而免责(第188条第1项但书)时,乙对丙无侵权行为损害赔偿请求权。

3. 意外的损害移转,第三人损害求偿

甲借用乙的珠宝,交由丙保管而被盗,甲有请求权,但无损害;乙受有珠宝所有权的损害,但无请求权。甲就此种意外的损害移转,得依第三人损害求偿理论,向丙请求乙所受损害。

有争论的是,在所有人乙得向丙依侵权行为规定请求珠宝被盗的损害赔偿时,是否仍有第三人损害求偿理论的适用?通说采肯定说,Larenz教授强调,此种情形所涉及的不是所有人的侵权行为损害赔偿请求权,而是使其获得基于契约关系上较为有利的请求权。物之实体损害不在契约相对人(甲)之处发生,而在该物所有人乙之处发生,不能因此免除第三人(丙)契约上保管义务的责任。②

第五款　第三人损害求偿的法律效果

在"第三人损害求偿"的案例,债权人得将第三人的损害纳入其请求权基础,而向加害人请求第三人损害的赔偿。请求权人应将此请求权让与受有损害的第三人,或将其自加害人受领的赔偿物交付予第三人,其法

---

① Larenz, Schuldrecht I, S. 464.
② Larenz, Schuldrecht I, S. 464.

律关系同"民法"第225条第2项规定,即债务人因不可归责之事由,致给付不能而免给付义务,对第三人有损害赔偿请求权时,债权人得向债务人请求让与其损害赔偿请求权或交付其受领的赔偿物。第三人损害的请求不能违反被害人(第三人)的意思,加害人对此应负举证责任。第三人损害请求权的数额,原则上以第三人所受不利益为准。第三人应承担请求权人的与有过失,而由法院减轻损害金额,或免除之(第217条)。

第八章　损害赔偿的范围
——减免损害赔偿的三个制度

在认定应予赔偿的损害时,尚须考虑减免损害赔偿的因素,对此法律设有三个制度:

(1)损益相抵(第216条之1):禁止得利。

(2)被害人与有过失(第217条):与有责任的损害分配。

(3)损害赔偿酌减(第218条):损害赔偿的社会化。

前揭三个减免损害赔偿的制度,旨在调整损害赔偿全有全无的原则。兹先就损益相抵论述如下:

第一节　损 益 相 抵
——"民法"第216条之1

第一款　绪　　说

一、损益相抵的意义

侵害他人权益造成"损害"的事由并使被害人获有利益,时常有之,盖世事祸(损害)福(利益)相随,福中有祸,祸中有福。例如,旧屋遭人毁损,但屋主发现墙中藏有黄金;父母遭人杀害,子女丧失法定抚养请求权,但继承巨额遗产;受伤长期住院,撰写小说获得奖金。又例如,甲驾车撞伤乙,乙住院治疗,精神痛苦,但其部分医疗费用由健保支付,雇主继续支付工资,节省家中水电用量,亲友赠送慰问金,住院期间购买彩券中大奖,认识某护士热恋,精神愉快。在诸此情形,被害人乙向加害人甲请求财产或非财产损害赔偿时,甲得否主张应扣除乙因侵害事由所受利益?

前述加害人所主张的,在民法上称为"损益相抵",即基于同一原因事实遭受损害并受有利益者,其请求的赔偿金额,应扣除所受利益。损益相抵不是损害与利益互相抵消,而是将所受的利益纳入所受损害中加以计算,乃损害计算问题。

二、"民法"第 216 条之 1 的规定

损益相抵(Vorteilsausgleichung, Vorteilsanrechnung, compensatio lucri cum damno),是一个古老的制度,罗马法早已有之。19 世纪德国普通法学曾作有深入研究。[①]《德国民法》(1900)未设明文,认为损益相抵涉及损害概念,受利益态样甚多,难作原则性一般规定,应让诸判例学说加以处理,因而产生了丰富的案例及深刻学说见解。经过长期发展,逐渐获得了两点基本共识[②]:

(1)损益相抵系法律评价问题。

(2)应作类型研究。

中国台湾地区民法继受德国法,对损益相抵亦未设明文,判例学说肯定此项制度。[③] 1999 年"民法"债编修正时,曾增设第 216 条之 1 规定:"基于同一原因事实受有损害并受有利益者,其请求之赔偿金额,应扣除所受之利益。"增订理由谓:按损益相抵,自罗马法、德国普通法以来,即为

---

① 关于损益相抵的法制史及比较法研究,参见 Lange/Schiemann, Schadensersatz, 2003; Gregor Thüsing, Wertende Schadensberechnung (2001).

② Christiane Wendehorst, Anspruch und Ausgleich: Theorie einer Vorteils-und Nachteilsausgleichung im Schuldrecht (1999); Hans Jürgen Sonnenberger, Der Vorteilsausgleich - rechtsvergleichende Anmerkungen zu einer fragwürdigen Rechtsfigur, in: Friedrich Graf von Westphalen/Otto Sandrock (Hrsg.), Lebendiges Recht: Von den Sumerern bis zur Gegenwart, Festschrift für Reinhold Trinkner zum 65. Geburtstag (1995), S. 723; Ulrich Büdenbender, Wechselwirkungen zwischen Vorteilsausgleichung und Drittschadensliquidation, JZ 50 (1995), 920; Grunsky, Hypothetische Kausalität und Vorteil1sausgleichung, in: Medicus/Mertens/Nörr/Zöllner (Hrsg.), Festschrift für Hermann Lange zum 70. Geburtstag am 24. Januar 1992 (1992), S. 469; Lange, Die Vorteilsausgleichung, JuS 1978, 649; Thiele, Gedanken zur Vorteilsausgleichung, AcP 167 (1967), 193; Selb, Schadensbegriff und Regressmethoden: Eine Studie zur Wandlung der Denkformen des Regresses bei Schuldnermehrheit mit der Veränderung des Schadensbegriffes (1963); Cantzler, Die Vorteilsausgleichung beim Schadensersatzanspruch, AcP 156 (1957), 29; Esser, Zur Entwicklung der Lehre von der Vorteilsausgleichung, MDR 1957, 522.

③ 参见曾世雄:《损害赔偿法原理》,第 281 页;史尚宽:《债法总论》,第 298 页;郑玉波:《民法债编总论》,第 302 页;孙森焱:《民法债编论论》(上),第 448 页。

损害赔偿之一大法则,盖损害赔偿之目的,虽在排除损害,恢复损害发生前之同一状态,然非使被害人因此而受不当之利益,故如被害人基于同一原因事实受有损害并受有利益时,即应由损害额中扣除利益额,以其余额为请求之赔偿额,此项损益相抵之原则,早经"最高法院"肯认("最高法院"1933年上字第353号及1938年沪上字第73号判例参考),且民法中亦不乏寓有此原则之规定,如第267条但书、第638条第2项等,惟尚无专条规定,爰增订本条,俾利适用。应说明的有四:

(1)本条规定损益相抵的一般原则,如何予以具体化,系判例学说的任务。自新增本条规定后,实务上损益相抵案例增多。

(2)"最高法院"1938年沪上字第73号判例谓:损害赔偿,除法律另有规定或契约另有订定外,应以填补债权人所受损害及所失利益为限,为"民法"第216条第1项所明定。故同一事实,一方使债权人受有损害,一方又使债权人受有利益者,应于所受之损害内,扣抵所受之利益,必其损益相抵之结果尚有损害,始应由债务人负赔偿责任。本件判例肯定损益相抵原则,但无具体案例事实可供了解如何解释适用。

(3)"民法"第267条规定:"当事人之一方因可归责于他方之事由,致不能给付者,得请求对待给付。但其因免给付义务所得之利益或应得之利益,均应由其所得请求之对待给付中扣除之。"又"民法"第638条第2项规定:"(第1项)运送物有丧失、毁损或迟到者,其损害赔偿额应依其应交付时目的地之价值计算之。(第2项)运费及其他费用,因运送物之丧失、毁损,无须支付者,应由前项赔偿额中扣除之。"此为法律规定损益相抵的特例。①

(4)损益相抵系一个古老的制度,在现代社会常发生同一损害多种赔偿或补偿机制,损益相抵涉及代位求偿,更具重要的调和功能。"民法"第216条之1的一般原则、第267条及第638条第2项的特别规定及相关判例,均未提供何种利益得与所受损害扣除的判断基准,台湾地区关于损益相抵的论文尚属不多,特整理判例学说作较详细的说明。

---

① 值得参照的是,《德国民法》亦设有损益相抵的特别规定。《德国民法》第642条规定(定作人的协助):"(第1项)工作完成时,定作人有必要实施某一行为,且定作人因怠于实施该行为而陷于验收迟延的,承揽人可以请求适当的赔偿。(第2项)赔偿额一方面根据迟延的持续时间和约定的报酬额定之,另一方面根据承揽人因迟延而节省的开支或因将其劳动力用于他处而可取得的利益定之。"此项损益相抵规定,于解释"民法"第507条规定时,可供参照。

第二款　理论基础、判断基准与类型分析

试就以下案例分析损益相抵的要件，以及如何认定损益应否相抵，说明其判断基准：

（1）甲撞毁乙的旧墙，乙发现墙内藏有黄金。
（2）甲遭乙伤害，住院认识病友丙，相互安慰，丙遗赠甲某名贵古董。
（3）甲上班途中遭乙撞伤，请领职业灾害补偿。
（4）甲为某企业法务人员，遭乙驾车撞伤，住院3个月，雇主依契约继续支付薪资。
（5）甲因工厂事故受伤残废，由其父母抚养。

第一项　理论基础与思考模式

损益相抵涉及损害概念。依自然意义的损害概念（差额说），应就损害前后财产状态加以比较，以其差额作为损害，体现全部损害赔偿原则，使被害人得请求全部损害的赔偿，但不能因此而获利（禁止得利原则），从而产生损益相抵制度。为便于了解，如下图所示：

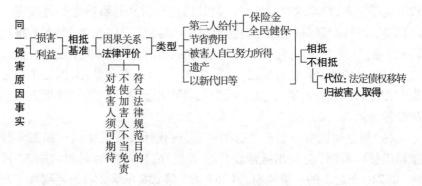

损益相抵的发生，须以同一侵害原因事实造成被害人受有损害，并同时受有利益。损益相抵不是使加害人对被害人取得一种对待给付请求权，而是损害与利益自始相互构成一个计算的单位，以其差额作为被害人得请求的损害。兹举 Heck 教授常被引用之例加以说明：

甲雇用乙骑士赛马，乙违反甲禁止过度使用该马的明确指示，虽得大奖，但致马严重伤害死亡。甲向乙请求损害赔偿时，应扣除奖金，以其差

额作为应赔偿的数额。[1]

第二项 损益相抵的要件与判断基准

一、受有利益

损益相抵的发生,首须被害人因同一侵害原因事实受有利益。利益包括积极利益(如保险给付、雇主继续支付工资)及消极利益(费用节省)。利益除财产利益外,亦包括非财产利益,例如被害人因车祸受伤,住院期间与某护士相恋,精神畅快。此种精神利益于量定非财产损害慰抚金时应予以斟酌。

受利益的时点,有自始与损害具有关联的(如雇主对受伤的受雇人继续支付工资),有于其后发生的(如损害事故后,第三人代为清偿债务),无论何者,皆有损益相抵的问题。

二、因果关系

(一) 条件关系

被害人受有利益与侵害行为须具有条件关系,即须基于同一原因事实。例如,甲撞伤乙,乙住院期间认识丙,同病相怜,互相照顾,丙遗赠某画予乙,乙受利益与甲肇致车祸具有因果关系。又例如,甲驾车撞伤乙、丙兄弟二人,乙受重伤,丙死亡,乙向甲请求损害赔偿时,甲不得主张乙继承丙的全部财产,获有利益,因为乙的受益与损害并非来自同一根源,不具因果关系。

(二) 相当因果关系

为合理限制应予相抵的利益,传统见解认为,其受利益与侵害的事实尚须有相当因果关系,即具有通常可能性,以排除偶然所发生的利益。例如前述受伤住院获得遗赠;受伤住院期间购买彩券获得大奖;古厝被烧毁,发现地窖中藏有黄金,其受利益与损害行为虽出于同一的侵害事由,但不具相当因果关系,不生相抵问题。

---

[1] Heck, Grundriss des Schuldrechts (1929), S. 49:"Ein Jockei überanstrengt gegen das ausdrückliche Verbot des Besitzers das Rennpferd. Er gewinnt den Preis, aber das Pferd geht ein."Heck 系德国利益法学派的代表人物,将其理论应用于 Schuldrecht(债法,1929)及 Sachenrecht(物权法,1930),今日读之,仍深受启发,获益良多。

三、法律评价

依自然意义差额说的损害概念,受利益与同一侵害事实所生损害具有因果关系时,均应于损害中扣除。相当因果关系说虽具合理限制的功能,但应更进一步采法律评价作为判断基准(亦有主张应以法律评价取代相当因果关系)。损益相抵乃损害概念规范化的问题。法律上评价的因素有三:

(1)须符合法律的规范意旨。
(2)须不使加害人不当免负赔偿责任。
(3)对被害人须可期待。

此项法律评价具有补充的作用,即受利益与损害虽具有相当因果关系,应否相抵,仍须依前述法律评价因素加以认定。在一个著名的案件,某老翁在教堂广场表演猴戏,有恶霸索钱不成,击毙该猴,观众怜老翁困境,慷慨解囊捐款。老翁向恶霸要求赔偿时,恶霸不能以众人所捐款项足以买一只猴子有余而拒绝赔偿。观众捐献与杀害猴子的原因事实虽非无相当因果关系,但依前揭法律评价,不应予以相抵,加害人仍应为全部损害赔偿。

四、利益与损害的一致性

利益与损害的相抵须具备一致性(相对应性),此应就个别损害项目加以认定。例如,甲驾车违规超速撞上骑机车之乙,乙车毁人伤,乙受伤住院所节省的费用,仅能与其相对应的人身伤害相抵,而不能与机车损害相抵。

五、举证责任

被害人就同一原因事实获有应予相抵的利益,由加害人负举证责任。

第三款 损益相抵的类型

损益相抵应依因果关系及法律评价加以认定,不能采用"原则—例外"的思考方法,即不能认定原则上应予相抵(或不相抵),而于例外情形得不予相抵(或应予相抵)。在方法上应分别各种类型,就所受利益的种类及来源加以判断。

第一项 第三人给付

被害人因同一侵害事实受有利益,以第三人给付最为常见,分述如下:

一、第三人自愿为给付

第三人自愿为给付,指第三人无法律或契约义务而对受有损害的被害人有所给付,例如赠与慰问金、提供医疗复健器材、供给住宿等。此等给付之"目的"在于帮助扶持被害人,而非免除加害人的赔偿责任,损益不予相抵。惟第三人的给付系为加害人免除损害赔偿责任时,成立第三人之清偿(第311条),损益得以相抵。第三人得向加害人主张无因管理(第174条)或不当得利(第179条)。

二、公务人员抚恤金

"最高法院"1974年台上字第2520号判例谓:"抚恤金系依公务人员抚恤法(公法)之规定而受领之给予,其性质与依民法规定对于加害人请求赔偿之扶养费全异其趣,自不得于依法应赔偿扶养费金额中予以扣除。"本件判例的见解可资赞同。公务人员遗族抚恤金的给予("公务人员抚恤法"第3条以下规定)与侵害原因事实具有因果关系,并具相当性。之所以不应于依法应赔偿扶养费金额中予以扣除,乃基于规范意旨的法律评价,即此项给付的目的在于抚恤,非在于赔偿扶养费,二者的功能及目的不同,自不应扣除,而使加害人得免负赔偿责任。①

三、扶养请求权

(一) 第三人给付扶养费的扣除?

"民法"第193条第1项规定:"不法侵害他人之身体或健康者,对于被害人因此丧失或减少劳动能力或增加生活上之需要时,应负损害赔偿责任。"在此情形,常发生亲属间扶养义务(第1114条以下)。扶养费得否于赔偿金额中扣除?《德国民法》第843条第4项明定:"损害赔偿请求权不因他人须向受害人给付扶养费而被排除。"②此项规定准用于《德

---

① 参见1974年10月22日"最高法院"1974年度第5次民事庭会议决议(三)。
② 《德国民法》第843条规定:"(第1项)因侵害身体或健康,致使受害人的从业能力丧失或减弱,或其需要有所增加的,必须通过支付金钱定期金向受害人给予损害赔偿。(第2项)前项所规定的定期金,适用第760条的规定。赔偿义务人须否提供担保、担保的种类和担保额,根据情况定之。(第3项)有重大原因的,受害人可以请求一次性资金补偿,以代替请求定期金。(第4项)该项请求权不因他人须向受害人给付扶养费而被排除。"

国民法》第618条第3项(雇用人的保护义务,相当于"民法"第483条之1)、第844条第2项(不法致人死亡,间接被害人的损害赔偿请求权,参阅"民法"第192条)及其他特别法相关规定,被认为具有一般法律原则性质,中国台湾地区的"民法"亦得作同样解释。

(二) 父母请求加害人赔偿其将来所受扶养权利之损害时,应否扣除其对被害人至有谋生能力时止所需支出的抚养费?

1. "最高法院"见解

2003年3月18日"最高法院"2003年第5次民事庭会议决议:院长提议:不法侵害他人致死,倘被害人之父母对于被害人现负有抚养义务者,其依"民法"第192条第2项规定,请求加害人赔偿其将来所受扶养权利之损害时,是否应扣除其对被害人至有谋生能力时止所需支出之抚养费? 有下列两说:

(1)甲说(肯定说)。按被害人之父母对于被害人至有谋生能力时止所需之抚养费,为其将来得取得受扶养权利之必要支出费用,被害人之父母因所抚养之子女死亡,虽受有丧失将来应受被害人扶养之权利之损害,惟同时免除抚养被害人之义务,而受有无须支出抚养费之利益。是该被害人之父母请求加害人赔偿扶养权利被侵害所受之损害时,依"民法"第216条之1损益相抵之规定,自应扣除其对被害人至有谋生能力时止所需支出的抚养费,始符公平原则。

(2)乙说(否定说)。按"民法"第192条第2项之规定,被害人对于第三人负有法定扶养义务者,加害人对于该第三人亦应负损害赔偿责任,并未规定第三人对于被害人有谋生能力前所需之抚养费应予扣除,故被害人之父母请求加害人赔偿将来应受被害人扶养权利之损害时,无须扣除其对于被害人至有谋生能力时止所需支出之抚养费。

(3)决议。采乙说(否定说),其理由为:父母对子女之扶养请求权与未成年子女对父母之抚养请求权各自独立,父母请求子女扶养,非以其曾抚养子女为前提。且损益相抵原则旨在避免债权人(被害人)受不当之利益,未成年子女遭不法侵害致死,其父母因而得免支出抚养费,依社会通常之观念亦不能认系受有利益,故父母请求加害人赔偿损害时,自无须扣除其对于被害人至有谋生能力时止所需支出之抚养费。

2. 分析讨论

本件决议有助于了解损益相抵制度的基本理论及其解释适用的思考

方法,分四点加以说明:

(1)损益相抵的适用,须以基于同一原因事实受有损害,并同时受有利益为要件,所受利益应否相抵,除因果关系外,应依法律评价加以认定。

(2)在本件决议,甲说肯定损益相抵的适用,认为被害人之父母请求扶养权利被侵害所受损害,应扣除其对被害人至有谋生能力时止所需支出费用,"始符公平原则"。按损益相抵并非以"公平原则"为依据,以公平原则作为认定损益相抵的基准,未尽允妥。

(3)乙说(否定说)强调损益相抵原则旨在避免债权人(被害人)受不当利益,固值赞同,但其认为未成年人遭不法侵害致死,其父母因而得免支出抚养费,依社会通常观念,亦不能认为受有利益,容有商榷余地。利益之有无不能仅依社会通常观念而为判断,在法律解释上应认定免于支出抚养费系属一种利益。此种利益与请求扶养权利被侵害所受损害,系基于加害人不法致人死亡的同一原因事实。决议所提出:"父母对子女之扶养费请求权与未成年人对父母之抚养请求权各自独立,父母请求子女扶养,非以其曾抚养子女为前提",似在否认所受利益与损害系基于同一原因事实。此两种请求权虽各自独立,实乃出于同一原因事实。

(4)据上所述,父母因子女遭他人不法侵害死亡,受有不能请求扶养的"损害",并基于同一原因事实同时受有免除其对被害人至有谋生能力时止所需支出抚养费的"利益",二者具有因果关系。惟衡诸不法侵害他人致死应负扶养费的规范意旨,其所受利益不应于损害中扣除,而免除加害人的赔偿责任。

四、保险制度与损益相抵:"最高法院"1979年台上字第42号判例的检讨

(1)甲驾车撞伤乙,乙向甲请求损害赔偿(损害),乙另得向丙请求保险给付(利益),二者是否基于同一原因事实?

(2)在前述情形,乙向丙请求财产保险给付或伤害保险给付时,其法律关系如何?

第三人给付中,以保险给付与损益相抵的适用关系最为密切,系实务上的重要问题,并涉及"同一原因事实"基本概念的认识,特作较详细的论述。

(一)"最高法院"判例

"最高法院"1979年台上字第42号判例谓："按保险制度,旨在保护被保险人,非为减轻损害事故加害人之责任。保险给付请求权之发生,系以定有支付保险费之保险契约为基础,与因侵权行为所生之损害赔偿请求权,并非出于同一原因。后者之损害赔偿请求权,殊不因受领前者之保险给付而丧失。两者除有《保险法》第53条关于代位行使之关系外,并不生损益相抵问题。"按《保险法》第53条规定："(第1项)被保险人因保险人应负保险责任之损失发生,而对于第三人有损失赔偿请求权者,保险人得于给付赔偿金额后,代位行使被保险人对于第三人之请求权,但其所请求之数额,以不逾赔偿金额为限。(第2项)前项第三人为被保险人之家属或受雇人时,保险人无代位请求权。但损失系由其故意所致者,不在此限。"

(二) 分析检讨

关于"最高法院"的判例,应说明的有三：

1. 同一原因事实的认定

"最高法院"认为,保险给付请求权(利益)与侵权行为所生之损害赔偿请求权(损害),并非出于同一原因事实,此项行之有年,并广被引用的法律见解,实值商榷。应强调的是,此两种请求权系出于同一原因事实,即因同一侵权行为使被害人受有损害,并使其得依保险契约请求保险给付。依"最高法院"见解,二者非出于同一原因事实,不具备损益相抵的要件,根本不发生损益相抵问题。"最高法院"对损益相抵制度的核心概念"同一原因事实"的认识,似有误会,影响法律解释上的论证说理,应有检讨余地。若采"最高法院"见解,第三人给付殆均不具备损益相抵的成立要件。

2. 代位与损益相抵

在法律规定保险人代位权的情形("保险法"第53条,财产保险),保险给付与所受损害虽系基于同一原因事实,但依法律规定其保险给付的利益应不与所受损害相抵扣除,被害人的损害赔偿请求权不受影响,由保险人代位向加害人行使之。

3. 损益相抵的适用

在保险人无代位权的情形时(如人身保险之人寿保险、健康保险、伤害保险,"保险法"第103条、第130条及第135条),"最高法院"认为,之所以不生损益相抵,系保险给付请求权之发生,乃以订有支付保险费之契约为基础,与因侵权行为所生之损害赔偿请求权并非出于同一原因。本书认为,二者系出于同一原因事实,之所以不将保险给付的利益予以扣除,系基于保险契约的目的,即此项由被害人为自己利益支付保险费而发生的保险给付,应归被保险人终局取得,不予相抵而使加害人免负责任。

保险制度上的损益相抵与代位系保险法与损害赔偿法上的核心问题,为便于理解,将其规范模式及基本法律关系,如下图所示:

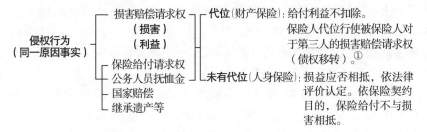

五、全民健康保险给付与侵权行为损害赔偿请求权②

(1)甲驾车超速撞伤乙,乙重伤住院,全民健康保险提供20万元的医疗给付。在此情形,乙得否向甲请求20万元的医疗费用损害赔偿?

(2)甲因停车细故杀伤乙,乙重伤住院,全民健康保险提供20万元的医疗给付。在此情形,乙得否向甲请求20万元的医疗费用损害赔偿?

(3)比较前揭两种情形,说明其异同的法律关系。

"最高法院"2006年台上字第1628号判决谓:依"全民健康保险法"第1条后段规定,就该法未规定之事项应适用保险法相关规定。而全民健康保险性质上系属健康、伤害保险,除有"全民健康保险法"第82条(按:现行法第95条)规定之情形外,依"保险法"第130条、第135条准用同法第103条之规定,全民健康保险之保险人不得代位行使被保险人因保险事故所生

---

① "最高法院"2000年台上字第1853号判决:民法系保险法之补充法,保险法无规定者,自应适用民法有关之规定。"保险法"第53条第1项所定之"保险人代位权",固属法律规定之债权移转,无待乎被保险人另为移转行为,惟其为"债之移转"之性质究无不同,故保险人依该条项规定代位行使被保险人对于第三人之损害赔偿请求权时,该第三人即得适用"民法"第299条第1项规定,援引其于受通知时所得对抗被保险人之事由,对抗保险人。又损害赔偿应以仅填补被害人实际损害为已足,保险人依上述规定行使代位权时,如其损害额超过或等于保险人已给付之赔偿金额,虽得就其赔偿范围代位请求赔偿,但其损害额小于保险人已给付之赔偿金额,则保险人所得代位请求者,应只以该损害额为限。

② 详细深入的论述,参见陈聪富:《全民健康保险代位求偿之法律问题》,载《侵权违法性与损害赔偿》,第315页以下(2008)。

对于第三人之请求权,要无"保险法"第 53 条规定适用余地。是全民健康保险之被保险人,非因"全民健康保险法"第 82 条(按:现行法第 95 条)所规定之汽车交通事故等情事受伤害,受领全民健康保险提供之医疗给付,其因侵权行为所生之损害赔偿请求权并不因而丧失。乃原审认为上诉人其医疗费用由全民健康保险支付部分,不可请求侵权行为之加害人即被上诉人赔偿,其所持见解自有违误。① 本件判决涉及侵权行为被害人的医疗费用由全民健康保险支付部分,是否仍得依侵权行为规定请求损害赔偿,在理论及实务具有重大意义,分三点加以说明:

(一)无"保险法"第 53 条代位规定的适用

依"保险法"第 130 条、第 135 条准用第 103 条(请阅读相关条文),于全民健康保险法原则上无"保险法"第 53 条规定的适用,全民健康保险之保险人不得代位行使被保险人因保险事故所生对于第三人的请求权。

(二)适用"全民健康保险法"第 95 条关于代位的规定:被保险人丧失对于加害人的损害赔偿请求权

"全民健康保险法"第 95 条规定:"(第 1 项)保险对象发生对第三人有损害赔偿请求权之保险事故,本保险之保险人于提供保险给付后,得依下列规定,代位行使损害赔偿请求权:(一)汽车交通事故:向强制汽车责任保险保险人请求。(二)公共安全事故:向第三人依法规应强制投保之责任保险保险人请求。(三)其他重大之交通事故、公害或食品中毒事件:第三人已投保责任保险者,向其保险人请求;未投保者,向第三人请求。(第 2 项)前项第三款所定重大交通事故、公害及食品中毒事件之求偿范围、方式及程序等事项之办法,由主管机关定之。"

"最高法院"2000 年台上字第 2014 号判决认为:"全民健康保险法"为保险法之特别法,依特别法优于普通法之原则,上述第 82 条(按:现行法第 95 条)之规定应优先于"保险法"第 135 条、第 103 条之规定而为适

---

① "全民健康保险法"于 2011 年 1 月 26 日全文修正,第 1 条修正为:(第 1 项)为增进全体"国民"健康,办理全民健康保险(以下称本保险),以提供医疗服务,特制定本法。(第 2 项)本保险为强制性之社会保险,于保险对象在保险有效期间,发生疾病、伤害、生育事故时,依本法规定给予保险给付。修正理由谓:(1)原条文第 1 条及第 2 条合并修正。(2)预防保险系公共卫生支出,应回归公务预算办理;又本法与其他法律之适用顺序关系仍需个案判断,并不因为本条后段之规定而取得相对于其他所有法律之特别法地位,反将因此而衍生争扰,爰原条文第 1 条相关文字,列为第 1 项。(3)另配合"司法院"释字第 524 号解释意旨,明确定位本保险为强制性之社会保险,列为第 2 项。

用。从而全民健康保险之被保险人因汽车交通事故经全民健康保险提供医疗给付者,全民健康保险之保险人得向强制汽车责任保险之保险人代位请求该项给付。而依"强制汽车责任保险法"第30条(按:现行法第32条)规定,于该范围内,加害人或强制汽车责任保险之被保险人之受赔偿额因得扣除而免除。从而全民健康保险之被保险人对于加害人之损害赔偿请求权亦因而丧失。

(三) 不适用"全民健康保险法"第95条关于代位的规定:被保险人并未丧失对于加害人的损害赔偿请求权

"最高法院"2006年台上字第1628号判决谓:全民健康保险性质上系属健康、伤害保险,除有"全民健康保险法"第82条(按:现行法第95条)规定之情形外,依"保险法"第130条、第135条准用同法第103条之规定,全民健康保险之保险人不得代位行使被保险人因保险事故所生对于第三人之请求权,要无"保险法"第53条规定适用之余地。是全民健康保险之被保险人,非因"全民健康保险法"第82条(按:现行法第95条)所规定之汽车交通事故等情事受伤害,受领全民健康保险提供之医疗给付,其因侵权行为所生之损害赔偿请求权并不因而丧失。乃原审认为上诉人其医疗费用由全民健康保险支付之部分,不可请求侵权行为之加害人即被上诉人赔偿,其所持见解自有违误。依此见解,被害人虽受领全民健康保险提供之医疗给付,仍得就此部分依侵权行为规定请求损害赔偿。易言之,即全民健康保险给付与损害赔偿请求权虽系基于同一原因事实而发生,但依法律评价,应不由损害额中扣除健保给付部分。

六、全民健康保险给付与"国家赔偿请求权"

"最高法院"2005年台上字第545号判例谓:按保险制度,在于保护被保险人,非为减轻损害事故加害人之责任。保险给付请求权之发生,系以有支付保险费之保险契约为基础,与公有公共设施因设置或管理有欠缺所生之"国家赔偿请求权",并非出于同一原因。后者之损害赔偿请求权不因受领前者之保险给付而丧失。……全民健康保险之保险给付与保险费间具有对价关系,与一般之保险契约并无差异,是"国家赔偿请求权"与全民健康保险给付并非出于同一原因,"国家赔偿请求权"不因受领全民健康保险给付而丧失。上诉人辩称全民健康保险局依"全民健康保险法"第82条(按:现行法第95条)规定对于上诉人有代位求偿权之适用,被上诉人不得请求健康保险给付部分之医疗费云云,并不可采。

本件判决亦认为,"国家赔偿请求权"与全民健康保险给付并非出于同一原因事实,应值商榷,前已说明,敬请参阅。

七、职业灾害补偿与侵权行为损害赔偿

劳工因遭遇职业灾害死亡、残废、伤害或疾病时,得依"侵权行为法"规定(第184条第1项前段)向雇主请求损害赔偿,而"劳动基准法"第59条规定职业灾害补偿,在此情形亦发生侵权行为的"损害",与雇主支付补偿金额的"利益"应否相抵的问题。

"劳动基准法"第60条规定:"雇主依前条规定给付之补偿金额,得抵充就同一事故所生损害之赔偿金额。"立法目的在于避免劳工获得双重利益。"最高法院"2007年台上字第1227号判决谓:依"劳动基准法"第59条规定之补偿与依民法侵权行为之损害赔偿,两者之意义、性质与范围均有所不同。以目的上言之,职灾补偿以保障受害劳工之最低生活保障为其目的,而民法侵权行为之损害赔偿旨在填补受害劳工所遭受之精神及物质之实际损害,但两者给付目的有部分重叠,均具有填补受灾劳工损害之目的。就此重叠部分,如其中一债务人已为给付,其他债务人就此部分之责任即归于消灭。此项见解,实值赞同。①

八、劳工保险的伤害给付

劳动者的人身健康保护系法律的重要任务,在职业灾害,雇主有补偿义务("劳动基准法"第59条)。雇主支付补偿金额时,得抵充就同一事故所生损害赔偿("劳动基准法"第60条),前已说明。"劳工保险条例"第33条规定:"被保险人遭遇普通伤害或普通疾病住院诊疗,不能工作,以致未能取得原有薪资,正在治疗中者,自不能工作之第四日起,发给普通伤害补助费或普通疾病补助费。"(并请参阅同法第34条。)

又依同法第35条规定:"普通伤害补助费及普通疾病补助费,均按被保险人平均月投保薪资半数发给,每半个月给付一次,以六个月为限。但伤病事故前参加保险之年资合计已满一年者,增加给付六个月。"此等伤

---

① 参见王泽鉴:《劳灾补偿与侵权行为损害赔偿》,载《民法学说与判例研究》(三),第253页。

害给付(利益)与因侵权行为(损害)(如上班途中遭遇车祸受伤)发生的损害赔偿,系基于同一原因事实而发生,但伤害给付乃在救助照顾被害人(劳工),依其规范目的,不能因此而使加害人免责,应不予抵扣,被害人得同时保有伤害给付与侵权行为损害赔偿请求权。"劳工保险条例"未设类似"劳动基准法"第59条规定,亦无抵充问题。

九、雇主继续支付工资

(一) 雇主的损害赔偿请求权

值得提出讨论的是,劳动契约或团体协约得订定受雇人(劳工)遭遇人身伤害不能工作时,雇主在一定期间有继续支付工资之义务。在此情形,雇主就其继续支付工资所受财产损害(纯粹经济损失),不能依侵权行为法规定(第184条第1项前段)向加害人请求损害赔偿。加害人亦不能主张被害人因雇主继续支付工资,而得与损害赔偿请求权损益相抵。因雇主继续支付工资之目的在使受雇人不受损害,非在免除加害人责任。

(二) 代位及债权让与

为不使被害人同时保有对加害人侵权行为损害赔偿请求权及雇主所支付工资的双重利益,《德国工资继续支付法》(Lohn-fortzahlungsgesetz, 1969)规定,雇主对受雇人继续支付工资时,有代位权而得向加害人请求侵权行为损害赔偿。[①] 中国台湾地区法律上未设类此规定,得否依契约补充解释,认为受雇人于雇主继续支付工资时,应将其对加害人的侵权行为损害赔偿请求权让与雇主,是一个值得研究的课题。

第二项　第三人给付以外的损益相抵类型

第三人给付以外的损益相抵类型甚多,举其重要者说明如下:

一、节省费用

基于同一原因事实受有"损害",并受有节省费用的"利益",应予相抵扣除,例如:

(1)车祸受伤住院,节省家中食物或水电费用。

---

① Larenz, Schuldrecht I, S. 537; Brox/Walker, Schuldrecht, S. 347; Staudinger/Schiemann § 251 Rn. 61 ff.

（2）货车遭人毁损，修理期间租用他车而节省的费用支出及货车的折旧。

（3）出卖房屋因可归责出卖人的给付不能，买受人请求债务不履行的损害赔偿，应扣除办理所有权移转、税捐等相关费用。

二、被害人自己的劳力所得

被害人于其人身遭受伤害时，以自己努力取得的利益，应否与损害相抵，应依"民法"第217条第1项及第2项，"（第1项）损害之发生或扩大，被害人与有过失者，法院得减轻赔偿金额，或免除之。（第2项）重大之损害原因，为债务人所不及知，而被害人不预促其注意或怠于避免或减少损害者，为与有过失"的规定加以认定：

（1）被害人所获利益属于其减少损害义务范围的，应予扣除。例如出租车受损，驾驶人受有营业收入损失，其在汽车修复期间，租用他车营业的收入，属于减少损害义务的范围，应予扣除。

（2）某汽车教练遭遇车祸受伤，出院后日夜加班，收入增加，此系超越"减少损害义务"所受利益，应归其终局取得，不生扣除问题。又例如某教授遭遇车祸，住院期间专心撰写论文，获得学术奖金，此亦非属减少损害义务的范围，不在扣抵之列。

三、遗产

不法致人死亡，被害人对第三人负有法定扶养义务时，加害人对于该第三人应负损害赔偿责任（第192条第2项）。该第三人若因被害人死亡取得遗产时，此项遗产利益应否抵扣？遗产利益系因被害人死亡而发生的法律效果，与侵害事由不具因果关系，此种提前到来的遗产，应不予扣除。

四、因受利益而缴纳税捐

"最高法院"2012年台上字第1624号判决谓：按"民法"第216条之1关于"损益相抵"规定之适用，举凡基于同一原因事实受有损害并受有利益，该"损害与利益"各与"责任原因之事实"间具有相当因果关系者，均足当之。查"被上诉人（之公务员）因误发系争证明书（编按：都市计划土地使用分区证明书），致上诉人受赠与系争土地"之责任原因事实，造成上诉人"受有补缴土地增值税之损害及受赠系争土地之全部而受有利益"，该损害及利益均与"误发而受赠(二者间有相当因果关系)"之责任原因事实间具有相当因果关系,既为原审所认定之事实,则该损害与利益自均系基于同一原因事实而新发生。原审援用上述损益相抵之规定,进而为此部分上诉人败诉之判决,依上说明,殊无何违背法令可言。上诉论旨,犹以伊所受有损害与所受利益间非基于同一原因事实,无损害相抵法则之适用,否则有违公平原则云云,并就原审取舍证据、认定事实及其他与判决基础无涉之理由,指摘原判决不利于己部分为不当,声明废弃,非有理由。

本件判决的特色在于因受利益而发生损害,"最高法院"认为仍有损益相抵的适用。值得特别提出的是,关于损益相抵的判断基准,"最高法院"系采相当因果关系。德国联邦最高法院亦同此见解,学说上多认为相当因果关系系被害人责任范围的归责准据,与损益应否相抵无关,应以法律评价作为判断基准。①

五、以新代旧

在损害赔偿方法上常有以新代旧,例如毁损旧版《六法全书》,赔以新版;毁损旧的汽车引擎,赔以新品。在此等情形,被害人获有"利益",此等获利不同于"真正的损益相抵",因为其获得利益不是因为侵害行为本身而发生,而是基于赔偿给付,系属"强迫"得利。是否扣除,应依下列三个要件加以认定:①须有财产增加。②其财产增加须具有经济上利益。③其相抵对加害人须可期待。兹就前举之例加以说明:

(1)毁损他人的旧版《六法全书》,赔以新版,二者虽有可计算的价金差额,但旧书常载有个人增列的各种资料,查阅方便,赔以新版不具经济性,对被害人请求价差不具可期待性。

(2)甲毁损旧的汽车引擎,赔以新品,增加其价值,具有经济利益,其扣抵具可期待性,加害人得请求二者的价差。

六、让与请求权②

"民法"第218条之1规定:(第1项)关于物或权利之丧失或损害,

---

① Larenz, Schuldrecht I, S. 531; Ermann/Erbert Vor §§ 249 – 253 Rn. 86 f.; MünchKommBGB/Oetker §249 Rn. 222 f.

② 参见王泽鉴:《让与请求权》,载《民法学说与判例研究》(三),第297页。

负赔偿责任之人,得向损害赔偿请求权人,请求让与基于其物之所有权或基于其权利对于第三人之请求权。(第2项)第264条之规定,于前项情形准用之。此系废除旧"民法"第228条的新增条文,其意旨及解释适用,可参照旧"民法"第228条的立法理由,谓:甲以物寄存于乙,因乙保存不得宜,其物被丙取去,此时甲对乙,因物之丧失,有损害赔偿请求权,甲对于丙,又有本于所有权之请求权。故甲既得从乙受全部损害之赔偿,又得主张本于所有权之请求权,有从丙受物之返还或损害赔偿之权利,是甲受两重利益也,于此情形,甲非将对于丙之所有权请求权及损害赔偿请求权,让予乙,则乙无损害赔偿之义务,免生不当之结果也。且此法则,如乙受甲委任,向丙收取债务,而因怠行义务,致丙成为无资力人,乙对于甲应赔偿其损害之处,亦可应用。故设本条以明示其旨。

本条系法律基于损益相抵的思想而设的特别规定,即甲因对丙有损害赔偿请求权而获有利益,但于认定损害赔偿时不予抵扣,而将被害人甲对第三人丙的请求权让予乙。新增之"民法"第218条之1第2项明定准用第264条规定的同时履行抗辩。

第三项　分析讨论

兹将损益相抵的类型整理图示如下:

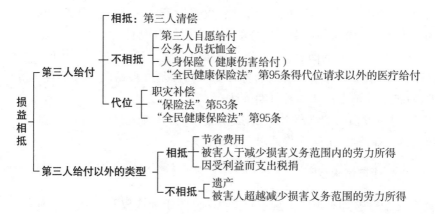

由前揭类型,可知损益相抵适用范围甚广,以不相抵者居多,尤其是在第三人给付的情形。关于损益相抵基本概念及思考方法,值得再特别提出的有二:

1. 同一原因事实的认定

"最高法院"1979年台上字第42号判例认为,保险给付请求权与侵权行为损害赔偿请求权并非出于同一原因事实,依此见解,损益相抵的要件不具备,根本不发生损益相抵问题。"最高法院"此一传统见解广被引用作为裁判理论基础,实非妥适,应予扬弃。

2. 损益应否相抵的评断基准

应肯定的是,保险给付请求权与侵权行为损害赔偿请求权,此两种请求权系基于同一原因事实。在法律规定代位的情形,其所受保险给付的利益不予扣除,使第三人得于给付赔偿金额后,代位行使被保险人对加害人之请求权("保险法"第53条,财产保险)。在法律未规定代位的情形(如人身保险),依保险契约的性质及目的,保险给付于损害中不予扣除。在其他情形,基于同一原因事实受有损害并受有利益者,其请求赔偿金额应否扣除所受利益,不能依(或仅依)相当因果关系加以认定,应以法律评价(法律规范意旨、不使加害人不当免责,及对被害人可期待性)作为判断基准。

第四款 损益相抵的实施

"民法"第216条之1规定的损益相抵原则,依法律评价观察,将同一侵害事实所生的损害与利益结合成为一个计算单位,而认定其应赔偿的损害。加害人并非取得一种"利益相抵"的请求权,其相抵不必依意思表示为之,亦非属抗辩。损益相抵系一种损害计算方法,其得请求的损害赔偿,自始受到限制。其种类相同的(例如金钱),其应为赔偿的损害经由计算自始确定。其种类不同的,被害人的损害赔偿请求权与被害人所受利益的返还,应同时履行。

第二节 与有过失
——"民法"第217条

第一款 绪　　论

一、问题的提出

在损害赔偿实务上最常被引用的条文,或许是"民法"第217条关于与有过失的规定:(第 1 项)损害之发生或扩大,被害人与有过失者,法院得减轻赔偿金额,或免除之。(第 2 项)重大之损害原因,为债务人所不及知,而被害人不预促其注意或怠于避免或减少损害者,为与有过失。(第 3 项)前两项之规定,于被害人之代理人或使用人与有过失者,准用之。被害人请求损害赔偿时,加害人多会主张被害人对损害的发生或扩大与有过失,负有责任。其适用范围甚广,包括侵权行为及债务不履行,尤其是在车祸事故,诸如被害人未戴安全帽、未系安全带、违规超速、闯红灯、未打警示灯、停车纠纷发生互殴、出于被害人的挑衅行为、受伤后未尽速就医致病情扩大等。"民法"第 217 条规定的解释适用产生众多的争议,将于下文详为论述,先予提出,以利参照:

(1)"民法"第 217 条与有过失制度的建构原则及理论依据?此攸关处理争议问题及其适用范围。①

(2)与有"过失"的意义及功能?违反何种义务?须否以识别能力为要件?"民法"第 217 条于加害人或被害人无过失或应负危险责任时,得否适用?

(3)甲驾车偕其妻乙、幼儿丙及友人丁郊游,遭戊违规相撞,乙、丙、丁向戊请求损害赔偿时,应否承担甲的与有过失?

(4)量定与有过失的基准?甲与乙驾车超速,共同撞伤共乘机车闯红灯的丙、丁时,如何衡量当事人的与有过失,分配责任?

(5)与有过失须否加害人主张始得适用?法院得否依职权审查?当事人得否约定排除"民法"第 217 条的适用?

二、由全有全无原则到损害的分配

在法制史上有规定被害人对损害的发生与有过失时,应全部排除加害人责任,被害人不得请求赔偿。德国普通法、英国 common law 曾采此种全有全无原则,此乃基于因果关系的观念,认为被害人的与有过失阻断了加害人的责任。其后多改采与有过失,依责任范围分配损害。奥地利(1812)、瑞士(1898)及德国(1900)民法均采此原则,中国台湾地区民法亦同。英国于 1954 年经由立法废除 common law 上的 contribu-

---

① 参见曾世雄:《损害赔偿法原理》,第 309 页;陈聪富:《过失相抵之法理基础及其适用范围》,载《侵权违法性与损害赔偿》,第 251 页(2008)。

tory negligence，改采 comparative negligence，美国大多数之州亦同。"与有过失的责任分配"殆已成为各国法律的共通制度①，并为国际契约法所采用。②

三、两个建构原则

"民法"第 217 条规定的与有过失系建立在两个法律原则之上：

（一）损害分配

与有过失制度采损害分配原则，体现损害赔偿的平均正义，此系一项法学发展上的重要认识，即其所涉及的不是因果关系，而是对损害发生共同责任的分担。

（二）平等原则

损害赔偿的发生无论系基于侵权行为（第 184 条）或债务不履行（第 222、226、227 条），均以加害人有过失为要件。"民法"第 217 条规定被害人对损害的发生或扩大与有过失时，法院得减免损害赔偿，系采取平等处遇原则（责任成立与责任范围的对称性）。值得注意的是，判例学说更进一步肯定加害人一方或双方均应负无过失危险责任时，亦有"民法"第 217 条的类推适用。

四、理论基础

"民法"第 217 条规定的与有过失制度及其内容建构，系以诚实信用及公平原则为基础，即被害人对损害的发生或扩大既然与有责任，犹得请求全部赔偿，乃自我矛盾。与有过失（Mitverschulden）所体现的是一种与有责任（Mitverantwortlichkeit）的损害归责。

---

① 比较法的研究，Looschelders, Die Mitverantwortlichkeit des Geschädigten im Privatrecht (1999), S. 650 ff.
② 1980 年《联合国国际货物销售契约公约》(United Nations Convention on Contracts for the International Sale of Goods, CISG)第 77 条：A party who relies on a breach of contract must take such measures as are reasonable in the circumstances to mitigate the loss, including loss of profit, resulting from the breach. If he fails to take such measures, the party in breach may claim a reduction in the damages in the amount by which the loss should have been mitigated. 参见 Schwenzer, in: Schlechtriem/Bacher/Schwenzer/Ferrari/Gruber/Hager/Hornung/Huber/Müller-Chen/Schmidt-Kessel/Stoll/Widmer (Bearb.), Kommentar zum Einheitlichen UN-Kaufrecht (4. Aufl. 2004), Art. 77, S. 729;参见詹森林:《欧洲侵权行为法之与有过失》,载《月旦民商法杂志》2009 年第 23 期,第 54 页。

五、比较法

中国台湾地区"民法"第 217 条系采自《德国民法》第 254 条规定,比较对照有助于更深刻认识其规范内容及解释适用的问题。《德国民法》第 254 条规定:(第 1 项)损害发生,受害人的过错(Verschulden)共同引起作用时,赔偿义务及赔偿范围取决于诸如损害在多大程度上主要系由一方或另一方引起等情况。(第 2 项)受害人的过错系因未提醒债务人注意债务人所不知及非所应知的重大损害的危险,或未避免或减轻损害时,亦同。准用第 278 条的规定。① 分四点说明"民法"第 217 条与《德国民法》第 254 条规定的异同及解释适用的问题:

(1)同采损害分配原则。

(2)《德国民法》第 254 条所称 Verschulden,包括故意及过失(过错)。"民法"第 217 条所称过失,解释上亦应包括故意在内。

(3)《德国民法》关于与有过失(过错)责任分配的因素包括"损害的引起"(Schadensverursachung)。"民法"第 217 条未设明文,应否纳入?若予纳入,则与有"过失"及损害"引起",究具有何种适用关系?

(4)《德国民法》第 254 条第 2 项后段规定"准用第 278 条的规定"(《德国民法》第 278 条相当于"民法"第 224 条),通说认为,此项准用应及于第 1 项的情形,并强调在体系上此应为第 3 项。又所谓准用第 278

---

① Dunz, "Eigenes Mitverschulden" und Selbstwiderspruch, NJW 1986, 2234; Greger, Mitverschulden und Schadensminderungspflicht-Treu und Glauben im Haftungsrecht?, NJW 1985, 1130; Hager, Das Mitverschulden von Hilfspersonen und gesetzlichen Vertretern des Geschädigten, NJW1989, 1640; Henke, Mitverursachung und Mitverschulden-Wer den Schaden herausfordert, muβ den Schädiger schonen, JuS 1988, 753; Honsell, Die Quotenteilung im Schadensersatzrecht: Historische und dogmatische Grundlagen der Lehre vom Mitverschulden (1977); Looschelders, Die Mitverantwortlichkeit des Geschädigten im Privatrecht (1999), S. 650 ff.; Looschelders, Die haftungsrechtliche Relevanz auβergesetzlicher Verhaltensregeln im Sport, JR 2000, 265; Medicus, Zum Schutzzweck schadensabwehrender Pflichten oder Obliegenheiten, in: Hubert Niederländer/Erik Jayme (Hrsg.), Festschrift für Hubert Niederländer zum siebzigsten Geburtstag am 10. Februar 1991 (1992), 329 – 340; Peters, Der Einwand des Mitverschuldens gegenüber Erfüllungsansprüchen, JZ 1995, 754; Schünemann, "Mitwirkendes Verschulden" als Haftungsgrund bei Fernwirkungsschäden, VersR 1978, 116; Stoll, Das Handeln auf eigene Gefahr: Eine rechtsvergleichende Untersuchung (1961); Stoll, Handeln des Verletzten auf eigene Gefahr als Argument gegen die Haftung, in: Canaris/Heldrich (Hrsg.), 50 Jahre Bundesgerichtshof – Festgabe aus der Wissenschaft, Band 1: Bürgerliches Recht (2000), S. 223 – 250.

条的规定究属要件准用(须具备第 278 条适用的要件,当事人间须有债之关系),抑为效果准用(不以当事人间有债之关系为必要),此攸关未成年人应否承担法定代理人与有过失(第三人与有过失)的重要问题。"民法"第 217 条适用上亦有此争议。1999 年"民法"债编修正时,特于第 217 条增列第 3 项,明定:前两项之规定,于被害人之代理人或使用人与有过失时,准用之。如何解释适用将于相关部分再为详论。

六、"最高法院"2011 年台上字第 821 号判决:思考模式的建构

(一) 裁判要旨

"最高法院"2011 年台上字第 821 号判决涉及与有过失的核心问题,特先摘录裁判要旨,再构造其请求权及整理争点问题:

> 原审法院:学校运动架具之设置或保管,应求其安全为第一要务,尤其小学学生活泼好动,学校设施如设置或保管有欠缺,即易肇事端。被上诉人之手球门使用说明规则第 5 条规定:"严禁小朋友以不当方法使用球门,如以手攀登或以手摇晃",显见被上诉人就其所设置之手球门,已预见小学生年少而好动、不明利害,会有攀爬、摇晃取乐之行为致生危险。且系争手球门未使用、无老师在场监督时,被上诉人系将手球门放倒,以免其倾倒,有照片可稽。被上诉人明知平常不使用时,须将手球门放倒或加以固定,以防学生攀爬倾倒发生危险,乃其竟将手球门放置于草坪松软之处,复未加以放倒或固定,其管理显有缺失,其缺失并与上诉人之受伤有相当因果关系,上诉人依"国家赔偿法"规定请求被上诉人赔偿损害,核属有据。……再损害之发生或扩大,被害人与有过失者,法院得减轻赔偿金额,或免除之。此项规定,于被害人之代理人或使用人与有过失者,准用之,"民法"第 217 条第 1 项、第 3 项定有明文。依客观观察,一般有智识之成年人就攀爬摇晃手球门,将导致手球门倾倒而发生危险,固可认知,惟斯时上诉人仅系未满 8 岁之稚龄儿童,虽有注意能力,然其在操场上把玩被上诉人所提供之设备,本较无戒心,如科以过重之注意义务,实悖常情。审酌一切,认上诉人对于其受伤损害之发生,应负 40% 的过失责任,被上诉人之赔偿金额,应减轻为 60%。
>
> "最高法院":原审认为上诉人不得请求被上诉人给付已支出之医疗费 131 451 元,自 2008 年 1 月 1 日起 2009 年 5 月 30 日止之上下学看护费 25 750 元,将来之看护费、上下学交通费、出租车费依序为 2 918 160 元、

194 400元、48 600元,减少劳动能力损害4 529 238元,精神慰抚金100万元,及应就其受伤损害之发生,负40%的过失责任,爰就此部分为上诉人败诉之判决,经核于法并无违误。上诉论旨,指摘原判决此部分违背法令,求予废弃,非有理由。查上诉人攀爬摇晃手球门时尚未满8岁,原审认定其过失责任时,并未斟酌其法定代理人是否有过失,并予指明。

(二)请求权基础的构造

兹参照前揭"最高法院"判决,建构如下表的请求权基础,提供处理案例的思考方法。

请求权基础:"国家赔偿法"第2条(或"民法"第184条、第227条等)
Ⅰ 责任成立
Ⅱ 责任范围:损害赔偿
　(一)被害人受有损害:人身伤害,与管理设施缺失具有相当因果关系
　(二)被害人与有过失
　　1. 要件
　　　(1)行为:作为、不作为
　　　(2)违反权益自我保护义务(非真正义务)
　　　(3)过失
　　　　①被害人自己的过失
　　　　　A. 包括故意
　　　　　B. 识别能力
　　　　　C. 未成年人的注意义务
　　　　②代理人、使用人的过失
　　　　　A. "民法"第217条第3项
　　　　　B. "民法"第224条准用
　　　　　　a.法律要件准用
　　　　　　b.法律效果准用
　　　(4)过失与损害发生或扩大具有相当因果关系
　　2. 法律效果
　　　(1)与有过失的量定因素
　　　　①损害原因
　　　　②双方过失程度
　　　(2)财产损害赔偿
　　　(3)非财产损害:慰抚金:两种计算方法
　　　　①量定慰抚金时,应将与有过失与其他因素一并斟酌
　　　　②先量定慰抚金,再就"与有过失"的比例定其得请求赔偿的金额

第二款　与有过失的适用

第一项　与有过失的法律构造

一、一般法律原则及适用范围的扩大

"民法"第217条与有过失系以诚实信用原则及公平原则为基础,依加害人与被害人的责任范围,分配损害承担的份额,系损害赔偿法的一般原则,有称之为损害赔偿的正义,而扩大其适用范围,先予指出,俟于相关部分再为说明：

(1)适用于私法及公法上的损害赔偿。

(2)除被害人与有过失(包括故意)外,并适用于加害人及被害人的一方或双方应负无过失责任的情形。

(3)被害人除自己的过失外,尚应承担第三人过失(第217条第3项)。

(4)类推适用于间接被害人等情形。

二、法律性质

"民法"第217条不是一个请求权基础,而是一种抗辩(Einwendung),有无适用,由法院依职权加以审酌。"最高法院"1965年台上字第2433号判例谓："民法"第217条第1项规定,损害之发生或扩大,被害人与有过失者,法院得减轻赔偿金额或免除之。此项规定之适用,原不以侵权行为之法定损害赔偿请求权为限,即契约所定之损害赔偿,除有反对之特约外,于计算赔偿金额时亦难谓无其适用,且此项基于过失相抵之责任减轻或免除,非仅视为抗辩之一种,亦可使请求权全部或一部分为之消灭,故债务人就此得为提起确认之诉之标的,法院对于赔偿金额减至何程度,抑或为完全免除,虽有裁量之自由,但应斟酌双方原因力之强弱与过失之轻重以定之。本判例具有重要性,应特别强调的有二：

(1)"民法"第217条系属任意规定,排除或限制的特约内容不得违反强制或禁止规定(第71条)及公序良俗(第72条)。其属定型化契约的,应受"民法"第247条之1的规制。

(2)过失相抵应斟酌的因素包括原因力的强弱,此法无明文,系"最高法院"所创设。

三、责任成立与责任范围的与有过失

损害赔偿请求权系由责任成立与责任范围所构成,例如甲驾车过失撞伤闯红灯的乙,乙未适时就医,伤势加重,延长康复期间,收入减少。驾车伤害他人健康,系属责任成立问题。医疗费用及收入减少属责任范围。"民法"第217条规定了五种与有过失的态样:①损害发生;②损害扩大;③损害警告;④损害避免;⑤损害减少。分别适用于责任成立及责任范围。

第二项 与有过失的要件

损害赔偿的成立(无论是侵权责任或债务不履行)原则上系以加害人具有违法性及过失为要件。"民法"第217条规定的与有过失具有对应关系(体系上的对称性),兹以下图表示其规范结构,再说明与有过失的要件。

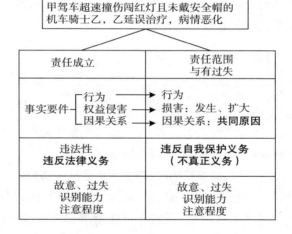

一、与有过失行为

与有过失指具有过失的行为,包括作为(违规停车于禁止停车的巷口)及不作为(骑机车未戴安全帽,受伤未适时求治)。与有过失的行为有导致损害发生的,例如行人闯红灯遭违规超速车辆撞伤,因而身体健康受侵害、支出医药费、收入减少。有导致损害扩大的,例如承揽人施工不善,定作人发现屋顶漏水,未适时告知承揽人修缮,或采取必要措施,减少损害。关于与有过失的不作为,"民法"第217条第2项设有三种情形:

①对损害原因未为警告;②怠于避免损害;③怠于减少损害。

二、不真正义务的违反

民法上"过失"的概念,在学说上向来有两种意义,其一为固有(或真正)意义的过失,系以违反法律义务为前提,就所生的损害须负赔偿责任。此种义务,有为不得侵害他人的一般义务(第184条),有为基于特别法律关系(契约等)而发生的特别义务(第220条、第226条、第227条等)。

第二种意义的过失,称为非固有(非真正)意义的过失,不以违反法律义务为前提,系行为人对自己利益的维护照顾有所疏懈,故又称为对自己的过失(Verschulden gegen sich selbst),构成所谓不真正义务(Obliegenheit)。① "民法"第217条所称的过失即属此种意义,盖因被害人在法律上并未负有不损害自己权益的义务,但其既因自己的疏懈酿成损害,与有责任,依诚实信用及公平原则,应依其程度忍受减免赔偿额的不利益。

应说明的是,在与有过失的情形,被害人所违反的,不论其为法律义务(固有意义的义务,例如驾车不得超速)或非法律义务(例如行人穿越道边玩手机、受伤后不及时治疗),就承担其与有责任的损害而言,均属违反非固有意义的过失,盖其所涉及的,不是侵害他人权益或违法问题,而是未善尽自我注意,避免损害的发生或扩大。例如二车违规超速相撞,均车毁人伤,因双方均违反固有意义的义务,成立侵权行为损害赔偿请求权。但其应受减免损害赔偿的不利益,乃基于自己的与有过失(非固有意义的过失)。

须强调的是,与有过失系属归责问题,不真正义务在功能上相对应于侵权行为责任的违法性。被害人仅须就其责任范围承担减免损害赔偿的不利益。例如,某公园系情侣幽会之处,但亦常有抢劫事件,甲明知其事,偕女友乙前往公园散步,钱财被劫,身体受伤,在此情形,公园安全非属被害人负责的范围,不应使被害人承担被侵害的责任风险。

又在救助他人案例,例如甲纵火烧毁乙屋,丙救助屋内孩童受伤,其动机出于救人,法律上无可非难性,不能期待丙回避损害自我保护,而使其负与有过失的责任。

---

① Larenz, Schuldrecht I, S. 541; Brand, Schadensersatzrecht, S.117.

三、与有过失的识别能力及注意程度

（一）识别能力

"民法"第217条规定与有过失的成立，须否以行为人具有识别能力为必要？本书作者曾采否定说，认为在侵权行为，法律所以规定行为人须具备识别能力，系鉴于此种之人对事物之是非利害不能为正常识别，特加以保护。在"民法"第217条的情形，并非使与有过失者赔偿他人所受的损害，而系令其就自己行为的结果负责，不得将自己的行为所产生的损害转嫁于他人身上。无识别能力人原则上虽不必就其所加于他人的损害负责，然自公平的观点而论，实难谓其无须承担因自己行为对自己法益所造成的损害。

须指出的是，本书改采通说见解，认为被害人须有识别能力，始足成立与有过失，而承担减免损害赔偿的不利益。"最高法院"明确采此见解（"最高法院"2011年台上字第821号判决），盖依前述平等原则，相对于侵权行为的过失，与有过失亦应以识别能力为要件，以保护无识别能力的未成年人，在此情形，应类推适用"民法"第187条规定。

（二）注意程度

与有过失应采善良管理人的注意义务，未成年人则依其年龄就个案加以认定。诚如"最高法院"2011年台上字第821号判决原审法院谓：依客观之观察，一般有智识之成年人就攀爬摇晃手球门，将导致手球门倾倒而发生危险，固可认知，惟斯时上诉人仅系未满8岁之稚龄儿童，虽有注意能力，然其在操场上把玩被上诉人所提供之设备，本较无戒心，如科以过重之注意义务，实悖常情。审酌一切，认上诉人对于其受伤损害之发生，应负40%的过失责任，被上诉人之赔偿金额，应减轻为60%。

四、须与有过失的行为与损害的发生、扩大具有因果关系

（一）共同原因

被害人与有过失，须被害人之行为助成损害之发生或扩大，就结果之发生为共同原因之一，行为与结果有相当因果关系，始足当之。倘被害人之行为与结果之发生并无相当因果关系，尚不能仅以其有过失，即认为有过失相抵原则之适用（"最高法院"2006年台上字第2643号判决）。此为过失相抵的核心问题。

兹将实务案例分为肯定及否定两类，说明如下：

（二）肯定案例

1. 言语及动作的挑衅行为

上诉人于原审曾申请讯问证人陈〇吉，证明本件事故之发生，系肇因于被上诉人以言词及动作挑衅所致，主张依"民法"第217条规定，减轻或免除伊之赔偿责任云云。证人陈〇吉并到庭证称，被上诉人以三字经骂人，双方即发生争执，且有出手欲伤害上诉人之动作，上诉人始出手等语。则本件事故之发生，被上诉人是否应负部分责任，尚值深究。乃原审未详加调查审认明晰，且未叙明上诉人前述重要之防御方法，何以不足采取之意见，即为上诉人不利之判决，自有判决理由不备之违法（"最高法院"2004年台上字第1012号判决）。

2. 结婚未办理登记与被误认有婚外情

李〇樵未经查证，即印发不实之竞选传单，指摘李〇藩为花心博士，只见新人笑，不见旧人哭，影射其有婚外情，纵李〇藩为县长候选人，其私德并非与公益无关，惟李〇樵就足以毁损李〇藩名誉之事散布于众，对于发生侵害李〇藩名誉之结果，不能谓非具有故意，复不能证明其所诽谤之事为真实，即难认为有免责之事由存在。惟本件系因李〇藩未向户政机关办理结婚登记，致使李〇樵误认其有婚外情而加以渲染影射，是李〇藩此种不作为与李〇樵之作为均为造成本件损害发生之共同原因，自有"民法"第217条第1项过失相抵原则之适用（"最高法院"1993年台上字第200号判决）。

3. 妻纵容夫与人通奸

相奸行为须其奸淫对象为有配偶之人始能构成，是此等奸淫行为之破坏夫妻间共同生活，系由相奸者与通奸者共同行为所肇致，则二者应均为此等侵权行为发生之共同原因。倘若被上诉人确实纵容其夫庄〇聪与上诉人奸淫，能否谓对本件损害之发生无与有过失，即待推求（"最高法院"1997年台上字第431号判决）。

（三）否定案例

1. 无照驾驶与车祸发生

"民法"第217条第1项所谓被害人与有过失，须被害人之行为助成损害之发生或扩大，就结果之发生为共同原因之一，行为与结果有相当因果关系，始足当之。倘被害人之行为与结果之发生并无相当因果关系，尚不能仅以其有过失,即认为有过失相抵原则之适用。许○浞未领有驾驶执照驾车,固属违规行为,惟其此项违规行为与本件车祸之发生,能否认为有相当因果关系,原审未予调查审认,遽为许○浞不利之认定,并嫌疏略("最高法院"2003年台上字第431号判决)。

本件判决认为不能径以无照驾驶本身认定与车祸发生具有因果关系,应值赞同。其应审酌认定的,系无照驾驶是否有肇致损害发生的过失。

2. 承租人明知承租之房屋欠缺构造及设备安全性

依"民法"第217条第1项规定,法院减轻或免除加害人之赔偿责任,必以被害人就损害之发生或扩大与有可归责之过失者,始得称之。且"民法"第423条、第424条复分别规定,出租人应以合于所约定使用收益之租赁物,交付承租人,并应于租赁关系存续中,保持其合于约定使用、收益之状态;租赁物为房屋或其他供居住之处所时,如有瑕疵,危及承租人或其同居人之安全或健康时,承租人虽于订约时已知其瑕疵,或已抛弃其终止契约之权利,仍得终止契约。故房屋出租人应提供构造及设备安全之房屋供承租人使用,倘出租人所提供之房屋,因构造或设备安全上有欠缺,致承租人或其同居人受有损害时,该构造或设备安全之欠缺既非可归责于承租人之过失所致,似不得以承租人明知该瑕疵仍然承租即认其与有过失。

果尔,则能否径以刘○益明知系争房屋为铁皮造违章建筑,构造及设备均不安全,仍为承租为由,而谓刘○益对本件损害之发生与有过失,即滋疑问。原审未予究明,遽行判决,殊非无再进一步推求之必要("最高法院"2011年台上字第91号判决)。

在本件案例,承租人明知房屋欠缺构造及设备安全性而仍居住,所以不成立与有过失,究系何种要件不具备?是否不具备共同原因?承租人明知租赁物具有危害人身健康的瑕疵,为何不必负担未通知出租人修缮,或未采取必要防范措施的与有过失?

第三项　与有过失的态样

第一目　损害发生、扩大的与有过失

"民法"第217条第1项规定:"损害之发生或扩大,被害人与有过失者,法院得减轻赔偿金额或免除之。"此为与有过失的一般原则。损害之

发生多涉及责任成立(如闯红灯致遭车祸受伤),损害的扩大则属责任范围(如车祸受伤未适时治疗)。其造成损害之发生或扩大的行为包括作为及不作为,前已说明。损害之发生或扩大得为并存,如前述闯红灯遭车祸受伤(作为),且未适时治疗(不作为)。

损害发生、扩大是否成立与有过失,涉及被害人的行为自由与自我保护义务的违反,应衡量当事人的利益加以认定,分配责任风险。以下将就理论及实务上具有重要性的案例加以阐述说明。

一、被害人的特殊体质

被害人的特殊体质影响侵权行为所致损害的发生或扩大时,得否成立与有过失?① "最高法院"2004年台上字第2201号判例谓:"被害人许某虽有肝硬化等状,而为上诉人所不知。惟许某之死亡,本由于上诉人之殴打所致,不能以许某未预为告知其已患有疾病,而谓许某死亡之发生,亦与有过失。"此项见解基本上应予肯定。② 又"最高法院"1984年台上字第4045号判例:原审既认定被害人患有心脏扩大症,以致加速缺氧,亦为导致其死亡之原因之一,而上诉人又称其对于受害人之心脏宿疾毫不知情,果受害人未曾预促其注意,即系与有过失。此涉及病患的告知义务(详见下文)。

值得提出的是,在德国法上有一个血友病患者搭乘他人机车的案件,深具启示性。甲驾车超速撞上某机车,伤及搭乘该机车的乙,乙系血友病患者,需延长其治疗期间。甲主张乙明知自身患有血友病,仍然搭乘他人机车,对损害的发生与有过失。Koblenz高等法院驳回甲的抗辩,强调于此情形若成立与有过失,即意味着患有血友病之人不应使用通常所容许的交通工具,将使一般行为自由遭受不当限制。③

二、发生交通事故时未戴安全帽或未系安全带

交通事故的发生多出于当事人双方过失,损害的原因多由于未戴安

---

① 参见陈洸岳:《被害人之特殊体质与与有过失》,载《台湾法学杂志》,2015年第280期,第113页。

② 相关问题,参见陈聪富:《过失相抵之法理基础及其适用范围》,载《侵权违法性与损害赔偿》,第304、307页(2008)。

③ OLG Koblenz, VersR 1987, 72, Nr. 145; Looschelders, Schuldrecht AT, S. 408.

全帽或未系安全带。"最高法院"2000年台上字第1835号判决谓:机车驾驶人及附载坐人均应戴安全帽,为"道路交通安全规则"第88条第5款所明定。主管交通机关亦一再倡导,机车驾驶人及附载坐人均应戴安全帽,保护头部,避免车祸时头部受伤而引起严重后果。本件被上诉人系因车祸头部外伤合并右脑头颅急性硬膜外腔出血和脑肿,为原审确定之事实,则依常理判断,被上诉人有无戴安全帽,对于受伤之结果,似难谓无影响。原审竟谓本件车祸发生时,尚未强制规定骑乘机车应戴安全帽,被上诉人未戴安全帽,未违反交通规则,并进而认本件无"民法"第217条第1项过失相抵规定之适用,已有可议。

本件判决涉及交通事故上典型损害发生与有过失的态样,其所采见解可资赞同,分三点加以说明:

(1)车祸发生时,法律已强制规定骑乘机车应戴安全帽,其未戴安全帽对损害发生与有过失,应予肯定。① 车祸发生时,纵使尚未强制骑乘机车应戴安全帽,亦应认定其对损害发生与有过失,盖此项不作为增加了人身权益侵害的风险。未采取可期待保护性措施的不作为与损害发生具有因果关系,属于被害者应自我承担的责任范围。

(2)在法律未强制规定汽车驾驶人及乘客应系安全带的情形,仍应认为其未采可期待的保护措施,对损害的发生与有过失。

(3)现行法律未规定骑乘自行车应戴安全帽,对损害的发生是否与有过失,应就具体个案情形加以认定。

三、挑衅行为、正当防卫、互殴

(一)挑衅行为

在前揭"最高法院"2004年台上字第1012号判决,"最高法院"认为,以三字经骂人致生争执,且有出手伤人之动作,对伤害事故之发生

---

① 被害人骑乘机车未戴安全帽,对损害的发生应负与有过失的责任,系实务上常见的案例。例如"最高法院"2003年台上字第439号判决谓:许○○既未戴安全帽,在光线尚称充足之情形下复未注意前方坑洞而及时闪避,又违反行经交叉路口应减速慢行之义务,而以高速碾压坑洞致重心不稳摔倒,头部受创而致如此严重之伤害,其对于损害之发生与扩大,自与有过失。"最高法院"1993年台上字第937号判决谓:"依道路交通安全规则"第88条第5款规定,机车驾驶人及附载坐人均应戴安全帽。汪○○、姚○○均未戴安全帽,依长庚医院1992年5月2日长庚院北字第405号函,上诉人姚○○如戴安全帽发生头部撞击时,可能减少脑部受伤机会及受伤严重程度,是上诉人姚○○未戴安全帽,于损害之扩大与有过失。

与有过失,应负部分责任。此项见解,应值赞同,盖此等行为系出于自己的意思决定,置自己人身安全于险境,对其危险的实现,应承担其结果。

（二）正当防卫

"最高法院"2007年台上字第2324号判决谓:"民法"第217条第1项规定,损害之发生或扩大,被害人与有过失者,法院得减轻赔偿金额或免除之。所谓被害人与有过失,只须其行为为损害之共同原因,且其过失行为并有助成损害之发生或扩大者,即属相当,不问赔偿义务人应负故意、过失或无过失责任,均有该条项规定之适用,于过当防卫行为应负相当之赔偿责任时,似无排除其适用之理由。果尔,本件上诉人防卫过当之行为,既导因于被上诉人仗借酒意殴打上诉人之不法侵害行为所致,则上诉人因过当防卫行为所发生之前述损害,难谓与被上诉人先为不法侵害之挑衅行为无关,是上诉人援引过失相抵为抗辩,请求减轻赔偿金额,是否全无可采？自有详为查明审认之必要。原审未遑详予勾稽推求,遽为不利于上诉人之论断,尚嫌速断。

本件"最高法院"判决亦值赞同。被害人(被上诉人)不法侵害他人身体,引起加害人(上诉人)正当防卫,其因防卫过当而肇致伤害,乃出于被害人的挑衅,如前所述,亦应认定其与损害发生具有因果关系。

（三）互殴

1."最高法院"判决

互殴致生伤害,有无过失,系实务上的重要问题,"最高法院"有三个裁判:

(1)"最高法院"1979年台上字第967号判例:双方互殴乃双方互为侵权行为,与双方行为为损害之共同原因者有别,无"民法"第217条过失相抵原则之适用。

(2)"最高法院"1981年台上字第2905号判决:被害人(上诉人之子)及被上诉人举刀互刺,乃双方互为侵权行为,此与双方行为发生损害之共同原因者有别,无"民法"第217条过失相抵原则之适用。

(3)"最高法院"1982年台上字第1179号判决:上诉人因伤在省立新竹医院治疗,支出医药费2723.50元,自属必要费用,然第一审认为双方互殴,上诉人与有过失,应予减半赔偿。因互殴系有故意伤害对方,不生过失问题,前述医药费仍应由被上诉人负全部赔偿责任。

2. 分析讨论

"最高法院"再三认为,因互殴受伤而请求损害赔偿时,加害人不得主张被害人与有过失,其主要理由为:互殴成伤时,双方当事人系相互侵权行为,并因此各就对方所受损害负赔偿之责,其损害之发生不具共同原因。互殴系互相"故意"伤害对方,并非"过失",故不生与有过失问题。"最高法院"见解,尚值商榷①:

(1)与有过失,解释上应包括故意,此为当然解释。

(2)一方因他方攻击而受伤(损害),此项损害系因被害人参与互殴而引起,其情形同于挑衅行为,具有因果关系而为共同原因,应依原因力的强弱、故意的程度,分配其应承担的责任。

(3)与有过失适用于损害发生及损害扩大。例如一方因他方故意或过失侵权行为而受人身伤害,被害人未及时医治致病情恶化时,就其未避免损害或减少损害的不作为,应有"民法"第217条第2项规定的适用。

四、未善为保管、使用金融信息

金融资讯的使用,系现代经济生活的重要事务,未妥适保管金融资讯常导致重大损失。"最高法院"2011年台上字第492号判决谓:印章、存折、提款密码等重要文件数码,应自行妥善保管使用,如无故交付或因过失而交付他人,致遭利用而受害,要难谓于损害之发生为无过失。果尔,被上诉人如交付存折、印章及提款密码予廖○智多次领款计达2 030万元,又仅收执廖○智签发之个人支票,能否谓于损害之发生或扩大为无过失,亦非无研求余地。②

---

① 参见詹森林:《互殴与与有过失》,载《民事法理与判决研究》(一),第283页(1998)。

② 相关判决,"最高法院"2014年台上字第496号判决:查本件损害之发生为第一审共同被告林○民假借收取管理费之便侵占管理费,复利用被上诉人未核对支表与存折正本余额是否相符机会,以存折复印件伪造金额蒙混过关,为原审依法认定之事实。被上诉人自陈为方便林○民存款,将存折正本交林○保管,并由林○民提供存折复印件供被上诉人查核。对账时,由被上诉人之财务委员确认管理费是否存入账户内及金额是否无误等语;果尔,上诉人抗辩:林○民所交付之管理费,于2007年已短少257 300元,于2000年则短少1 035 900元,足见被上诉人放任林○保管存折,致累积数百万元差额而未察觉,显有过失等语,是否完全不可采?究竟被上诉人就系争账户存折应否自行保管,应否查核账户存折对账? 被上诉人之作为或不作为是否足以防范或助成系争损害之发生或扩大? 攸关上诉人得否请求法院减轻其赔偿金额,原审未遑详查究明,遽为上诉人不利之判断,尚有未洽。

五、病患与有过失

医疗上意外风险的分配,医疗提供者应善尽说明义务,病患亦有协力配合的义务。"最高法院"2005 年台上字第 1859 号判决谓:本件纵如原审所认定双方间已另成立以健康检查为给付内容之广义医疗行为契约,被上诉人得据"消费者保护法"第 7 条及相关规定,请求上诉人损害赔偿。惟上诉人抗辩:依被上诉人所提出"认识肺癌"一文所载,肺癌有持续咳嗽等 8 种症状,被上诉人于接受理学检查时,未主动告知有此症状,因此与有过失等语。并称:"对照 X 光片的大小,可证明(肺癌)是后期所造成的变化"云云,原审就此重要之攻击防御方法,疏未于判决理由项下说明其取舍之意见,即为上诉人败诉之判决,亦有判决不备理由之违误。

本件发回后,原审如何处理,不得而知。应强调的是,本件判决涉及医疗事故上病患的与有过失,肯定病患在医疗过程中共同参与的角色,也因此加重了医疗提供者的说明义务,期能借着风险损害的公平分配,合理调整医病关系,保障病人权益。此为一个值得重视的研究课题。[①]

第二目 不作为的与有过失

对损害的发生、扩大与有过失的行为,除了作为外,尚有不作为。"民法"第 217 条第 2 项规定了三种不作为的与有过失:①重大之损害原因,为债务人所不及知,而被害人不预促其注意(损害警告);②怠于避免损害;③怠于减少损害。分述如下:

一、重大损害原因的警告

被害人对债务人所不及知的重大损害原因,有预促其注意的义务。例如托运的物品系易碎的贵重花瓶,应预为告知。又例如甲请乙翻译文件,应告知其系重要的契约,须特别留意小心。警告内容应尽可能具体,俾债务人能采取必要的防范措施,防患于未然。

值得特别提出的是,"最高法院"1984 年台上字第 4045 号判例认为:"被害人许某虽患有肝硬化等症,而为上诉人所不知,惟许某之死亡,本由

---

① 参见侯英泠:《德国医事民法中病人与有过失之探讨》,载《台北大学法学论丛》2013 年第 86 期,第 125 页。这是一篇具有参考价值的论文。

于上诉人殴打行为所致,不能以许某未预为告知其已患有何疾病,而谓许某就其死亡之发生,亦与有过失。"此项判决具有重要意义,原则上应值赞同。

二、怠于避免损害

怠于避免损害,例如承揽的屋顶修缮,因施工不善而开始漏水,定作人应适时采取措施,防阻漏水,移去墙上悬挂的名画、家具、地毯等,避免因浸水而受损。值得参照的有"最高法院"2008年台上字第1118号判决:"经查上诉人于2000年4月30日公告之1999年全年度财务报告揭露王○○等侵占货款之事实后,股价即持续下跌,至2001年7月间暂停交易,为原审所是认,足见董事挪用侵占公司款项之资讯,确属影响投资人进场投资及继续持有该股票意愿之重要资讯,然上诉人公告此项资讯至暂停交易日之期间长达1年有余,则市场适当反应该项重要资讯所需之期间为何?倘投资人于适当反应期间内未出脱持股导致扩大其损害是否有与有过失情事,核与应否减免上诉人之赔偿责任攸关。乃原审就此未详加调查审认明晰,徒以起诉前已卖出股票者,以卖出之价额计算,仍持有股票者以暂停交易当月之月平均价计算未出售股票部分之股价损失,不无可议。"

三、怠于减少损害

怠于减少损害是否构成与有过失,应权衡被害人的行为自由及加害人承担减少损害的费用加以认定,其主要案例类型有三:

1. 人身伤害的医治及转业

在人身遭受伤害的情形,被害人应适时赴医救治,以免扩大损害,其费用由加害人承担。应否接受手术,涉及被害人的人格利益,应视所受伤害及手术必要性,尤其是医疗水平、安全风险及康复改善的预期性,借助医学专业而为判断。

人身伤害常导致收入的减少,被害人依个案情形有须从事其他工作,弥补损失的义务,必要时亦须接受转业训练,此应视年龄、专业及市场状况而定。

2. 物的侵害

在物受侵害的情形,如动物受伤应尽速治疗,汽车的修复亦应适时为之,在修缮期间究应利用大众运输系统、搭乘出租车或租赁车辆,应视被害人工作性质、居住处所或交通情况而为判断。

3. 债务不履行

买受人因出卖人债务不履行,例如购买的原料给付迟延或给付不能时,为避免工厂生产遭受影响,应尽速购买替代原料,减少所失利益。

第四项 无过失危险责任及与有过失

"民法"第217条规定"与有过失",系以损害赔偿请求权的当事人皆有"过失"为规范模式,即一方面为加害人的过失;一方面为被害人的与有过失。须注意的是,法律上逐渐增设一定企业或活动应负无过失责任(危险责任,如"消费者保护法"第7条、"公路法"第64条、"民用航空法"第89条等)①,使"民法"第217条的适用范围由"与有过失"扩大到"与有企业活动危险"。"民法"第217条的规定系基于损害发生与有责任分配的基本思想,对企业或活动危险责任亦应适用。例如德国法对自动车辆采危险责任(§9STVG),两车相撞,均负无过失责任,判例学说一致肯定应依其肇致损害原因力的强弱分配其赔偿责任。

值得特别提出的是,"最高法院"1999年台上字第2302号判决谓:按"电信法第26条第2项所定损坏电信线路设施修复费用之偿还,虽不以损坏者有故意或过失为要件,但民法第217条关于被害人与有过失之规定,于债务人应负无过失责任者,亦有其适用,故本件即有上述过失相抵规定之适用。至于法院对赔偿金额减至何程度抑为完全免除,则应斟酌双方原因力之强弱与过失之轻重以定之。"本件判决认为加害人应负无过失责任时,亦有"民法"第217条过失相抵规定的适用,系一个具有创设性的见解。基于过失相抵分配损害的功能及平等原则,在被害人应负无过失责任时,应亦有"民法"第217条规定的适用,兹以下图表示之。

"民法"第217条:与有过失 —— 诚信公平 / 依责任范围分配损害 / 平等原则

加害人	被害人:与有责任
过失责任	过失
	企业、活动风险(无过失)
无过失责任	过失
	企业、活动风险(无过失)

---

① 参见王泽鉴:《侵权行为法》,第697页。

"公路法"第 64 条第 1 项本文规定:汽车或电车运输业遇有行车事故,致人、客伤害、死亡或财、物损毁、丧失时,应负损害赔偿责任。此系无过失侵权责任。在两车相撞,互有伤亡及财物损失的情形,彼此间的损害赔偿,亦应有"民法"第 217 条规定的适用,双方皆无过失时,依造成损害的原因力,分配其应分担的责任。

第五项　自甘冒险及与有过失

有意识使自己置于他人所管领的一定危险,致受损害,学说上称为自甘冒险(Handeln auf eigene Gefahr, Assumption of Risk)。例如甲明知乙酒醉,仍搭乘其车,因乙酒醉肇事而受伤。在此等自甘冒险情事,被害人甲得否或如何向加害人乙请求损害赔偿,比较法有不同的思考途径。美国法认为,Assumption of Risk 排除侵权责任。德国法早期采默示免责,其后改采被害人对侵害的默示允诺(同意),目前则适用过失相抵。默示免责或对侵害的默示允诺,属于拟制,欠缺说服力。在中国台湾地区法解释上应认为自甘冒险系损害发生与有过失的行为,而有"民法"第 217 条的适用,期能就个案依自甘冒险的情状,合理分配责任。

自甘冒险的情形,例如前揭明知驾驶人酒醉仍搭乘其车;众人群殴在旁观看;擅进危屋举行派对;接近并挑衅凶猛动物等。运动伤害如何处理,常生争议。在遵守运动规则的情形①,如摔跤比赛使用规则允许的攻击造成对手受伤,得认系阻却违法。其他情形,得适用过失相抵,如划船竞赛因严重违规而互撞,舟损人伤。

"最高法院"有两个关于自甘冒险的判决,可供参考:

1. 危险路段

"最高法院"2002 年台上字第 857 号判决谓:秀林乡公所辩称,肇事路段既属地质不稳定之破碎地带,且连日累积山区大雨冲刷,地质松软,属于危险路段,为被害人甲○○所明知,其犹贸然驾摩托车载人行经上述险路,致翻落山谷,要属与有过失。本件损害之发生,被害人即甲○○与有过失,依"民法"第 217 条第 1 项之规定,伊亦得主张过失相抵,减轻赔

---

① Stoll, Handeln des Verletzten auf eigene Gefahr als Argument gegen die Haftung, in: Canaris/Heldrich (Hrsg.), 50 Jahre Bundesgerichtshof-Festgabe aus der Wissenschaft, Band 1: Bürgerliches Recht (2000), S. 223.

偿金额云云,自属重要之防御方法,原审恝置不论,亦有判决不备理由之违法。

2. 防潮闸门

"最高法院"2002年台上字第599号判决谓:林○源于事故发生前,曾数次到系争闸门处垂钓,当知该处乃防潮闸门,非供民众垂钓之处,且其驾驶车辆擅入该处,于深夜欠缺照明设备之情形下,亦当倍加谨慎,随时随地注意车前车后状况,然其仍疏未注意连人带车驶向该水闸左岸旁之缺口处掉入水中而溺毙,其对于损害之发生,自难辞与有过失之责任。

第六项　第三人与有过失

与有过失最大的争议问题在于被害人应否承担第三人的与有过失,尤其是未成年人因他人的侵权行为遭受人身伤害时,须否承担法定代理人对损害发生的过失。兹分三个类型,论述如下:

第一目　代理人、使用人的与有过失

一、问题说明:"民法"第217条第3项的增订

旧"民法"第217条仅设两项条文,规定被害人自己的与有过失,但损害的发生或扩大,第三人与有过失的,甚属常见。例如甲搭乘乙驾驶的汽车,因丙违规发生车祸,甲受伤,乙对车祸发生与有过失,甲向丙请求损害赔偿时,应否承担乙的过失?是否因甲系乙的配偶、子女、雇主或朋友而有不同?对此等问题,旧"民法"未设明文。为提供实体法上的依据,1999年"民法"债编修正时特增设第217条第3项:"前二项之规定,于被害人之代理人或使用人与有过失者,准用之。"修正理由谓:按学者通说及实务上之见解("最高法院"1979年3月21日民事庭庭推总会议决议参考),均认为"民法"第224条之规定,于过失相抵之情形,被害人方面应有其类推适用。亦即第1项及第2项之规定,关于被害人之代理人或使用人之过失,应视同被害人之过失,方得其平,爰增订第3项之规定。为了解此项增订,有两点应予说明:

(1)"最高法院"1979年3月21日民事庭庭推总会议决议的作成系针对本书作者前曾提出的一项法律见解,认为在未成年受害人与加害人

间无债之关系时,应不承担法定代理人的与有过失。①

(2)修正理由强调通说及实务见解,均认为此系"民法"第224条于过失相抵情形的类推适用。第217条第3项所谓准用,应系指第224条的准用而言。

二、"民法"第224条的适用

(一)立法理由

"民法"第224条规定:"债务人之代理人或使用人,关于债之履行有故意或过失时,债务人应与自己之故意或过失负同一责任。但当事人另有订定者,不在此限。"

本条规定的立法理由,系认为本人既借由第三人以扩张其活动范围而取得利益,自应承担该第三人活动时对他人造成损害之赔偿责任。本条的适用须以当事人间有债之关系为前提,此种债之关系得为契约、无因管理或侵权行为所生的损害赔偿之债(例如甲撞毁乙的汽车,交由丙修理厂修缮)。

(二)代理人

"民法"第224条所称代理人,除意定代理人外,尚包括法定代理人。例如甲代理其未成年子女乙,与丙订立契约出卖某古董,因甲过失致该古董灭失,乙应承担甲的过失,依"民法"第226条规定对丙负债务不履行的损害赔偿责任。

(三)使用人

1. "最高法院"见解:须有监督指挥关系

关于使用人,"最高法院"2008年台上字第980号判决谓:"因债权以债务人之财产为总担保,债务人就其所负债务之履行,常借他人之行为以为辅助,用以扩张自己之活动范围,增加利润。故而由于其代理人、使用

---

① 参见王泽鉴《第三人与有过失与损害赔偿之减免》,载《民法学说与判例研究》(一),第63页;王泽鉴:《间接受害人之损害赔偿请求权及与有过失原则之适用》,载《民法学说与判例研究》(一),第387页。"最高法院"法官吴明轩先生于1973年某日曾告知本文作者,"最高法院"某件判决采同样见解。其后吴法官又告知,该件判决所采观点,不为当时"最高法院"院长所赞同,特作成民庭会议决议(采甲说)认为无论有无债之关系,未成年人均应承担法定代理人的过失。40余年前的旧事,记忆犹新,谨再对吴明轩法官数十年从事民事审判及民事诉讼法研究的贡献,表示敬意。

人因故意或过失致有债务不履行情事者,债务人就此危险所生之损害即应负担保责任。所谓使用人,系指为债务人服劳务之人,凡事实上辅助债务人履行债务之人均属之,不以负有法律上义务为必要,故不限于雇佣人与受雇人关系,亦不以在经济上或社会上有从属地位者为限。只要债务人于必要时,即得对该第三人之行为,加以监督或指挥者即足。故得选任、监督或指挥第三人,为履行债务而服劳务者,该第三人即属使用人,其所服之劳务不问为履行债务之协力,或为全部或一部分之代行均足当之。"依此"最高法院"的基本见解,"民法"第224条所称使用人,限于债务人选任、监督或指挥之人。易言之,为债务人履行债务,但不受其监督或指挥者,非属使用人,就其故意或过失,债务人不负同一责任,不必对债权人负债务不履行责任。

2. 分析检讨:不须有监督指挥关系

"最高法院"前揭关于"民法"第224条使用人概念的见解,攸关民事责任体系,影响重大,实有探究余地,分四点加以阐述①:

(1) 违背"民法"第224条的规范意旨

"最高法院"将"民法"第224条所称使用人,限缩于须受债务人监督指挥,违反该条规定的立法意旨,即本人既借由第三人以扩张其活动而取得利益,自应承担第三人活动时对他人造成损害之赔偿责任。依"最高法院"见解,债务人利用不受其监督指挥之人履行债务,例如出卖人使用宅急便或物流公司等运送人交付物品于买受人,旅行业者选用游览车公司或餐厅,出租人使用建筑师修缮具有瑕疵的房屋,均不必对其故意过失负责,与"民法"第224条的规范目的显有不符。

(2) 比较法上的孤例

"民法"第224条系采自《德国民法》第278条,德国判例学说一致认为该条所称履行辅助人(Erfüllungsgehilfe),不以受债务人监督指挥为必要,期能贯彻保护债权人的目的,未曾有人认为履行辅助人须受债务人的监督指挥。②

(3) 混乱法律体系:与"民法"第188条受雇人概念的区别

"民法"第188条第1项规定:"受雇人因执行职务,不法侵害他人之

---

① 参见王泽鉴:《为债务履行辅助人而负责》,载《民法学说与判例研究》(六),第67页。
② Larenz, Schuldrecht I, S. 546 ff.; Palandt/Heinrich § 278 Rn. 8 f.

权利者,由雇用人与行为人连带负损害赔偿责任。但选任受雇人及监督其职务执行,已尽相当之注意或纵加以相当之注意而仍不免发生损害者,雇用人不负赔偿责任。"其受雇人须为雇用人所选任并受其监督。"民法"第224条并未规定债务人监督其使用人为债务的履行,就法律及文义体系言,应不能与"受雇人"作相同的解释。

(4)破坏民事责任构造

中国台湾地区的民事责任体系系由债务不履行及侵权行为所构成,"民法"第224条规定债务不履行的归责事由。"民法"第188条属于独立请求权基础,规定雇用人应为其受雇人的侵权行为负责。为便于观察,图示如下:

民事责任体系	侵权责任	第188条:受雇人:受雇用人选任监督	
	债务不履行第226、227、231条	第224条:使用人	"最高法院"见解:须受债务人监督指挥
			本书见解:无须受债务人监督指挥

"最高法院"认为,"民法"第224条的使用人须受债务人监督指挥,采同于"民法"第188条雇用人的概念,未能顾及二者规范目的之不同,破坏了现行民事责任的体系构造,"最高法院"长期采此见解,实值商榷,应有重新检讨的必要。

三、"民法"第224条的"准用"

(一)极具争议的难题

"民法"第224条对代理人或使用人的准用极具争议,问题在于所谓"准用",究系指法律要件准用,即其准用须具备被准用规定的要件;抑或为法律效果准用,即仅适用被准用规定的法律效果,是否具备其要件,在所不问。"民法"第224条规定对与有过失的准用,其关键在于被害人(赔偿权利人)与加害人(赔偿义务人)间须否具有债之关系,尤其是未成年被害人在与加害人无债之关系时,应否承担法定代理人的与有过失。

(二)法律效果的准用:"最高法院"见解

1. 法定代理人

"最高法院"1984年台上字第2201号判例谓:"民法"第224条所谓代理人,应包括法定代理人在内,该条可类推适用于同法第217条被害与有过失之规定,亦即在适用"民法"第217条之场合,损害赔偿权利人之代理人或使用人之过失,可视同损害赔偿权利人之过失,适用过失相抵法则。

本件判例体现"最高法院"系采法律效果准用说。依此见解,例如某甲以机车载其6岁子女乙上学,于途中遭丙驾车撞击,乙受重伤,向丙请求损害赔偿时,乙与丙并无债之关系,仍应承担其法定代理人甲对损害发生的与有过失。①

值得提出的是,德国权威学者 Larenz、Lange 及 Esser/Schmidt 均认为采法律效果准用说时,在没有债之关系存在的情况下,仍须区别使用人与法定代理人,强调未成年人无须承担法定代理人的与有过失。②

2. 使用人

(1)搭乘机车。"最高法院"1985年台上字第1170号判例谓:驾驶机车有过失致坐于后座之人被他人驾驶之车撞死者,后座之人系因借驾驶人载送而扩大其活动范围,驾驶人为之驾驶机车,应认系后座之人之使用人,原审类推适用"民法"第224条规定依同法第217条第1项规定,减轻被上诉人之赔偿金额,并无不合。

(2)搭乘出租车。"最高法院"2006年台上字第279号判决谓:大众运输工具如营业小客车(出租车)之乘客,系与营业人成立运送契约,出租车司机为该运送人或运送人之受雇人,仅系基于运送人与乘客间暂时且短期之运送契约,载运乘客至其预计到达之目的地而已,司机与乘客间,非得以该临时性之运送关系,解释为前述规定之"使用人",自无适用该法文之余地。

(3)委托建筑师设计监造房屋。"最高法院"2001年台上字第978号判决:惟该条(按:"民法"第224条)所指之使用人,必以债务人对该辅助债务履行之第三人行为得加以监督或指挥者为限,若被选任为履行债务

---

① "最高法院"1995年台上字第2690号判决:按"民法"第224条所谓之代理人,应包括法定代理人在内,该条可类推适用于同法第217条被害人与有过失之规定,亦即在适用"民法"第217条时,损害赔偿权利人之法定代理人之过失,可视同损害赔偿权利人之过失,适用过失相抵之法则。查上诉人于事实审辩称:被上诉人年仅5岁,其法定代理人负有监护教导之责,竟任令其与邻居小孩为具有危险性之游戏,以致误伤其左眼,足见被上诉人之法定代理人,对损害之发生,为与有过失,伊得主张过失相抵云云,自属重要之防御方法。

② Larenz, Schuldrecht I, S. 539; Lange/Schiemann, Schadensersatz, S. 605 f.

之人,于履行债务时有其独立性或专业性,非债务人所得干预者,即无上述过失相抵法则之适用。本件上诉人虽委托林○真建筑师为系争房屋之设计人兼监造人,但承造该房屋之被上诉人放样灌浆施工时是否逾越主管建筑机关指定之建筑线界限,似属被选任为监造人之林○真之专业范围,上诉人对该专业性质之行为得否指挥、监督甚或干预,亦滋疑问。原审未遑详为调查明晰,径行类推适用过失相抵之法则以减轻被上诉人之损害赔偿责任,已非无再进一步推求之必要。

"最高法院"在搭乘他人机车的案件,未阐释使用人的概念;在搭乘出租车的案件,以运送契约的临时性(何谓契约的临时性?)作为判断基准;在委托建筑师设计监造房屋的案件,明确指出监督指挥说,认为"民法"第224条所称使用人,必以债务人对该辅助债务履行之第三人行为得加以监督或指挥者为限,此项见解有待商榷,前已说明。在准用于与有过失时,于当事人间无债之关系(侵权行为)的情形,"最高法院"强调仍采此见解。

(三) 法律要件准用说

本书采法律要件准用说,认为"民法"第224条准用于第三人与有过失时,应具备第224条的要件,即须有债之关系。分就法定代理人及使用人之情形说明如下:

1. 法定代理人

被害人与加害人间无债之关系时,"最高法院"采法律效果说,肯定被害人应承担法定代理人的与有过失,而未叙明其理由。学说上有人认为,法定代理人与有过失,应许赔偿义务人得为过失相抵之主张,良以此时监督人疏忽,实难辞其咎,如仍认为赔偿义务人负完全之损害赔偿之责,显失公平,故与其牺牲加害人利益,毋宁以因监督义务人之过失,而牺牲被害人之利益较为妥当;且监督义务人举其所有过失责任,胥归加害人负担,而已逍遥法外,亦非法之所许,吾人之许赔偿义务人主张过失相抵,盖亦寓有责令监督人妥善保护被害人之意在焉。①

本书认为与加害人间无债之关系时,未成年被害人不应承担法定代理人的过失。其理由有二:

(1) 法定代理制度与未成年人保护。代理仅限于法律行为,故须在已成立的债之范围内,关于债务之履行,法定代理人的行为始得视为被害

---

① 参见何孝元:《损害赔偿之研究》,第51页。

人的行为。在侵权行为情形,代理人的行为不具代理意义。法定代理制度系为保护未成年人而设,而未成年人应优先保护,乃民法的基本原则,使未成年人径就不具代理性质的行为负责,违背法律保护未成年人的意旨。又法定代理人行为对损害的发生,既具有相当因果关系,与有原因,则加害人于赔偿后,仍得向其求偿,此一方面可减轻加害人的责任,另一方面亦足促使法定代理人尽其监督义务。因此牺牲法律所应特别保护的未成年人利益,借以警惕法定代理人,衡诸法理,诚难谓妥。①

(2)比较法上的发展。未成年人对其法定代理人的与有过失不必负责,实为现代法律的一般发展趋势。1839 年美国纽约法院曾在 Hartfield v. Roper 案判称,在侵权行为法上未成年人应承担法定代理人的过失②,在英国亦有类似判决,但迄至今日,均已放弃此项观点。③ Prosser 教授明白表示,以父亲的过失加诸儿女身上,是一项野蛮的规则(barbarous rule),强调未成年人既非依其意愿选择代理人,对代理人的行为又无控制能力,实无承受其过失之理。④ 瑞士学者 Hugo Oser 亦认为,以法定代理人的过失视为未成年人的过失,系一项缺乏正当依据的拟制。⑤ Larenz 及 Esser 两位权威学者虽采法律效果说,仍强调未成年人不必承担法定代理人的过失⑥,前已说明。德国 1968 年损害赔偿规定变更及补充法草案亦采同样见解⑦,均在体现对未成年人的保护原则。

---

① 参见王泽鉴:《第三人与有过失与损害赔偿之减免》,载《民法学说与判例研究》(一),第 69 页,本文原登载于《台湾大学法学论丛》1971 年第 1 卷 1 期,第 85 页,系本书作者在国内发表的第一篇论文。采相同见解者,参见詹森林:《机车骑士与其搭载者间之与有过失承担:"最高法院"七十四年台上字第一一七〇号判例及七十四年度上字第二三〇六号判决之评论》,载《民事法理与判决研究》(一),第 293 页(1998);谢哲胜:《侵权行为被害人之法定代理人与有过失——"民法"第二百十七条修正评析》,载《月旦法学杂志》,1999 年第 54 期,第 49 页;陈聪富:《过失相抵之法理基础及其适用范围》,载《侵权违法性与损害赔偿》,第 297 页(2008)。

② 本案摘要及其评论,参见 Gregory & Kalven, Cases and Materials on Torts 209 – 212 (1959); Fowler Harper & Fleming James, Jr., The Law of Torts 1264 – 1266 (1956).

③ Oliver v. Birmingham Midland Motor Omnibus Co. (1933) 1 K. B. 35; John G. Fleming, The Law of Torts 254 (3rd ed. 1965).

④ William Lloyd Prosser, Handbook of the Law of Torts 305 (3rd ed. 1964); John G. Fleming, The Law of Torts 253 (3rd ed. 1965).

⑤ Oser, in: Gauch/Stöckli (Hrsg.), Schweizerisches Zivilgesetzbuch (50. Aufl. 2014), Anm. Zum § 44, S. 321.

⑥ Larenz, Schuldrecht I, S. 375.

⑦ Artikel I vom Referentenentwurf eines Gesetzes zur Änderung und Ergänzung schadensersatzrechtlicher Vorschriften (1967).

2. 使用人

依法律要件准用说,在无债之关系的侵权行为,被害人不必承担"使用人"的与有过失(不类推适用"民法"第 224 条),而应类推适用"民法"第 188 条承担"受雇人"的过失,即仅承担其所选任监督者的与有过失。例如甲嘱其店员乙送某电视机给买受人,途中遭丙毁损,甲依侵权行为规定(第 184 条第 1 项前段)向丙请求损害赔偿时,应承担乙(甲的受雇人,第 188 条)的过失。前揭"最高法院"两个判决(委任建筑师设计、监工;搭乘出租车),认为委任人或乘客对其使用人(建筑师、出租车司机)无监督指挥关系,就结果言,实际上乃类推适用"民法"第 188 条规定。问题在于搭乘他人机车时,应否承担驾驶人对损害发生的与有过失,此应为否定。① 盖机车奔驰于车阵之中,搭乘之人如何指挥监督?

(四) 不同见解的对照

"民法"第 224 条规定准用于第 217 条第 3 项与有过失,在被害人与加害人间无债之关系(侵权行为)时,如何准用,有法律效果准用说及法律要件准用说两种见解,引起重大争议,系民法上的著名问题,涉及法律思维及法学方法,特图示如下,以供参照:

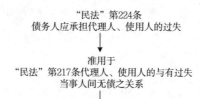

"最高法院"判决 法律效果准用说	法定代理人：未成年人应承担父母的与有过失
	使用人： —限于受债务人指挥监督 —搭乘他人机车应承担驾驶人的过失：未说明理由 —搭乘计程车者不承担司机的过失：临时性契约 —委任人不承揽建筑师的过失：无监督指挥
本书见解 法律要件准用说	法定代理人：未成年人不承担法定代理人的与有过失
	使用人： —被害人不承担"民法"第 224 条(使用人)的过失 —类推适用"民法"第 188 条,由有监督指挥者 (雇用人)承担其使用之人的与有过失

---

① 参见詹森林:《机车骑士与其搭载者间之与有过失承担:"最高法院"七十四年台上字第一一七〇号判例及七十四年度上字第二三〇六号判决之评论》,载《民事法理与判决研究》(一),第 293 页(1998)。

(1)"民法"第 224 条及第 217 条第 3 项所称"使用人",应不以有监督指挥关系为必要。"最高法院"认为,须有监督指挥关系,同于"民法"第 188 条"受雇人"的概念,涉及民事责任体系中债务不履行与侵权行为适用关系的核心概念,其法律见解是否正确,实值检讨。

(2)关于使用人部分,无论采法律效果准用说或法律要件准用说,由于"最高法院"对"民法"第 224 条的使用人采监督指挥的认定标准,结论上同于本文见解,即被害人对"被使用之人"须得为监督指挥(类推适用"民法"第 188 条),始承担其与有过失。举例言之:

①雇用人应承担受雇人的与有过失(例如两家客运公司的公交车因司机过失互撞、毁损)。

②乘坐出租车、火车、邮轮、飞机时,不承担驾驶人的过失(无监督指挥)。

"最高法院"认为,乘坐他人机车者,应承担驾驶人的过失,未提出明确判断基准。关键问题在于,乘坐者对驾驶人得否监督指挥。如前所述,凡有乘坐他人机车经验者,少有人会认为乘坐者对驾驶人有监督指挥的权限,驾驶人应服从乘坐者的监督指挥!

(3)法定代理制度旨在保护未成年人,未成年人并不能选任监督其法定代理人,依"最高法院"见解,在无债之关系(侵权行为)时,未成年人仍须承担法定代理人对损害发生或扩大的与有过失,子承父过,乃家父主义的延续,应有研究余地。

第二目　间接被害人应承担直接被害人的与有过失

一、间接被害人得请求损害赔偿的特例

在侵权行为,仅直接被害人得请求损害赔偿,其他间接被害之人就其所受损害(尤其是纯粹经济损失),原则上无损害赔偿请求权。例如某歌手于赴演唱会途中为其情敌杀伤,演唱会的主办人就其因辍演所遭受的财产损失,不能向加害人请求赔偿,因其不具备"民法"第 184 条第 1 项规定的要件。

此种对间接被害人损害赔偿请求权的限制,旨在不使赔偿范围过于扩大,难予预估,以免加重行为人的负担,但民法对此设有例外,即于不法侵害他人致死的情形,认许间接被害人亦得请求损害赔偿。"民法"第

192条第1项、第2项规定："（第1项）不法侵害他人致死者，对于支出医疗及增加生活上需要之费用或殡葬费之人，亦应负损害赔偿责任。（第2项）被害人对于第三人负有法定扶养义务者，加害人对于该第三人亦应负损害赔偿责任。"又第194条规定："不法侵害他人致死者，被害人之父、母、子、女及配偶，虽非财产上之损害，亦得请求赔偿相当之金额。"此两条规定系间接被害人得请求赔偿的特例。值得提出的是，依"民法"第227条之1规定："债务人因债务不履行，致债权人之人格权受侵害者，准用第192条至第195条及第197条之规定，负损害赔偿责任。"

二、直接被害人与有过失的承担

不法侵害他人致死，而死者就死亡的发生与有过失，则间接被害人请求损害时，应否承担直接被害人（死者）的与有过失？对此问题，"民法"未设明文，《德国民法》第846条设有准用过失相抵的规定，"最高法院"1984年台再字第182号判例认为："民法"第192条第1项规定不法侵害他人致死者，对于支出殡葬费之人，亦应负损害赔偿责任，系间接被害人得请求赔偿之特例。此项请求权，自理论言，虽系固有之权利，然其权利系基于侵权行为之规定而发生，自不能不负担直接被害人之过失，倘直接被害人于损害之发生或扩大与有过失时，依公平原则，亦应有"民法"第217条过失相抵规定之适用。此项判例亦应适用于"民法"第194条规定的情形。

第三目 惊吓损害

一、惊吓损害的侵权责任

惊吓（shock）损害指第三人目睹或知悉损害的发生，因受惊吓致健康遭受损害。例如某孩童于上学途中为汽车轧死，母亲目睹其事或事后知悉，深受刺激，健康遭受损害。在此情形，加害人对母亲所受的损害，应负赔偿责任（"民法"第184条第1项前段）。盖孩子横遭车祸，母亲会受惊吓刺激，系属常情，而此种惊吓会使其神经崩溃，健康受损，衡诸事态，系通常会发生的情事，故行为与损害之间，具有相当因果关系。且一般言之，此种结果，亦得预见，故加害人亦具有过失。

因目睹或闻悉损害事实受惊吓刺激而致健康遭受损害之人，能否请求赔偿，应视法规保护目的（Schutzzweck der Norm）而定。为此，宜综观案例,组成类型,以探求危险分配与责任限制之标准,期能符合当事人之利益状态。

目睹或闻悉损害事实,因受惊吓刺激而致健康受损之人能否请求赔偿,不宜全部予以肯定或否定,盖绝对予以肯定,难免增重加害人的负担;全部加以否定,对受损害之人实殊不利。故于解决此类问题时,为权衡当事人的利益,应斟酌第三人受惊吓刺激受害的可能性,并考虑其受惊吓刺激的方式究为目睹或为闻悉,其与被害对象的关系及被害对象究为人、动物或其他财产。父母目睹子女或妻目睹夫遭人杀害而致精神崩溃、健康受损时,得请求赔偿。反之,甲的朋友乙闻悉甲之狗被车轧死,乙甚爱该狗,因而受刺激致患病,则不得请求损害赔偿。其他情形,应斟酌前述原则加以认定。①

二、主被害人与有过失的承担

加害人对此种目睹或闻悉损害事实而致受害之人若应赔偿,尚有一问题值得研究,即若主被害人(死于车祸的孩子)对损害的发生与有过失,次被害人(目睹车祸的母亲)于请求自己的损害赔偿时,应否承担主被害人的与有过失,而有"民法"第217条规定的类推适用?法院得否斟酌过失之轻重,减免加害人的赔偿责任?对此问题,基于公平原则,以采肯定说为是。其法理同于前述间接被害人亦应承担直接被害人的与有过失,敬请参照。

第三款 法律效果

第一项 与有责任及损害分配

"民法"第217条第1项规定:"损害之发生或扩大,被害人与有过失者,法院得减轻赔偿金额,或免除之。"即依当事人的与有责任,分配各应承担的损害。关于此项损害分配,应说明的有二:

1. 区别损害发生及损害扩大(避免或减少损害),量定其应赔偿的金额

损害发生的与有过失,例如驾车超速撞上闯红灯的机车。损害扩大

---

① 参见王泽鉴:《侵权行为法》,第284页。

的与有过失,例如被他人违规撞伤,未适时就医致伤势恶化。损害发生与扩大均与有过失,例如驾车超速撞上闯红灯的机车而受伤,未适时就医致伤势恶化。

2. 区别损害项目

即应依损害项目认定其与有过失的法律效果。例如因未戴安全帽的与有过失,致脑部受伤,此与脚部受伤无涉,应分别决定其赔偿的金额。

第二项 责任衡量与损害分配方式

一、衡量因素

关于与有责任的衡量,"民法"仅明定被害人的与有过失,此应包括故意,前已说明。值得特别提出的是,"最高法院"参酌《德国民法》第254条规定,增列"原因力"作为衡量因素,"最高法院"1965年台上字第2433号判例谓:法院对于赔偿金额减至何程度,抑或为完全免除,虽有裁量之自由,但应斟酌双方原因力之强弱与过失之轻重以定之。

损害原因力(Schadensverursachung)非指因果关系,盖因果关系无强弱大小之分,系指造成损害的可能性(Wahrscheinlichkeit)。如前所述,损害发生的共同作用尚包括一方或双方当事人的无过失责任(物或企业危险)。综观与有责任的损害赔偿应予斟酌的因素,简示如下:

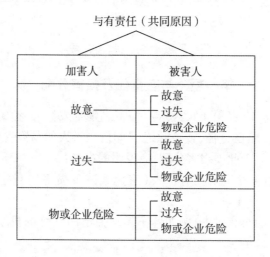

于适用"民法"第217条规定时,应就加害人及被害人双方当事人与有责任的态样(例如双方皆为故意,或双方均有过失),衡量认定其应赔偿的金额或免除之。

二、损害分配

法院量定当事人对损害发生或扩大的"与有责任"时,分配损害的方式有三:

1. 免除加害人赔偿责任

此多适用于加害人的过失轻微,而被害人具有故意或过失重大的情形。

2. 加害人负全部赔偿责任,不予减轻

此多适用于加害人的行为出于故意,而被害人过失轻微的情形。有两个"最高法院"判决值得参照:

(1)"最高法院"2009年台上字第2157号判决:所谓损害之发生,被害人与有过失者,须其过失行为亦系造成该损害发生之直接原因,始足当之。如损害之发生,因加害人一方之故意不法行为引起,被害人纵未采取相当防范措施或回避手段,不能因此认定被害人对损害之发生亦与有过失,而有前揭过失相抵之适用。本件系争损害之发生,系因甲〇〇伪造朱〇月之印章,利用永丰商银行员工之疏忽,盗领朱〇月存于永丰商银行所开立之外币存款,损害之发生系因甲〇〇之故意不法行为,并利用永丰商银行员工疏未详加核对印章之真伪所致,依上述说明,尚难认为永丰商银行对损害之发生,与有过失,原审依前述规定,减轻甲〇〇之损害赔偿责任,难谓有据。

(2)"最高法院"2014年台上字第496号判决:所谓被害人与有过失,只须其行为为损害之共同原因,且其过失行为并有助成损害之发生或扩大者,即属相当。至加害人主观之故意过失,仅系加害人构成侵权责任之要件,纵加害人故意为侵权行为,亦系被害人就损害之发生或扩大有无防范之义务及可能,其间有无相当因果关系,应否减轻或免除赔偿金额之裁量因素,尚难自始即排除适用。

3. 减轻加害人赔偿责任

此在实务上最属常见,由于应各自承担部分损害,难以精确认定,法院多采一定的百分比计算方法,例如应负担40%或1/2等。

三、伤害、死亡与继承关系上的与有过失

甲驾车违规撞伤乙,乙重伤,半个月后死亡,乙对损害发生与有过失。在此情形,得发生"民法"第 217 条规定的适用或类推适用:

(1)乙向甲请求财产损害或非财产的精神损害赔偿时,应承担自己的与有过失。

(2)乙系未成年人时,"最高法院"认为未成年人应承担法定代理人对损害发生或扩大的与有过失。此项见解违反法定代理制度的意旨,乃家父主义的延续,尚难赞同,前已说明。

(3)乙的继承人丙得继承乙的损害赔偿请求权。

(4)丙依"民法"第 192 条规定请求因乙受伤、死亡而支出的生活费、医疗费及丧葬费时,虽系间接被害人,仍应承担直接被害人乙的与有过失(第 217 条的类推适用)。

(5)乙的子女、配偶因乙遭甲不法侵害死亡,依"民法"第 195 条规定向甲请求慰抚金时,亦应承担乙的与有过失(第 217 条的类推适用)。

第三项　与有过失及慰抚金的量定

在人身损害,被害人得请求非财产损害的金钱赔偿(慰抚金,"民法"第 18 条、第 194 条、第 195 条)。被害人对损害的发生或扩大与有过失时,如何量定慰抚金的金额？理论上有两种方法:

(1)先认定慰抚金数额,再依与有过失的轻重减少赔偿金额或免除之。

(2)将被害人与有过失作为量度慰抚金的一项因素,与损害原因力的轻重及加害人的故意过失,综合衡量认定慰抚金的数额。

"最高法院"2011 年台上字第 821 号判决谓:原审认为上诉人不得请求被上诉人给付已支出之医疗费 131 451 元,自 2008 年 1 月 1 日起 2009 年 5 月 30 日止之上下学看护费 25 750 元,将来之看护费、上下学交通费、出租车费依序 2 918 160 元、194 400 元、48 600 元,减少劳动能力损害 4 529 238 元,精神慰抚金 100 万元,及应就其受伤损害之发生,负 40% 过失责任,爰就此部分为上诉人败诉之判决,经核于法并无违误。上诉论旨,指摘原判决此部分违背法令,求予废弃,非有理由。本件判决系采第一种量定方法。第二种方法是否较为合理,有待研究。

第四项　多数加害人与多数被害人

"民法"第217条与有过失的规定系以两个当事人(一个加害人及一个被害人)为规范对象。实务上常涉及多数当事人,例如甲与乙驾车互撞,伤及骑机车的丙及搭乘该机车的丁。在此情形,甲、乙、丙、丁均各有过失时,如何适用"民法"第217条分配损害?其方法有二:

(1)个别衡量,即就个别当事人的与有过失而为衡量。
(2)整体衡量,即将一方多数人作为整体而为衡量。

先图示如下,再为说明。

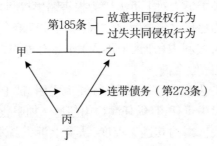

一、多数被害人

被害人为多数人时,应采个别衡量方法。就上列车祸案例言,丙或丁向甲、乙请求损害赔偿时,应各就其与有过失,与甲、乙的与有过失加以衡量,以定其损害赔偿份额。

二、多数加害人

(一)故意共同侵权行为

"民法"第185条第1项规定:"数人共同不法侵害他人之权利者,连带负损害赔偿责任。不能知其中孰为加害人者亦同。"首先应说明的是有意思联络的共同侵权行为。例如甲与乙共谋设计假车祸撞死丙,以诈领保险金,丙对车祸的发生与有轻微过失。在此种有意思联络的共同行为,其加害行为的分担相互归责,甲、乙的与有故意应合并认定而为衡量。被害人丙对甲、乙全体或分别请求损害赔偿时,得整体衡量甲、乙的故意与丙的轻微过失,认定不适用过失相抵,甲、乙应负全部损害赔偿责任。

(二) 过失共同侵权行为

1. "最高法院"2001年台上字第1046号判决

"最高法院"2001年台上字第1046号判决具有启示性,有三点重要的法律见解:

(1)本件车祸之发生,颜○山驾驶重机车超速行驶为主因,上诉人未于人孔涵洞设置警示标志,影响夜间行车安全为次因,可见上诉人与颜○山之上述过失行为,均为被上诉人受伤之共同原因,应成立共同侵权行为。

(2)被上诉人系乘坐颜○山所骑驶之重机车后座,应认颜○山为被上诉人之使用人,被上诉人对上诉人固为损害赔偿权利人,但颜○山之过失,在其对上诉人为赔偿之请求时,依"民法"第217条第3项准用第1项规定,即视同为赔偿权利人(即被上诉人)亦与有过失,而应减轻赔偿义务人(即上诉人)之赔偿金额。

(3)本件车祸之发生,颜○山超速行驶为主因,被上诉人系由颜○山搭载,自应承担此过失责任,且纵任颜○山超速未加阻止或要求离座等必要措施,亦与有过失。斟酌其过失程度,认为上诉人就本件损害之发生,应负1/3责任,自应于此范围内依法减轻上诉人2/3之赔偿金额。

2. 分析说明

本件系属无意思联络的行为关联共同侵权行为("司法院"例变字第1号)。

"最高法院"认为,乘坐他人机车时,系以驾驶人为其使用人,而有"民法"第217条第3项规定的适用。关于多数加害人与有过失,"最高法院"系采整体衡量方式,即将多数共同加害人的与有过失(1/3)作为一个整体,而与被害人的与有过失(2/3)加以衡量,决定其赔偿金额。在有意思联络的共同侵权行为,数行为人的故意应互为归责,采整体衡量,应属合理。在无意思联络的共同侵权行为,系以行为关联共同作为依据,将数行为人的与有过失作为整体考虑,虽仍有讨论余地[①],但有助于简化法律适用及保护被害人,基本上亦值赞同。

---

① 此为德国法上极具争论性的问题,Palandt/Grüneberg §254 Rn. 69; Staudinger/Schiemann §254 Rn. 137, 141 f.

第四款 适用范围

"民法"第217条关于被害人与有过失的规定,体现损害赔偿法一个重要的一般法律原则,即应依被害人与加害人对损害发生或扩大共同作用所与有的责任,分配其应分担的损害。为实践此项原则,实务上一方面扩大解释"民法"第217条的适用对象;一方面类推适用于其他法律关系,分述如下:

第一项 "民法"第217条的适用对象

一、私法上的损害赔偿请求权

(一) 一般适用性及特别规定

除法律有特别规定,"民法"第217条适用于所有的损害赔偿,包括债务不履行及侵权行为。法律有特别规定的,例如,依"民法"第247条第1项规定:"契约因以不能之给付为标的而无效者,当事人于订约时知其不能或可得而知者,对于非因过失而信契约为有效致受损害之他方当事人,负赔偿责任。"于契约因以不能之给付为标的而无效的情形,一方当事人若因过失而信契约为有效致受损害,不得向订约时知其不能或可得而知之他方当事人请求赔偿。

(二) 类推适用:所有人的妨害排除请求权

"民法"第217条亦适用于所有人的妨害排除请求权(第767条),例如甲庭院的枯树倾倒于乙的花园,乙未即刻清理,亦未向甲反映,嗣后台风来袭,将枯树残骸吹散于乙的花园各处,增加清理的难度与费用,乙向甲请求妨害排除的费用时,应承担其怠于减少损害的与有过失。

二、公法上的损害赔偿请求权

"民法"第217条亦适用于公法上损害赔偿请求权,包括"国家"损害赔偿("国家损害赔偿法"第5条)及因违反公法上契约或公法上法定债之关系的损害赔偿。

三、实务案例

(一) 适用案例:职务保证契约

"最高法院"1960年台上字第2637号判例:职务保证性质,与一般之金钱债务保证不同,其保证书所载"保证担任职务期间操行廉洁,恪遵法令暨贵公司各种规章,倘有违背情事或侵蚀公款、财物及其他危害公司行为,保证人愿放弃先诉抗辩权,并负责指交被保人及照数赔偿之责"字样,如系对于被保证人职务行为致损害于被上诉人时,负赔偿责任之意思,即为独立负担之损害赔偿义务,非无"民法"第 217 条之适用。

(二) 不适用案例:职业灾害补偿

实务上认为不适用"民法"第 217 条的有关于"证券交易法"上的归入权①,及"民法"第 756 条之 6 第 2 款关于保证责任减免的规定。② 最具争议的重要问题系"劳动基准法"第 59 条之职业灾害补偿,于劳工与有过失时,雇主可否主张过失相抵?

"最高法院"1998 年台上字第 233 号判决采肯定说,认为"职业灾害补偿,基本上亦为损害赔偿之一种,雇主之职业灾害补偿责任,乃系基于'劳动基准法'第 59 条之特别规定,依此条之规定,对于雇主虽采无过失责任主义,即雇主不得以自己无过失为由而拒绝赔偿,惟损害赔偿之法则。'民法'第 213 条至第 218 条对此进行规定,其中第 217 条规定之过失相抵,系为促使被害人注意履行其应尽之义务,以避免或减少损害之发生,职业灾害补偿既为损害赔偿之一种,自仍有'民法'第 217 条之适用"。"最高法院"1993 年台上字第 1472 号判决采否定说认为:"劳动基准法"第 59 条规定,系为保障劳工,加强劳雇关系,促进社会经济发展之特别规定,非损害赔偿,应无"民法"第 217 条第 1 项过失相抵规定之适用。

"最高法院"2000 年 4 月 25 日 2000 年度第 4 次民庭庭推总会决议采

---

① "最高法院"2010 年台上字第 1838 号判决:查"证券交易法"第 157 条第 1 项,系规定由公司请求大股东将其从事短线交易行为所得之利益归还,以除去在权益内容上不应让该大股东保有之利益,其立法旨趣除在维护市场之公正性,以保护投资人之权益外,尚含有衡平性质。因此,上述之配偶应将其所获得之利益各自返还公司,而非将配偶二人视为一体令其共同(平均)返还,以兼顾配偶间之公平性(盖如共同返还,则获利较少之人除归还自己之部分外,尚须替获利较多者分担,有失公平原则)。又上述之归入权系由从事短线交易之大股东归还利益予公司,而非在于填补公司所受之损害,并不具损害赔偿之性质,自无"民法"第 217 条第 1 项过失相抵之适用,且欠缺类推适用之基础,亦无类推适用该规定之余地。

② "最高法院"2007 年台上字第 1471 号判决:"民法"第 756 条之 6 第 2 款所设雇用人对受雇人之选任或监督有疏懈者,法院得减轻保证人赔偿金额或免除之规定,乃人事保证人独立享有之权利,非与主债务人所共同拥有者,其减免之对象,亦仅为人事保证人之赔偿金额,而非主债务人之金额,初与同法第 217 条第 1 项被害人(主债务人)与有过失之减免规定未尽相同。乃原审未遑注及,将该两条文混为一谈,且以○大京华公司就其损害之发生与有过失及对甲○○之监督有疏懈,并为减轻甲○○以次三人赔偿金额二分之一,亦有可议。

否定说(采 1993 年度第 1472 号判决见解)。此两个不同见解的判决有助于了解职业灾害与损害赔偿两种制度的功能。"最高法院"采否定说,实值赞同。①

第二项 "民法"第 217 条的类推适用

一、与有过失构造的调整:由"与有过失"到"与有物或企业危险"

"民法"第 217 条系以加害人及被害人间的故意、过失为规范对象。基于"依与有责任分配损害"的原则,应依类推适用将其范围扩大及于加害人及被害人一方或双方应负之物或企业的危险责任(无过失责任)。

二、间接被害人承担直接被害人的与有过失

参照"最高法院"1984 年台再字第 182 号判例,前已说明。

三、连带侵权责任债务人的内部求偿关系

"民法"为保护被害人,设有若干连带债务责任的规定(第 185 条、第 187 条、第 188 条等)。关于连带债务人内部的求偿关系,基于公平原则,亦应有"民法"第 217 条过失相抵规定的类推适用。例如,甲与乙各自驾车超速相撞,共同侵害路人丙的身体健康,应依"民法"第 185 条规定对丙负连带赔偿责任。在内部求偿关系,应依甲与乙对损害发生的原因力及过失轻重,认定其各自应分担的部分。②

四、雇用人与受雇人连带损害赔偿责任的内部求偿关系③

"民法"第 188 条第 1 项规定:"受雇人因执行职务,不法侵害他人之权利者,由雇用人与行为人连带负损害赔偿责任。"第 3 项规定:"雇用人赔偿损害时,对于为侵权行为之受雇人,有求偿权。""最高法院"1982 年台上字第 749 号判决谓:甲系未成年人,受雇于乙为小货车司机,某日受

---

① 参见王泽鉴:《劳灾补偿与侵权行为损害赔偿》,载《民法学说与判例研究》(三),第 253 页。
② 参见王泽鉴:《连带侵权债务人内部求偿关系与过失相抵原则之适用》,载《民法学说与判例研究》(一),第 49 页。
③ 参见詹森林:《雇用人行使求偿权时与有过失原则之类推适用》,载《民事法理与判决研究》(一),第 319 页(1998)。

乙之命令，驾驶乙所有之小货车载客营业，因疏于注意而发生车祸，撞死路人 A，并撞伤路人 B。乙赔偿 A 之家属及 B 之损害后，依"民法"第 188 条第 3 项规定向甲及其父丙行使求偿权，请求甲、丙连带偿还全部赔偿金额。有争论的是甲及其父丙得否主张乙对损害发生与有过失，而有"民法"第 217 条过失相抵原则的适用？

"最高法院"采否定见解，认为："按过失相抵原则，须被害人对于赔偿义务人请求赔偿损害时，因被害人之行为，与赔偿义务人之行为，为损害之共同原因，且须被害人于其行为亦有过失，始有其适用。本件乙系依民法第 188 条第 3 项规定对甲行使求偿权，乙既非被害人，原审依过失相抵原则，减轻甲之赔偿金额，自属不合。"

"最高法院"的判决似难赞同。如前所述，"民法"第 217 条的规定，体现了依共同原因的与有责任分配损害的法律原则，应类推适用于雇用人对受雇人的求偿请求权。就本件判决言，甲系未成年人，乙竟命其驾驶小货车非法载客营业，而导致发生车祸，乙对损害的发生与有过失，应依"民法"第 217 条规定减少其得求偿的赔偿金额。此项类推适用有助于保护受雇人（尤其是劳工）。雇主指派的工作具有危险、指示不当或提供的设施（包括车辆）具有瑕疵而肇致损害时，依公平原则，应使雇用人承担其责任，而减少求偿金额或免除之。

第五款　诉讼法上的问题

"民法"第 217 条关于过失相抵的规定，系实务最常引用的条文之一，兹综合所述，分三点说明诉讼法上的问题：

1. 与有过失作为一种抗辩

对损害发生或扩大的与有过失系属一种抗辩（Einwendung）而非抗辩权（Einrede），一方当事人提出相对应的事实时，法院即应依职权加以审究（"最高法院"1996 年台上字第 1756 号判例、2004 年台上字第 1612 号判决）。

2. 举证责任

关于与有过失的存在，包括其要件及与有责任的程度均应由加害人负举证责任。

3. 第三审上诉

与有责任的衡量不得上诉第三审。第三审得予审究的是，原审是否考虑所有应予斟酌的相关情事，而无法律错误。若案件事实业已充分阐明，第三审法院得自为衡量，不必发回原审。

第三节　损害赔偿的酌减①
——"民法"第218条

第一款　问题的提出及规范模式

一、全有全无损害赔偿原则

现行民法对损害赔偿采取全有全无原则，即具备责任成立要件时，被害人得请求全部损害赔偿；不具备责任成立要件时，加害人不负任何损害赔偿责任。此项全有全无原则体现于"民法"第213条第1项："负损害赔偿责任者，除法律另有规定或契约另有订定外，应恢复他方损害发生前之原状。"全有全无的损害赔偿原则旨在贯彻填补损害的功能，保护被害人，作为一种法律原则，实属正当合理。问题在于赔偿义务人因须负全部损害赔偿责任，致其生计艰难，陷于困境，亦时有之。在此情形，应否创设例外，使法院在一定要件下得减少或免除债务人的赔偿责任？

二、程序法上保障债务人生计的规定

为保障债务人的生计，"强制执行法"第122条第2项规定："债务人依法领取之社会保险给付或其对于第三人之债权，系维持债务人及其共同生活之亲属生活所必需者，不得为强制执行。"又依办理强制执行事件应行注意事项第65点第2项规定："债务人应领之薪资、津贴或其他性质类似之收入，除酌留债务人及其他共同生活之亲属生活所必需者外，得为强制执行。"破产法规定债务人不能清偿债务者，得依破产法规定的和解或破产程序，清理其债务。此亦有保护债务人的作用。

---

① 中国台湾地区最重要且唯一的相关论文，参见林易典：《论法院酌减损害赔偿金额之规范：欧陆各国民法中之酌减条款与"民法"第二百十八条之比较研究》，载《台湾大学法学论丛》2007年第36卷第3期，第305页。本论文资料丰富，见解精辟深入，甚具价值，本文多参考其翻译外国或地区立法例的条文及整理分析，谨表谢意。教科书上的论述，参见史尚宽：《债法总论》，第305页；郑玉波著、陈荣隆修订：《民法债编总论》，第302页；孙森焱：《民法债编总论》（上），第462页。

三、宪法保障人民生存权及人格发展的义务

损害赔偿攸关当事人的生存，被害人应受保护，固不待言，尤其是在人身健康遭受严重侵害的情形（如丧失劳动能力、残障、成为植物人）。惟加害人因侵权行为而须耗尽毕生积蓄，以未来的薪资收入全部赔偿，致身陷困境，亦应有斟酌的必要。此涉及宪法上国家保障人民生存权及人格发展的义务。在德国法上，曾发生使未成年人负侵权行为损害赔偿的规定是否违宪的争议。

德国 Celle 高等法院于 1989 年 3 月 29 日依《德国基本法》第 100 条规定，向德国联邦宪法法院提出释宪申请案。其案件事实为两个 15、16 岁的未成年人在某屋内燃烧电话簿取暖，离开时，因疏于注意未完全扑灭尚在燃烧中的电话簿，致酿成火灾，造成高达 33 万马克的损害。保险公司对被害人为赔偿后，转向加害人求偿。被告具有《德国民法》第 828 条规定的识别能力，其行为属轻过失，应依《德国民法》第 823 条第 1 项及第 828 条规定负过失侵权行为损害赔偿责任。Celle 高等法院以赔偿责任所生财务及心理效果与其应受非难的行为失其合理的比例，强调因轻过失而导致足以毁灭其生存的赔偿责任（existenzvernichtende Haftung），违反《德国基本法》第 2 条第 1 项及第 1 条第 1 项关于人格自由发展基本权的规定，应属无效。本件释宪申请案因损害赔偿当事人和解，德国联邦宪法法院未为审理。

1991 年 Bremen 地方法院又向德国联邦宪法法院提出释宪案。其案件事实系 16 岁的被告无照驾车，发生车祸，保险公司对被害人为赔偿后，向被告求偿 15 万马克。Bremen 地方法院所提出的释宪理由亦认为此乃典型年轻人的过失，无限制的损害赔偿责任势将毁灭其生存，侵害其人格发展。对此备受瞩目的释宪申请案，德国联邦宪法法院于 1998 年 8 月 13 日作成判决，予以驳回，其理由系《德国民法》第 828 条第 2 项规定系基本法施行前的法律，不具备申请释宪的要件。在其判决理由中，德国联邦宪法法院对 Bremen 地方法院亦有指责，认其未善尽对德国现行法上相关规定（例如破产法）的解释适用，尤其是未探讨《德国民法》第 242 条关于诚实信用原则在个案情形的适用性。

德国法学界对关于未成年人侵权行为损害赔偿的释宪案，期待甚殷，

对联邦宪法法院不为受理的决定,颇感意外,仍冀望于《德国民法》第828条第2项规定修正后,能再申请释宪。此项释宪案的重要意义在于促进对未成年人侵权行为及损害赔偿责任的重视,并使德国法学界获得一项共识,即必要时,得适用诚实信用原则,以减轻未成年人的损害赔偿责任,尤其是在被害人已获得赔偿,而由保险公司向未成年人求偿的情形。此项宪法上的讨论亦更进一步启动应否于《德国民法》增订损害赔偿酌减条款(Reduktionsklausel)的问题。

上述德国民法及宪法上的讨论①,有助于从较高的视野认识损害赔偿与人格发展的关联。

四、规范模式②

(一) 比较法

关于如何决定损害赔偿的数额,比较法上有两种基本规范模式:

1. 两种基本规范模式

(1)全额赔偿原则。其特色在于具备责任成立要件时,应为全部赔偿,不以债务人的过失程度量定其赔偿数额。采此原则的有《德国民法》(第249条,相当"民法"第213条)。③

(2)过失与责任比例原则。过失与责任比例原则(Proportionalität von Schulden und Haftung,又称为赔偿数额与责任相符原则),指义务人的赔偿数额应与其过失程度相符,即应依过失轻重认定其应赔偿的数额。此种规范模式,深受自然法的影响,体现于奥地利与瑞士民法:

《奥地利民法》(1811年)第1324条规定:"加害人仅具抽象轻过失时,被害人不得请求所失利益的损害赔偿。"被害人请求"积极利益"的赔

---

① 参见王泽鉴:《侵权行为法》,第516页以下;Canaris, Verstöße gegen das verfassungsrechtliche Übermaßverbot im Recht der Geschäftsfähigkeit und im Schadensersatzrecht, Jurististen Zeitung, JZ 1987, 42, Nr. 21, 993, 995 f.; Medicus, Der Grundsatz der Verhältnismäßigkeit im Privatrecht, AcP 192 (1992), 35 (65 ff).

② 参见林易典:《论法院酌减损害赔偿金额之规范:欧陆各国民法中之酌减条款与"民法"第二百十八条之比较研究》,载《台湾大学法学论丛》2007年第36卷第3期,第308页;Stoll, Die Reduktionsklausel im Schadensrecht aus rechtsvergleichender Sicht, RabelsZ 34 (1970), 481.

③ 在美国,仅有路易斯安那州承认"无能力支付"(inability to pay)的减免条款,但于1985年在 Rodriguez v. Traylor, 468 So. 2d 1186 (1985)案中废弃此项条款。路易斯安那州上诉法院认为,"Wealth or poverty of a party to a lawsuit is not a proper consideration in the determination of compensatory damages." 引自 Roberto, Schadensrecht, S. 278。

偿时,依第 1332 条规定,加害人仅须赔偿物毁损时的一般价值,其赔偿范围依赔偿义务人的过失程度而定。

《瑞士民法》(1911 年)第 43 条规定:"所发生损害的赔偿种类及范围,由法官定之。法官须就个案情状及过失的轻重而为判断。"

2. 法院有酌减权的规范方式

须再说明的是,无论采取"全额赔偿原则"或"过失与责任比例原则",均发生应否赋予法院酌减权的问题。对此亦有两个规范方式:

(1)采全额赔偿原则,创设法院得为酌减的例外规定(酌减条款),"民法"第 218 条采此规范方式。

(2)结合过失与责任比例原则及法院的酌减权,瑞士民法采此规范模式,即除前揭《瑞士民法》第 43 条规定外,尚于《瑞士债务法》第 44 条第 2 项规定:"损害赔偿义务人并非以故意或重大过失造成损害者,且将因给付损害赔偿而陷于窘困状态时,法官得基于此等理由酌减损害赔偿义务。"

兹将决定损害赔偿数额的规范模式整理如下:

		规范模式	
损害赔偿数额	全额赔偿	全额赔偿	《德国民法》第 249 条
		兼采酌减条款	中国台湾地区"民法"第 213、218 条
	赔偿数额与过失的比例性	采比例性原则	《奥地利民法》第 1323 条 《瑞士民法》第 43 条
		兼采酌减条款	《瑞士债法》第 44 条第 2 项

(二) 分析讨论

关于损害赔偿数额的各种规范模式,反映不同时代的法律思潮,及对损害赔偿法功能的理解。全额赔偿原则符合填补损害功能,而就全额赔偿原则设酌减条款的例外规定,亦已成为各国法律共同的发展趋势。"民法"第 218 条规定:"损害非因故意或重大过失所致者,如其赔偿致赔偿义务人之生计有重大影响时,法院得减轻其赔偿金额。"即采此规范模式,将于下文作较详尽的论述。

第二款 法律构造

一、比较法

在全额赔偿原则内,另外创设酌减条款,其关键问题在于如何形成其成立要件及法律效果。兹就比较法上若干具有特色的立法例,整理如下:

立法例	规定内容	特色
中国台湾地区"民法"第218条	损害非因故意或重大过失所致者,如其赔偿致赔偿义务人之生计有重大影响时,法院得减轻其赔偿金额。	1. 重大影响债务人生计。 2. 限于非故意或重大过失。 3. 减轻赔偿金额。
《瑞士债法》第44条第2项	损害赔偿义务人并非以故意或重大过失造成损害者,将因给付损害赔偿而陷于窘困之状态时,法官得基于此等理由酌减损害赔偿义务。	1. 使债务人陷于窘境。 2. 限于非故意或重大过失。 3. 酌减赔偿义务。
1965年《德国民法》(草案)第255条之1	(第1项)考虑到构成赔偿义务的情事,损害系属不寻常之高额时,法院得就赔偿义务,于其将导致对赔偿义务人重大不公平的范畴内,并就债权人的正当利益加以考量,加以限制。(第2项)如赔偿义务人、或由赔偿义务人依照组织章程所任命的代理人,或于第839条的情形违背职务上义务之人,故意或重大过失造成损害者,不得对赔偿义务加以限制。(第3项)此外,于适用第1项时,应就赔偿义务之人其所应负责之人的过咎,适当地加以考量。	1. 对债务人重大不公平。 2. 限于非故意或重大过失。 3. 限制赔偿义务。
《荷兰民法》第6编第109条	(第1项)如在既存之情事下,诸如责任本质、存在于当事人间的法律关系及当事人双方的支付能力等,全额损害赔偿的判决将造成显然无法接受的结果时,法官得对法律上的损害赔偿义务加以酌减。(第2项)义务人已就其责任投保险,或就其责任负有投保的义务时,酌减不得减至该数额以下。(第3项)任何协议,违反第1项规定者,无效。	1. 对债务人造成显然无法接受结果。 2. 不限于非故意或重大过失。 3. 酌减赔偿义务。 4. 明定酌减条款为强行规定。

续表

立法例	规定内容	特色
《瑞典损害赔偿法》第6章第2条	损害赔偿义务对于赔偿义务人,在考量到财务状况后,系属不合理的沉重时,赔偿义务得依合理的裁量酌减之,酌减时,损害赔偿对被害人的必要性及其他情事,亦应一并注意。	1. 对债务人显属不合理。 2. 不限于非故意或重大过失。 3. 酌减赔偿义务。
2005年欧洲民法典研究小组《侵权行为法》,第6:202条	损害之造成并非出于故意,倘令造成损害者负担全数的责任,与其可归责性,或与损害的范围,或与避免损害的方式,系不合乎比例,而对于其损害赔偿责任的全部或一部加以免除,系公平及合理者,得免除之。	1. 对债务人不合理责任。 2. 限于非出于故意。 3. 一部分或全部免除。
2002年《欧洲契约法法典准备草案》第108条	(第1项)为经证明损害的存在或为当事人所不争执,但经专家的专业意见亦无法或难以确定其精确的数额时,法官得依衡平裁量,决定损害范围。 (第2项)于考量债权人的行为、利益及经济情形后,于下列情形,法官得对损害赔偿之范围,依衡平的方式加以限制:(1)如全额之损害赔偿被认为系不合乎比例,或考虑债务人之经济情形后可认定,此将对于债务人造成明显的无法承受之结果时,且如其未为履行、不合乎规定的履行或迟延,并未与债务人诚信之违反时。或(2)于债务人的轻微过失的案例中,特别是就债务人给付契约中未规定报酬者。	1. 全额赔偿不符合比例性,造成难以承受的结果。 2. 不限于非故意或重大过失。 3. 限制赔偿范围。

二、分析说明

(一)《瑞士民法》所创设的规范模式

损害赔偿法上的酌减条款系瑞士民法及瑞士债务法所创设,为中国台湾地区"民法"(第218条)及其他立法例所继受。值得说明的是,"民法"第1条规定:"民事,法律所未规定者,依习惯;无习惯者,依法理。"系仿《瑞士民法》第1条。"民法"第18条关于人格权的规定,系参照《瑞士民法》第 28 条而制定。此项继受应归功于当时立法者的高瞻远瞩,提升了"民法"的质量,具有重大意义。

(二)《德国民法》为何不设酌减条款

现行《德国民法》(1900 年)采全额赔偿原则。在立法过程中两位伟大的法学家 von Gierke 及 Kohler 均主张采取"赔偿数额与过失相符原则",但遭强烈反对而未被接受。《德国民法》施行后,学者有主张应仿《瑞士民法》采酌减条款,而于 1967 年提出前揭草案条文,但未能完成立法程序。1981 年司法部提出债法研修的鉴定及建议研究报告,再度提出减免条款草案(由 Hohloch 教授执笔),亦停留在研究阶段。[①] 2002 年损害赔偿法修正时未再提及酌减条款。之所以长期热烈讨论而未获采纳的主要理由,系认为强制执行法及破产法已有保障债务人生计的规定,责任保险的普及在一定程度亦可以保障债务人的经济生活,尤其是要避免酌减条款所带来的衡平判决,影响法律适用的安定性。[②]

(三)酌减条款体现法律发展的趋势

酌减条款的创设系各国的法律发展趋势,并为欧洲私法的草案所接受,成为欧洲共同法的基本原则。

(四)规范内容的比较

(1)关于损害赔偿酌减的积极要件(酌减事由),各国法律设有不同的规范密度。有明定限于非故意或重大过失,有不设此种限制,有具体规定法院考量的事由,有抽象授权法院决定。

(2)关于法律效果,多数规定法院仅得减轻损害赔偿数额,亦有不设限制的。

(五)"民法"第 218 条的特色及其解释适用

"民法"第 218 条的规定有两个特色:①酌减事由限于非属故意或重大过失;②法院仅得酌减损害赔偿,不得免除之。

此属高度控制机制,法院较少自由裁量的空间,立法目的应在于顾及损害赔偿法填补损害的功能,并维护法律适用的安定性。须特别强调的是,各国立法例对于"民法"第 218 条的解释适用具有重要的参考价值。

---

① Hohloch, Allgemeines Schadensrecht, in: Bundesminister der Justiz (Hrsg.), Gutachten und Vorschläge zur überarbeitung des Schuldrechts, Band I (1981), S. 459 f.; Lange/Schiemann, Schadensersatz, S. 26; Staudinger/Schiemann § 249 Rn. 27.

② 德国法上的学说争论,Deutsch, Haftungsrecht, S. 279, 335.

第三款　法律性质与适用范围

一、法律性质

"民法"第218条不是一种请求权基础,非属抗辩权(Einrede),而是抗辩(Einwedung),法院得就个案依职权认定是否符合法定要件,而减轻义务人的赔偿金额。

二、强行规定

"民法"第218条学说上有认为系属人道条款、生存保障,强调其道德性或社会正义。无论采何见解,均应肯定"民法"第218条系强行规定,当事人不得以约定加以限制或予以排除。《荷兰民法》第6编第109条明定,任何约定违反酌减条款者无效,可资参照。

三、适用范围

(一) 人的范围:自然人、法人

"民法"第218条除自然人外,实务上有将其扩大及于法人,强调法人将因损害赔偿而陷于破产,亦具酌减事由,避免影响法人的经营能力,而顾及股东、员工的生计。[①] 依此见解,应否减免、如何减免法人的赔偿责任,除考虑法人的营运能力外,尚须顾及股东、员工的生计。

(二) 物的范围

1. 损害赔偿:金钱赔偿、恢复原状

"民法"第218条所规定的损害赔偿,包括所有因债之发生原因所生的损害赔偿之债,除侵权行为、债务不履行外,亦及于无因管理所生的损害赔偿。为贯彻本条规定维持赔偿义务人生计,法院得减轻的赔偿金额,解释上应包括恢复原状及恢复原状的必要费用。

2. 惩罚性违约金

为实践"民法"第218条的规范意旨,其酌减的对象,亦应类推适用惩

---

① 参见台湾地区高等法院2000年重上更(一)字第27号判决。林易典认为,"民法"第218条明定计生二字,解释上应仅限自然人,参见林易典:《论法院酌减损害赔偿金额之规范:欧陆各国民法中之酌减条款与"民法"第二百十八条之比较研究》,载《台湾大学法学论丛》,2007年第36卷第3期,第364页。

罚性违约金,尤其是累积的惩罚性违约金。在台湾地区高等法院2000年重上更(一)字第27号判决,当事人约定总工程价千分之一按日计罚之惩罚性违约金,系依"内政部"之工程合约模板所定,其本身被法院认为并无过高之情事,而无从依相关规定进行酌减。然其所请求之违约金累积达3 100万元,为赔偿义务人资本额900万的3.5倍,其中兴建教室之工程总价1 800万元,请求之违约金高达近1 600万元。法院认为,如不为核减,该股份有限公司(赔偿义务人)"必将破产,影响股东、员工之生计",并考虑到请求权人于赔偿义务人迟延时,未及时终止契约,任令其继续施工而使违约金按日累积增加,亦具有"与有过失"之情事,从而酌减违约金之1/2。

第四款　酌减的要件

依"民法"第218条规定,法院得酌减损害赔偿金额的要件有二:
(一) 赔偿金额重大影响赔偿义务人的生计（积极要件）
此指赔偿金额将使义务人陷于困境,难以维持其经济生活或生存。例如小货车司机每月收入3万元,家无恒产,非因重大过失肇致连环车祸,多人死伤,赔偿金额高达1 000万元,长期负担债务,造成显然无法承受的结果。
(二) 损害须非因故意或重大过失所致（消极要件）
1. 解释适用
故意包括间接故意,重大过失指显然欠缺应有的注意,此应审慎认定。立法例上有不设此种消极要件的,亦有仅限于故意的。"民法"第218条列入"非重大过失"为消极要件,窄化了其适用范围。在思考层次上应先肯定积极要件,再检查有无消极要件。兹举实务上相关案例以供参照:
(1)"最高法院"的基本见解
"最高法院"1934年上字第3057号判例:"损害系因侵权行为人之故意所致者,纵令该侵权行为人,因赔偿致其生计有重大影响,亦不得减轻其赔偿金额,其资力如何,自可不问。""最高法院"1944年上字第551号判例:"损害系因侵权行为人之故意或重大过失所致者,依'民法'第218条之规定,纵令该侵权行为人,因赔偿致其生计有重大影响,亦不得减轻其赔偿金额,其不能以侵权行为人之无资力,即谓受害人不应请求赔偿,更无待言。"

(2) 否定案例

①损害(因未能及时配售住宅以回收房地价款,而损失之利息收益)系肇因于赔偿义务人(承揽人)受催告仍拒绝交屋,不合"民法"第218条所规定的损害须非因故意或重大过失所致之要件,而无法酌减赔偿数额。①

②通奸、相奸因属故意行为,因之所生之非财产上赔偿义务,无酌减条款的适用。②

③职业驾驶人明知熬夜数日、精神疲惫、情绪不佳,仍饮酒并驾车者,就损害事件之发生有重大过失,无"民法"第218条的适用。③

④扣除已理赔之汽车强制责任险等后,损害赔偿数额为近331万,而赔偿义务人具高中学历、有固定工作之所得相当于月薪约5万元时,此赔偿义务并不重大影响赔偿义务人之生计,而无法依"民法"第218条酌减赔偿义务。④

(3) 肯定案例

实务上亦有肯定适用"民法"第218条的案例。台湾地区高等法院2004年重上更(一)字第11号判决:合伙组织之赔偿义务人依承揽契约,为损害赔偿权利人之核电厂进行修缮工程,于载运所清理之废土时,卡车刹车失灵撞上电缆托架设备,致发电设备跳脱或须以手动停机检查,损害赔偿权利人依工程承揽契约,请求增加成本损失。法院认定损害赔偿权利人扣除与有过失后,本得请求约3 684万元之损害赔偿,然工程款仅388万元,损害赔偿义务人纵有获利亦属不多,若令其赔偿3 000多万元,对其生计显有重大影响,损害之发生非于故意或重大过失所致,故其抗辩应依上述规定(第218条)减轻赔偿金额,亦属可取。损害之发生并非出于驾驶之故意或重大过失所致。经审酌一切情状后,法院认为酌减1/2为适当,而将应赔偿金额酌减至约1 842万元。

2. 继承案件

值得特别提出的是,"民法"第218条在继承案件中的适用。实务上

---

① 参见"最高法院"2004年台上字第616号判决。
② 参见台湾地区高等法院1999年上易字第94号判决。
③ 参见台湾地区高等法院2003年度上字第199号判决。
④ 参见台湾地区高等法院2001年度上字第678号判决。

有认为赔偿义务人的继承人(实际赔偿义务人),于因继承此一赔偿义务而重大影响生计时,因其亦承受被继承人(行为人、原赔偿义务人)的重大过失,而剥夺其酌减的可能。① 学说上有强调这样的解释,等于使实际上就损害事件并无过失的继承人,亦继承了对于被继承人的惩罚,而忽略了其应享之生存保障,实不足取。② 须说明的是,被继承人因就损害的发生有重大过失,而不能酌减赔偿金额时,应负全部损害赔偿责任,继承人继承此项债务(第1148条),确属一项负担。惟继承人得适用继承法相关规定(如抛弃继承、限定继承,2009 年 6 月 10 日修正"民法"第 1148 条、第 1174 条),不致因继承而蒙受不利益,因此不能以继承人因承继被继承人的债务致生计受有重大影响,而径适用"民法"第 218 条规定。

第五款　法院酌减权的行使

损害非因故意或重大过失所致者,如其赔偿致赔偿义务人的生计有重大影响时,法院得减轻其赔偿金额。学说上称之为法院的酌减权。

一、法院酌减权的自由裁量与考虑因素

(一) 酌减的基准

法院酌减权依法当然发生,减轻与否、减轻幅度,法院有自由裁量权限。法院行使酌减权时,应审酌一切情状,尤其是参照前揭比较法上立法例的规定,考虑被害人的经济状况、未来的收入,损害赔偿的种类(过失责任或无过失责任),被侵害法益(财产上损害或非财产上损害)。须强调的是荷兰民法规定,在赔偿义务人投有责任保险的情形,损害赔偿责任的酌减,不得减至理赔数额以下,亦可作为"民法"行使酌减权的考虑因素。因为损害赔偿的数额,已为保险金所涵盖时,赔偿义务人的生计,不因赔偿义务而受影响,不发生酌减问题。若为酌减,将使保险人(保险公司)毋庸全数理赔受有利益,赔偿请求权人不能获得全数赔偿,显失公平。

法院行使酌减时,应特别注意的有二:
(1)不应以赔偿义务人的过失程度作为决定酌减额的基准,因为"民

---

① 参见台湾地区高等法院 2000 年度重上字第 4 号判决。
② 参见林易典:《论法院酌减损害赔偿金额之规范:欧陆各国民法中之酌减条款与"民法"第二百十八条之比较研究》,载《台湾大学法学论丛》2007 年第 36 卷第 3 期,第 367 页。

法"不采赔偿数额与过失的比例性原则。

(2)法院行使酌减权时,应考虑客观事由,并为说明,避免为衡平性裁判。

(二) 连带债务

值得提出的是数人应负连带债务时,法院应如何行使酌减权,例如甲受雇于乙担任水电工,非因故意或重大过失,肇致瓦斯爆炸,引起火灾,烧毁丙所有的商业大楼时,甲与乙应依"民法"第188条规定对丙负连带损害赔偿责任。在此情形,为贯彻"民法"第218条保护债务人生计的规范意旨,法院行使酌减权时,得分就甲、乙认定其赔偿的数额,亦得仅就甲行使酌减权,令乙为全部的损害赔偿。法院未行使酌减权,令甲、乙负全部损害赔偿,乙于赔偿后向甲求偿时,得类推适用"民法"第217条规定,以甲与乙对损害发生或扩大的与有责任分配应分担部分。①

二、赔偿义务人申请法院行使酌减权

(一) 举证责任

赔偿义务人亦得依"民法"第218条申请法院酌减损害赔偿金额。学说上有认为赔偿义务人应就减轻要件负举证责任②,实务上亦有相同见解,台湾地区高等法院2001年上字第277号判决认为,赔偿义务人固得主张酌减事由,但并未举证证明其生活已陷于困难,自无由依"民法"第218条规定酌减其赔偿金额。较值赞同的是认为酌减权系法定权限,本无待赔偿义务人的主张,法院应依职权审究,不能因赔偿义务人未能证明得予酌减的要件,而为败诉的判决,赔偿义务人纵未尽举证责任,法院于依职权调查后,仍得径行酌减。③

(二) 忽视上诉人申请的违法性

"最高法院"1999年台上字第2582号判决谓:是否依"民法"第218条斟酌赔偿义务人(上诉人)之生计关系为酌减,"属于原审职权所得裁量之范围,纵忽视上诉人之申请,仍不得指为违法。"此项见解固属正确,

---

① 参见王泽鉴:《连带侵权债务人内部求偿关系与过失相抵原则之适用》,载《民法学说与判例研究》(一),第49页。

② 参见史尚宽:《债法总论》,第305页;黄立:《民法债编总论》,第388页(1999)。

③ 参见林易典:《论法院酌减损害赔偿金额之规范:欧陆各国民法中之酌减条款与"民法"第二百十八条之比较研究》,载《台湾大学法学论丛》2007年第36卷第3期,第359页。

惟"民法"第218条旨在保障赔偿义务人的生计,法院不应轻忽损害赔偿义务人的申请,若不为酌减,亦应叙明理由。

三、法院行使酌减权的法律效果

法院行使酌减权时,其减轻的赔偿金额,归于消灭,不因其后赔偿义务人具有经济能力,足以维持其生活而受影响。酌减与否虽属于法院自由裁量的职权,但若违背经验法则,仍得作为上诉第三审的理由。

第六款 结 论

一、三个损害赔偿范围规定的适用

"民法"设有损益相抵(第216条之1)、与有过失(第217条)及酌减条款(第218条)三个关于损害赔偿范围的规定。损益相抵系损害计算问题,与有过失系以与有责任分配损害,酌减条款系在保障赔偿义务人的生计,三者规范目的不同,应依序检查,得并用适用。①

二、过失相抵与损益相抵

"最高法院"2016年台上字第1528号判决:"损害赔偿金额之计算应依过失相抵算出原告得请求之金额,再扣除其依同一事故得请求之残废补偿金,以确定应准许之金额。"

三、酌减条款的实践

在中国台湾地区司法实务上,适用"民法"第218条的案件不多,有待进一步整理统计并作实证研究。《瑞士民法》首创酌减条款,亦少相关案例,其主要理由系法院行使酌减权,须调查审究,耗费有限司法资源,且主动介入,难免争议,赔偿义务人申请法院酌减,实务认为须负举证责任。值得特别提出的是,责任保险的普及使被害人获得了必要的生计保障,德国学者反对增设酌减条款亦强调此点。强制执行法保障生计及破产法规

---

① "最高法院"1999年台上字第1827号判决:原审法院调查赔偿义务人任职于银行,其贷款并非至巨,而此贷款与车祸所造成损害事件有关,且损害赔偿义务已因损害赔偿请求人之"与有过失"酌减至2/10,赔偿义务将不会对赔偿义务人之生计造成重大影响,不得依"民法"第218条再减轻赔偿义务。

定的作用,欠缺实证研究。①

损害赔偿法采取"全额损害赔偿"原则(第213条),具补偿功能,保护被害人。"民法"第218条规定酌减条款,旨在保障加害人的生计,具公益、人道或道德的性质。酌减条款的创设系各国法律共同的趋势,缓和全有全无原则,虽属例外规定,仍须认真对待,不使其成为具文。法院应就个案慎为行使酌减权,不能因属自由裁量,而轻易忽视赔偿义务人的申请,尤其是在未成年人因轻过失肇致重大事故,须负担巨额赔偿,长期背负债务,影响其人格发展的情形,应详为审究调查,以实践"民法"第218条的规范意旨。

---

① Roberto, Schadensrecht, S. 277,指出《瑞士民法》施行后70年仅有四个相关裁判,其中3个法院拒不酌减。

第九章 惩罚性赔偿[①]

第一节 填补性损害赔偿与惩罚性赔偿

一、民事赔偿责任的发展

本书第一章至第八章所论述的损害赔偿,系指填补性损害赔偿(compensatory damages),即损害赔偿的目的、内容及方法在于填补被害人权益遭受他人侵害所生的损害(包括财产上损害及非财产上损害),以恢复损害发生前的原状(第213条以下),此为各国损害赔偿法共采的基本原则。应特别指出的是,尚有所谓的惩罚性赔偿(punitive damages),即除填补性损害赔偿外,在一定要件下,尤其是加害人的行为出于恶意、轻率不顾他人权益时,为惩罚加害人,令其应对被害人支付一定的金额,此系英美法所创设的制度。在中国台湾地区民法系采填补性损害赔偿,近年来公平交易法、专利法、消费者保护法等特别法,引进了英美法(尤其是美国法)上的惩罚性赔偿,改变了台湾地区民事责任损害赔偿法的原则与构造,特

[①] 参见杨靖仪:《惩罚性赔偿金之研究——以评析消费者保护法第五十一条为中心》,载《台湾大学法律学研究所硕士论文》(1996);陈聪富:《美国惩罚性赔偿金的发展趋势——改革运动与实证研究的对恃》,载《台湾大学法学论丛》1997年第27卷第1期,第231页以下;陈聪富等:《美国惩罚性赔偿金的发展趋势——改革运动与实证研究的对恃》,民法研究会第9次研讨会记录,载《法学丛刊》1998年第43卷第1期,第97页以下;林德瑞:《论惩罚性赔偿》,载《中正大学法学集刊》(创刊号),第25页以下(1998);林德瑞:《论惩罚性赔偿金可保性之法律争议》,载《中正大学法学集刊》1999年第2期,第103页以下;谢哲胜:《惩罚性赔偿》,载《台湾大学法学论丛》2001年第30卷第1期,第113页以下;何建志:《惩罚性赔偿金之法理与应用——论最适赔偿金额之判定》,载《台湾大学法学论丛》2002年第31卷第3期,第237页以下;陈聪富:《美国法上之惩罚性赔偿金制度》,载《台湾大学法学论丛》2002年第31卷5期,第163页以下;Helmut Koziol & Vanessa Wilcox著,窦海阳译:《惩罚性赔偿金:普通法与大陆法的视角》,中国法制出版社2012年版。

增列本章加以说明,图示如下:

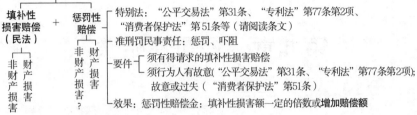

二、民刑分立

惩罚性赔偿涉及民刑分立的基本体系。民法(私法)与刑法曾经混同一起规范人类的社会生活,例如侵害他人应支付罚金时,一方面系刑事处罚,另一方面作为对被害人的损害赔偿。其后随着社会变迁与法制发展,民法与刑法演变成为两个独立的法律部门,各有其规范原则。

刑法的目的在于处罚及吓阻犯罪行为,采罪刑法定主义,行为之处罚以行为时法律有明文规定者为限("刑法"第1条),行为非出于故意或过失者不罚,过失行为之处罚,以有特别规定者为限("刑法"第12条)。科刑时应以行为人之责任为基础,并审酌一切情状,为科刑轻重的标准,尤其是犯罪之动机、目的、犯罪时所受之刺激、犯罪之手段等("刑法"第57条)。犯罪之追诉、处罚,应依"刑事诉讼法"的规定,以维护受宪法保障的基本权利。

民法上的损害赔偿旨在填补被害人的损害,非为处罚加害人,虽具有一定的预防功能,但此乃附带作用。损害赔偿的数额取决于被害人所受的损害,不审酌加害人的动机、目的、手段、故意或过失的轻重等因素。同一行为得构成刑法上的犯罪及民法上的侵权行为,例如杀人罪、伤害罪、妨害自由罪、妨害名誉及信用罪、窃盗罪等,得同时成立侵权行为。前者应受刑罚的制裁,后者应负损害赔偿责任,二者性质不同,得为并存,不生一事两罚的情事。

民刑分立系人类法律文化的重大成就,因此要思考的是,为何要采破坏民刑分立的体系的惩罚性赔偿制度?是否为了更有效率地保护私人权益,是否因为侵权行为法的损害赔偿、刑事制裁本身或其他法律机制,不足吓阻侵害行为,而必须创设准刑事的民事责任?

三、全部损害赔偿原则与禁止得利原则

民法系采全部损害赔偿原则,体现于"民法"第 213 条第 1 项规定:"负损害赔偿责任者,除法律另有规定或契约另有订定外,应恢复他方损害发生前之原状。"损害赔偿的范围包括所受损害及所失利益。全部损害赔偿原则具有两个特色:

(1)不采过失与赔偿数额比例性原则。赔偿责任的成立,不论为过失责任或无过失责任,加害人均应为全部损害赔偿,不依其故意或过失的程度量定应赔偿的数额。

(2)禁止得利原则。被害人所得请求的,系其所受损害的全部赔偿,不能请求或保有全部损害赔偿以外的利益,从而产生损益相抵制度。"民法"第 216 条之 1 规定:"基于同一原因事实受有损害并受有利益者,其请求之赔偿金额,应扣除所受之利益。"盖损害赔偿之目的在于排除损害,恢复损害发生前的原状,不能使被害人因此受有不当的利益。被害人基于同一原因事实受有损害并受有利益时,即应由损害额中扣除利益额,以其余额为请求的赔偿额。

惩罚性赔偿使被害人于填补性损害赔偿(全部损害赔偿)外,尚能获得一定以惩罚加害人为目的之赔偿,被害人何以能够获得此项数倍于赔偿额的利益,是否具有正当性?

四、隐藏性的"惩罚性赔偿"[①]

现行民法系采填补性损害赔偿制度,但是否有隐藏性的"惩罚性赔偿"(hidden punitive damages)?

(一) 非财产上损害的金钱赔偿 (慰抚金)

民法上损害赔偿的目的在于恢复原状,非财产上损害须有法律规定始得请求相当金额的赔偿(慰抚金),例如"民法"第 194 条、第 195 条、第 227 条之 1 等,前已详为说明。慰抚金除填补损害外,尚具有抚慰被害人

---

① Helmut Koziol & Vanessa Wilcox eds., Punitive Damages: Common Law and Civil Law Perspectives 1, 56, 284 (2009); Helmut Koziol & Vanessa Wilcox 著、窦海阳译:《惩罚性赔偿金:普通法与大陆法的视角》,中国法制出版社 2012 年版,第 65、112 页。

及预防侵害的功能。关于相当金额的量定,"最高法院"1958年台上字第1221号判例认为:名誉被侵害者,关于非财产上之损害,加害人虽亦负赔偿责任,但以相当之金额为限,"民法"第195条第1项定有明文,所谓相当,自应以实际加害情形与其名誉影响是否重大,及被害者之身份地位与加害人经济状况等关系定之。1962年台上字第223号判例认为:"慰藉金之赔偿须以人格权遭遇侵害,使精神上受有痛苦为必要,其核给之标准固与财产上损害之计算不同,然非不可斟酌双方身份资力与加害程度,及其他各种情形核定相当之数额。"以加害人经济状况或进一步将加害人故意过失轻重、侵害他人人格权益所获利益作为慰抚金的量定因素,虽使慰抚金在一定程度具有制裁的功能,但仍具填补性,不因此使其成为一种惩罚性赔偿。

(二) 惩罚性违约金

"民法"第250条第1项规定:"当事人得约定债务人于债务不履行时,应支付违约金。"违约金依其性质的不同,可分为惩罚性违约金及赔偿额预定性违约金。究属何者,由当事人的意思加以决定。若未约定,视为损害赔偿额预定性违约金(第250条第2项),以保护债务人。惩罚性违约金系当事人对于债务人不履行约定的一种私的制裁,亦称为违约罚,但非属惩罚性赔偿,此为大陆法系国家同采的基本见解。盖此种制裁系由当事人基于契约自由而为的约定,非由法律强制规定,其约定的违约金额过高者,法院得减至相当的数额(第252条)。①

值得提出比较的是美国法上的约定损害赔偿金(agreed damages)或预定损害赔偿金(liquidated damages)。②《美国契约法整编》第356条规定:"(一)当事人得于契约中预定违约损害赔偿额,但其数额须为合理地依违约所生实际或预期之损失。不合理高额的预定损害赔偿条款,基于公共利益原则,为惩罚金,无强制性。(二)……"此项规定的理由有二:

(1)契约救济制度的目的为"补偿性"(compensatory),而非得强制债务人履行契约的"惩罚性"(punitive)。因此,契约当事人不得约定具有强

---

① 参见郑玉波:《民法债编总论》,第413页。
② 参见林世宗:《惩罚性赔偿与违约惩罚之研析比较》,载《比较民商法论文集——方文长教授九十华诞祝寿论文集》,第121页(2005)。

制履行契约惩罚性的违约赔偿金。

(2)补偿性赔偿足以吓阻债务人的"无效益违约"(ineffectual breaches),盖债务人违约所获效益,仍不足以赔偿债权人的损害时,不会从事违约行为。课予惩罚性违约赔偿,将会吓阻"有效益违约"(efficient breaches)。盖债务人违约的效益,除补偿债权人的损害外,仍须负担超额且不确定的惩罚性赔偿,会使债务人即使为"有效益违约",亦恐其效益不足以承担惩罚性赔偿,而不敢违约,吓阻其从事具有更大效益的违约。

五、填补性损害赔偿与惩罚性赔偿的关系

民事责任包括填补性损害赔偿与惩罚性赔偿,可称为广义的损害赔偿,各具不同的功能、要件及效果,但有密切不可分离的关系:

(1)惩罚性赔偿请求权的发生须以填补性损害赔偿的存在为要件。惩罚性赔偿与填补性损害赔偿系两个请求权基础,前者附属于后者,若无填补性损害赔偿请求权时,则不发生惩罚性赔偿。惩罚性赔偿不能单独存在。

(2)惩罚性赔偿的数额系以填补性损害作为基础,现行法系依赔偿额的一定倍数计算惩罚性赔偿,以维持合理的比例关系。

六、研究课题

中国台湾地区法上关于惩罚性赔偿的文献甚为丰富,包括基本理论及实务问题的学术著作、博硕士论文、判决评释及实证研究,但迄今为止,尚少有系统的综合论述。本章试作初步简要的整理分析,分为两个部分。第一部分简要介绍美国法上的惩罚性赔偿制度,作为了解相关规定的基础。第二部分综合论述现行法关于惩罚性赔偿的规定,构建规范体系,检讨解释适用的基本问题。

第二节 美国法上的惩罚性赔偿

第一款 惩罚性赔偿的意义

惩罚性赔偿是英国普通法(common law,尤其是侵权行为法)上的制度,源自英国,普通法系国家多采此制度,但各有其特色,以美国法最为发达,影响最大。一般所谓惩罚性赔偿,多指美国法而言,中国台湾地区学

者亦皆以美国法为研究对象，以下亦以美国法为重点加以说明。

惩罚性赔偿系 punitive damages 的翻译，何谓 punitive damages？美国侵权行为法整编［Restatement of Torts § 908（1977）］规定：(1) Punitive damages are damages, other than compensatory or nominal damages, awarded against a person to punish him for his outrageous conduct and to deter him and others like him from similar conduct in the future. (2) Punitive damages may be awarded for conduct that is outrageous, because of the defendant's evil motive or his reckless indifference to the rights of others. In assessing punitive damages, the trier of fact can properly consider the character of the defendant's act, the nature and extent of the harm to the plaintiff that the defendant caused or intended to cause and the wealth of the defendant.（惩罚性赔偿系在损害赔偿及名义上赔偿以外，为惩罚极端无理行为之人，并为吓阻该行为人及他人于未来从事类似的行为而给予的赔偿。惩罚性赔偿得因被告的邪恶动机或鲁莽弃置他人权利于不顾的极端无理行为而给予。在评估惩罚性赔偿的金额，事实的审理者得适当考虑被告行为的性质、被告行为所致或意图所致原告受伤害的本质及程度，及被告的财富。）①

前揭惩罚性赔偿的概念涵盖其目的、功能、要件及量定赔偿额应考虑的因素。punitive damages 又称为 exemplary damages（典范性赔偿），二者同义，前者系针对行为人，后者系以行为人受惩罚作为第三人的榜样，具有一般吓阻性质。美国法上多称为 punitive damages，英国法上以 exemplary damages 较为常用。

"消费者保护法"第51条所谓惩罚性赔偿金应系 punitive damages 的迻译。punitive damages 学说上有人称为"惩罚性赔偿"，亦有人称为"惩罚性损害赔偿"。本书采"惩罚性赔偿"，着重于其制度，亦常与"惩罚性赔偿金"互用。

第二款　英国法的渊源、美国法的发展

一、英国法的渊源与存废的争论

英国普通法上有五种侵权行为的损害赔偿：①填补性损害赔偿（com-

---

① 参见林德瑞：《论惩罚性赔偿》，载《中正大学法学集刊》（创刊号），第31页（1998）。

pensatory damages),旨在完全赔偿被害人所受损害,恢复原状(restitio in integrum)。②名义上损害赔偿(nominal damages),适用于未能证明受有损害的侵权行为(torts actionable per se),以象征性数额(如一个英镑),肯定请求权人的人身或土地不受侵害的权利。③加重损害赔偿(aggravated damages),适用于以恶意、高压、侮辱行为侵害他人名誉及人格,肇致精神痛苦的情形,系填补性损害赔偿的特殊方式。④惩罚性赔偿(punitive damages, exemplary damages),用于惩罚加害人,吓阻加害人或第三人从事类似行为。⑤返还性赔偿(restitutionary damages),此系以所受利益计算其赔偿数额,属于不当得利法的范畴。①

英国法上的惩罚性赔偿系 1763 年 Wilkes v. Wood 案例所创设。在本案 Wilkes 创办杂志,撰文谴责英王处理英美战争无能,而被英王下令幽禁侦讯。Wilkes 被释放后,主张执法人员未有法官签发的逮捕搜索令,系遭非法拘禁,请求 1 000 英镑巨额损害赔偿。法官肯定原告的请求,强调陪审团有权判决比实际损害额更高的赔偿金额。损害赔偿制度不仅在于满足被害人,且须惩罚该罪行,吓阻未来发生类似行为,并彰显陪审团对该行为本身的厌恶。② 其后二百余年,惩罚性赔偿案件层出不穷,因不具有规则性,造成了混乱,备受批评。③ 1964 年著名的贵族院法官 Lord Delvin 在 Rookes v. Barnard 案④,作了一个总结,其重点有二:

1. 区别惩罚性赔偿与加重损害赔偿

前者指超过原告所受损害而支付的赔偿金,后者本质上仍属于填补性,其主要功能在于填补非财产上的损害。惩罚性赔偿仅在加重损害赔偿不足填补损害时,始能为之。须注意的是,在美国法上,甚少使用加重损害赔偿的概念,如果使用,其意义同于惩罚性赔偿。

---

① 简要说明,参见 Paula Giliker & Silas Beckwith, Tort 507 (2008); Allen Beaver, The Structure of Aggravated and Exemplary Damages, 23 Oxford J. Legal Stud. 87, 106 (2003); James Edelman, Gain-Based Damages: Contract, Tort, Equity and Intellectual Property (2002).

② Eng. Rep. 498–499 (K. B. 1763).

③ 1873 年的 Fay v. Parker 案[53 New Hampshire Reports (N. H.) 342, 382 (1873)],Forster 法官认为:"一种名目可憎的异端……一个丑陋和致命的毒瘤,它扭曲了法律本身的对称性……不恰当的、不规范的、不协调的、奇异的、不公正的、不科学的,甚至可以说将它置入民事救济之中是荒谬且可笑的。"

④ [1964] 1 All England Law Reports (All ER) 367.

2. 惩罚性赔偿限于1964年以前法院所承认的三种情形（所谓的类型检验标准，categories test）

（1）由政府雇员所从事压迫的、恣意的或违宪的行为（Oppressive, arbitrary or unconstitutional actions by the servants of government.）。

（2）被告实施某种行为获得超过应对原告赔偿损害的利益（Conduct calculated by the defendant to make a profit for himself which may well exceed the compensation payable to the claimant.）。

（3）法律明文规定（Punitive damages expressly authorized by statute.）。

须说明的是，英国普通法上的惩罚性赔偿不适用于苏格兰法。在英国法，惩罚性赔偿的改革是侵权法上最具争议的问题之一。反对者认为：①惩罚性赔偿混淆了刑法与民法的功能。②Rookes v. Barnard 案所提出的种类范围不具合理性与逻辑性。③使原告获得意外之财欠缺正当性。④陪审团对赔偿金的量定尺度，未能建立一贯性的框架。英国惩罚性赔偿的存废与修正是一个长期研讨、未有定论的课题。[1] 英国政府表示将不再以立法的方式增设惩罚性赔偿。

二、美国法上惩罚性赔偿制度的发展

美国继受英国普通法惩罚性赔偿所作成的第一个判决是1784年的 Genay v. Norris 案。本案被告为一名医师，因开玩笑而在一杯酒中掺杂了斑蝥干燥剂，致原告饮用后生病。嗣后案例增多，其发展过程可以分为三个时期：第一时期系对欺侮及羞辱他人行为的处罚。20世纪初开始的第二时期系对滥用权利的惩罚，尤其是铁路及电车公司案例，例如不法驱逐乘客、羞辱乘客、拒载盲人、过站不停、未能照顾生病的乘客等。第三时期系第二次世界大战后扩张到产品责任及商业侵权，特别是在20世纪60年代受到消费者保护运动及法律经济分析的影响，时有巨额的惩罚性赔偿金，彰显其威慑性，使惩罚性赔偿金成为美国法上的争议课题，成为美

---

[1] Vanessa Wilcox, Punitive Damages in England, in Punitive Damages, Common Law and Civil Law Perspectives 7, 11 – 53（Helmut Koziol & Vanessa Wilcox eds., 2009）; Law Commission for England and Wales, Aggravated, Exemplary and Restitutionary Damages, 247 Law Com.（1997）; Alan Reed, Exemplary Damages: A Persuasive Argument for their Retention as a Mechanism of Retributive Justice, CJQ 1996, 130, 133.

国侵权法一个基本指标性的特色。①

美国法上的惩罚性赔偿制度与下列四个因素具有密切关系：

（1）美国是联邦国家，共有 50 个州，普通法上的惩罚性赔偿由各州法院管辖，目前有 5 个州未采惩罚性赔偿制度（Louisiana、Massachusetts、Nebraska、New Hampshire 及 Washington）。采惩罚性赔偿的各州关于其要件、功能及数额的量定基准，不具统一性，以下论述采多数州的法律（制定法与法院判决）。

---

① 关于美国 50 个州的惩罚性赔偿制度，参见 Linda L. Schleuter, Punitive Damages (5th ed. 2005)。Anthony J. Sebok 在其论文 Punitive Damages in the United States, in: Punitive Damages: Common Law and Civil Law Perspectives (Helmut Koziol & Vanessa Wilcox eds., 2009)，作有简要整理（附录）。兹选录 6 个州的惩罚性赔偿制度，用供参照：

	Summary of Punitive Damages Law by State in the U.S.			
	Prerequisite	Purpose	Intent	Amount
Oklahoma	Actual damage must be shown, nominal okay; No PDs for contract unless breach amounts to independent, wilful tort	Punishment and deterrence	Reckless disregard for others, intentionally or maliciously, evil intent required	Limited to compensatory award; Statutory list of factors to consider
Oregon	Actual damage must be shown	Deterrence	Malice or reckless and outrageous indifference to a highly unreasonable risk of harm	Wealth considered; 60% goes to state fund, no more than 20% to attorney
South Carolina	Actual damage must be shown; Nominal damage okay	Punishment and vindication of private rights	Conduct that is wanton, wilful, or malicious	Consider character of tort, mitigating factors, and ability to pay
South Dakota	Not for contract actions; Actual damage must be shown	Punishment and deterrence; Only by express statutory authorisation	Malice (express/implied), or in wilful reckless desregard of consequences	Mitigating and aggravating factors; Wealth may be considered
Tennessee	Actual damage must be found	Punishment and deterrence	Conduct that is aggravated, wilful or malicious, or is a wanton and reckless disregard of P's rights; Must be intentional, fraudulent, malicious, or reckless	Determined by trial court considering men-tal state of D; May consider wealth
Texas	Not for contract actions or statutory violations; Actual damage must be shown; No nominal damage	Punishment serving good of society	Wilful, malicious. Or fraudulent conduct	Jury discretion, $200,000 or 2 times economic damages plus an amount equal to any non-economic damages up to $75,000; Wealth may not be considered

(2)惩罚性赔偿的数额系陪审团认定,法院得为审酌。

(3)律师费用采所谓的成功报酬制度(contingent fee),即律师同意只在当事人胜诉时收取报酬,通常为所获赔偿金额的30%~40%。若为败诉,当事人只须支付进行诉讼所支出的费用。

(4)美国侵权行为法具有隐藏性公法的性质,具有分配财富及危害风险的功能。

第三款 惩罚性赔偿的目的、成立要件及金额的量定(效果)

第一项 惩罚性赔偿的目的、性质与责任保险

惩罚性赔偿系使加害人除对被害人为全部损害赔偿外,尚须另外支付一定数额的金钱赔偿,涉及惩罚性赔偿的目的、成立要件及效果(金额量定),三者密切相关,兹先就惩罚性赔偿的目的、性质与责任保险加以说明。

一、目的

(一) 惩罚

惩罚性赔偿,顾名思义,系在惩罚(punish)加害人,谴责非难其侵害他人的不法行为,施以报应,使加害人感受罪有应得,社会一般人的正义感情获得满足。

(二) 吓阻

吓阻包括:

(1)特别吓阻:吓阻个别加害人再犯侵害行为。

(2)一般吓阻:吓阻第三人从事相同或类似的不法行为,就此而言,惩罚性赔偿又称为典范性赔偿(exemplary damages)。

(三) 损害补偿

惩罚性赔偿有用于补偿被害人不能证明或难以证明的损害(尤其是精神痛苦),或补偿被害人提起诉讼主张权利所支出的律师费、诉讼费用。

(四) 执行法律

诱导私人执行法律,鼓励被害人以"私检察长"的身份,追诉不法的加害行为,以维持法律秩序。

惩罚、吓阻系惩罚性赔偿的主要功能。补偿损害、诱导私人起诉执行

法律,则属于次要目的,仅具补助性。惩罚性赔偿的目的影响赔偿金额的量定,尤其是惩罚与报应系回顾过去侵害行为的可非难性,吓阻系针对将来,具有引导行为的作用,如何斟酌二者量定合理的惩罚性赔偿金数额,是一个重要而困难的问题。

二、法律性质:民事责任?刑事责任?

惩罚性赔偿具惩罚、报应及吓阻的作用,同于刑罚,因此被称为准刑罚或刑事侵权(crim-tort),乃穿着民事请求权衣服的刑事制裁。此项定性乃在体现惩罚性赔偿制度系结合民法(尤其是侵权法)和刑法,规范重大侵害他人权益的不法行为。德国联邦最高法院及日本最高裁判所在认定美国惩罚性赔偿金得否在内国法院承认及执行时,均肯定其属民事责任,而非刑事责任。

三、惩罚性赔偿金的保险性[①]

责任保险主要系针对填补性损害赔偿,具有分散损害及保护被害人的重要功能。惩罚性赔偿的责任保险因将削弱惩罚和吓阻的功能,减少预防损害的诱因,其保险性在美国引起公共政策的辩论及法律争议。美国半数的州以立法禁止惩罚性赔偿责任纳入承保范围。[②] 法律未禁止时,是否包括惩罚性赔偿,依保险契约的内容及其解释而定。保险契约明文排除惩罚性赔偿的,甚属罕见。保险契约明文纳入惩罚性赔偿责任的,法院多肯定其效力,但亦有法院认为此项条款违反惩罚性赔偿所体现的公共政策,应属违法,不具效力。

保险契约通常未提及惩罚性赔偿金,只在保单条款订定:"被害人对于保险人因被保险产品所致之缺陷,致第三人遭受身体伤害或财物损失,依法应由被害人负损害赔偿责任,而受赔偿请求时,保险人在保险金额范围内对被保险人负赔偿责任。"在此情形,其赔偿责任范围是否包括惩罚性赔偿? 涉及保险契约条款的解释。美国法院有认为应作有利于被保险人的解释,肯定承保范围应包括惩罚性赔偿责任;亦有法院基于公共政策

---

① 参见林瑞德:《论惩罚性赔偿金可保性之争议》,载《中正大学法学集刊》1999 年第 2 期,第 103 页以下。

② Ch. Lahnstein & I. Ebert eds. , Tort Law and Liability Insurance:An Intricate Relationship (2007);Gerhard Wagner ed. , Tort Law and Liability Insurance (2002).

考虑,采否定见解。

"消费者保护法"第51条规定的惩罚性赔偿金主要适用于产品责任及服务责任。目前未有法律肯定或排除惩罚性赔偿责任的可保险性,前述美国法上的争议亦会在中国台湾地区发生,应有更深入研究的必要。

第二项　惩罚性赔偿的成立要件
——何种侵害行为应承担惩罚性赔偿责任?

在美国法上,被害人就民事不法行为得请求惩罚性赔偿金,须具备两个要件:
(1)须被害人依美国各州的法律有损害赔偿请求权。
(2)须加害人有主观上可非难性的加重事由。

一、须被害人依美国各州的法律有损害赔偿请求权

(一) 侵权行为

所谓美国各州的法律,除制定法外,主要指普通法上的侵权行为(torts),原则上包括一切侵权行为:①故意侵权行为(intentional torts),例如伤害、诈欺、不法监禁等。②过失侵权行为(Negligence),此为一种独立的侵权行为,由因过失违反行为注意义务(duty of care)所构成,例如侵害隐私权。③严格责任(如商品责任)。其受保护的权益包括人身、物权、人格权益及纯粹经济上损失。

须注意的是,被害人须对加害人有填补性损害赔偿或名义性损害赔偿请求权。无可请求的填补性损害赔偿时,不发生惩罚性损害赔偿请求权。惩罚性损害赔偿具有从属性,不是一种独立的诉因。[①]

(二) 违约行为

违约行为原则上不成立惩罚性损害赔偿,此乃基于公共政策的考虑,因为在市场经济,当事人的利益相互影响,惩罚性赔偿的威胁将造成经济活动的不确定及顾虑。又有些违约不履行在经济上具有效率,债务人所

[①] "There simply is no independent cause of action for punitive damages…", Alcorn County v. U. S. Interstate Supplies, Inc. , 731 F. 2d 1160, 1170 (5th Cir. 1984). 另参见 Richardson v. Arizona Fuels Corp. , 614 P. 2d 636, 640 (Utah 1986); James Sales & Kenneth Cole, Jr. , Punitive Damages: A Relic That Has Outlived Its Origins. 37 Vand. L. Rev. 1117, 1145 (1984); Restatement (Second) of Torts, § 908 Comment b.

负的损害赔偿远比依约履行更为有利时,自以不履行较佳,惩罚性赔偿将会抑制此种违约,鼓励不智的契约履行,导致无效率的资源分配。《美国契约法整编》第355条规定:"除构成违约的行为同时系得主张惩罚性赔偿的侵权行为外,对于契约的违反,不得主张惩罚性赔偿。"此种违约得同时成立侵权行为的,例如诈欺(fraud)、恶意或鲁莽、轻忽不顾地侵害他人权利。

二、须加害人有主观上可非难性的加重事由

(一) 加害人的行为

应课予惩罚性赔偿的侵害行为,须有主观上严重的可非难性。《美国侵权行为法整编》第908条称为极端无理的行为(outrageous conduct),例如保险公司恶意拒绝支付保险金,智能障碍者在被告的自助餐厅只是喝了一杯可乐,即遭殴打、捆绑、任意嘲笑。严重应予非难的行为分为三类:

(1)故意或恶意(malice)。此为各州共采的认定基准。原告若能证明被告明知其行为会肇致损害或认知有引起损害的危险性时,即可成立故意侵害行为。

(2)轻率置他人权益于不顾(reckless disregard of plaintiff's right)。多数州采此基准。在此情形,原告只要证明被告行为出于轻率即可,不必证明其有加害意图。

(3)重大过失(gross negligence)。仅少数州采此非难基准。须特别提出的是,对于一般轻过失(negligence)在美国各州均不课以惩罚性赔偿金,认为对过失行为无惩罚报应的必要。

(二) 代负责任

惩罚性赔偿亦适用于侵权行为法上的代负责任(vicarious liability),即雇主(尤其是公司、企业)就其受雇人于执行职务范围内有因恶意、轻率或重大过失侵害他人的行为,雇主本身纵无可非难的事由,亦须负惩罚性赔偿责任。此亦适用于采严格责任的产品责任,旨在借着扩大企业经营者的责任范围,强化惩罚的吓阻功能,促使厂商尽其所能选任监督员工,改善风险管理制度。此种代负责任亦适用于金融侵权,例如保险公司的代理人私吞保费,致原告未能领取保险费时,保险公司须负惩罚性赔偿责任。①

第四款　惩罚性赔偿金的量定②

一、陪审团与惩罚性赔偿金

对于侵害他人的不法行为是否课予惩罚性赔偿,如何量定其数额,由法院决定。在有陪审团时,则由陪审团行使裁量权,此点甚为重要,应有略加说明的必要。在美国民事诉讼上,陪审团仍具有重要性。在美国,任何诉讼其诉讼标的超过 20 美元时,当事人都有权采用陪审团诉讼。当事人虽得抛弃此项权利,但在损害赔偿的诉讼,尤其是涉及惩罚性赔偿金时,当事人多会选择陪审团诉讼,因为陪审团系由 12 个来自社会各阶层的人民所组成,通常较为同情被害人(原告),尤其在被告是企业、原告是个人的情形,具有一种连带感情,从而会量定高额的惩罚性赔偿金。法院认为惩罚性赔偿金过于巨大,不符合比例原则时会予以酌减。报载的天文数字赔偿金额,系陪审团的认定,而非最后经由法院审酌量定的数额。

二、惩罚性赔偿金量定因素、数额与合宪性控制

(一) 量定因素与赔偿金额

填补性损害赔偿旨在填补被害人所受损害,基本上系属损害计算问题。惩罚性赔偿旨在非难、报应、吓阻不法行为,普通法并无赔偿金额的限制,系由法院或陪审团就个案加以认定。为实践惩罚性赔偿的功能,其量定因素可归纳为四项,就个案综合加以判断:

(1)非难因素。包括不法行为的性质、行为人的动机和心理状态、当事人间的关系、受害的程度。被告不法行为后的态度亦应斟酌,例如被告试图湮灭证据时,通常显现其有再为不法行为的倾向。

(2)吓阻因素。为吓阻未来的不法行为,须斟酌被告的财产和收入,及被告从不法行为所获利益。此外尚须考虑被告是否已受到惩罚或将来可能受到的其他惩罚。

---

① O'Donnell v. K-Mart Corp., 100 A. D. 2d 488, 474 N. Y. S. 2d 344 (1984).
② 参见谢哲胜:《惩罚性赔偿》,载《财产法专题研究》(二),第 22 页(1999);何建志:《惩罚性赔偿金之法理与应用——论最适赔偿金额的判定》,载《台湾大学法学论丛》,2002 年第 31 卷第 3 期,第 237 页。

(3) 诉讼辅助因素。量定惩罚性赔偿金,须审酌是否足以补偿原告提起诉讼所支出的全部费用,或作为鼓励原告提起诉讼的足够诱因所需的金额。

(4) 与填补性赔偿额的比例性。依前揭因素所量定的惩罚性赔偿金额,应与填补性赔偿额具有某种合理的关联性(比例性原则,the ratio rule),此涉及惩罚性赔偿金合宪性控制问题。

(二) 合宪性控制

若干著名案件的巨额惩罚性赔偿金,曾在美国成为社会及政治问题,其合宪性引起关注。美国联邦最高法院曾受理的6个案件采不同见解①,最受重视的是第四个案件,即1996年的BMW of North America, Inc. v. Gore案。本案被上诉人Gore是一名医生,购买了一辆1990年的BMW 535i汽车,价金4万元,嗣后发现该车于从德国运往北美途中,因受酸雨之害,外表重新烤漆。被上诉人证称,若其事先知悉此事,将不愿购买,或不会以原价购买该车,乃起诉请求赔偿,主张他买了一部以新车价计算的二手车。经查BMW于1983年开始修理受损车,只要该修理费用低于该车售价3%,即以新车出售,而不会告知买受人。BMW则主张,其于1983年制定3%修复车出售政策时,曾研究美国各州法律,至少超过20个州的州法规定,告知客户新车修复的事实,已修理程度超过3%时,方有必要。被上诉人于Alabama最高法院证明,BMW未经告知买受人,共计约出售1 000辆,修复车辆每辆获利4 000元,因而请求陪审团判决填补性损害赔偿4 000元及惩罚性赔偿400万元,以阻止其出售修复车。Alabama最高法院认为,陪审团不应考虑BMW在其他州出售修复车之事实,而减低惩罚性赔偿金为200万元。联邦最高法院则认为该200万元之惩罚性赔偿金过高,而发回Alabama最高法院更新审理。②

---

① 参见陈聪富:《美国惩罚性赔偿金的发展趋势——改革运动与实证研究的对峙》,载《台湾大学法学论丛》,1997年第27卷第1期,第6页;Anthony Sebok, Punitive Damages in the United States, in: Punitive Damages: Common Law and Civil Law Perspectives 155, 155 – 196 (Helmut Koziol & Vanessa Wilcox eds., 2009);Helmut Koziol & Vanessa Wilcox著、窦海阳译:《惩罚性赔偿金:普通法与大陆法的视角》,中国法制出版社2012年版,第191、237页。

② 亚拉巴马州最高法院将本案发回主审法院重审,命令提供给原告在以下两者之间作一选择:接受将惩罚性赔偿金削减至5万元(将其惩罚性赔偿金的比例由500倍降低为100倍),或针对损害赔偿金提请一个新的审判[BMW of North America, Inc. v. Gore, 701 So. 2d 507, 514 (1997)]。

这是美国联邦最高法院第一次以惩罚性赔偿金额度过高,将判决发回下级法院更审,联邦最高法院在本案明白揭示三项审理惩罚性赔偿金额度的原则:第一项原则为被告行为的可受谴责程度。例如对人身健康及安全的伤害,比纯粹经济上损失更应受谴责。反复为侵害行为之人,比第一次侵权者应受更重的惩罚。第二项原则为补偿性与惩罚性赔偿金的比例,并须斟酌被告的侵权行为可能造成的损害多寡。在本案,500 倍的比率显然令人震惊而无法接受。只有在被告行为特别过分(particularly egregious)或是让人难以发现(hard to detect)时,对于低额度填补性损害赔偿的高比例惩罚性赔偿金判决,始属适当。第三项原则为应考虑被告的行为是否有其他法律处以罚金或其他处罚。赔偿金的额度须限于能吓阻被告行为的必要程度。

第五款 实证研究与改革发展

第一项 统计学上的发现:由神话到理论[①]

美国惩罚性赔偿在研究方法上有一个特色,那就是统计上的实证研究,用于发现:①惩罚性的案件类型,即何种不法行为得成立惩罚性赔偿金。②惩罚性赔偿金的数额与变动的趋势。此种研究具有政策目的,除认识了解现状外,更被应用于检讨现行制度及寻找改革方向。[②]

著名的 RAND 公司的民事司法研究所(RAND Institute for Civil Justice)曾对 Cook County 及 San Francisco 自 1960 年至 1984 年的 25 年间,加上 1980 年至 1984 年加州其他郡、市,共 24000 个民事判决从事实证研究。[③] 近年来,有更多的调查报告。综合观之,有如下的三点发现[④]:

---

① Anthony J. Sebok, Punitive Damages: From Myth to Theory, 92 Iowa L. Rev. 957, 957-1036 (2007).

② 参见陈聪富:《美国惩罚性赔偿金的发展趋势——改革运动与实证研究的对恃》,载《台湾大学法学论丛》,1997 年第 27 卷第 1 期,第 231 页。

③ 参见陈聪富:《美国惩罚性赔偿金的发展趋势——改革运动与实证研究的对恃》,载《台湾大学法学论丛》,1997 年第 27 卷第 1 期,第 16 页以下(1997)所引用资料来源:Mark Peterson, Syam Sarma & Michael Stanley, Punitive Damages: Empirical Findings (1987).

④ Anthony J. Sebok, What Did Punitive Damages Do? Why Misunderstanding the History of Punitive Damages Matters Today, 78 Chi. - Kent L. Rev. 163, 163-206 (2003); L. L Schlueter, Punitive Damages (5th ed. 2005)(两卷包括了对 50 个州法律体系的调查以及联邦法下的惩罚性赔偿金)。

1. 惩罚性案件并未增加

尽管法官和陪审团近年来科处惩罚性赔偿金并不频繁,没有证据表明频率已经增加。对照1985年以来的惩罚性赔偿金的调查显示,在一个绝对的基础上,科处惩罚性赔偿金仅占所有案件的1%~5%。没有研究表明,近些年来,争讼案件中科处惩罚性赔偿金的比率增加。[1]

2. 惩罚性赔偿金的数额

典型的惩罚性赔偿金的数额不是非常庞大。20世纪80年代和90年代之间的研究,每笔科处的惩罚性赔偿金是在38 000美元和52 000美元之间确立了一个中间值。鲜少有发生科处数百万美元的数额。长期以来,损害赔偿金增加的是金融侵权领域[2],依据RAND公司的研究,在1985年至1989年以及1990年至1994年期间,科处惩罚性赔偿金的中间值从196 000美元增长至364 000美元,补偿性赔偿金与惩罚性赔偿金之间的比率并不巨大。某些案件中惩罚性赔偿金与补偿性赔偿金之间具有异常高的比率时,法院在上诉中都会加以削减。科处惩罚性赔偿金的数额并非固定,可以预先通过填补性赔偿金的数额予以认定。大部分的惩罚性赔偿金(平均值或中间值)比率在0.88和0.98之间,惩罚性赔偿金与填补性赔偿金之间约为1:1的比率。

3. 惩罚性赔偿金的类型

惩罚性赔偿金在某种程度上是可以预见的。近年来,在所有适用惩罚性赔偿金的民事诉讼种类中,医疗事故和产品责任的案件科处惩罚性赔偿金的频率最低。而在故意侵权(殴打、侵辱等)、诽谤以及一些涉及"金融侵权"的案件(诈欺、保险、雇佣、不动产、契约以及商业和消费者买卖)中,频率最高。根据RAND公司的报告,惩罚性赔偿金85%的判决来自故意侵权与金融侵权这两类案件。严重过失的人身伤害、产品责任或者医疗事故在全部的惩罚性赔偿案件中,仅占微小的部分。

---

[1] E. K. Moller et al. , Punitive Damages in Financial Injury Jury Verdicts, 28 J. Leg. Stud. 283, 306–08 (1999); Neil Vidmar & M. R. Rose, Punitive Damages by Juries in Florida: In Terrorem and in Reality, 38 Harv. J. on Legis. , 487, 492 (2001).

[2] Erik Moller, Nicholas Pase and Stephen Carroll, Punitive Damages in Financial Injury Jury Verdicts, 28 Leg. Stud. 283, 306–08 (1999).

第二项　分立式赔偿制度

惩罚性赔偿制度中的一个争论的问题,系将惩罚性赔偿金全归被害人取得,获得意外之财,是否具有正当性。美国若干州的法律设有分立式赔偿(Split recovery)的规定,具有意义,特为说明:

美国有8个州的法律规定,原告要将他们惩罚性赔偿金的一部分上交给州。佐治亚州、印第安纳州以及爱荷华州要求原告要将惩罚性赔偿金的75%交给州立基金。佐治亚州的要求只适用于产品责任案件,以避免使原告获得意外之财,同时为所有可能受到瑕疵产品伤害的公民谋取利益。印地安纳州和爱荷华州,与其他四个州一样,并未将该项要求限制于产品责任。在爱荷华州,倘若被告的行为未针对原告时,惩罚性赔偿金只交于民事赔偿信托基金。

阿拉斯加州、密苏里州及犹他州要求惩罚性赔偿金的50%上交给州立信托基金,密苏里州要求上交给侵权受害人赔偿基金。俄勒冈州要求惩罚性赔偿金的40%支付给原告,其中包括最高20%是支付律师费和相关费用,60%上交给刑事损害赔偿的账户。在伊利诺伊州,原告要上交的数额完全根据审判法院的自由裁量,将惩罚性赔偿金分配给原告、原告律师以及伊利诺伊州的公众服务部。

俄亥俄州最高法院创设了一个专门的分立式赔偿规则。陪审团发现保险公司拒付原告(已死亡)妻子癌症治疗的保险项目,乃判决该公司250万美元的补偿性损害赔偿金以及4 900万美元的惩罚性赔偿金。法院将惩罚性赔偿金减至3 000万美元,理由是根据俄亥俄州的法律规定该数额属于过多,并对其减免赔偿额指令附加一项明确的条件:原告只能获得1/3的惩罚性赔偿金,其余部分要上交给法院所设立的癌症研究基金。诸此规定系认为惩罚性赔偿涉及公益,赔偿金不能全归被害人,其中部分应用于公共用途。[①]

[①] Anthony Sebok, Punitive Damages in the United States, in Punitive Damages: Common Law and Civil Law Perspectives 155, 176 (Helmut Koziol & Vanessa Wilcox eds., 2009); Helmut Koziol & Vanessa Wilcox 著,窦海阳译:《惩罚性赔偿金:普通法与大陆法的视角》,中国法制出版社2012年版,第220页。Andrew F. Daughety & Jennifer F. Reinganum, Found Money? Split - Award Statutes and Settlement of Punitive Damages Cases, 5 Am. L. & Econ. Rev. 134, 137 (2003); John D. Long, Punitive Damages: An Unsettled Doctrine, Drake L. Rev. 25 870, 886 (1976) ("If a punitive award is a punishment by society of the errant defendant, something is to be said for paying the penalty to society rather than to some third party beneficiary").

第三项　改革发展

美国法上的惩罚性赔偿制度的发展长达 200 余年,自有其存在的理由。于 1980 年代后之所以引起重大争议,其主要原因是因为产品责任惩罚性赔偿金案件遽增,赔偿金额巨大,攸关产业发展与国家贸易竞争力,从而发生在经济、政治及法律上长期激烈的辩论。赞成及反对者引用不同的统计资料,作各种主张及论述。比较获得共识的是惩罚性赔偿制度不应废除,但须作改革,尤其是合理控制赔偿金的数额,而提出如下建议方案:

(1)制定惩罚性赔偿模范法(1993),供各州立法参考。

(2)提高关于主观非难要件(如故意、恶意、鲁莽轻率置他人于不顾)举证责任的标准,原告须提出清楚有力的证据。

(3)惩罚性赔偿金的上限最高为 25 000 美金,或不能超过填补性损害赔偿额。

(4)惩罚性赔偿的部分须用于公共目的,不能尽归被害人取得。

(5)在程序上应将惩罚性赔偿与填补性赔偿分开审理,由法院决定惩罚性赔偿。

前揭改革建议非全无争议,已经由各州立法,以不同的程度或方式加以实现。①

第六款　大陆法国家或地区与美国法上的惩罚性赔偿

一、大陆法国家或地区不采用惩罚性赔偿制度

惩罚性赔偿制度的比较研究是一个重要的课题,可供更深入认识英美法与大陆法的不同。② 惩罚性赔偿系英美法特有的制度,大陆法系的侵权行为法虽亦强调损害赔偿的预防功能,但不采惩罚性赔偿,认为此项制度背离民刑分立的法律体系,对加害人科以准刑罚的赔偿金,欠缺实质

---

① Victor E. Schwartz, Mark Behrens and Joseph Mastrosimone, Reining in Punitive Damages "Run Wild": Proposals for Reform by Courts and Legislatures, 65 Brook. L. Rev 1003, 104 (1999).

② Helmut Koziol & Vanessa Wilcox eds., Punitive Damages: Common Law and Civil Law Perspectives (2009); Helmut Koziol, Punitive Damages - A European Perspective, 68 La L. Rev. 741, 744 (1964).

及程序保障,乃双重处罚,并使被害人获得不当利益。德国、意大利、希腊等国法院皆以此等理由,认为美国惩罚性赔偿违反内国公序良俗,不予执行。① 近年来欧洲学术团体提出的欧洲侵权行为法均明确表示不采取惩罚性赔偿。②

二、美国为何要采用惩罚性赔偿

美国为何要采用惩罚性赔偿,据学者研究,其原因有四③:

(1)美国法上刑法及行政法的功能不如大陆法系国家,必须借助侵权行为法惩罚性赔偿处罚,吓阻不法行为。

(2)美国采用 contingent fee 律师费用制度,以惩罚性赔偿补偿律师费用。

(3)美国社会安全体系不如大陆法系国家健全。

(4)采用惩罚性赔偿填补非财产损害赔偿。

三、一个值得深思的基本问题

在惩罚性赔偿发源地的英国,惩罚性赔偿的存在及改革争论激烈,其所获共识系司法发展应受到类型限制,立法上不再创设惩罚性赔偿。著名的学者 Andrew Burrows[曾任英国法律委员会(Law Commission)委员]特别强调典范性赔偿不能只看美国法。大陆法系国家并无典范性赔偿而能应付自如,如果典范性赔偿被认为有用,为何跨过 Gretna Green 桥或经由海峡隧道,我们到达一个法律管辖领域,在那里典范性赔偿被认为是无

---

① 参见德国联邦最高法院 BGH 118,312;意大利最高法院(破毁法院)Cass. 19 January 2007,no. 1183,2724;陈忠五:《美国惩罚性赔偿金在法国之承认及执行》,载《美国惩罚性赔偿金判决之承认及执行》,第 116 页以下(2004);沈冠伶:《美国倍数赔偿金判决之承认与执行——最高法院九七年台上字第八三五号判决评释》,载《台湾法学杂志》2008 年第 117 期,第 41 页;林恩玮:《国际私法上外国惩罚性赔偿金判决之承认——以台湾实务裁判为中心》,载《法学丛刊》2011 年第 56 卷第 3 期,第 137 页。前揭德国联邦最高法院判决(BGH 118,312)引发了德国法学上的热烈讨论,P. Müller, Punitive Damages und deutsches Schadens-ersatzrecht (2000); I. Ebert, Pönale Element im deutschen Privatrecht (2004)。

② Helmut Koziol, Punitive Damages: Admission into the Seventh Legal Heaven or Eternal Damnation?, Comparative Report and Conclusion, in: Punitive Damages: Common Law and Civil Law Perspectives 275, 287 (Helmut Koziol & Vanessa Wilcox eds., 2009).

③ Helmut Koziol, Punitive Damages: Admission into the Seventh Legal Heaven or Eternal Damnation?, Comparative Report and Conclusion, in: Punitive Damages: Common Law and Civil Law Perspectives 275, 303 (Helmut Koziol & Vanessa Wilcox eds., 2009).

益或无用的制度。① Burrows 教授的观察促使我们在立法或从事学术研究时能够认真思考:大陆法系国家(例如德国、法国、日本)为何不采民事惩罚性赔偿,他们究竟运用何种法律机制处罚,吓阻不法行为,保障人民权益? 这是比较法研究或继受外国法律的核心问题。

第三节　中国台湾地区法上的惩罚性赔偿

第一款　惩罚性赔偿结构分析

第一项　现行规定的整理

中国台湾地区民法系采填补性损害赔偿制度,体现于三个基本原则:①全部赔偿,恢复损害发生前的原状(第 213 条)。②不采责任与损害赔偿的比例性,即不依行为人的故意或过失而决定损害赔偿额。③禁止得利,被害人不能请求或保有损害赔偿以外利益(损益相抵,第 216 条之1)。应特别指出的是,自 1991 年起陆续于公平交易法、证券交易法、著作权法、专利法、商标法、营业秘密法、消费者保护法规定惩罚性赔偿。兹先将相关规定列表如下,以便观察:

---

① Andrew Burrows, Reforming Exemplary Damages: Expansion or Abolition?, in: Wrongs and Remedies in the Twenty-First Century 153, 157 (P. Birks ed., 1996): "Another argument in favour of exemplary damages is that because English law awarded exemplary damages more freely pre–1964 and because they have continued to flourish in other common law jurisdictions, in particular in the United States but also in Australia and Canada, there can be no fundamental objection to them as an available weapon in the armoury of the common law. Certainly their continued existence in other jurisdictions may make one think twice about abolishing them here. However, it is equally significant that civil law jurisdictions manage without any notion of exemplary damages. If they are felt to be so useful, how is it that by crossing the bridge, at Gretna Green, or travelling through the Channel Tunnel, one arrives at a jurisdiction where they have never been found necessary or important?"

法律	惩罚性赔偿规定内容（务请参阅相关前后条文）
"公平交易法" 第31条第1项	法院因前条被害人之请求，如为事业之故意行为，得依侵害情节，酌定损害额以上之赔偿。但不得超过已证明损害额之3倍。
"证券交易法" 第157条之1第3项	违反第1项或前项规定（内线交易）者，对于当日善意从事相反买卖之人买入或卖出该证券之价格，与消息公开后10个营业日收盘平均价格之差额，负损害赔偿责任；其情节重大者，法院得依善意从事相反买卖之人之请求，将赔偿额提高至3倍；其情节轻微者，法院得减轻赔偿金额。
"专利法" 第97条第2项	依前项规定，侵害行为如属故意，法院得因被害人之请求，依侵害情节，酌定损害额以上之赔偿。但不得超过已证明损害额之3倍。
"商标法" 第71条第1项第3款	商标权人请求损害赔偿时，得就下列各款择一计算其损害……（三）、就查获侵害商标权商品之零售单价1 500倍以下之金额。但所查获商品超过1 500件时，以其总价定赔偿金额。
"著作权法" 第88条第3项	依前项规定，如被害人不易证明其实际损害额，得请求法院依侵害情节，在新台币1万元以上100万元以下酌定赔偿额。如损害行为属故意且情节重大者，赔偿额得增至新台币500万元。
"营业秘密法" 第13条第2项	依前项规定，侵害行为如属故意，法院得因被害人之请求，依侵害情节，酌定损害额以上之赔偿。但不得超过已证明损害额之3倍。
"消费者保护法" 第51条	依本法所提之诉讼，因企业经营者之故意所致之损害，消费者得请求损害额5倍以下之惩罚性赔偿金；但因重大过失所致之损害，得请求3倍以下之惩罚性赔偿金，因过失所致之损害，得请求损害额1倍以下之惩罚性赔偿金。
"健康食品管理法" 第29条第1项	出卖人有违反本法第7条、第10条至第14条之情事时，买受人得退货，请求出卖人退还其价金；出卖人如系明知时，应加倍退还其价金；买受人如受有其他损害时，法院得因被害人之请求，依侵害情节命出卖人支付买受人零售价3倍以下或损害额3倍以下，由受害人择一请求之惩罚性赔偿金。但买受人为明知时，不在此限。（请参阅相关条文）

第二项 分析说明

一、特别法的规范模式

中国台湾地区系于特别法规定惩罚性赔偿,具特殊例外性质,以维护民法的填补性损害赔偿制度。在前述 8 个特别法中,仅"消费者保护法"第 51 条与"健康食品管理法"第 29 条使用惩罚性赔偿金,其他 6 个规定明定了损害额(指填补性损害)的一定倍数,或增加赔偿额,或以商品总价计算赔偿,均具惩罚性赔偿金的性质。特别法上的惩罚性赔偿,可归为三类:

(1)关于市场秩序的法,如公平交易法①证券交易法。

(2)知识产权法,如"著作权法""专利法""商标法"。此外,尚包括营业秘密法。

(3)消费者保护法,此法涉及产品责任、服务责任、不实广告责任等民事责任,理论及实务上最为重要。

由前述 8 个特别法可知,中国台湾地区在相当程度上引进了美国惩罚性赔偿制度,在大陆法系国家尚属少见。"立法"目的期待借助准刑罚的民事制度,处罚、吓阻不法行为,强化对市场秩序的维护,保护消费者权益。值得提出的有两个基本问题:

(1)现行制度(民法、行政法、刑法)为何不足以维护市场经济,保护人民权利,其本身有无改进余地? 此为规定惩罚性赔偿前应先研究的问题。

(2)惩罚性赔偿是否发挥其处罚、吓阻不法行为的功能,此属于实证研究课题。

二、列举主义、禁止类推、美国法院惩罚性赔偿金的承认与执行

中国台湾地区对惩罚性赔偿系采特别法的规范模式,采列举主义、不得类推适用。美国法院惩罚性赔偿判决,得否在中国台湾地区法上被承认执行,应视其是否属于中国台湾地区法上规定的惩罚性赔偿的法律领

---

① 参见曾世雄:《违反公平交易法之损害赔偿》,载《政大法学评论》1991 年第 44 期,第 357 页;曾品杰:《从民法到公平交易法——以损害赔偿为中心》,载《公平交易季刊》1998 年第 6 卷第 1 期,第 91—124 页;廖义男:《公平交易法之理论与立法》,第 43 页以下(1995)。

域,及其倍数或赔偿金额是否符合台湾地区的法律规定而定。①

三、适用范围与法秩序一贯性的价值判断

惩罚性赔偿系美国侵权行为法上的制度,适用于所有的侵权行为(torts),包括故意侵权行为、过失侵权行为(negligence)及严格责任(如商品责任),"消费者保护法"第51条的惩罚性赔偿规定得请求惩罚金的有产品责任、服务责任("消费者保护法"第7条)、不实广告("消费者保护法"第22条)等,限制其适用范围。问题在于其应受惩罚性赔偿加以处罚吓阻的,不及于侵害人格权、医疗事故、金融侵权,例如恶意杀伤他人、强制性侵幼龄少女、医师故意摘取并贩卖病患的器官、媒体揭露他人隐私增加销路、投资公司诈欺客户一生储蓄等恶意重大行为,均不受惩罚性赔偿的制裁。从法律内在体系言,现行法上惩罚性赔偿制度欠缺原则性的思考及一贯性的价值判断。

四、惩罚性赔偿金的控制

美国法上惩罚性赔偿最重要的问题,在于如何控制惩罚性赔偿金,中国台湾地区特别法参酌美国法的经验及改革方案采取赔偿额倍数或最高数额的方法,使惩罚性赔偿金与填补性损害保持合理的比例:

(一)损害额(填补性损害)的倍数

1. 不超过3倍(3倍以下)

"公平交易法"第31条、"证券交易法"第157条之1第3项、"专利法"第97条第2项、"营业秘密法"第13条第2项,均以故意行为为要件。此等规定的损害额指填补性损害,其倍数包括填补性损害在内。

2. 区别故意过失定其倍数

依"消费者保护法"第51条的规定,故意加害行为,损害额5倍;重大

---

① 参见台湾高等法院2005年上字第1008号民事判决:被上诉人虽主张本件系争判决三倍补偿性赔偿金所据之法律,系 California Business and Professions Code Section 22446.5(译文:加州商业及专业法案第22446.5条)……又被上诉人上引证券交易法等民事特别法虽有惩罚性倍数赔偿之立法,然特别法乃针对特别事件之性质目的而为立法,本件系争判决乃定性为移民投资诈欺之侵害财产法益之一般侵权行为,性质上不宜类推适用特别法之规定,自无从将惩罚性赔偿解为包括非财产上之精神损害,或类推适用上引特别法之规定,得为倍数赔偿之依据。至于系争判决命上诉人连带赔偿实际损害额美金360万元本息部分,则无违公序良俗,应予承认许可执行。

过失,损害额 3 倍;过失,损害额 1 倍以下。所谓损害额意指填补性损害,其倍数不包括损害额。

须说明的是,作为酌定惩罚性赔偿金的损害额,系指财产上损害,不包括非财产上损害在内(详见下文)。

(二) 最高赔偿额

"著作权法"第 88 条第 3 项规定,损害行为如属于故意且情节重大者,得将赔偿额增至新台币 500 万元。

五、请求权基础

(一) 请求权基础的构造

惩罚性赔偿系以不法行为所生损害额(填补性损害)为基础而附加的赔偿金,从而须具备两个请求权基础:一是填补性损害的请求权基础(如"民法"第 184 条、"消费者保护法"第 7 条);二是惩罚性赔偿请求权基础(如"消费者保护法"第 51 条)。此项认识有助于法律的解释适用,兹以"专利法"第 97 条第 2 项规定的惩罚性赔偿为例,图示如下:

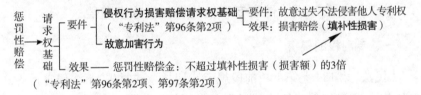

("专利法"第96条第2项、第97条第2项)

(二) 解释适用

(1)前揭请求权基础的思考方法适用于所有的惩罚性赔偿。

(2)所有特别法上的惩罚性赔偿请求权,均以有可请求的填补性损害赔偿为要件。

(3)所有特别法上的惩罚性赔偿均须由被害人请求(参阅相关条文),而非由法院依职权为之。当事人先请求填补性损害,再主张惩罚性赔偿,不成立诉之追加。①

---

① 台湾地区高等法院 2004 年上易字第 8 号判决:被上诉人于起诉时既已表明"专利法"第 89 条第 1 项、第 2 项之请求权,其嗣后援引同条第 3 项作为计算损害额之依据,即无诉之追加之可言,故原审虽未依"专利法"第 89 条第 3 项规定酌定赔偿,本院在同诉讼标的范围内,仍得以之作为裁判依据,合先叙明。

第二款　专利法上的惩罚性赔偿

第一项　知识产权的侵害与损害赔偿

知识产权指以人类的智能创作为客体的权利,例如专利权、商标权及著作权。知识产权攸关科技进步、产业发展,至为重要,各相关特别法对各种知识产权的得丧变更、审查申请及行使的方法等程序详设规定,并明定其不受侵害的保护措施、受侵害的救济方法以及审理法律争议的诉讼。

知识产权易受侵害,防范不易,其所受侵害的损害难以查知认定,有特别保护的必要。"专利法"第96条第1项规定:"发明专利权人对于侵害其专利权者,得请求除去之。有侵害之虞者,得请求防止之。"(参阅"著作权法"第84条)系采同于人格权及物权的保护方法(第18条第1项、第767条)。此种权利的行使不以侵害行为具有不法性为要件,不以加害人有故意或过失为必要。关于损害赔偿的特别规定,包括填补性损害赔偿的计算方法及惩罚性赔偿。以下以专利权为中心加以论述。

第二项　侵害专利权的填补性损害赔偿

一、专利权的侵害

"民法"第184条第1项前段规定:"因故意或过失,不法侵害他人之权利者,负损害赔偿责任。"其所称之"权利"亦包括专利权在内。针对专利权的保护,"专利法"特别规定第96条第2项:"发明专利权人对于因故意或过失侵害其专利权者,得请求损害赔偿。"第3项:"发明专利权人为第一项之请求时,对于侵害专利权之物或从事侵害行为之原料或器具,得请求销毁或为其他必要之处置。"此属损害的恢复原状。第4项规定:"专属被授权人在被授权范围内,得为前三项之请求。但契约另有约定者,从其约定。"第5项规定:"发明人之姓名表示权受侵害时,得请求表示发明人之姓名或为其他恢复名誉之必要处分。"此亦属恢复原状的规定。第6项规定:"第二项及前项所定之请求权,自请求权人知有损害及赔偿义务人时起,二年间不行使而消灭;自行为时起,逾十年者,亦同。"本项规定相当于"民法"第197条规定。专利法所规定的系特别侵权行为,仍须以其侵权行为具有不法性为要件。侵害专利权最为常见的是仿冒,未经权利人同意或授权,进口、贩卖专利权,取得新型专利权的产品。

二、填补性损害赔偿:三种计算方法

"专利法"第96条第2项规定得请求的"损害赔偿",指填补性损害赔偿而言,应适用"民法"第213条以下一般规定。此项损害赔偿的最大困难在于难以查知有无损害及损害额的计算。为此,"专利法"第97条第1项特别规定:"依前条请求损害赔偿时,得就下列各款择一计算其损害:一、依'民法'第216条之规定。但不能提供证据方法以证明其损害时,发明专利权人得就其实施专利权通常所可获得之利益,减除受害后实施同一专利权所得之利益,以其差额为所受损害。二、依侵害人因侵害行为所得之利益。三、依授权实施该发明专利所得收取之合理权利金为基础计算损害。"分五点说明如下:

(1)专利权受侵害的三种计算方法相当于德国判例所创设的三种损害计算方法(Dreifache Schadensberechnung)。值得注意的是,在德国法,此种损害计算方法更扩张及于姓名权等受侵害的情形。①

(2)"专利法"第97条第1项第1款规定依"民法"第216条计算损害,系属具体计算方法。专利法更设有利于被害人的损害计算方式。

(3)"专利法"第97条第1项第2款规定:"依侵害人因侵害行为所得之利益。"此在德国法上称为Herausgabe des vom Verletzten tatsächlich erzielten Gewinns(BGHZ 145,366),学说上认为此系基于不法无因管理的思想,但不以具有故意为要件。

(4)"专利法"第97条第1项第3款于2013年6月11日修正前的旧规定为"以相当于授权实施该发明专利所得收取之权利金数额为所受损害"。关于新修正条文,立法理由书谓:原条文第3款之损害赔偿计算方式,系以"相当于授权实施该发明专利所得收取之权利金数额为所受损害",此等规定,恐使侵害行为人无意愿先行取得授权,盖因专利权侵害而以合理权利金法计算之损害赔偿数额,同于事前取得授权之权利金数额。参酌德国专利诉讼实务,有采类推式授权(die Methode der Lizenzanalogie)之损害赔偿计算方法,惟法院以此方式计算之赔偿数额,均高于合理权利金数额。盖相较于一般授权关系之被授权人,侵害人无须负担授权关系

---

① MünchKomm BGB/Oetker § 252 Rn. 52 ff.;BGHZ 20,345,353 = NJW 1956,1554.

中之额外成本(例如查账义务);此外,侵权诉讼中之专利权人尚须负担额外成本(例如诉讼费用、律师费用)。因此,以合理权利金法所计算之损害赔偿数额,实应高于授权关系下之权利金数额。另外,《德国专利法》第139条第2项后段明定:"损害赔偿请求权得以授权关系之合理权利金数额为计算基础。"

以合理权利金作为专利侵权损害计算方法,实务上最属常见。如何评估专利价值有收益法、市场法及成本法等,其须考虑多项因素。包括现有的权利金是否有既存的授权契约、类似的授权契约、专利技术对产品的贡献。此外并须注意个案的衡平,参照比较法的相关规定及案例整理归纳出合理权利金的计算方式,俾能有利法院实务运作,稳定专利市场秩序。①

(5)"专利法"第97条第1项规定三种专利侵害损害赔偿方法,系属被害人的选择权,被害人主张某种计算方法时不因此而受拘束,得随时改为其他计算方法。得请求的损害业已履行时,其选择权归于消灭。②

最后须特别强调的是,专利权人除侵权行为损害赔偿请求权外,尚有不当得利请求权,即得以其专利权的权益归属受侵害而向加害人主张权益侵害不当得利请求权(Eingriffskondiktion),请求返还使用专利的相当授权金,不以加害人具有故意或过失为要件。侵害权益不当得利请求权有利于保护知识产权,实务上尚少相关案例,应有研究的必要。③

第三项　侵害专利权的惩罚性赔偿

一、惩罚性赔偿或刑罚制裁:规范手段的选择

惩罚性赔偿系准刑事民事责任,前已说明。为保护某种权益(例如专利权),应运用何种法律手段,是否仅须有侵害行为填补性损害赔偿? 应否引进惩罚性损害赔偿? 须否有刑事制裁? 是一个法律政策及规范机制

---

① 参见刘尚志2016年8月间在智慧财产法院关于"专利侵权之损害赔偿计算方法:合理权利金"的专题报告,载《司法周刊》第1811期(2016年8月12日)。王敏铨在"最高法院"举办民法学术研讨会主讲"商标侵权损害赔偿之计算",载《司法周刊》第1817期(2016年9月23日)。
② MünchKomm BGB/Oetker, § 252, Rn. 53.
③ 参见王泽鉴:《不当得利》,第157页;Kobbelt, Der Schutz von Immaterialgütern durch das Bereicherungsrecht (1999); BGHZ 15, 338; 82, 229; 99, 244 (Chanel Nr. 5 香奈儿5号香水案)。

选择的重要问题。①

1949 年施行的"专利法",仅规定侵权行为损害赔偿(第 81 条)。1994 年修正"专利法"第 89 条第 3 项,首次规定惩罚性赔偿:"依前二项规定,侵害行为如属故意,法院得依侵害情节,酌定损害额以上之赔偿。但不得超过损害额之二倍。"之所以设此规定系为配合废除侵害专利发明权的自由刑(1986 年版专利法第 89 条、第 90 条)。2003 年"专利法"修正将专利侵权责任全面除罪化,但仍保留惩罚性赔偿。2011 年曾以惩罚性赔偿不符民事责任性质,予以废除。2013 年再为恢复,而于第 97 条第 2 项规定:"依前项规定,侵害行为如属故意,法院得因被害人之请求,依侵害情节,酌定损害额以上之赔偿。但不得超过已证明损害额之三倍。"②

"专利法"第 97 条第 2 项的发展史对如何选择法律规范手段,深具启示性。之所以采惩罚性赔偿系用于取代刑事制裁,以准刑事民事责任弥补刑罚的功能。

二、惩罚性赔偿的要件:故意侵权

惩罚性赔偿的发生须以加害人有故意的侵害专利权行为,此应由被害人负举证责任。故意,指明知构成侵害专利权的事实,有意使其发生(直接故意),或预见其发生而其发生不违背其本意(间接故意)。侵权的故意,系由法院依辩论意旨的心证,判断被告主观的可归责性。值得重视的是,最近学者运用实证研究,整理分析法院认定故意侵害专利权的因素。③ 杨博尧、刘尚志曾整理智慧财产法院 2008 年 7 月至 2014 年 6 月 31 日期间原告侵权行为有故意过失的 120 件法院判决,从事精致深入的研究,提出八个判断故意与否的因素:①专利有效性抗辩。②仿冒。③回避设计。④在原告通知前已知悉系争权利。⑤外部法律意见书。⑥专利号码之有无。⑦被告

---

① 参见胡冠彪、许有关、黄富源、翱而维、郑清仁、罗伟仁:《论专利侵权之惩罚性赔偿》(上),载《专利师》2010 年第 2 期,第 55 页以下;周金城、吴俊彦:《论专利法之惩罚性赔偿》,载《月旦法学杂志》2005 年第 118 期,第 107、110 页。

② 比较法的研究,参见李柏静:《美国专利法制之惩罚性损害赔偿规范与确定原则——从美国专利改革谈起》,载《世新法学》2010 年第 3 卷第 2 号,第 87 页以下。

③ 参见熊诵梅:《分久必合,合久必分——台湾智慧财产诉讼新制之检讨与展望》,载《月旦民商法杂志》2012 年第 38 期,第 33 页;吴佩珊:《智慧财产法院专利民事案件惩罚性损害赔偿之实证研究》,载《全国律师》第 18 卷第 10 期,第 43—60 页(2014)。

受通知后,是否仍继续侵权。⑧被告是否为专业厂商。研究结果发现台湾地区法院实务所据以认定侵权故意的系以下两个显著因素①:

1. 在原告通知前已知悉系争专利

被告于签订买卖契约书之际即已知悉原告享有系争专利权……乃利用系争专利之主要技术内容所完成之再发明,亦须经系争专利权人即原告之同意,始得实施第 M298927 号新型专利,仍属侵害专利权之行为[参照智慧财产法院 2009 年度民专更(一)字第 2 号判决]。

原告前与被告就系争专利有授权契约关系……是被告显然知悉系争专利之存在……讵被告于双方间之授权契约关系终止后,仍继续制造 DVD-ROM,自应认为有侵害原告系争专利权之故意,即便其系为对抗不合理之权利金收取、争取合理权益亦同[参阅智慧财产法院 2011 年民专更(一)字第 9 号判决]。

被上诉人锃镱公司长期为上诉人之代工工厂,被上诉人又有同一法定代理人,对上诉人相关产品拥有前述专利权及享有前述专利权产品之制造方法,知之甚稔,应负共同故意侵权之责(参阅智慧财产法院 2011 年民专诉字第 60 号判决)。

2. 被告通知后仍继续侵权

原审于 2005 年 12 月 16 日因上诉人申请而至被上诉人二公司之营业处所实施保全证据,被上诉人二公司已于该日收受裁定,是被上诉人二公司至少自 2005 年 12 月 16 日起即明知上诉人之系争二专利,却仍继续侵害,应认为有侵害系争二专利权之故意[参阅智慧财产法院 2012 年民专上更(二)字第 4 号判决]。

被上诉人于上诉人提出诉讼后,仍持续有制造、贩卖侵权产品之行为,亦足见被上诉人济铨公司、林燕堂就侵害行为主观上有可归责事由存在,而可认为属于故意侵权(参阅智慧财产法院 2011 年民专上字第 41 号判决)。

原告于 2011 年 6 月 15 日曾以律师函通知被告富信公司停止制造、贩卖侵害系争专利之物品,为双方所不争执,然尚非被告在收受律师函前即不负有注意义务,讵其收受上述信函后仍继续制造并贩卖系争产品予

---

① 关于实务衡量故意标准的检讨,参见杨博尧、刘尚志:《专利法惩罚性损害赔偿制度之发展与实务现况》,载刘尚志主编:《台湾专利法制与判决实证》,第 445 页(2015)。

益奇生公司，足以证明被告自收受上述信函后，甚至已有侵害系争专利之故意，自不因原告是否有在专利物品或其包装上标示专利证书号数，或寄发律师函时未检附新型专利技术报告即认为其无须负损害赔偿责任，否则专利法保护专利权之意旨将无法实现，且有违公平正义之原则（参阅智慧财产法院 2011 年民专诉字第 132 号判决）。

三、惩罚性赔偿的酌定

（一）酌定惩罚性赔偿金的侵害情节

侵害专利权的行为，如属于故意，法院因被害人之请求，依侵害情节酌定损害额以上之赔偿，但不得超过损害额之 3 倍（"专利法"第 97 条第 2 项），所谓损害额之 3 倍，包括填补损害额在内。法院认定的损害赔偿额，超过填补性损害赔偿额的部分，即为惩罚性赔偿。损害赔偿的酌定，应依侵害情节，分两个层次加以认定：①法院应认定有无于填补性损害赔偿或其他制裁外，为处罚吓阻的目的，再科以惩罚性赔偿的必要。②若为肯定时，应依侵害情节，酌定惩罚性赔偿的数额。须说明的有二：

（1）若干智慧财产法院判决，对审酌的情事并未具体说明，只是认为审酌被告的共同侵权行为，以酌定 1.5 倍之赔偿额为当，或只是简单提到依被告侵害情节，另酌定 0.6 倍之惩罚性损害赔偿。抽象提到，本院审酌本件被告侵权行为态样、程度，认以损害赔偿额之 2 倍计算为当；经审酌被告丙○○故意侵害系争专利之情节，本院认以酌定 2 倍损害额之赔偿即 7 400 元为适当；依被上诉人系于调解成立后仍续为使用，显属明知而仍故意续为侵害，而另酌加 1.5 倍即 210 万元之赔偿；审酌被上诉人侵害上诉人专利权之情节，认为上诉人得请求之损害赔偿额，以前项侵害行为所得利益——6 480 元再提高一倍为适当；本院认为就亿○公司侵害系争专利权之情节，被上诉人请求 3 倍之赔偿尚属过高，应以 1.5 倍为适当。此类判决无法有说服力地说明其所决定倍数和侵害情节间的关联性，应有检讨余地。①

（2）依侵害情节应考虑的主要因素：①侵权的期间、数量、侵害的态样（贩卖的要约、制造、贩卖等）。②被告于诉讼中的行为与态度，例如拒绝提供相关资料、自始至终否认侵害专利，是否采取补救措施。③侵害行

---

① 相关法院判决的分析检讨，参见谢铭洋：《专利侵害惩罚性损害赔偿之实践与分析》，载《法令月刊》，2001 年第 61 卷第 5 期，第 25、33 页以下。

为所得利益。④加害人的资力,例如公司的规模与财务状态。

(二) 一个值得参照的法院裁判

关于惩罚性赔偿的故意侵权与赔偿金额的量定,值得参照的是智慧财产法院 2012 年民专上字第 50 号判决:"吉祥公司亦自承与包含东芝公司在内之 VD6C 签订授权契约近 10 年,迄今仍持续与 DVD6C 协商光盘授权事宜,是吉祥公司显然明知系争专利之存在,其制造销售系争光盘须获得包括系争专利在内之专利授权,且授权关系终止后即无权利用系争专利制造系争光盘,讵吉祥公司于授权关系终止后,仍继续制造、销售系争光盘,自有侵害系争专利之故意,且其销售片数高达 50 139 146 片,所得利益非小,复于东芝公司 2011 年 6 月 1 日提起本件诉讼后仍持续制造销售系争光盘,虽其表示仍持续协商光盘授权事宜,惟迄今并未支付任何权利金,显然漠视专利权人之权益,侵权情节非轻,况对于故意侵权且情节非轻之行为人,倘仍仅以该法定赔偿额或合理权利金计算损害赔偿,而未酌定损害额以上之赔偿,无异鼓励行为人为专利侵权行为,盖事先未取得专利授权,事后纵经专利权人请求损害赔偿,亦仅须支付法定赔偿额或合理权利金之损害赔偿即可,自无须大费周章先取得专利授权,是此时自有酌定损害额以上赔偿之必要,一方面使专利权人因提起诉讼所额外花费之劳力、时间、费用得到适度之赔偿;一方面使行为人知所警惕,达到惩罚性损害赔偿之效果,然吉祥公司侵害情节亦尚未达须以最高倍数 3 倍惩罚之情况。是审酌上述各项情节,应认为东芝公司得请求酌定损害额 2 倍之赔偿。准此,东芝公司得请求吉祥公司、陈碧华连带赔偿之金额即为 72 454 134 元(计算式:36 227 067 ×2 = 72 454 134)"。本件判决的认事用法应值肯定。

第三款 "消费者保护法"第 51 条规定的惩罚性赔偿金

第一项 消费者保护与惩罚性赔偿:请求权基础的构造

中国台湾地区法上的惩罚性赔偿制度,在理论及实务上最为重要的是"消费者保护法"第 51 条规定:"依本法所提之诉讼,因企业经营者之故意所致之损害,消费者得请求损害额五倍以下之惩罚性赔偿金;但因重大过失所致之损害,得请求三倍以下之惩罚性赔偿金,因过失所致之损害,得请求损害额一倍以下之惩罚性赔偿金。""消费者保护法"于第 7 条规定无过失责任的产品责任及服务责任,并于第51条创设惩罚性赔偿金,立法目的在于强化对消费者权益的保护。

为认识"消费者保护法"第51条规定解释适用的问题,首须建构消费者依该条规定请求惩罚性赔偿金的规范基础,图示如下:

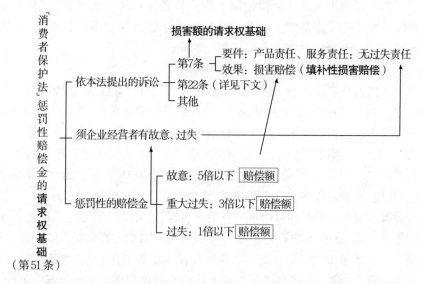

关于惩罚性赔偿的请求权基础,前已说明,敬请参照。据上图所示,消费者保护法的惩罚性赔偿金有两个请求权基础:

(1)"消费者保护法"第51条。

(2)消费者得请求损害赔偿的规定(如"消费者保护法"第7条)。

此两者结合构成消费者得向企业经营者请求惩罚性赔偿金的规范基础。不成立"消费者保护法"第7条(或其他规定)的损害赔偿请求权时,无"消费者保护法"第51条的适用。

"消费者保护法"第51条的解释适用涉及三个问题[①]:

(1)适用范围:所谓"依本法所提之诉讼"究指何而言。

(2)惩罚性赔偿金的要件及效果。

(3)惩罚性赔偿金请求权的当事人。

[①] 参见林德瑞:《惩罚性赔偿金之法律争议》,载《月旦法学杂志》,2004年第110期,第40页以下;许政贤等:《消费者保护法第五十一条惩罚性赔偿金实务问题之解析?——民法研讨会第七十一次研讨会会议记录》,载《法学丛刊》2015年第60卷第3期,第149页以下。

第二项　依消费者保护法所提之诉讼：适用范围

一、惩罚性赔偿金的适用范围

消费者请求惩罚性赔偿金限于依消费者保护法所提之诉讼，此为惩罚性赔偿金的适用范围。所谓依消费者保护法所提之诉讼的规定，究指何而言，如何判断，系实务上最具争议的问题。

(一) 须依消费者保护法规定提起诉讼

非依消费者保护法规定提起的诉讼，无"消费者保护法"第51条的适用。例如，甲向乙企业购买房屋，甲以遭受诈欺为由依"民法"第184条请求损害赔偿时，纵当事人间具有消费关系，亦不得依"消费者保护法"第51条请求惩罚性赔偿金。盖依"民法"第184条提出之诉讼非属依消费者保护法所提之诉讼。台湾地区高等法院2000年上字第95号判决谓：又按"消费者保护法"第51条系明文规定："依本法所提之诉讼……消费者得请求……惩罚性赔偿金"，查消费者得依"消费者保护法"提起诉讼之依据法条，计有该法第7条第3项、第8条第1项、第9条、第20条第3项、第23条第1项、第49条、第50条等，故"消费者保护法"第51条："依本法所提之诉讼……"显然系指依上述消费者保护法规定所提起之诉讼，并不及其他法律规定所提起之诉讼，应无疑义，本件被上诉人系依民法规定而提起本诉，并未依消费者保护法提起任何诉讼，其诉状竟请求依该法第51条判赔惩罚性赔偿金，应无从准许，原审认"消费诉讼之定义应就其诉讼之属性观察"云云，系于法律文字之外擅自扩张解释，实有违误。

(二) 须限于损害赔偿诉讼

1. 须限于损害赔偿

惩罚性赔偿金系以"损害额"为基础而计算其数额，自应限于损害赔偿的诉讼。台湾地区高等法院高雄分院2008年上字第167号判决谓：按依消费者保护法所提之诉讼，因企业经营者之故意所致之损害，消费者得请求损害额3倍以下之惩罚性赔偿金；但因过失所致之损害，得请求损害额1倍以下之惩罚性赔偿金，同法第51条固有明文。然所谓"依消费者保护法所提之诉讼"，系指消费者依消费关系，向企业经营者所提之损害赔偿之诉而言，此观该条规定"之故意所致之损害"及"因过失所致之损害"等语自明，是若非依消费关系所提之损害赔偿之诉，即无该条之适用。

本件上诉人依定期存款之法律关系请求被上诉人给付定期存款之本息，其请求并无依据，已如前述，况其请求之性质并非损害赔偿之债，本无"消费者保护法"第51条之适用。上诉人依上述规定请求被上诉人给付1倍之惩罚性赔偿金云云，殊无可采。

2. 须否限于依侵权行为而发生的损害赔偿？

有争论的是，损害赔偿诉讼是否限于侵权行为。"最高法院"2008年台上字第2481号判决谓：按"消费者保护法"第51条引进惩罚性赔偿制度，其目的并非在于规范企业经营者违反契约时，对消费者所负之债务不履行损害赔偿责任，而系在促使企业经营者重视商品及服务质量，维护消费者利益，惩罚恶性之企业经营者，并吓阻其他企业经营者仿效。该条规定责令企业经营者就因不实广告所致消费者之损害负赔偿责任，乃侵权行为之特别形态，主要在维护交易安全，保障填补消费者因信赖广告所受之利益损害。该条规定与民法规范出卖人对买受人所负之契约责任，二者旨趣要属不同。此涉及"消费者保护法"第22条关于不实广告的规定，是否属于"消费者保护法"第51条规定所称"依本法所提之诉讼"，将于下文再为说明。

（三）"消费者保护法"第51条所称"依本法所提之诉讼"的规定

"消费者保护法"第51条所称依本法所提之诉讼，实务上认为非仅限于消费者保护团体依同法第50条所提起之诉讼，始得为之，因此，当事人提起之诉讼，倘系消费者与企业经营者间，就商品或服务所生争议之法律关系，而依消费者保护法之规定起诉者，无论系由消费者团体或由消费者个人提起，均有第51条惩罚性赔偿金之适用。① 通说肯定有"消费者保护法"第51条适用的，包括第7条第3项（企业经营者的产品及服务责任）、第8条第1项（从事经销的企业经营者责任）、第9条（输入商品或服务的企业经营者责任）、第23条（媒体经营者责任）；其不适用第51条的，如第12条（定型化契约）、第20条（特种买卖），因其非属损害赔偿的诉讼。最具争议的是第22条是否为第51条所称"依本法所提之诉讼"。以下专就"消费者保护法"第7条第3项及第22条加以说明。

---

① 参见台湾地区高等法院2012年重上更（一）字第22号判决。

二、"消费者保护法"第 7 条第 3 项:产品、服务责任与惩罚性赔偿

(一) 填补性损害赔偿

"消费者保护法"第 7 条规定:"(第 1 项)从事设计、生产、制造商品或提供服务之企业经营者,于提供商品流通进入市场或提供服务时,应确保该商品或服务,符合当时科技或专业水平可合理期待之安全性。(第 2 项)商品或服务具有危害消费者生命、身体、健康、财产之可能者,应于明显处为警告标示及紧急处理危险之方法。(第 3 项)企业经营者违反前二项规定,致生损害于消费者或第三人时,应负连带赔偿责任。但企业经营者能证明其无过失者,法院得减轻其赔偿责任。"分四点作简要说明[1]:

1. 无过失责任性质及举证责任

本条规定消费者安全的保障及企业经营者责任,包括商品责任或服务责任,均采无过失责任原则。"消费者保护法"第 7 条规定的赔偿责任,系属侵权责任。消费者就企业经营者是否具有故意或过失固不负举证责任,但就"商品欠缺安全性"(参阅"消费者保护法施行细则"第 5 条)与"致生损害"间是否有相当因果关系,仍应由消费者或第三人举证证明,始可获得赔偿。

2. 商品责任

本条所称商品,指交易客体之不动产或动产,包括最终产品、半成品、原料或零组件。不动产主要指房屋(建筑物)而言。银行(法人)购买房屋作为银行办公场所之用,系在直接使用该商品,而非将该商品转让、投资,自属消费者保护法规定的消费者。[2] 动产包括汽车[3]、食品、染发剂[4]等。得请求损害者,除消费者外,尚包括第三人。例如房屋买受人的同居者、食用年菜的家人、汽车的乘客、在美容院使用染发剂的顾客等,商品制造人可预见因商品不具安全性而受伤害之人。消费者购买农业机器放置于工作场所,若任其年仅 4 岁之子操作机器致受伤害,非属"消费者保护法"第 7 条所指的第三人。[5]

---

[1] 较详细的说明,参见王泽鉴:《侵权行为法》,第 721 页以下。
[2] 参见"最高法院"2009 年台上字第 1729 号判决。
[3] 参见"最高法院"2005 年台上字第 338 号判决。
[4] 参见"最高法院"2009 年台上字第 2352 号判决。
[5] 参见"最高法院"1999 年台上字第 2842 号判决。

3. 服务责任

服务指企业经营者为他人提供服务性的劳务而言,如运送、旅游、汽车经销商代办汽车保险。医疗行为性质上亦属服务,但因"医疗法"第82条第2项设有特别规定:"医疗机构及其医事人员因执行业务致生损害于病人,以故意或过失为限,负损害赔偿责任。"不适用"消费者保护法"第7条的无过失服务责任。关于服务责任实务上有一个重要案例,认为公寓大厦管理维护公司与公寓大厦管理委员会订定委任管理契约,住户系该契约的利益第三人,公寓大厦管理维护公司系消费者保护法所称的企业经营者,对住户提供管理服务,亦有"消费者保护法"第7条服务责任的适用。①

4. 受保护法益、损害赔偿

"消费者保护法"第7条第2项规定受保护的利益为生命、身体、健康、财产。关于财产,通说认为系指财产权(尤其是所有权)而言,不包括所谓的财产利益(纯粹经济上损失)。例如因电视不具安全性爆炸时,买受人就其他物品(如家具)所受侵害得请求损害赔偿。至于电视机本身所受损害,系纯粹经济上损失,不包括在内,在此情形应适用契约责任(不完全给付与物之瑕疵担保责任)。值得注意的是,"最高法院"在一件关于不动产买卖的案件,认为解释上应包括商品本身损害的侵权行为(商品本身价值的减损)在内。② 消费者得请求的损害赔偿,除财产上的损害赔偿外,亦包括非财产上的损害赔偿。

(二)"消费者保护法"第7条与第51条规定的惩罚性赔偿金

"消费者保护法"第7条第3项系第51条所称依本法所提之诉讼的规定,因此必须具备该条的要件及法律效果,消费者始能向企业经营者请求惩罚性赔偿金。如前所述,医疗行为不再适用"消费者保护法"第7条关于服务责任的规定,从而亦不发生惩罚性赔偿金问题。肯定或否定"消费者保护法"第7条第2项所规定的财产是否包括商品损害本身,亦涉及消费者得否请求损害赔偿及惩罚性赔偿金。其直接与惩罚性赔偿金有关的,尚有两个问题:

(1) "消费者保护法"第7条所规定的商品、服务责任,系采无过失原

---

① 参见"最高法院"2006年台上字第1377号判决。
② 参见"最高法院"2009年台上字第1729号判决。

则,惩罚性赔偿金则须企业经营者有故意、过失。

(2)惩罚性赔偿金系以消费者得依"消费者保护法"第7条请求赔偿的损害额作为计算基础,此项损害赔偿是否包括非财产上损害的金钱赔偿(慰抚金)?

三、"消费者保护法"第22条:不实广告与惩罚性赔偿

(一) 问题说明

"消费者保护法"第22条规定:"企业经营者应确保广告内容之真实,其对消费者所负之义务不得低于广告之内容。"此条的文义并未明确规定请求损害赔偿的要件(责任成立)及效果(责任范围),但不能因此径认定其非属于得请求惩罚性赔偿金的规范基础。采此见解将使"消费者保护法"第22条成为一个训示规定,或是一种仅在维护消费秩序公平的行政措施。① 为贯彻保护消费者的立法目的,应肯定"消费者保护法"第22条系一个得请求损害赔偿及惩罚性赔偿的规范基础,问题在于如何建构其理论依据。

(二) "最高法院"见解

1. 特别形态的侵权行为

"最高法院"2008年台上字第2481号判决涉及两个问题:

(1)"消费者保护法"第22条系为保护消费者而课企业经营者以特别之义务,不因广告内容是否列入契约而异,否则即无从确保广告内容之真实……上诉人为购买前述预售屋之消费者,双方订定买卖契约时,既无任何成品可供检视,只能信赖被上诉人之广告,而被上诉人却以不实之广告内容,致上诉人陷于错误而误信广告内容为真,并与被上诉人签订买卖契约,被上诉人显有违反"消费者保护法"第22条所课企业经营者应确保广告内容真实之义务。上诉人因而以被上诉人违反"消费者保护法"第22条规定为由,向法院提起本件诉讼,自系因消费关系而提起之消费诉讼。则上诉人依同法第51条之规定,请求被上诉人给付惩罚性赔偿金,核属有据。

(2)"消费者保护法"第51条引进惩罚性赔偿制度,其目的并非在于规范企业经营者违反契约时,对消费者所负之债务不履行损害赔偿责任,

---

① 参见"最高法院"2004年台上字第2103号判决。

而系在促使企业经营者重视商品及服务质量,维护消费者利益,惩罚恶性之企业经营者,并吓阻其他企业经营者仿效。该条规定责令企业经营者就因不实广告所致消费者之损害负赔偿责任,乃侵权行为之特别形态,主要在维护交易安全,保障填补消费者因信赖广告所受之利益损害。该条规定与民法规范出卖人对买受人所负之契约责任,二者旨趣要属不同。此项见解前已提及,兹再援引,俾便参照。

2. 契约责任

"最高法院"多数判决系以契约责任建构"消费者保护法"第22条的损害赔偿请求权基础,其主要论点为:

(1)预售屋的购买人与建商订定买卖契约时,既无成品可供检视,只能信赖建商之广告,建商以广告内容诱发客户预购房屋之动机,且以广告内容与购买人洽谈房屋之性质,广告之说明及样品屋示范应成为契约之一部分。①

(2)关于损害赔偿额及惩罚性赔偿金,在一个多次更审的案件,台湾地区高等法院2012年重上更(一)字第22号判决谓:系争房屋一楼不得供店面使用,陈○桦因信赖系争广告买受系争房屋,受有系争房屋一楼无法为店面营业使用及二、三楼规划之机电室致房屋使用面积减少之损害,详前理由七之(二)所述,是陈○桦因买卖系争房屋之消费争议主张"消费者保护法"第51条之规定,请求绿○公司应给付惩罚性赔偿金,系属有据。②

(三) 学说见解

"最高法院"2012年台上字第122号判决谓:查陈○桦起诉系主张绿竹公司应负瑕疵担保责任,而依"民法"第359条规定请求减少价金,并就该减少之价金,依不当得利规定,请求返还(见起诉状所载,原审仅认定应减少价金,未说明系依何法律关系,命绿○公司返还价金),似非依"消费者保护法"规定提起诉讼;至于原审依陈○桦主张,适用"消费者保护法"第22条之规定,亦仅在认定绿○公司依买卖契约所应负之出卖人责任,则陈○桦何以得依据该"消费者保护法"的规定,请求惩罚性赔偿金,自

---

① 参见"最高法院"2004年台上字第2103号判决。
② 本判决为"最高法院"2012年台上字第122号判决的更审判决,但台湾地区高等法院未依"最高法院"见解审理。并且于绿○公司上诉后,"最高法院"2013年台上字第2323号判决以原更审判决于法并无违背为由,认定上诉人上诉无理由。

欠明了。陈忠五以专文评释本件判决①,重构"消费者保护法"第 22 条的规范功能及内容,提出两项见解:

(1)"消费者保护法"第 51 条规定,除企业经营者违反该法以保护消费者为目的的相关规定外,尚必须消费者起诉所主张的法律效果,系请求"损害赔偿",始得在填补性损害赔偿外另行请求惩罚性赔偿。

(2)从惩罚性赔偿金制度的设立目的与保护消费者的法律政策角度,"消费者保护法"第 51 条规定所称"依本法所提之诉讼",所谓"本法",应系指"消费者保护法"中任何"以保护消费者为目的"的权利义务规定而言(包括该法第 22 条规定在内)。企业经营者违反其中任一规定,消费者起诉请求损害赔偿时,无论系依据"消费者保护法"相关规定(如该法第 7 条或第 23 条),或依据民法或其他法令相关规定(如"民法"第 184 条、第 226 条或第 360 条),只要涉及企业经营者违反以保护消费者为目的的规定,致侵害消费者权益,消费者即得并依"消费者保护法"第 51 条规定,请求惩罚性赔偿金,不以消费者起诉请求损害赔偿,必须"消费者保护法"有明文规定此一法律效果或其请求权基础为限。如此解释,方足以有效贯彻"消费者保护法"第 51 条惩罚性赔偿金规定的规范功能。②

四、分析讨论

"消费者保护法"第 22 条是否为依该法第 51 条得请求惩罚性赔偿金的规定,由于其内容不完整而引起争论。"最高法院"2008 年台上字第

---

① 参见陈忠五:《不诚实广告与惩罚性赔偿金》,载《台湾法学杂志》2013 年第 229 期,第 101 页。本论文旨在重构"消费者保护法"第 51 条及第 22 条的规定,论述精确,说理透彻,系一篇具高度参考价值的判决评释的典范。

② 学说上关于"消费者保护法"第 51 条及第 22 条适用的问题,詹森林认为:"'消费者保护法'第 51 条之适用,以企业经营者应依本法规定负损害赔偿责任者为前提,故仅于企业经营者应依该法第 7 条至第 9 条负商品责任或服务责任,或应依该法第 22 条、第 23 条负广告主或广告媒体经营者责任时,始生应另负惩罚性赔偿金责任问题。反之,在企业经营者使用之定型化契约有'消费者保护法'第 11 条之 1 第 3 项或第 14 条所称不构成契约内容,或第 12 条规定无效之情形,该定型化契约之消费者,不得仅因为如此,即主张企业经营者应依同法第 51 条给付惩罚性赔偿金。"参见詹森林:《受雇人执行职务之侵权行为与雇用人之消费法惩罚性赔偿金责任》,载《台湾法学杂志》2009 年第 142 期,第 68 页以下;又林德瑞强调:"若企业经营者刊登不实广告,有虚伪不实之情事,致违反'消费者保护法'第 22 条之规定者,原则上应依契约行为之相关规定加以处理,但因不实广告同时构成诈欺之侵权行为,故本文认为,若企业经营者具有诈欺之主观故意,则不实广告可构成独立侵权行为,亦应有惩罚性赔偿金之适用。"参见林德瑞:《惩罚性赔偿金适用之法律争议问题》,载《月旦法学杂志》2004 年第 110 期,第 49 页以下。

2481号判决认为"消费者保护法"第22条系侵权行为之特别规定。所谓侵权行为应系指"民法"第184条而言，就"消费者保护法"第22条规定的文义，实难认为其具侵权行为的要件及效果。企业经营者故意为不实广告致消费者受骗购买房屋，得依"民法"第184条第1项后段规定（故意以悖于善良风俗之方法加损害于他人）成立侵权行为，并不适用"消费者保护法"第22条。不实广告非出于故意时，因消费者所受侵害非属权利，而系纯粹经济上损失，不成立"民法"第184条第1项（故意或过失不法侵害他人之权利）或第2项（违反保护他人之法律）的侵权行为，亦不能依"消费者保护法"第22条规定使企业经营者负损害赔偿责任，并依"消费者保护法"第51条规定支付惩罚性赔偿金。

实务上多数判决系认为消费者因企业经营者的不实广告而订立契约，得请求信赖不实广告所受损害。此种见解系就"消费者保护法"第22条创设一个得请求损害赔偿的请求权基础，并非以民法债务不履行规定为依据，对照于前揭特别侵权行为说，此项见解较值赞同。

陈忠五否认"消费者保护法"第22条系损害赔偿请求权，强调"消费者保护法"第51条所称依本法所提之诉讼的规定，系指任何以保护消费者为目的之规定而言，此亦包括"消费者保护法"第22条，任何因不实广告而得依据民法规定，无论是侵权行为、债务不履行或物之瑕疵担保，请求损害赔偿者，均得适用"消费者保护法"第51条规定。此项具有创意的理论，旨在强化对消费者的保护，问题在于得否如此解释"消费者保护法"第51条及第22条的规定，扩大惩罚性赔偿金的适用范围，使具有争议的特别法上制度过度侵入民法领域，是否妥适，非无研究余地。

依本书见解，"消费者保护法"第22条本身就其文义而言，似非损害赔偿的请求权基础，系属不完全规范。但应注意的是，"消费者保护法"第23条第1项规定："刊登或报导广告之媒体经营者明知或可得而知广告内容与事实不符者，就消费者因信赖该广告所受之损害与企业经营者负连带责任。"由此连带损害赔偿责任可知，企业经营者就不实广告亦应负损害赔偿责任。因此，依法律体系解释及保护消费者的规范目的，应结合"消费者保护法"第22条及第23条的规定，认为企业经营者明知或可得而知广告与事实不符者，就消费者因信赖该广告所受损害，亦应负损害赔偿责任。例如房屋一楼依法不得供店面使用，消费者因信赖企业经营者的广告买受该屋，就其无法为店面使用的损害，得依"消费者保护法"

第 7 条结合第 23 条规定请求惩罚性赔偿金。

须注意的是,无论就"消费者保护法"第 22 条采取何种见解,购买房屋的消费者均不得将已支付的价金作为损害,请求惩罚性赔偿金。"最高法院"2002 年台上字第 475 号判决谓:"查买受人交付价金,系属契约义务之履行,其买卖契约纵系出于出卖人之诈欺,但在买卖契约未经依法撤销前,既仍继续履约,其于交付价金之同时,对于出卖人已取得交付买卖标的并移转其财产权之请求权,并或瑕疵担保请求权,客观上能否遽谓买受人当然受有若何财产减少之积极损害,即值商榷。"此项见解基本上可资赞同。①

第三项　惩罚性赔偿金的要件及效果

一、立法政策

消费者保护法上的惩罚性赔偿,除适用范围外,尚有两个核心问题:①企业经营者可非难性的主观要件;②惩罚性赔偿的金额。

旧"消费者保护法"第 51 条规定:"依本法所提之诉讼,因企业经营者之故意所致之损害,消费者得请求损害额三倍以下之惩罚性赔偿金;但因过失所致之损害,得请求损害额一倍以下之惩罚性赔偿金。"极具争议的是,因过失而课以惩罚性赔偿金是否合理且必要,实务及学说上有人认为,应依惩罚性赔偿的目的将过失限缩为重大过失。②

2015 年修正的"消费者保护法"第 51 条规定:"依本法所提之诉讼,

---

①　不同见解,参见"最高法院"2008 年台上字第 214 号判决:本件上诉人丙○○系主张正○公司明知系争广告内容,与现场样品屋,均属不合法之夹层屋,竟提供予伊,致其因信赖系争广告内容,而受有给付价金之损害,并依侵权行为、不当得利及"消费者保护法"第 23 条之规定,请求正○公司负赔偿责任,倘属无讹,则正○公司系销售预售房屋之企业经营者,丙○○则为购买房屋之消费者,丙○○因正○公司不实之广告而购买不合法之夹层屋,致受有损害,其并依"消费者保护法"第 23 条规定提起本件诉讼而有理由时,是否无"消费者保护法"第 51 条之适用,非无研求之余地。

②　参见詹森林:《消保法惩罚性赔偿金责任之过失应否限于重大过失?》,载《月旦裁判时报》2010 年第 4 期,第 50 页以下。在一件涉及房屋买卖的产品责任的"最高法院"的重要判决(2009 年台上字第 1729 号判决),原审法院认为:消费者保护法将过失列为请求惩罚性赔偿金之原因,为相关设有惩罚性赔偿金制度中之唯一(其余如"公平交易法"第 32 条、"专利法"第 89 条第 3 项及"营业秘密法"第 13 条,均限定于故意),系台湾地区民法传统损害赔偿制度之例外规定,立法目的在于制裁、吓阻,并非增加消费者之请求。参酌美国法例之相关见解,解释上应以重大过失者为限。

因企业经营者之故意所致之损害,消费者得请求损害额五倍以下之惩罚性赔偿金;但因重大过失所致之损害,得请求损害额三倍以下之惩罚性赔偿金,因过失所致之损害,得请求损害额一倍以下之惩罚性赔偿金。"本条新修正内容具有台湾地区特色:

(1)过失行为应否惩罚,仍为值得讨论的问题。

(2)将应受惩罚的行为分为三种,适用上或较明确,但减少法院自由裁量的弹性。

(3)就故意所致之损害,课以损害额 5 倍以下之惩罚性赔偿金,是否符合比例原则? 在大量侵权行为(食安、车祸),被害人众多时(可能多达数十人或数百人),企业经营者能否负担巨额的惩罚性赔偿金?

(4)惩罚性赔偿源自英美法,在英国法及美国法,惩罚性赔偿不适用于过失加害行为,未有多达 5 倍赔偿额的惩罚性赔偿金。消保法比英国法、美国法更具惩罚性及吓阻性! 如此强化准民事刑罚制裁,是否合理必要,能否发挥实践功能,是一个值得研究的问题。

二、企业经营者的故意、过失

(一) 商品服务无过失责任与惩罚性赔偿

"消费者保护法"第 7 条规定,企业经营者的商品服务责任,系采无过失责任,此适用于填补性损害赔偿。关于惩罚性赔偿则须以企业经营者具有故意或过失为要件。

(二) 企业经营者自己的故意、过失

企业经营者的故意、过失,例如,食品业者违法使用添加物塑化剂,未善尽注意义务检验食材的安全性,运输业明知司机酒醉,仍任其驾驶卡车;提供有缺陷的车辆,致发生车祸。在现代分工的企业,企业组织管理不善,导致商品服务欠缺安全性,侵害消费者的生命、身体、健康、财产,亦构成企业经营者自己的故意、过失,不以其董事或其他有代表权人有故意或过失为必要。

(三) 企业受雇人的侵权行为[1]

产品或服务肇致损害,多因企业经营者的受雇人执行职务侵害行为而发生,例如食品工厂的员工未善尽食品安全检查程序;公交车司机违规

---

[1] 参见王泽鉴:《侵权行为法》,第 517—524 页以下。

超速驾驶肇致车祸。"民法"第 188 条规定:"(第 1 项)受雇人因执行职务,不法侵害他人之权利者,由雇用人与行为人连带负损害赔偿责任。但选任受雇人及监督其职务之执行,已尽相当之注意或纵加以相当之注意而仍不免发生损害者,雇用人不负赔偿责任。(第 2 项)如被害人依前项但书之规定,不能受损害赔偿时,法院因其申请,得斟酌雇用人与被害人之经济状况,令雇用人为全部或一部之损害赔偿。(第 3 项)雇用人赔偿损害时,对于为侵权行为之受雇人,有求偿权。"雇用人就其受雇人为故意或过失的侵权行为,之所以须对被害人连带负损害赔偿责任,乃因雇用人对于其受雇人须负有"选任监督"的义务,其过失系由法律推定。

"民法"第 188 条关于雇用人侵权责任的规定得否适用于消费者保护法的惩罚性赔偿金? 得否推定企业经营者选任监督受雇人具有过失?[①]

鉴于"民法"第 188 条雇用人责任与消费者保护法惩罚性赔偿的规范目的与法律构造的不同,应认为"民法"第 188 条雇用人责任不适用于"消费者保护法"第 51 条规定,亦不应类推适用。[②] 企业经营者惩罚性赔偿金的成立,须具备两个要件:

(1)须受雇人执行职务,侵害消费者的生命、身体、健康或财产。受雇人是否具有过失,是否成立侵权行为,在所不问。

(2)须企业经营者于选任监督受雇人具有过失,此亦属企业经营者自己的过失。[③] 例如客运公司聘用无驾照的司机,明知司机醉酒,仍任其驾驶,此项过失应由请求惩罚性赔偿金的消费者负举证责任。

---

① 参见林德瑞:《惩罚性赔偿金适用之法律争议问题》,载《月旦法学杂志》第 2004 年第 110 期,第 40 页以下;詹森林:《受雇人执行职务之侵权行为与雇用人之消保法惩罚性赔偿金责任》,载《台湾法学杂志》2009 年第 142 期,第 53 页以下。

② "最高法院"2008 年台上字第 2315 号判决:按依消费者保护法所提之诉讼,因企业经营者之故意所致之损害,消费者得请求损害额 3 倍以下之惩罚性赔偿金;但因过失所致之损害,得请求损害额一倍以下之惩罚性赔偿金。"消费者保护法"第 51 条定有明文。准此,必须企业经营者经营企业有故意或过失,致消费者受损害,消费者始得依上述法条规定请求惩罚性赔偿金。上诉人公司提供之运输服务,因其受雇人之过失致被上诉人受伤害,固为原判决确定之事实,惟原判决就上诉人公司提供运输服务有何故意或过失,未加任何调查审认,即以被上诉人因上诉人公司受雇人之过失而受害,率认上诉人公司应负惩罚性赔偿责任,为不利于上诉人之判决,自有可议。

③ "最高法院"2010 年台上字第 330 号判决:系争旅游行程,系被上诉人委由澳洲当地之 TWA 公司规划,该公司选任 JUBO 公司执行,系争车祸之发生,系驾驶 JUBO 公司所有游览车之司机使用排档不当、刹车技术不良、经验不足、对路况不熟悉,及游览车刹车失灵、不适合行使山区路段、不符合登记标准等事由所致,应属 JUBO 公司之过失,为原审确定之事实。则上诉人因车祸所发生之损害,既非被上诉人过失所致,自不得依上述规定请求被上诉人赔偿惩罚性赔偿金。

三、损害额与惩罚性赔偿金

（一）损害额与非财产损害赔偿的金钱赔偿？

"消费者保护法"第51条的惩罚性赔偿金，系以"损害额"作为基准。损害额指填补性损害的数额，应依民法损害赔偿的规定而计算，包括所受损害与所失利益，并有损益相抵（第216条之1）、过失相抵（第217条）的适用。"消费者保护法"第7条第3项规定的损害赔偿，包括财产上损害与非财产上损害。

有争论的是"消费者保护法"第51条所称"损害额"，是否包括非财产损害的金钱赔偿（慰抚金）？"最高法院"2009年台上字第2352号判决谓：就惩罚性赔偿金部分，系以企业经营者提供之商品或服务，与消费者之损害之间，具有相当因果关系为要件，且其损害系属财产上之损害，不包含非财产上之损害，上诉人仅得请求慰抚金，并不得请求财产上之损害，自无"消费者保护法"第51条规定之适用，上诉人主张请求惩罚性赔偿金，为无理由。① 何以为"无理由"，"最高法院"未作说明。本书认为系因为慰抚金的酌定本应考虑加害人故意或过失的程度，具有制裁及预防作用，无须再适用"消费者保护法"第51条规定加以惩罚。②

（二）惩罚性赔偿金的酌定

"消费者保护法"第51条规定系依企业经营者的故意或过失，以损害额为计算基础，酌定倍数以下的惩罚性赔偿金。是否科以惩罚性赔偿金，或决定其赔偿金额，系由法院自由裁量，无论何者，法院均应叙明理由。在"最高法院"2009年台上字第1729号关于房屋买卖产品责任的判决，原审法院谓：本件监造建筑师及现场工地主任、监工，竟疏于注意未尽监造、监工之责，任凭戊〇〇施工错误，致系争大楼有上述各项不合理危险存在，足以认为彼等应具有重大过失。是以被上诉人主张依"消费者保护法"第51条之规定，对颂扬公司、戊〇〇，请求之惩罚性赔偿金以损害额一倍以下计算，要无不合。因而考虑加害人行为之性质、加害人所为危害之性质及程度、加害人之财力，以及加害人恶意行为所得之利益额等标

---

① 此为"最高法院"一贯的见解，"最高法院"2002年台上字第1495号判决；2008年台上字第2443号判决。

② 参见詹森林：《非财产损害与惩罚性赔偿》，载《月旦裁判时报》2010年第5期，第32页。

准。以本件倘无严重偷工减料、恶性谋取暴利情事,已将商品(房屋)本身损害列为企业经营者赔偿之范围内,已扩大消费者之求偿范围;惩罚性赔偿金之立法目的在于使企业经营者受到适当之制裁,及必要程度之吓阻,并非借此制度增加消费者之受偿金额。中国台湾地区商品责任保险制度尚未建立,如课以巨额惩罚性赔偿金,可能使企业经营者因一次求偿而破产倒闭,对于消费者权益之保护并非适宜等情状。认为其请求惩罚性赔偿金为损害额之 0.4 倍,尚属允当。可供参照。

四、举证责任

消费者依"消费者保护法"第 51 条规定向企业经营者请求惩罚性赔偿金,应就其系依"消费者保护法"规定提出诉讼,企业经营者有故意或过失,据以计算惩罚性赔偿金的损害额,负举证责任。消费者在诉讼中对故意或重大过失举证不易时,得改为请求法院依过失定其惩罚性赔偿金,此乃诉讼上的攻击方法,非属诉之追加。

第四项　惩罚性赔偿金的当事人

一、请求权人:消费者、第三人

"消费者保护法"第 51 条规定得请求惩罚性赔偿金之人系消费者,为贯彻惩罚性赔偿金的规范意旨,应参照"消费者保护法"第 7 条规定,将惩罚性赔偿金请求权人的范围扩及于第三人。例如甲向企业经营者乙购买因其过失所生产的不具安全性、有瑕疵的年菜,甲的家人丙食用后中毒,丙得依"消费者保护法"第 7 条向乙请求身体健康受侵害的填补性损害赔偿,并依第 51 条规定请求损害额一倍以下惩罚性赔偿金。

二、消费者死亡与惩罚性赔偿金

(一) 填补性损害赔偿

消费者(或第三人)因商品服务具有瑕疵而致死亡时,无论系当场死亡,或先受伤嗣后因该伤害而死亡,被害人因死亡丧失权利能力,就死亡本身不发生损害赔偿。"最高法院"1965 年台上字第 951 号判例谓:"不法侵害他人致死者,其继承人得否就被害人如尚生存所应得之利益,请求加害人赔偿,学者间立说不一。要之,被害人之生命因受侵害而消灭时,其为权利主体之能力即已失去,损害赔偿请求权亦无由成立,则为一般通说所同认,参以'民法'就不法侵害他人致死者,特于第192条及第194条定其请求范围,尤应解为被害人如尚生存所应得之利益,并非被害人以外之人所得请求赔偿。"可资参照。

"民法"第192条规定:"(第1项)不法侵害他人致死者,对于支出医疗及增加生活上需要之费用或殡葬费之人,亦应负损害赔偿责任。(第2项)被害人对于第三人负有法定扶养义务者,加害人对于该第三人亦应负损害赔偿责任。(第3项)……"此属间接被害人得请求损害赔偿的例外规定(参阅"最高法院"1984年台上字第182号判例)。被害人于死亡前就其身体健康受侵害的损害,则得请求损害赔偿,死亡后得为继承。

(二) 惩罚性赔偿金

消费者死亡本身,不发生赔偿请求权,前已说明,亦无由成立"消费者保护法"第51条的惩罚性赔偿金请求权。① 就其死亡前所受伤害,被害人除损害赔偿外,并得请求惩罚性赔偿金,均得为继承。

在消费者死亡的情形,"消费者保护法"未规定,间接被害人就其支出所受损害(支出的殡葬费、医疗费、丧失的扶养费请求权),得请求惩罚性赔偿。学说上有人认为就"消费者保护法"第51条之文义解释而言,第三人固非消费者,似非该条所定之请求权主体;但于因企业经营者过失致消费者死亡的严重案例,就规范目的而言,为惩罚恶性之企业经营者,并吓阻其他企业经营者仿效,自应有惩罚性赔偿金之适用,始能避免评价之严重矛盾。故于第三人对所支出殡葬费及扶养费之损害,请求惩罚性赔偿金之情形,应认为该条要件存在法律漏洞,而以目的性扩张方式填补漏洞,承认第三人亦得请求惩罚性赔偿金。②

---

① 参见詹森林:《直接被害人死亡与消费者保护法惩罚性赔偿金请求权之归属》,载《月旦裁判时报》2010年(创刊号),第54页采不同见解,认为:"消费者保护法"第51条规定惩罚性赔偿金,其目的在于制裁、惩罚企业经营者,并借以遏阻该企业经营者及其他之企业经营者再度从事相同之不法行为,此为该条立法理由所明示。因此,本条适用上,其应重视者,乃企业经营者不法行为之恶性,至于被害人是否因该不法行为而死亡,对于惩罚性赔偿金之"成立",不应有所影响。抑有进者,被害人死亡时,对于惩罚性赔偿金之"额度",更应予以提高,始能发挥惩罚性赔偿金之制裁与遏阻功能。问题在于,台湾地区法上就死亡本身,被害人并无损害赔偿请求权,若被害人就其死亡本身无损害赔偿请求权,自无由成立"消费者保护法"第51条惩罚性赔偿金。

② 参见许政贤:《企业经营者过失致消费者死亡之惩罚性赔偿金》,载《台湾法学杂志》2009年第131期,第175页以下。

关于上揭学说见解,应说明的是,所谓第三人系指间接被害人而言,而不是指直接被侵害的第三人。此项见解似亦认为就死亡本身不成立惩罚性赔偿金请求权。所谓目的性扩张,系就"民法"第192条而言,并非针对"消费者保护法"第51条。问题在于"消费者保护法"未明定间接被害人惩罚性赔偿金请求权,是否存在一个须借目的性扩张(或类推适用)"民法"第192条规定,加以填补的法律漏洞。

三、多数被害人：团体诉讼、巨额惩罚性赔偿金

在产品责任常会有多数被害人,在此情形,消费者团体得依"消费者保护法"第49条规定,以自己名义提起第50条消费者赔偿诉讼。"消费者保护法"第51条亦适用于消费者保护团体依同法第49条、第50条规定提起之诉讼。在台湾地区新北地方法院2012年重消字第1号判决(塑化剂案),消基会代五百多位消费者所提起的团体诉讼①,被害人众多、造成大量损害时,值得探讨的有两个问题：

(1)数百倍于损害额的惩罚性赔偿金是否会过于巨大,使得企业经营者难以负担。

(2)如何酌定惩罚性赔偿金数额。

四、多数加害人：连带责任

"消费者保护法"第7条第3项规定："企业经营者违反前两项规定,致生损害于消费者或第三人时,应负连带赔偿责任。但企业经营者能证明其无过失者,法院得减轻其赔偿责任。"例如某香料有限公司使用具有毒性的化学原料(例如塑化剂),掺入食品添加物,并将所生产的起云剂供给下游厂商生产运动饮料、浓缩果汁、果酱、面包、蛋精,危害消费者身体健康时,其生产黑心起云剂及使用起云剂的下游厂商,应依"消费者保护法"第7条规定负连带赔偿责任。

"消费者保护法"第51条似并未规定企业经营者就惩罚性赔偿金负连带责任。连带责任之成立,除当事人明示外,以法律有规定者为限(第

---

① 本件判决涉及两个争议问题：(1)"消费者保护法"第51条所称过失应否限缩解释为重大过失；(2)企业经营者就惩罚性赔偿金应否负连带责任？参见罗郁婷：《惩罚性赔偿金之再形塑——从新北地院2012年度重消字第1号判决出发探讨惩罚性赔偿金之待决问题》,载《消保二十载迎向新未来专刊》(2014)。

272 条第 2 项),不发生类推适用"消费者保护法"第 7 条第 3 项规定的问题。衡诸惩罚性赔偿金的规范功能,亦不应使企业经营者就具惩罚性的赔偿金负连带责任。

第四节 结论:美国惩罚性赔偿的继受与本土化的发展

第一款 惩罚性赔偿制度的省思

一、为何要有惩罚性赔偿制度?

中国台湾地区系采民刑分立,民事损害赔偿采全部赔偿及禁止得利原则。数十年来陆续制定特别法,引进美国法上具准刑事处罚规定性质的惩罚性赔偿,包括公平交易法、证券交易法、知识产权法(专利法、商标法、著作权法)及消费者保护法等。惩罚性赔偿源自英国,在英国始终具有争议,有学者强力主张应予废除,实务上采取诸多的改革措施(包括类型检验与金额控制),英国政府表示不再制定关于惩罚性赔偿的法律。惩罚性赔偿系美国侵权行为法指标性的制度,有人认为系保障人民权益的重要机制,但亦有严加批评、倡导改革,甚至有人主张应予废除的。

值得再提出讨论的是,为何英美法上有惩罚性赔偿制度?是否其他法律制度(例如刑法、行政法等)不足以保护人民权益?大陆法系国家为何不采惩罚性赔偿,甚至认为此项制度违反内国的公共秩序、不予承认执行此类之美国判决?德国、法国、日本等国家基本上无惩罚性赔偿,究竟如何有效保护人民权益、防范危害?此应为中国台湾地区继受美国法惩罚性赔偿及法学研究上深刻探究的课题。

二、如何整合强化保护人民权益的法律机制?

惩罚性赔偿制度有助于促进检讨中国台湾地区的法律体系。应探讨的是现行法有何不足之处,必须引进具有争议的惩罚性赔偿制度?所应努力的是整合民法、刑法与行政法,建构一个有效率的保护人民权益、防范危害风险的法律机制。食品安全是一个攸关消费者权益的重要问题,兹以此为例,图示其规范体系如下(请阅读相关条文):

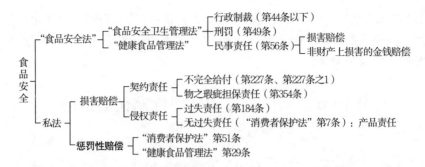

"食品安全卫生管理法"第15条第1项第7款关于掺伪或假冒的刑事责任的解释适用，系理论与实务的重大争议问题。① 关于"食品安全卫生管理法"第56条第2项规定："消费者虽非财产上之损害，亦得请求赔偿相当之金额，并得准用消费者保护法第47条至第55条之规定提出消费诉讼。"台湾地区彰化地方法院作有2014年重诉字第64号判决，受到重视。② "健

---

① 参见李茂生：《食品安全卫生管理法下的掺伪、假冒——一个比较法的省思》，载《法令月刊》2016年第76卷第10期，第29页(第56页附有参考文献)，强调应强化行政管制，不能过度依赖刑法。

② 本件裁判要旨略谓：所谓健康权，并非单纯仅指生理之健康，亦包含心理之健康层次，换言之，每个人都有权决定自我心情，但不代表应受他人干扰产生不健康之负面情绪。⋯⋯更有甚者，消费者之所以购买某种食用油品，乃系基于所知、所闻，甚至是自身因素考虑(例如，对某种成分过敏、基于宗教、认知上有益于健康等因素)后，综合判断所作之决定，无论原因为何，都是属于消费者自由意志之展现。今被告制作之油品涉入掺伪、混油、添加假冒方式，瓶装标示与实际内容物不符，使消费者无从借感官所见、所闻进行辨识真伪，系故意以不正当之手段误导消费者，虽消费者仍系依自主意识作成判断而购买，惟实际购买后食入之内容物，根本与自己所闻所知者不同，等同变相干扰消费者之自主意识，难谓非属对消费者重大人格法益之侵害。⋯⋯本件有购买被告所制作八大类油品之消费者，均应认为受有非财产上之侵害并致受有损害，已如前述，审酌消费者食用瑕疵油品之时间、数量已无从确认，实难以精算消费者所受之非财产上损害额为何，惟本于人格权之无价，食用油品又为民生日常必需品，且通常食用油品对象非仅于消费者个人，而大多及其家庭成员，并揆诸上揭规定，本院仅就消费者所受之非财产上损害额审酌，认原告主张每位购买八大类油品之消费者，受有相当于1万元之非财产上损害，实属适当而可采。另参见许政贤：《食安消保团体诉讼中慰抚金的量定》，载《台湾法学杂志》2016年第300期，第157页，提出两点评释意见：(1)法院认为健康权，包括个人有权决定自我心情，不受干扰并产生不健康负面情绪之权，异于传统见解，过度扩张健康权的概念。2. 关于非财产上损害，法院所采量定慰抚金的方式，虽异于实务上个别审酌加害人及被害人双方身份资力与加害程度、被害人所受痛苦程度等因素，但鉴于本件食品安全事件之消费者保护团体诉讼，属于扩散性事件小额损害之团体诉讼，与个人损害赔偿事件相较，在审理原则及运作方式上均应有所区别，而须特别考虑裁判迅速、简易，以兼顾私益、公益之妥适平衡。因此，在审判方法上，利用法律内法之续造方法，由法院依受害消费者人数的总额，先量定每一消费者受害金额，再据以计算总损害额度，如同本判决所采具体做法，应值肯定。就此而言，本判决上述做法，亦为日后类似案例，开启慰抚金量定之新模式，深值重视。值得提出的是，此种所谓慰抚金量定的新模式，非属法律漏洞的补充，是否系法律内法之续造方法，尚有研究余地。

康食品管理法"第29条规定的惩罚性赔偿金,实务上罕见案例。①

第二款 惩罚性赔偿与民事责任的建构

一、解释适用的方法论

传统的民事责任,系建立在个人平等,实践平均正义的价值理念之上②,对私法而言,具准刑罚性质的惩罚性赔偿是一个异体物或外来因素(an alien element in private law)。③ 判例学说的任务在于调和传统民事损害赔偿原则与惩罚性赔偿,例如应否对(旧)"消费者保护法"第51条的过失目的性限缩为重大过失? 应否对"民法"第192条间接被害人的殡葬费、医疗费、扶养费的损害赔偿规定,作目的性扩张,适用于惩罚性赔偿金? 此类争议在方法论上应参酌英美法的判例学说、中国台湾地区民事赔偿的基本原则与惩罚性赔偿制度的目的,加以解释适用,期能建构一个和谐的民事责任体系。

二、知识产权与惩罚性赔偿

知识产权(专利权、商标权、著作权)攸关科技进步、产业活动及文化发展,因侵害防范不易,损害难以计算,专利法特别规定三种可供专利权人选择的损害计算方法,此应参照"民法"第216条(所失利益的赔偿)、第177条第1项(不法无因管理)及第179条(不当得利)加以理解及解释适用。须再强调的是,权益归属不当得利请求权亦得适用于知识产权受侵害的情形,此不以受益人有故意或过失,或请求权人受有损害为要件,有助于保护知识产权。

三、消费者保护法上的惩罚性赔偿金

"消费者保护法"第51条规定的惩罚性赔偿金与民事责任具有密切

---

① 相关判决,参见台湾地区高等法院2015年上易字第40号判决;台湾地区高等法院2010年重诉字第41号判决;台湾地区新北地方法院2014年诉字第1927号判决;台湾地区苗栗地方法院2011年简字第565号判决。
② Bydlinski, System und Prinzipien des Privatrechts (1996); Franz Bydlinski, Die Suche nach der Mitte als Daueraufgabe der Privatrechtswissenschaft, AcP 204 (2004), 343 ff.
③ Helmut Koziol, Punitive Damages: Admission into the Seventh Legal Heaven or Eternal Damnation?, Comparative Report and Conclusion, in : Punitive Damages: Common Law and Civil Law Perspectives 275, 296 (Helmut Koziol & Vanessa Wilcox eds., 2009).

关系,解释适用上甚多争议,说明如下:

(1)"消费者保护法"第51条所称依本法所提之诉讼,包括"消费者保护法"第22条,即应结合第22条与第23条规定作体系解释,建构请求权基础,认为企业经营者明知或可得而知广告与事实不符者,应就消费者信赖该广告所受损害,负赔偿责任。

(2)"消费者保护法"第51条所称企业经营者的故意、过失,指企业经营者自己的过失。企业经营者对受雇人选任监督的过失亦应负责,不适用或类推适用"民法"第188条规定。

(3)用于计算惩罚性赔偿金的损害额,不包括非财产上损害的金钱赔偿(慰抚金),其理由系慰抚金的量定应考虑加害人故意过失的程度及经济能力,亦具有制裁及预防的目的。

(4)惩罚性赔偿金的请求权人,除消费者外,应包括第三人,此系参照"消费者保护法"第7条第3项规定与惩罚性赔偿的目的,为保护被害人就"消费者保护法"第51条规定所作的法之续造。

(5)消费者或第三人死亡时,被害人因死亡而丧失权利能力,就死亡本身无由成立损害赔偿或惩罚性赔偿金。

(6)在产品责任常发生被害人多数的情形,此涉及团体诉讼及惩罚性赔偿金的量定问题。加害人多数时,"消费者保护法"第51条未规定连带责任,依"民法"第272条第2项,连带债务之成立,除当事人明示外,以法律有规定者为限的原则,并考虑惩罚性赔偿金的性质,数企业经营者应不负连带责任。

第三款　实证研究的发现及启示

一、三个统计资料

台湾地区法创设惩罚性赔偿,具有处罚、吓阻不法行为的重要法政策上的目的。此项目的之实践,体现于实务案件及法院对相关规定的解释适用,兹先引用三个统计资料如下:

(一)各级法院援引"惩罚性赔偿金有关规定"案件数量统计表

陈忠五应本书作者的请求,制作台湾地区各级法院援引"惩罚性赔偿金有关规定"案件数量统计表①：

法律规定	"消费者保护法"第51条	"著作权法"第88条第3项	"公平交易法"第31条第1项	"专利法"第97条第2项	"营业秘密法"第13条第2项	"证券交易法"第157条之1第3项
地方法院合计	742	430	141	120	21	9
高等法院合计	362	125	70	70	8	9
"最高法院"	66	21	3	3	0	

（二）惩罚性赔偿专利民事案件

吴佩珊曾就智慧财产法院专利民事案件惩罚性赔偿，从事实证研究，搜集了2012年1月1日至2014年9月30日关于损害赔偿及惩罚性赔偿案件，发现在此3年期间共有385件关于损害赔偿及惩罚性赔偿的判决，其中权利人主张惩罚性赔偿的有52件，法院判决肯定惩罚性赔偿金的有11件。吴佩珊整理此11件采取惩罚性赔偿的判决，依金额、判决日期与法院酌定的惩罚性赔偿倍率制作下表（经本书作者改依赔偿倍率排列次序）：

编号	判决字号	判决日期	酌定之惩罚性赔偿倍率	损害赔偿金额（元）
1	2013,民专上,28	2014/03/18	3	16 770
2	2013,民专上,36	2014/05/22	2.5	21 750
3	2013,民专上,52	2014/04/10	2.5	550 000
4	2011,民专上更（一）,91	2012/04/26	2.5	609 210
5	2012,民专上,50	2014/02/27	2	72 454 134
6	2011,民专上,41	2012/10/11	2	1 355 820
7	2011,民专诉,61	2012/06/28	2	160 000 000
8	2011,民专诉,53	2012/05/29	2	128 000
9	2011,民专上,8	2012/07/05	1.5	43 125
10	2011,民专诉,91	2012/04/27	契约定额+1.5倍	1 794 880
11	2012,民专上,4	2012/11/22	1.2	219 348

---

① （1）搜寻日期：2016年10月23日。（2）搜寻范围：自各法规制定施行后迄今全部判决。（3）资料来源："司法院"法学资料检索系统。（4）统计方式：键入"法规名称""条号及项次"（分别使用汉字及阿拉伯数字查寻）。为避免因法规变动，无法以上述方式搜寻，遇有修正条文时，再以"法规名称"且"惩罚性赔偿"且"旧法条文"（汉字、阿拉伯数字）交叉搜寻比对，扣除搜寻结果中无关者，取得结果。（5）结果表格中，因智能财产法院同时管辖一审及二审案件，故在统计上区分智慧财产法院一审及上诉审，再分别和地方法院、高等法院案件统计。

值得特别提出的是,吴佩珊尚进一步就此11个案例分析检讨法院判决课予惩罚性赔偿的理由,甚具参考价值。

杨博尧与刘尚志整理2008年7月1日至2014年6月30日6年期间所有与专利权侵害损害赔偿有关的民事一、二审案件,筛选120个相关判决,制作专利侵权案件惩罚性赔偿金倍数分布图,可供参照,略作整理如下表:

倍率	1倍	1.2倍	1.5倍	1.6倍	1.8倍	1.9倍	2倍	2.5倍	3倍
判决件数（49）	4	2	19	3	1	1	14	3	2

二、发现、分析及期待

前揭3个关于惩罚性赔偿实证统计资料的主要发现系各级地方法院相关判决的件数,依序为消费者保护法(742件)、著作权法(430件)、公平交易法(141件)、专利法(120件)、营业秘密法(21件)与证券交易法(9件)。此等判决数量如何显现惩罚性赔偿处罚、吓阻不法行为的功能,是一个值得进一步深入探究的问题。

关于法院科处专利权惩罚性赔偿的倍数,就杨博尧、刘尚志的研究,以1.5倍最多(19件),2倍次之(14件),3倍的仅有2件,分布情形尚称均匀。依据吴佩珊整理的资料,赔偿金额有多达约7200万元至1.6亿元。值得深入分析检讨的是,专利权人是否就故意侵害行为均会请求惩罚性赔偿;法院判决不科处惩罚性赔偿的理由;科处惩罚性赔偿时量定赔偿倍数及金额时所考虑的因素。

实证研究除慰抚金与惩罚性赔偿金外,尚应运用于整个损害赔偿法,发现活的法律(law in action),认识法律的规范功能的实践,验证学说理论的猜想,阐释法院解释适用的理由构成,检视立法政策,期能更有助于法律的进步与发展。①

---

① 关于法实证研究与法释义学如何接轨之问题,参见王鹏翔、张永健:《经验面向的规范意义——论实证研究在法学中的角色》,载《中研院法学期刊》2015年第17期,第205—294页。

主要参考文献

一、中文文献

Helmut Koziol and Vanessa Wilcox 著、窦海阳译(2012):《惩罚性赔偿金:普通法与大陆法的视角》,中国法制出版社。(Helmut Koziol & Vanessa Wilcox eds. 2009. Punitive Damages: Common Law and Civil Law Perspectives.)

王千维:《论人格法益之赔偿方法》,载《月旦法学杂志》第 99 期,第 115—133 页(2003)。

王泽鉴:《契约责任与侵权责任之竞合》,载《民法学说与判例研究》(一),第 395—412 页,台北:自版,(1975)。

王泽鉴:《第三人与有过失与损害赔偿之减免》,载《民法学说与判例研究》(一),第 63—75 页,台北:自版,(1975)。

王泽鉴:《连带侵权债务人内部求偿关系与过失相抵原则之适用》,载《民法学说与判例研究》(一),第 49—61 页,台北:自版,(1975)。

王泽鉴:《给付不能》,载《民法学说与判例研究》(一),第 413—432 页,台北:自版,(1975)。

王泽鉴:《间接受害人之损害赔偿请求权及与有过失原则之适用》,载《民法学说与判例研究》(一),第 387—393 页,台北:自版,(1975)。

王泽鉴:《损害赔偿之归责原则》,载《民法学说与判例研究》(一),第 345—350 页,台北:自版,(1975)。

王泽鉴:《契约关系对第三人之保护效力》,载《民法学说与判例学说》(二),第 33—56 页,台北:自版,(1979)。

王泽鉴:《不完全给付之基本理论》,载《民法学说与判例研究》(三),第 59—87 页,台北:自版,(1981)。

王泽鉴:《自始主观给付不能》,载《民法学说与判例研究》(三),第 41 页,台北:自版,(1981)。

王泽鉴:《劳灾补偿与侵权行为损害赔偿》,载《民法学说与判例研究》(三),第

253—281 页,台北:自版,(1981)。

王泽鉴:《让与请求权》,载《民法学说与判例研究》(三),第 297—315 页,台北:自版,(1981)。

王泽鉴:《民法第一一三条规范功能之再检讨》,载《民法学说与判例研究》(四),第 55—76 页,台北:自版,(1983)。

王泽鉴:《法定扶养义务人为被害人支出医药费之求偿关系》,载《民法学说与判例研究》(四),第 179—194 页,台北:自版,(1983)。

王泽鉴:《侵害生命权之损害赔偿》,载《民法学说与判例研究》(四),第 275—298 页,台北:自版,(1983)。

王泽鉴:《物之瑕疵担保、不完全给付与同时履行抗辩》,载《民法学说与判例研究》(六),第 115—141 页,台北:自版,(1990)。

王泽鉴:《为债务履行辅助人而负责》,载《民法学说与判例研究》(六),第 67—99 页,台北:自版,(1990)。

王泽鉴:《土地征收补偿金交付请求权与民法第二二五条第二项规定之适用或类推适用》,载《民法学说与判例研究》(七),第 129—142 页,台北:自版,(1992)。

王泽鉴:《时间浪费与非财产上损害之金钱赔偿》,载《民法学说与判例研究》(七),第 143—160 页,台北:自版,(1992)。

王泽鉴:《法律思维与民法实例:请求权基础理论体系》,台北:自版,(2010)。

王泽鉴:《人格权法》,台北:自版,(2012)。

王泽鉴:《债法原理》,增订三版,台北:自版,(2012)。

王泽鉴:《民法总则》,增订新版,台北:自版,(2014)。

王泽鉴:《不当得利》,增订新版,台北:自版,(2015)。

王泽鉴:《侵权行为法》,增订新版,台北:自版,(2015)。

王鹏翔、张永健:《经验面向的规范意义——论实证研究在法学中的角色》,载《中研院法学期刊》第 17 期,第 205—294 页,(2015)。

王鹏翔、张永健:《被误解的恋情——经济分析与法学方法》,载《经济分析与法学方法》,"中研院"法律所个人年度学术研讨会,2016 年 12 月 13 日。

史尚宽:《债法各论》,(1977)。

史尚宽:《债法总论》,(1983)。

何孝元:《损害赔偿之研究》,台北:台湾商务,(1968)。

何建志:《惩罚性赔偿金之法理与应用——论最适赔偿金额之判定》,载《台湾大学法学论丛》第 31 卷第 3 期,第 237—289 页,(2002)。

何汉葳、张永健:《法实证方法进阶导论——固定效果、随机效果、群聚标准误》,载《月旦法学杂志》第 259 期,第 167—181 页,(2016)。

吴佩珊:《智慧财产法院专利民事案件惩罚性损害赔偿之实证研究》,载《全国律师》第18卷第10期,第43—60页,(2014)。

李建良:《基本权利与国家保护义务》,载《宪法理论与实践》(二),第59—67页,(2000)。

李柏静:《美国专利法制之惩罚性损害赔偿规范与确定原则——从美国专利改革谈起》,载《世新法学》第3卷第2号,第87—139页,(2010)。

李茂生:《食品安全卫生管理法下的掺伪、假冒——一个比较法的省思》,载《法令月刊》第76卷第10期,第29—59页,(2016)。

沈冠伶:《美国倍数赔偿金判决之承认与执行——"最高法院"九七年台上字第八三五号判决评释》,载《台湾法学杂志》第117期,第41—54页,(2008)。

周金城、吴俊彦:《论专利法之惩罚性赔偿》,载《月旦法学杂志》第118期,第107—124页,(2005)。

林大洋:《侵权责任与契约责任之分与合》,载《法令月刊》第67卷第10期,第60—77页,(2016)。

林山田:《刑法通论》(八版),台北:自版,(2003)。

林世宗:《惩罚性赔偿与违约惩罚之研析比较》,载《比较民商法论文集——方文长教授九十华诞祝寿论文集》,第121—162页,台北:元照,(2005)。

林易典:《论法院酌减损害赔偿金额之规范:欧陆各国民法中之酌减条款与……之比较研究》,载《台湾大学法学论丛》第36卷第3期,第305—384页,(2007)。

林恩玮:《国际私法上外国惩罚性赔偿金判决之承认——以台湾实务裁判为中心》,载《法学丛刊》第56卷第3期,第137—160页,(2011)。

林诚二:《雇用人违反雇佣契约保护义务之法律效果》,载《台湾法学杂志》第292期,第129—137页,(2016)。

林德瑞:《论惩罚性赔偿》,载《中正大学法学集刊》(创刊号),第25—66页,(1998)。

林德瑞:《论惩罚性赔偿金可保性之法律争议》,载《中正大学法学集刊》第2期,第103—129页,(1999)。

林德瑞:《惩罚性赔偿金适用之法律争议问题》,载《月旦法学杂志》第110期,第40—54页,(2004)。

邱锦添:《医疗行为不适用消费者保护法之规定》,载《全国律师》第9卷第11期,第64—74页,(2006)。

邱聪智著、姚志明校订:《新订债法各论》(中),高雄:高雄复文,(2002)。

侯英泠:《德国医事民法中病人与有过失之探讨》,载《台北大学法学论丛》第86期,第125—183页,(2013)。

侯英泠:《"计划外生育"与非财产损害赔偿——评"最高法院"2011年台上字第468号民事判决》,载《台湾本土法学杂志》第47期,第63—76页,(2003)。

侯英泠:《论院内感染之民事契约责任——以爆发 SARS 院内感染为例》,新北:正典,(2004)。

侯英泠:《"计划外生命"与"计划外生育"之民事上赔偿责任之争议》,载《成大法学》第 4 期,第 181—220 页,(2012)。

姚志明:《二〇〇二年德国债法现代化——一般给付障碍与买卖契约》,载《民事法理论与判决研究(一)——不完全给付与瑕疵担保责任》,第 177—202 页,台北:元照,(2009)。

姚志明:《承揽瑕疵损害赔偿与不完全给付于"最高法院"发展之轨迹》,载《月旦法学杂志》第 198 期,第 23—39 页,(2011)。

姜世明:《新民事证据法论》,台北:新学林,(2002)。

姜世明:《拟制自认之客体》,载《台湾本土法学杂志》第 77 期,第 306—311 页,(2005)。

胡冠彪、许有关、黄富源、翩而维、郑清仁、罗伟仁:《论专利侵权之惩罚性赔偿》(上),载《专利师》第 2 期,第 52—63 页,(2010)。

孙森焱:《民法债编总论》(上),台北:自版,(2004)。

孙森焱:《民法债编总论》(下),台北:自版,(2004)。

张永健:《侵权行为的算数题——扶养费与薪资损失的计算》,载《月旦法学杂志》第 228 期,第 109—118 页,(2014)。

张永健、何汉葳、李宗宪:《地方法院生命侵害慰抚金判决之实证研究》,载《民事实体法实证研究工作坊》。

张永健、李宗宪:《身体健康侵害慰抚金之实证研究——2008 年至 2012 年地方法院医疗纠纷与车祸案件》,载《台大法学论丛》第 44 卷第 4 期,第 1785—1844 页,(2015)。

梅仲协:《民法要义》,(1954)。

许政贤:《企业经营者过失致消费者死亡之惩罚性赔偿金——"最高法院"九八台上二五二》,载《台湾法学杂志》第 131 期,第 175—177 页,(2009)。

许政贤:《食安消保团体诉讼中慰抚金的量定/彰化地院 2014 年度重诉字第 64 号判决》,载《台湾法学杂志》第 300 期,第 157—159 页,(2016)。

许政贤等:《"消费者保护法"第五十一条惩罚性赔偿金实务问题之解析——民法研讨会第七十一次研讨会议记录》,载《法学丛刊》第 60 卷第 3 期,第 149—174 页,(2015)。

陈自强:《契约责任归责事由之再构成:契约法之现代化》(Ⅰ),台北:元照,(2012)。

陈自强:《不完全给付与物之瑕疵——契约法之现代化》(Ⅱ),台北:新学林,(2013)。

陈忠五:《法国侵权责任法上损害之概念》,载《台湾大学法学论丛》第 30 卷第 4 期,第 111—124 页,(2001)。

陈忠五:《强制汽车责任保险法立法目的之检讨》,载《台湾本土法学杂志》第 70 期,第 59—100 页,(2005)。

陈忠五:《产前遗传诊断失误的损害赔偿责任》,载《台湾大学法学论丛》第 34 卷第 6 期,第 107—260 页,(2005)。

陈忠五:《不诚实广告与惩罚性赔偿金——"最高法院"2012 年台上字第 122 号判决评释》,载《台湾法学杂志》第 229 期,第 101—116 页,(2013)。

陈洸岳:《被害人之特殊体质与与有过失》,载《台湾法学杂志》第 280 期,第 113—117 页,(2015)。

陈秋君:《论侵害身份法益之民事责任》,载《台湾大学法律学研究所硕士论文》,(2008)。

陈哲宏:《物之毁损之损害赔偿——现行"民法"债篇修正草案第一九六条功能之评析》,载《法学丛刊》第 29 卷第 3 期,第 151—161 页,(1984)。

陈哲宏:《假设因果关系与损害赔偿》,载《台湾大学法律学研究所硕士论文》,(1987)。

陈慈阳:《环境法总论》,台北:元照,(2000)。

陈聪富:《美国惩罚性赔偿金的发展趋势——改革运动与实证研究的对峙》,载《台湾大学法学论丛》第 27 卷第 1 期,第 231—264 页,(1997)。

陈聪富:《美国法上之惩罚性赔偿金制度》,载《台湾大学法学论丛》第 31 卷第 5 期,第 163—219 页,(2002)。

陈聪富:《论违反保护他人法律之侵权行为》,载《侵权归责原则与损害赔偿》,第 77—112 页,台北:元照,(2004)。

陈聪富:《人身侵害之损害概念》,载《台湾大学法学论丛》第 35 卷第 1 期,第 47—110 页,(2006)。

陈聪富:《侵权违法性与损害赔偿》,(2008)。

陈聪富、陈忠五、沈冠伶、许士宦:《美国惩罚性赔偿金判决之承认及执行》,台北:新学林,(2004)。

陈聪富等:《美国惩罚性赔偿金的发展趋势——改革运动与实证研究的对峙》,民法研究会第 9 次研讨会记录,载《法学丛刊》第 43 卷第 1 期,第 97—115 页,(1998)。

曾世雄:《违反公平交易法之损害赔偿》,载《政大法学评论》第 44 期,第 351—371 页,(1991)。

曾世雄:《损害赔偿法原理》,台北:自版,(1996)。

曾世雄:《非财产上之损害赔偿》,台北:元照,(2005)。

曾世雄原著、詹森林续著:《损害赔偿法原理》(三版),台北:新学林,(2013)。
曾品杰:《从民法到公平交易法——以损害赔偿为中心》,载《公平交易季刊》第6卷第1期,第91—124页,(1998)。
曾隆兴:《详解损害赔偿法》,台北:三民,(2003)。
"最高法院"学术研究会编印:《民法与行政法交错适用》,载《"最高法院"学术研讨会丛书》(九),(2003)。
汤德宗:《行政程序法论》,台北:元照,(2000)。
黄立:《民法债编总论》,(1999)。
黄立:《剖析债编新条文的损害赔偿方法》,载《月旦法学杂志》第61期,第87—93页,(2000)。
黄立:《德国新债法之研究》,台北:元照,(2009)。
黄茂荣:《技术性贬值及交易性贬值》,载《民事法判解评释》(增订版),第369—381页,(1985)。
黄茂荣:《债法各论》(第一册),台北:植根,(2003)。
黄立主编:《民法债编各论》(上),第620页,台北:元照,(2004)。
杨芳贤:《正当的或适法的无因管理与不当得利之关系——台湾台北地方法院2002年度重诉字第一二八号判决评释》,载《台湾本土法学杂志》第67期,第33—39页,(2005)。
刘尚志主编:《台湾专利法制与判决实证》,(2015)。
杨靖仪:《惩罚性赔偿金之研究——以评析"消费者保护法"第五十一条为中心》,载《台湾大学法律学研究所硕士论文》,(1996)。
叶俊荣:《环境行政的正当程序》,载《台大法学丛书》第76卷,台北:翰芦,(1997)。
叶俊荣:《环境理性与制度抉择》,载《台大法学丛书》第110卷,台北:翰芦,(2001)。
葛云松:《期前违约规则研究》,中国政法大学,(2005)。
詹森林:《物之抽象使用利益的损害赔偿》,载《台湾大学法律学研究所硕士论文》,(1984)。
詹森林:《物之瑕疵担保、不完全给付与买卖价金之同时履行抗辩——"最高法院"1988年度第七次民事庭会议决议之研究》,载《万国法律》第42期,第30—44页,(1988)。
詹森林:《互殴与与有过失》,载《民事法理与判决研究》(一),第283—292页,台北:元照,(1998)。
詹森林:《雇用人行使求偿权时与有过失原则之类推适用》,载《民事法理与判决研究》(一),第319—330页,台北:元照,(1998)。

詹森林:《机车骑士与其搭载者间之与有过失承担:"最高法院"1985 年台上字第一一七〇号判例及七十四年度上字第二三〇六号判决之评论》,载《民事法理与判决研究》(一),第 293—318 页,台北:元照,(1998)。

詹森林:《自始客观不能》(二),载《月旦法学教室》第 2 期,第 53—61 页,(2002)。

詹森林:《不完全给付——"最高法院"决议与判决之发展》,载《民事法理与判决研究》(二),第 127—182 页,台北:元照,(2003)。

詹森林:《自始主观不能》,载《月旦法学教室》第 6 期,第 56 页,(2003)。

詹森林:《承揽瑕疵担保责任重要实务问题》,载《月旦法学杂志》第 129 期,第 5—18 页,(2006)。

詹森林:《受雇人执行职务之侵权行为与雇用人之消保法惩罚性赔偿金责任》,载《台湾法学杂志》第 142 期,第 53—72 页,(2009)。

詹森林:《欧洲侵权行为法之与有过失》,载《月旦民商法杂志》第 23 期,第 39—55 页,(2009)。

詹森林:《不完全给付与物之瑕疵担保之实务发展》,载《台湾大学法学论丛》第 39 卷第 3 期,第 69—108 页,(2010)。

詹森林:《出卖人附随义务之实务发展——"最高法院"裁判之研究》,载《法令月刊》第 61 卷第 3 期,第 33—46 页,(2010)。

詹森林:《直接被害人死亡与消保法惩罚性赔偿金请求权之归属》,载《月旦裁判时报》(创刊号),第 50—57 页,(2010)。

詹森林:《非财产损害与惩罚性赔偿》,载《月旦裁判时报》第 5 期,第 32—39 页,(2010)。

詹森林:《消保法惩罚性赔偿金责任之过失应否限于重大过失?》,载《月旦裁判时报》第 4 期,第 50—59 页,(2010)。

廖义男:《国家赔偿法》,台北:自版,(1987)。

廖义男:《公平交易法之理论与立法》,台北:自版,(1995)。

熊诵梅:《分久必合,合久必分——台湾智慧财产诉讼新制之检讨与展望》,载《月旦民商法杂志》第 38 期,第 23—39 页,(2012)。

刘春堂:《民法债编各论》(中),台北:自版,(2004)。

刘春堂:《民法债编通则(一):契约法总论》,台北:自版,(2011)。

蔡墩铭:《刑法精义》,台北:自版,(1999)。

郑玉波:《民法债编总论》,(1988)。

郑玉波著、陈荣隆修订:《民法债编总论》(修订二版),台北:三民,(2002)。

萧忠仁:《论不完全给付与物之瑕疵担保竞合——以检查义务、除斥期间之遵守为中心》,载《法学丛刊》第 41 卷第 3 期,第 40—59 页,(1996)。

谢哲胜:《侵权行为被害人之法定代理人与有过失——"民法"第二百十七条修正评析》,载《月旦法学杂志》第 54 期,第 42—51 页,(1999)。

谢哲胜:《惩罚性赔偿》,载《财产法专题研究》(二),第 1—49 页,(1999)。

谢哲胜:《惩罚性赔偿》,载《台湾大学法学论丛》第 30 卷第 1 期,第 113—162 页,(2001)。

罗郁婷:《惩罚性赔偿金之再形塑——从新北地院 2012 年度重消字第 1 号判决出发探讨惩罚性赔偿金之待决问题》,载《消保二十载迎向新未来专刊》,"行政院"消费者保护处,(2014)。

二、日文文献

山田卓生(编集代表):《新·现代损害赔偿法讲座》,东京:日本评论社,(1998 年)。

吉村良一:《不法行为法》,东京:有斐阁,(2005)。

有泉亨监修:《现代损害赔偿法讲座》,东京:日本评论社,(1972—1974 年)。

后藤孝典:《现代损害赔偿法论》,东京:日本评论社,(1984)。

高木多喜男等:《不法行为法等》,载山本敬三、高木多喜男:《民法讲义》,东京:有斐阁,(1977)。

三、德文文献

1. 文献

von Bar, Christian/Zimmermann, Reinhard (Hrsg.), Grundregeln des Europäischen Vertragsrecht, Teil I und II, (2002).

Bartelt, Johann Christian, Beschränkung des Schadensersatzumfangs durch das Übermassverbot?: Eine Untersuchung der Vereinbarkeit des Grundsatzes der Totalreparation (§249 I BGB) mit dem verfassungsrechtlichen Verhältnismäβigkeitsprinzip, (2004).

Beck, Ulrich, Risikogesellschaft. Auf dem Weg in eine andere Moderne, (1986).

Benecke/Pils, Der Ersatz des Nutzungsinteresses-Nutzungsersatz für eigenwirtschaftlich genutzte Gegenstände als Schwäche der Differenzmethode, JA 2007, S.241–320, (2007).

Brand, Oliver, Schadensersatz recht, 2 Aufl (2015).

Brinker, Jürger, Die Dogmatik zum Vermögensschadenserastz, (1982).

Brox/Walker, Schuldrecht AT, (2015).

Büdenbender, Ulrich, Wechselwirkungen zwischen Vorteilsausgleichung und Drittschadensliquidation, JZ 50, S. 920, (1995).

Bydlinski, System und Prinzipien des Privatrechts, (1996).

Bydlinski, Franz, System und Prinzipien des Privatrechts, (1996).

Bydlinski, Franz, Die Suche nach der Mitte als Daueraufgabe der Privatrechtswissenschaft, AcP 204, S. 309 – 395, (2004).

Bydlinski, Franz (Hrsg.), Das bewegliche System im geltenden und künftigen Recht, (1986).

Canaris, Verstöße gegen das verfassungsrechtliche Übermaßverbot im Recht der Geschäftsfähigkeit und im Schadensersatzrecht, Jurististen Zeitung, JZ 1987, 42, Nr. 21. S. 993 – 1004, (1987).

Canaris, Gewinnabschöpfung bei Verletzung des allgemeinen Persönlichkeitsrecht, in: FS für Deutsch, S. 85, (1999)

Canaris, Die Reform des Rechts der Leistungsstörung, JZ 2001, S. 499 – 524, (2001).

Canaris, Schadensersatz wegen Pflichtverletzung, anfängliche Unmöglichkeit und Aufwendungsersatz im Entwurf des Schuldrechtsmodernisierungsgesetzes, DB 2001, S. 1815 ff, (2001).

Canaris (Hrsg.), Schuldrechtsmodernisierung, (2002).

Canaris, Claus-Wilhelm, Systemdenken und Systembegriff in der Jurisprudenz, 2. Aufl, (1983).

Cantzler, Die Vorteilsausgleichung beim Schadensersatzanspruch, AcP 156, S. 29, (1957).

Damm, Reinhard/Risikosteurung im Zivilrecht, in: Wolfgang Hoffmann-Riem/Eberhard Schmidt-Assmann (Hrsg.), Öffentliches Recht und Privatrecht als wechselseitige Auffangordnungen, S. 143 – 165, (1996).

Denninger, Erhard, Der Präventions-Staat, KJ 1988, S. 1 – 15, (1988).

Deutsch, Naturalrestitution und Geldersatz, JuS 1969, S. 449 – 455, (1969).

Deutsch, Haftungsrecht. Erster Band: Allgemeine Lehre, (1976).

Deutsch, Haftungsrecht, (1995).

Deutsch/Ahrens, Deliktsrecht, 5. Aufl, (2009).

Di Fabio, Udo, Risikoentscheidung im Rechtsstaat, (1994).

Di Fabio, Udo, Risikosterung im öffentlichen Recht, in: Wolfgang Hoffmann-Riem/ Eberhard Schmidt-Assmann (Hrsg.), Öffentliches Recht und Privatrecht als wechselseitige Auffangsordungen, S. 143 – 223, (1996).

Dietlein, Johannes, Die Lehre von grundrechtlichen Schutzpflichten, (1992).

Dunz, "Eigenes Mitverschulden" und Selbstwiderspruch, NJW 1986, S. 2234 – 2237, (1986).

Ebert, Ina, Pönale Elemente im deutschen Privatrecht: von des Renaissance der Privatstrafe im deutschen Recht, (2004).

Emmerich, Das Recht der Leistungsstörungen. 6 Aufl, (2005).

Erlanger, Die Gewinnabschöpfung bei Verletzung des allgemeinen Persönlichkeitsrechts, (2001).

Esser, Zur Entwicklung der Lehre von der Vorteilsausgleichung, MDR 1957, S. 522, (1957).

Esser, Schuldrecht, Allgemeiner Teil, Band I Teilband 2. 5. Aufl, (1975).

Esser/Weyers, Schuldrecht Band I, Allgemeiner Teil, Band II, 8. Aufl, (1993).

Felix, Dagmar, Einheit der Rechtsordnung, (1998).

Fikentscher/Heinemann, Schuldrecht. 10 Aufl (2006).

Fischer, Hans Albrecht, Der Schaden nach dem BGB für das deutsche Recht, (1903).

Flessner, Geldersatz für Gebrauchsentgang, JZ 1987, S. 271, (1987).

Fuchs, Delikts—und Schadensersatzrecht. 8 Aufl, (2012).

Giesen, Schadensbegriff und Menschenwürde, JZ 1994, S. 286, (1994).

Greger, Mitverschulden und Schadensminderungspflicht-Treu und Glauben im Haftungsrecht?, NJW 1985, S. 1130 – 1134, (1985).

Grunsky, Hypothetische Kausalität und Vorteilsausgleichung, in: Medicus/Mertens/Nörr/Zöllner (Hrsg.), Festschrift für Hermann Lange zum 70. Geburtstag am 24. Januar 1992, S. 469, (1992).

Günther, Wiese, Der Ersatz des immateriellen Schadens, (1964).

Hager, Das Mitverschulden von Hilfspersonen und gesetzlichen Vertretern des Geschädigten, NJW1989, S. 1640, (1989).

Heck, Grundriss des Schuldrechts, (1929).

Heck, Philipp, Grundriss des Schuldrechts, (1929).

Henke, Mitverursachung und Mitverschulden-Wer den Schaden herausfordert, muß den Schädiger schonen, JuS 1988, S. 753, (1988).

Hesse, Hans A., Der Schutzstaat: rechtssoziologische Skizzen in dunkler Zeit, (1994).

Von Hinden, Michael, Persönlichkeitsverletzungen im Internet, (1999).

Hoffmann-Riem, Wolfgang/Schmidt-Assmann, Eberhard (Hrsg.), Öffentliches Recht und Privatrecht als wechselseitige Auffangordnungen, (1996).

Hohloch, Allgemeines Schadensrecht, in: Bundesminister der Justiz (Hrsg.), Gutachten und Vorschläge zur Überarbeitung des Schuldrechts, Band I, S. 459 f, (1981).

Honsell, Die Quotenteilung im Schadensersatzrecht: Historische und dogmatische Grundlagen der Lehre vom Mitverschulden, (1977).

Honsell, Heinrich, Herkunft und Kritik des Interessenbegriffs im Schadensersatzrecht, JuS 1973, S. 69, (1973).

Huber, Christian, Das neue Schadensersatzrecht, (2003).

Isensee, Josef, Das Grundrecht auf Sicherheit: Zu den Schutzpflichten des freiheitlichen Verfassungsstaates, (1983).

Keuk, Vermögensschaden und Interesse, (1972).

Klumpp, Steffen, Die Privatstrafe: eine Untersuchung privater Strafzwecke, (2002).

Kobbelt, Der Schutz von Immaterialgütern durch das Bereicherungsrecht. (1999)

Koch, Harald/Willingmann, Armin (Hrsg.), Grossschäden-Complex Damages, (1988).

Köhler, in: Festschrift für Larenz, S. 349, 363 ff, (1983).

Köndgen, Haftpflichtfunktionen und Immaterialschaden, (1976).

Kötz/Wagner, Deliktsrecht.

Lange, Die Vorteilsausgleichung, JuS 1978, S. 649, (1978).

Lange, Hermann/Schiemann, Gottfried, Schadensersatzrecht, 3. Aufl, (2003).

Lange/Schiemann, Schadensersatzrecht, 3. Aufl, (2003).

Larenz, Die Berüchsichtigung hypothetischer Schadensursachen bei Schadenserimittlung, NJW, 1950, S. 187 – 188, (1950).

Larenz, Die Notwendigkeit eines gegliederten Schadensbegriffs, VersR, 1963, S. 1 ff, (1963).

Larenz, Schuldrecht II/1, 13. Aufl, (1986).

Larenz, Schuldrecht I, 13. Aufl. /14. Aufl, (1987).

Larenz, Karl, Methodenlehre der Rechtswissenschaft , 5. Aufl, (1983).

Larenz/Canaris, Schuldrecht II/2, 13 Aufl, (1994).

Lieberwirth, Das Schmerzensgeld, 3. Aufl, (1965).

Looschelders, Die Mitverantwortlichkeit des Geschädigten im Privatrecht, (1999).

Looschelders, Die haftungsrechtliche Relevanz außergesetzlicher Verhaltensregeln im Sport, JR 2000, S. 265, (2000).

Looschelders, Schuldrecht AT. 10 Aufl, (2012).

Lorenz, Immaterieller Schaden und billige Entschädigung in Geld, (1981).

Lorenz/Riehm, Lehrbuch zum neuen Schuldrecht, (2002).

Luhmann, Niklas, Soziologie des Rechts, (1991).

Magnus, Ulrich, Schaden und Ersatz, (1987).

Martens, Schadensersatz für entgangene Theaterfreuden?, AcP 209, S. 445, (2009).

Medicus, Unmittelbarer und mittelbarer Schaden, (1977).

Medicus, Normativer Schaden, JuS 1979, S. 233, (1979).

Medicus, Nutzungsentgang als Vermögensschaden, Jura 1987, S. 240 – 246, (1987).

Medicus, Der Grundsatz der Verhältnismäßigkeit im Privatrecht, AcP 192, S. 35 – 70, (1992).

Medicus, Zum Schutzzweck schadensabwehrender Pflichten oder Obliegenheiten, in: Hubert Niederländer/Erik Jayme (Hrsg.), Festschrift für Hubert Niederländer zum siebzigsten Geburtstag am 10. Februar 1991, (1992).

Medicus, Die psychische vermittelte Kausalität im Zivilrecht, JuS 2005, 289 – 296, (2005).

Medicus/Lorenz, Schuldrecht AT. 20. Aufl, (2012).

Medicus/Petersen, Bürgerliches Recht, 23. Aufl, (2011).

Mertens, Der Begriff des Vermögenschadens im Bürgerlichen Recht, (1967).

Mommsen, Friedrich, Zur Lehre von dem Interesse, (1855).

Mugdan, Die gesammten Materialien zum Bürgerlichen Gesetzbuch für das Deutsche Reich, Bd. II, (1899).

Müller, Peter, Punitive Damages und deutsches Schadensersatzrecht, (2000).

Neuner, R., Interesse und Vermögensschaden, AcP 133, 277 ff, (1931).

Nörr, Dieter, Zum Ersatz des immateriellen Schadens nach geltendem Recht, AcP 158, S. 1 – 15, (1959/60).

Oertmann, Die Vorteilansgleichung beim Schadensersatzanspruch, (1901).

Oftinger, Schweizerisches Haftpflichtrecht, 4. Aufl, (1975).

Oftinger/Stark, Schweizerisches Haftpflichtrecht, Erster Band: Allgemeiner Teil, (1995).

Oser, in: Gauch/Stöckli (Hrsg.), Schweizerisches Zivilgesetzbuch, 50. Aufl., Anm. Zum § 44, S. 321, (2014).

Ostheide, Die Schadensersatzrechtliche Problematik des unerwünschten Kindes im deutschen Zivilrecht, (2000).

Pecher, Hans Peter, Der Anspruch auf Genugtuung als Vermögenswert, AcP 171, S. 44 – 81, (1971).

Peters, Der Einwand des Mitverschuldens gegenüber Erfüllungsansprüchen, JZ 1995, S. 754 – 758, (1995).

Picker, Schadensersatz für das unerwünchte eigene Leben (Wrongful life), (1995).

Picker, Schadensersatz für das unerwünschte Kind, AcP 195, S. 483 ff, (1995).

Picker, Die Naturrestition durch den Geschädigten, (2003).

Prittwitz, Cornelius, Strafrecht und Risiko, (1993).

Rabel, Gesammelte Aufsätze (Hrsg. Von Leser), Bd. 3, Arbeiten zum Privatrecht 1907 – 1930, (1965).

Riesenhuber, System und Prinzipien des Europäischen Vertragsrecht, (2003).

Roberto, Schadensrecht, (1998).

Roberto, Vito, Schadensrecht, (1997).

Schiemann, Gottfried, Argumente und Prinzipien bei der Fortbildung des Schadensrechts, (1981).

Schlechtriem/Schwenzer, Kommentar zum Einheitlichen UN - Kaufrecht, 4. Aufl, (2004).

Schramm, Annina, Haftung für Tötung, (2010).

von Schroeter, Die Haftung für Drittschaden, Jura 1997, S. 343, (1997).

Schtlectriem, Schadensersatz und Schadensbegriff, ZeuP 1997, S. 232 f, (1997).

Schubert, Die Wiedergutmachung immaterieller Schäden im Privatrecht, (2013).

Schünemann, "Mitwirkendes Verschulden" als Haftungsgrund bei Fernwirkungsschäden, VersR 1978, S. 116 ff, (1978).

Schwenzer, in: Schlechtriem/Bacher/Schwenzer/Ferrari/Gruber/Hager/Hornung/Huber/Müller-Chen/Schmidt-Kessel/Stoll/Widmer (Bearb.), Kommentar zum Einheitlichen UN-Kaufrecht, 4. Aufl., S. 729, (2004).

Selb, Walt, Schadensbegriff und Regressmethoden, (1963).

Sonnenberger, Hans Jürgen, Der Vorteilsausgleich-rechtsvergleichende Anmerkungen zu einer fragwürdigen Rechtsfigur, in: Friedrich Graf von Westphalen/Otto Sandrock (Hrsg.), Lebendiges Recht: Von den Sumerern bis zur Gegenwart, Festschrift für Reinhold Trinkner zum 65. Geburtstag, S. 723, (1995).

Stahmer, Entschädigung von Nichtvermögensschäden bei Tötung, Eine rechtsvergleichende und rechtspolitische Untersuchung des deutschen, französischen und englischen Rechts, (2004).

Steding, Drittschadensliquidation, JuS 1983, S. 29, (1983).

Stoll, Das Handeln auf eigene Gefahr: Eine rechtsvergleichende Untersuchung, (1961).

Stoll, Empfiehlt sich eine Neuregelung der Verpflichtung zum Geldersatz für immaterielle Schäden?, Verh. 45. DJT I 1, (1964).

Stoll, Die Reduktionsklausel im Schadensrecht aus rechtsvergleichender Sicht, RabelsZ 34, S. 481 ff, (1970).

Stoll, Zur Haftung bei Erfüllungsverweigerung im Einheitlichen Kaufrecht, RabelsZ 52, S. 617-643, (1988).

Stoll, Handeln des Verletzten auf eigene Gefahr als Argument gegen die Haftung, in: Canaris/Heldrich (Hrsg.), 50 Jahre Bundesgerichtshof-Festgabe aus der Wissenschaft,

Band 1: Bürgerliches Recht, S. 223 - 250, (2000).

Stoll, Peter - Tobias, Sicherheit als Aufgabe von Staat und Gesellschaft, (2003).

Stürner, Das Bundesverfassungsgericht und das frühe menschliche Leben: Schadensdogmatik als Ausformung humaner Rechtskultur, JZ 1998, S. 317, (1998).

Thiele, Gedanken zur Vorteilsausgleichung, AcP 167, S. 193 ff, (1967).

Thüsing, Gregor, Wertende Schadensberechnung, (2001).

von Tuhr, Andreas, Allgemeiner Teil des Schweizerischen Obligationenrechts I, (1924).

Unberath, Hannes, Die Vertragsverletzung, (2007).

Verlag Versicherungswirtschaft, Referentenentwurf eines Gesetzes zur Änderung und Ergänzung schadensersatzrechtlicher Vorschriften, (1967).

Wagner, Gerhard, Das neue Schadensersatzrecht, (2002).

Wagner, Gerhard, Ersatz immaterieller Schäden: Bestandsaufnahme und europäische Perspektiven, JZ 2004, S. 319, (2004).

Wagner, Richard, Ersatz immaterieller Schäden: Bestandsaufnahme und europäische Perspektiven, JZ 2004, S. 319 ff, (2004).

Weiss, Die Drittschadensliquidation-alte und neue Herausforderungen, JuS 2015, S. 8 ff, (2015).

Wendehorst, Christiane, Anspruch und Ausgleich: Theorie einer Vorteils-und Nachteilsausgleichung im Schuldrecht, (1999).

Widmer, Pierre, Reform und Vereinheitlichung des Haftpflichtrechts auf Schweizerischer und Europäischer Ebene, in: Reinhard Zimmermann (Hrsg.), Grundstrukturen des Europäischen Deliktsrechts, S. 147, (2003).

Wilburg, W., Zur Lehre von der Vorteilsausgleichung, Jherings-Jahrbuch, (1932).

Wilburg, Walter, Entwicklung eines beweglichen Systems im Bürgerlichen Recht, (1950).

Wolter, Udo, Das Prinzip der Naturalrestitution in § 249, (1985).

Zimmermann, Reinhard (Hrsg.), Grundstrukturen des Europäischen Deliktsrecht, (2003).

Zwirlein, Die Rechtsprechung zur Ersatzfähigkeit des abstrakten Nutzungsausfallschadens, JuS 2013, S. 487 - 490, (2013).

2. 略称

Abs.	Absatz
Acp	Archiv fur die civilistische Praxis

Anm.	Anmerkung
Aufl.	Auflage
BGHZ	Entscheidungen des Bundesgerichtshofs in Zivilsachen
BverfGE	Entscheidungen des Bundesverfassungsgerichts
ff.	folgende
Hrsg.	Herausgeber
JuS	Juristische Schulung (Zeitschrift)
JZ	Juristenzeitung
MDR	Monatsschrift für Deutsches Recht
NJW	Neue Juristische Wochenshrift
RabelsZ	Rabels Zeitschrift fur Ausländisches und internationales Privatrecht
Rn	Randnumer
S.	Seite
VersR	Versicherungsrecht (Zeitschrift)

四、英文文献

Beaver, Allan. The Structure of Aggravated and Exemplary Damages. Oxford Journal of Legal Studies 23: 87-110, 2003.

Burrows, Andrew. Reforming Exemplary Damages: Expansion or Abolition? pp. 153-173 in: Wrongs and Remedies in the Twenty—First Century, edited by Peter Birks. New York: Clarendon Press, 1996.

Calnan Alan. Justice and Tort Law. Durham, North Carolina: Carolina Academic Press, 1997.

Cane, Peter. Atiyah's Accidents, Compensation and the Law. 6th ed. Cambridge: Cambridge University Press, 1999.

Chang, Yun—chien, Han—wei Ho, and Jimmy Chia—Shin Hsu, "Non—pecuniary Damages for Defamation, Personal Injury and Wrongful Death: An Empirical Analysis of Court Cases in Taiwan", The Chinese Journal of Comparative Law, 4(1), 69-97, 2016.

Daughety, Andrew, and Jennifer Reinganum. Found Money? Split—Award Statutes and Settlement of Punitive Damages Cases. American Law and Economics Review 5: 134-137, 2003.

Deakin, Simon, Angus Johnston, and Basil Markesinis. Markesinis and Deakin's Tort Law. 5th ed. New York, NY: Oxford University Press, 2003.

Dobbs, Dan. The Law of Torts. Saint Paul, Minnesota: West Group, 2000.

Edelman, James. Gain—Based Damages: Contract, Tort, Equity and Intellectual Property. Oxford: Hart Publishing, 2002.

Epstein, Richard Allen. Cases and Materials on Torts. 7th ed, 2000.

European Center of Tort and Insurance Law. Principles of European Tort Law. The Hague: Kluwer Law International, 2005.

Fleming, John G. The Law of Torts. 3rd ed, 1965.

Franklin, Marc, and Robert Rabin. Tort Law and Alternatives, 7th ed. Westbury, New York: Foundation Press, 2001.

Giliker, Paula, and Silas Beckwith. Tort. London: Sweet & Maxwell, 2008.

Gregory and Kalven. Cases and Materials on Torts, 1959.

Harper, Fowler, and Fleming James Jr. The Law of Torts. Vol. II. Boston, Massachusetts: Little Brown, 1956.

Harris, Donald, David Campell, and Roger Halson. Remedies in Contract And Tort, 2nd ed. Cambridge: Cambridge University Press, 2002.

Holmes, Oliver Wendell. The Common Law. London: Macmillan, 1881.

Howarth, David, and Janet O'Sullivan. Hepple, Howarth, and Matthews' Tort: Cases And Materials. 5th ed. London : Butterworths, 2000.

Jeffries, Jr., John Calvin. A Comment on the Constitutionality of Punitive Damages. Virginia Law Review 72: 139 – 158, 1986.

Koch, Bemhard, and Helmut Koziol eds. Compensation for Personal Injury in a Comparative Perspective. New York, NY: Springer, 2003.

Koenig, Thomas, and Michael Rustad. In Defense of Tort Law. New York, NY: New York University Press, 2003.

Koziol, Helmut, and Vanessa Wilcox (eds.). Punitive Damages: Common Law and Civil Law Perspectives. Vienna: Springer, 2009.

Koziol, Helmut. Punitive Damages – A European Perspective. Louisiana Law Review 68: 741 – 764, 1964.

Koziol, Helmut. Punitive Damages: Admission into the Seventh Legal Heaven or Eternal Damnation? Comparative Report and Conclusion. pp. 275 – 308 in: Punitive Damages: Common Law and Civil Law Perspectives, edited by Helmut Koziol and Vanessa Wilcox. Vienna: Springer, 2009.

Lahnstein, Ch., and I. Ebert eds. Tort Law and Liability Insurance: An Intricate Relationship, 2007.

Law Commission. Aggravated, Exemplary and Restitutionary Damages. Law Commission 132: 1 – 180, 1993.

Law Commission. Aggravated, Exemplary and Restitutionary Damages. Law Commission 247, 1997.

Long, John. Punitive Damages: An Unsettled Doctrine. Drake Law Review 25: 870-892, 1976.

Magnus, Ulrich (ed.). Unification of Tort Law Damages. Vol. 5. New York, NY: Kluwer Law International, 2001.

Markesinis, Basil, and Simon Deakin. Markesinis and Deakin's Tort Law. 4th ed. Oxford: Clarendon Press, 1999.

Markesinis, Basil S., and Hannes Unberath. The German Law of Torts: A Comparative Treatise. 4th ed. Oxford: Hart Publishing, 2002.

Moller, Erik, Nicholas Pase, and Stephen Carroll. Punitive Damages in Financial Injury Jury Verdicts. The Journal of Legal Studies 28: 283-340, 1999.

Prosser, William Lloyd. Handbook of the Law of Torts. 3rd ed. Saint Paul, Minnesota: West Publishing, 1964.

Reed, Alan. Exemplary Damages: A Persuasive Argument for their Retention as a Mechanism of Retributive Justice. Civil Justice Quarterly 1996: 130, 1996.

Rogers, W. V. Horton (ed.). Damages for Non—Pecuniary Loss in a Comparative Perspective. New York, NY: Springer, 2001.

Rustad, Michael. Happy No More: Federalism Derailed by the Court That Would be King of Punitive Damages, Maryland Law Review 64: 461-540, 2005.

Sales, James, and Kenneth Cole, Jr. Punitive Damages: A Relic That Has Outlived Its Origins. Vanderbilt Law Review 37: 1117-1174, 1984.

Schleuter, Linda. Punitive Damages. 5th ed, 2005.

Schuck, Peter H. (ed.). Tort Law and the Public Interest. New York, NY: Norton, 1991.

Schwartz. Victor, Mark Behrens, and Joseph Mastrosimone. Reining in Punitive Damages "Run Wild": Proposals for Reform by Courts and Legislatures. Brooklyn Law Review 65: 1003-1036, 1999.

Sebok, Anthony. What Did Punitive Damages Do? Why Misunderstanding the History of Punitive Damages Matters Today. Chicago - Kent Law Revivew 78: 163-206, 2003.

Sebok, Anthony. Punitive Damages: From Myth to Theory. Iowa Law Review 92: 957-1036, 2007.

Sebok, Anthony. Punitive Damages in the United States. pp. 155-196 in: Punitive Damages: Common Law and Civil Law Perspectives, edited by Helmut Koziol and Vanessa Wilcox. Vienna: Springer, 2009.

Shapo, Marshall S. Tort Law and Culture. Durham, North Carolina: Carolina Academic Press, 2003.

Twerski Aaron, and James Henderson. Torts: Cases and Material. New York, NY: Aspen Publishers, 2003.

Vidmar, Neil, and Mary Rose. Punitive Damages by Juries in Florida: In Terrorem and in Reality. Harvard Journal on Legislation 38: 487–514, 2001.

Wagner, Gerhard (ed.). Tort Law and Liability Insurance. New York, NY: Springer, 2002.

Wilcox, Vanessa. Punitive Damages in England. Pp. 7–53 in: Punitive Damages, Common Law and Civil Law Perspectives, edited by Helmut Koziol and Vanessa Wilcox. Vienna: Springer, 2009.

索 引

A ~ Z

punitive damages　355
wrongful birth　57
wrongful life　57, 166

三画

工厂法上的补助费用抚恤费　138
大陆法国家与美国法上的惩罚性赔偿　373
与有过失　301
与有过失及慰抚金的量定　334
与有过失的态样　312
与有过失的要件　308
与有过失的适用　307

四画

无过失危险责任及与有过失　319
无过失责任的归责原则　44
专利法上的惩罚性赔偿　380
支出费用者的请求权　135
不作为的与有过失　317
不完全给付　215
不完全给付与买卖之物瑕疵担保责任　220
不完全给付与承揽瑕疵担保责任　231
不完全给付与瑕疵担保责任　214
中国台湾地区法上的惩罚性赔偿　375
凶宅与纯粹经济上损失　171
风险社会　1
以新换旧　178

五画

生育决定权　156
代偿请求权　198
民刑分立　356
民事责任与刑事责任　35
"民法"第224条的"准用"　324
加害人的故意过失　28
加害给付　219

六画

过失与责任比例原则　343
当事人的资力　28
自甘冒险及与有过失　320
自始不能　192
全民健康保险给付与侵权行为损害赔偿请求权　293

全部损害赔偿 29
全部损害赔偿原则 357
合法性替代行为 107
危险预防 3
多数加害人与多数被害人 335
交易性贬值 180
产前遗传诊断失误案件 57

七　画

扶养费的损害赔偿 136
扶养费损害赔偿的计算 137
扶养费损害赔偿的给付方法 138
技术性贬值 180
劳工保险条例上的给付 138
劳动能力丧失或减少 144
劳动能力损害赔偿的计算 146
医疗看护费用 142
时间浪费与使用利益的丧失 150
财产上损害 75
条件关系 84
间接损害 76,110
间接被害人 275
间接被害人的损害赔偿 141
附随义务不完全履行的解除契约 220

八　画

责任成立因果关系 82
责任范围因果关系 82
规范目的论 99
规范的损害概念 67
直接损害 76,110
直接被害人 274
直接被害人与间接被害人的损害赔偿

请求权 274
直接被害人的与有过失 329
非财产上损害 75
非财产上损害的恢复原状 117
非财产上损害的财产化 80,183
非财产上损害的金钱赔偿 239
具保护第三人作用契约 274
物之使用利益的丧失 185
物之使用利益费用支出 183
物之损害与纯粹经济上损失 169
物之损害的恢复原状与金钱赔偿 173
物之损害赔偿 168
所失利益 70
所受损害 70
金钱赔偿 78,112,120
法规目的论 84
法律行为上的损害赔偿 119

九　画

恢复原状 78
恢复原状请求权 116
契约责任的归责原则 41
相当因果关系 84
残障子女的损害赔偿请求权 166
保险制度与损益相抵 291
信赖利益 77
侵权行为的归责原则 43
侵害身体、健康的损害赔偿 140
亲人支出医疗费 141
差额说与自然的损害概念 61
差额说的修正 66
差额说的损害概念 163
差额说理论 63
美国法上的惩罚性赔偿 359

客观的损害概念 66
费用支出 186
孩子的抚养费用 158
给付不能 189
给付迟延 207

十 画

损益相抵 138, 283
损益相抵的要件与判断基准 287
损益相抵的类型 288
损害分类 70
损害归责 81
损害体质 109
损害的计算时点 60, 78
损害的保留原因 108
损害预防 31
损害赔偿之债 49
损害赔偿范围 138
损害赔偿制度 10
损害赔偿的方法及内容 112
损害赔偿的归责原则 41
损害赔偿的范围 283
损害赔偿的酌减 341
损害赔偿的请求权人 272
损害赔偿的请求权基础 50
损害赔偿法之目的 24
损害赔偿法的发展 45
损害赔偿法的规范体系 21
损害赔偿给付方法 149
损害填补 25
损害概念 61
配偶的请求权 136
债务人于履行期前拒绝履行 211
债务不履行的损害赔偿 187

债权人利益理论 272
"消费者保护法"第22条：不实广告与惩罚性赔偿 392
"消费者保护法"第51条规定的惩罚性赔偿金 386
"消费者保护法"第7条与第51条规定的惩罚性赔偿金 391
"消费者保护法"第7条第3项：产品、服务责任与惩罚性赔偿 390
请求恢复原状所必要费用的金钱赔偿 120
继续性供给契约的终止 220

十一画

第三人与有过失 321
第三人财产上损害 141
第三人利益契约 273
第三人非财产上损害的金钱赔偿 141
第三人损害求偿 277
假设因果关系 108
隐藏性的"惩罚性赔偿" 357

十二画

期前违约责任的创设 211
集体补偿制度 26
惩罚制裁 35
惩罚性赔偿 355
惩罚性赔偿金 38
雇主损害 141

十三画

填补性损害赔偿 355

禁止得利原则 27,357
嗣后不能 197

十四画

殡葬费 135

十五画

慰抚金 239
慰抚金制度的发展 249

慰抚金的功能 254
慰抚金的请求权基础 241
慰抚金的量定 258
慰抚金的量定与法院实务 265
慰抚金的概念与性质 250
履行利益 77

十六画

衡平责任 28